Logistikmanagement

Elmar Bräkling · Jörg Lux · Klaus Oidtmann

Logistikmanagement

Mit Logistik-Power schnell,
schlank und fehlerfrei liefern

2., aktualisierte und erweiterte Auflage

Elmar Bräkling
Hochschule Koblenz
Koblenz, Deutschland

Jörg Lux
Hochschule Koblenz
Koblenz, Deutschland

Klaus Oidtmann
Dresden, Deutschland

ISBN 978-3-658-32582-4   ISBN 978-3-658-32583-1 (eBook)
https://doi.org/10.1007/978-3-658-32583-1

Die Deutsche Nationalbibliothek verzeichnet diese Publikation in der Deutschen Nationalbibliografie; detaillierte bibliografische Daten sind im Internet über http://dnb.d-nb.de abrufbar.

© Springer Fachmedien Wiesbaden GmbH, ein Teil von Springer Nature 2014, 2020
Das Werk einschließlich aller seiner Teile ist urheberrechtlich geschützt. Jede Verwertung, die nicht ausdrücklich vom Urheberrechtsgesetz zugelassen ist, bedarf der vorherigen Zustimmung des Verlags. Das gilt insbesondere für Vervielfältigungen, Bearbeitungen, Übersetzungen, Mikroverfilmungen und die Einspeicherung und Verarbeitung in elektronischen Systemen.
Die Wiedergabe von allgemein beschreibenden Bezeichnungen, Marken, Unternehmensnamen etc. in diesem Werk bedeutet nicht, dass diese frei durch jedermann benutzt werden dürfen. Die Berechtigung zur Benutzung unterliegt, auch ohne gesonderten Hinweis hierzu, den Regeln des Markenrechts. Die Rechte des jeweiligen Zeicheninhabers sind zu beachten.
Der Verlag, die Autoren und die Herausgeber gehen davon aus, dass die Angaben und Informationen in diesem Werk zum Zeitpunkt der Veröffentlichung vollständig und korrekt sind. Weder der Verlag, noch die Autoren oder die Herausgeber übernehmen, ausdrücklich oder implizit, Gewähr für den Inhalt des Werkes, etwaige Fehler oder Äußerungen. Der Verlag bleibt im Hinblick auf geografische Zuordnungen und Gebietsbezeichnungen in veröffentlichten Karten und Institutionsadressen neutral.

Springer Gabler ist ein Imprint der eingetragenen Gesellschaft Springer Fachmedien Wiesbaden GmbH und ist ein Teil von Springer Nature.
Die Anschrift der Gesellschaft ist: Abraham-Lincoln-Str. 46, 65189 Wiesbaden, Germany

Vorwort

Die Wettbewerbsfähigkeit von Unternehmen entscheidet über ihre Zukunft in den Weltmärkten. Produkte, Preise, kurze Lieferzeiten und Lieferservice müssen stimmen, um Kunden begeistern und zum Kauf motivieren zu können. Die Versorgung der Märkte erfordert dabei eine moderne Logistik, die schnell, schlank und fehlerfrei liefert. Eine Lieferkette, die in stabilen wirtschaftlichen Zeiten genauso gut funktioniert wie in der Krise.

In guten Zeiten bedeutet dies, Käufermärkte präzise bedienen zu können. Wenn eine Firma vor Ort nicht preisgünstig liefern kann, wird sie durch globale Konkurrenz sofort verdrängt. Durch die weltweite digitale Vernetzung sind in einem Käufermarkt die Waren für den Endverbraucher in der Regel leicht durch austauschbare Lieferanten verfügbar. Das Geld bestimmt hier die Warenströme. Im Ergebnis erleben wir heute niedrige Preise, kleine Bestellgrößen und hohe Bestellfrequenzen. Umgesetzt werden muss die operative Güterversorgung dann durch eine perfekt funktionierende und flexible Logistik - mit hohem Lieferservice und zu optimalen Kosten. In Krisenzeiten sehen wir ein anderes Bild. Wie die Corona-Krise des Jahres 2020 deutlich macht, können sich plötzlich einzelne Güter kurzfristig stark verknappen oder auch ganze Liefer- und Absatzregionen ausfallen. Oft werden diese Schocks auch durch das Käuferverhalten selbst ausgelöst („hamstern"). Jetzt kommt es darauf an, dennoch für die verbleibenden Bedarfe lieferfähig zu bleiben. Das gelingt mit einem breiten Lieferanten- und Logistiknetzwerk sowie der Fähigkeit zur schnellen Verlagerung von Wertschöpfungsketten. Diese beiden Anforderungen machen die Lieferkette robust. Eine moderne Logistik muss also gleichzeitig flexibel und robust sein. Flexibilität und Robustheit müssen richtig ausbalanciert werden.

In der betrieblichen Praxis wird jedoch erkennbar, dass in vielen Unternehmen immer noch Logistiksysteme genutzt werden, die rein auf den starren Konzepten einer zentral gesteuerten Push-Versorgung basieren. Sie sind sowohl unflexibel als auch im Krisenfall schnell störanfällig. Das provoziert im Ergebnis hohe Stückkosten ohne dabei die Versorgungssicherheit in ausreichendem Maße abzusichern. Im Ergebnis belasten klassische Logistikkonzepte so die Wettbewerbsfähigkeit der Unternehmen. Ein fataler Effekt, wenn man sich in unserer volatilen Zeit behaupten will.

Daher besteht in vielen Unternehmen Handlungsbedarf. Die internen und externen Materialflüsse sind in ihrer Wirkung auf die betriebliche Wettbewerbsfähigkeit und Versorgungssicherheit hin in den Blick zu nehmen. Dazu muss die Logistik differenzierter und gleichzeitig einfacher gestaltet werden als je zuvor. Ein erfolgreiches Unternehmen nimmt dazu über flexible Konzepte nicht nur Kosten und Produktqualität in den Fokus, sondern vor allem auch den Lieferservice in Form von Lieferzeit, Lieferfähigkeit und Liefertreue - gerade und insbesondere auch in der Krise. Diese drei Elemente sind für den Kunden ein schlagendes Kaufargument: Wer nicht liefern kann, verkauft auch nicht. In guten wie in schlechten Zeiten.

Um den neuen Anforderungen der Märkte gerecht zu werden, braucht es demnach eine Logistik-Funktion, die jederzeit in der Lage ist, die unterschiedlichsten Kundenanforderungen umgehend und kostenoptimal zu erfüllen. Eben eine Funktion, die durch starke Strukturen und Prozesse mit Logistik-Power agieren kann. Logistik-Power wird dabei als „ability to influence" verstanden – also der Fähigkeit der Logistik-Funktion, ihren Wirkungsbereich so zu beeinflussen, dass sie ihre Ziele realisiert. Diese Power kann jedoch nicht formal verordnet, sondern muss hart erarbeitet werden. Dafür ist ein professionelles Management erforderlich. Hinzu treten strategisches Geschick, exzellente Logistikprozesse und Personal, das am Ende die Logistikziele auch in der betrieblichen Praxis realisieren kann.

Doch was ist im Management der Logistik-Funktion konkret zu tun, damit Logistik-Power Realität wird? Im ersten Schritt ist zu analysieren, was eine Logistik-Funktion auszeichnen muss, damit sie von ihren Partnern als „stark" wahrgenommen wird. Wenn diese Stärkefaktoren bewusst gemacht und systematisch entwickelt werden, lassen sich die Aufgaben der Logistik-Funktion im zweiten Schritt gezielt auf diese Stärkefaktoren ausrichten. Dazu sind die Logistik-Aufgaben entlang der Management-Phasen Planning, Operations und Controlling systematisch zu ordnen und auszugestalten. Im Ergebnis entsteht eine schlüssige Aufgaben-Stärke-Kopplung. Im dritten Schritt ist diese Kopplung zu operationalisieren, damit die Logistik-Funktion in der Praxis ihre Ziele erreicht: schnell, schlank und fehlerfrei zu liefern – bei kundengerechtem Lieferservice und zu angemessenen Logistikkosten. Im Boom und in der Krise. Dieser Weg zu einer starken Logistik-Funktion wird in diesem Buch mit dem „PILS – Power in Logistic System®" vorgestellt.

Das vorgelegte wegweisende Buch richtet sich an Studierende, insbesondere wirtschaftswissenschaftlicher Studiengänge, und an Praktiker bzw. Logistikmanager im Unternehmen. Damit wird sowohl ein studienbezogenes Lehrbuch vorgelegt als auch ein praxisbezogener Leitfaden bereitgestellt, mit dem ein Unternehmen seine Logistik-Funktion erfolgreich aufstellen kann.

Die Konzeption dieses Buches ist auch von vielen Gesprächen und Diskussionen sowohl mit Praktikern, Zukunftsforschern, den Lehrenden als auch den Lernenden des Fachbereichs Wirtschaftswissenschaften der Hochschule Koblenz beeinflusst. Dieser wissenschaftliche Austausch hat zu prüfenden Rückfragen geführt, die von den Autoren berücksichtigt worden sind. Gleiches gilt für den Dialog mit den Unternehmen. Wir danken allen unseren Gesprächspartnern für diese Unterstützung. Ferner gilt unser Dank auch unserer Lektorin Susanne Kramer von Springer Gabler, die uns mit vielen wertvollen Hinweisen beim „Feinschliff" des Buches unterstützen konnte.

Koblenz, im Januar 2021

Prof. Dr.-Ing. Elmar Bräkling   Prof. Dr. Jörg Lux   Klaus Oidtmann

Inhaltsverzeichnis

Vorwort V
Abkürzungsverzeichnis..XI

Teil 1
Logistikmanagement: Einführung und Überblick.......................... 1

1   **Logistikmanagement: Die Grundlagen** 3

1.1   Zukunftsaufgabe Wettbewerbsfähigkeit 3
1.2   Erfolgsfaktor Logistik-Funktion 5

2   **Logistikmanagement: Schnell, schlank und fehlerfrei liefern** 9

2.1   Logistik-Power: Der Ansatz 9
2.2   Logistik-Power: Stärkefaktoren im Detail 11
2.3   Logistik-Power: Logistikaufgaben im Detail...15

Teil 2
Logistik-Power: Umsetzung im Unternehmen 19

3   **Logistik-Planning: Erfolgspotenziale eröffnen** 21

3.1   Einordnung der Logistik-Funktion im Unternehmen...................................21
3.1.1   Ziele der Funktionseinordnung im Unternehmen..21
3.1.2   Lösungen: Aufbauorganisation 23
3.1.3   Lösungen: Ablauforganisation (AKV)..27
3.1.4   Lösungen: Funktionsmanagement..32

3.2   Logistische Produkttypisierung...34
3.2.1   Ziele der logistischen Produkttypisierung...34
3.2.2   Lösungen: Identifizierung der Logistikobjekte 36
3.2.3   Lösungen: Produktgruppen in der Supply-Chain 37
3.2.4   Lösungen: Logistische Produkttypisierung 38
3.2.5   Lösungen: Logistische Stammdaten 42

3.3	Logistikziele	44
3.3.1	Zielsetzungen in der Logistik-Funktion	44
3.3.2	Lösungen: Zielschwerpunkte im Logistiksystem	45
3.3.3	Lösungen: Ziele - Lieferservice	47
3.3.4	Lösungen: Ziele - Logistikkosten	51
3.3.5	Lösungen: Logistik-Scorecard	55
3.4	Logistisches Systemdesign	57
3.4.1	Ziele des Systemdesigns	57
3.4.2	Lösungen: Logistisches Standortdesign	58
3.4.3	Lösungen: Logistisches Materialflussdesign	68
3.4.4	Lösungen: Logistische Bestandsstrategie	81
3.4.5	Lösungen: Logistisches IT-Design	88
3.4.6	Lösungen: Implementierung des Logistiksystems	91
3.5	Logistikmanagement	93
3.5.1	Ziele im Logistikmanagement	93
3.5.2	Lösungen: Prozessmanagement	94
3.5.3	Lösungen: Make-or-Buy-Management	100
3.5.4	Lösungen: Personalmanagement	103
3.5.5	Lösungen: Dienstleistermanagement	104
3.5.6	Lösungen: KVP-Prozesse	105
3.6	Logistik-Planning: Zusammenfassung	108
4	**Logistik-Operations: Erfolgspotenziale realisieren**	**111**
4.1	Beschaffungslogistik - Materialdisposition	111
4.1.1	Ziele der Materialdisposition	112
4.1.2	Lösungen: Auswahl des Dispositionsverfahrens	112
4.1.3	Lösungen: Materialdisposition ohne Lagerhaltung	115
4.1.4	Lösungen: Materialdisposition mit Lagerhaltung	123
4.2	Beschaffungslogistik – Transport- und Tourenplanung	135
4.2.1	Ziele in der Transport- und Tourenplanung	135
4.2.2	Lösungen: Transportplanung	136
4.2.3	Lösungen: Tourenplanung	142
4.3	Beschaffungslogistik - Kommissionierung	148
4.3.1	Ziele in der Kommissionierung	148
4.3.2	Lösungen: Grundkonzept der Kommissionierung	149
4.3.3	Lösungen: Prozesse in der Kommissionierung	152
4.3.4	Lösungen: Technik in der Kommissionierung	155

4.4	Beschaffungslogistik - Versand	157
4.4.1	Ziele im Versandbereich	158
4.4.2	Lösungen: Güterverpackung	159
4.4.3	Lösungen: Ladeeinheiten	162
4.4.4	Lösungen: Lieferungen	165
4.4.5	Lösungen: Güteridentifikation	166
4.4.6	Lösungen: Versanddokumente	174
4.4.7	Lösungen: Güterübergabe	178
4.5	Beschaffungslogistik – Auslieferung	178
4.5.1	Ziele in der Güterauslieferung	179
4.5.2	Lösungen: Transportsteuerung	179
4.5.3	Lösungen: Güterumschlag	180
4.5.4	Lösungen: Auftragsverfolgung	181
4.6	Beschaffungslogistik - Wareneingang	183
4.6.1	Ziele im Wareneingang	183
4.6.2	Lösungen: Transportannahme	183
4.6.3	Lösungen: Identifikation der Lieferungen	184
4.6.4	Lösungen: Warenvereinnahmung	184
4.6.5	Lösungen: Qualitätskontrolle	185
4.6.6	Lösungen: Güterbereitstellung	186
4.7	Produktionslogistik - Produktionsplanung und -steuerung	188
4.7.1	Ziele in der Produktionsplanung und -steuerung	188
4.7.2	Lösungen: Produktionsplanung und -steuerung in Push-Systemen	190
4.7.3	Lösungen: Produktionsplanung und –steuerung in Pull-Systemen	195
4.7.4	Lösungen: Produktionsplanung und –steuerung in Push-Pull-Systemen	200
4.8	Produktionslogistik - Produktionsversorgung	201
4.8.1	Ziele in der Produktionsversorgung	201
4.8.2	Lösungen: Staplerverkehre	202
4.8.3	Lösungen: Routenverkehre	204
4.9	Distributionslogistik - Auftragsmanagement	205
4.9.1	Ziele im Auftragsmanagement	205
4.9.2	Lösungen: Anfragenannahme	206
4.9.3	Lösungen: Verfügbarkeitsprüfung und Lieferterminermittlung	207
4.9.4	Lösungen: Auftragsbestätigung	209
4.9.5	Lösungen: Auftragsverfolgung	209
4.9.6	Lösungen: Reklamationsmanagement	210
4.10	Distributionslogistik - Liefermanagement	210
4.10.1	Ziele im Liefermanagement	211

4.10.2	Lösungen: Gütertransfer zum Kunden	212
4.11	Entsorgungslogistik - Entsorgungsmanagement	215
4.11.1	Ziele im Entsorgungsmanagement	216
4.11.2	Lösungen: Entsorgungsobjekte	217
4.11.3	Lösungen: Stoffströme	217
4.11.4	Lösungen: Entsorgungsvarianten	218
4.11.5	Lösungen: Entsorgungslogistik	219
4.12	Logistik-Operations: Zusammenfassung	220
5	**Logistik-Controlling: Erfolg messen und steuern**	**223**
5.1	Operatives Controlling	224
5.1.1	Ziele im operativen Controlling	224
5.1.2	Lösungen: Scorecards	227
5.1.3	Lösungen: Prozessaudits	230
5.1.4	Lösungen: Performance-Benchmarks	232
5.1.5	Lösungen: Operatives KVP-Programm	236
5.2	Strategisches Controlling	237
5.2.1	Ziele im strategischen Controlling	237
5.2.2	Lösungen: Systemaudits	239
5.2.3	Lösungen: System-Benchmarks	242
5.2.4	Lösungen: Trendanalysen	245
5.2.5	Lösungen: Strategisches KVP-Programm	246
5.3	Logistik-Controlling: Zusammenfassung	249

Teil 3
Logistik-Power: Resultate in der Praxis 251

6	**Logistikmanagement: Mit Logistik-Power schnell, schlank und fehlerfrei liefern**	**253**
6.1	Logistik-Power: Der Wirkungsmechanismus für den Erfolg	253
6.2	Logistik-Power: Die Ergebnisse in der Praxis.	256

Literaturverzeichnis	259
Stichwortverzeichnis	273

Abkürzungsverzeichnis

AGB	Allgemeine Geschäftsbedingungen
AKL	Automatisches Kleinteilelager
AKV	Aufgaben, Kompetenzen und Verantwortungen
APEM	Aufgaben-Power-Ergebnis-Matrix
APS	Advanced Planning System
ATP	Available to promise
B2B	Business to Business
B2C	Business to Customer
BDE	Betriebsdatenerfassung
BME e.V.	Bundesverband Materialwirtschaft, Einkauf und Logistik e.V.
CAx	Computer-aided x
DDP	Delivery Duty Paid
EDI	Electronic Data Interchange
WebEDI	World Wide Web basiertes Electronic Data Interchange
ERP	Electronic Resource Planning
F&E	Forschung und Entwicklung
FIFO	First-In-First-Out
GDTI	Global Document Type Identifier
GH	Greedy Heuristic
GLN	Global Location Number
GRAI	Global Returnable Asset Identifier
GS1	Global Standard One
GTIN	Global Trade Item Number
HRL	Hochregallager
JIT	Just-in-time
JIS	Just-in-Sequence
KEP	Kurier, Express und Paketdienstleister
KLT	Kleinladungsträger
KrWG	Kreislaufwirtschaftsgesetz
KVP	Kontinuierlicher Verbesserungsprozess
LP	Lineare Programmierung
MES	Manufatcuring Execution System
MDE	Manuelle Datenerfassungsgeräte
MZWS	Mann-zur-Ware-System
NEW	Nord-West-Eckenregel
NNH	Nearest-Neighbor-Heuristic
NVE	Nummer der Versandeinheit
OEM	Original Equipment Manufacturer

p.a.	per anno
ppm	parts per million
pbp	part by part
PPS	Produktionsplanung und -steuerung
QM	Qualitätsmanagement
QSV	Qualitätssicherungsvereinbarung
RFID	Radio Frequency Identification
SC	Supply-Chain
SH	Saving Heuristic
SMED	Single Minute Exchange of Die
SMM	Spaltenminimummethode
SNR	Sachnummer
SOP	Standard Operation Procedure
SSCC	Serial Shipping Container Code
TPP	Transportproblem
TSP	Traveling Salesman Problem
VAM	Vogel´sche Approximationsmethode
VMI	Vendor Managed Inventory
WZMS	Ware-zu-Mann-System

Teil 1
Logistikmanagement: Einführung und Überblick

Teil 1

1 Logistikmanagement: Die Grundlagen

Die Wettbewerbsfähigkeit von Unternehmen dauerhaft zu sichern, ist eine anspruchsvolle Aufgabenstellung. Dazu haben alle Funktionen im Unternehmen ihren Beitrag zu leisten – auch und im Besonderen die Logistik-Funktion selbst. Strategisch klug aufgestellt und wirkungsvoll operationalisiert, soll sie mit Logistik-Power als wichtiger Werttreiber wirken. Das Ziel heißt: schnell, schlank und fehlerfrei liefern – so wie es die Kunden fordern. In guten wie in wirtschaftlich schwierigen Zeiten. Gelingt dies, und hat man gleichzeitig die Logistikkosten im Griff, wird die Logistik-Funktion zu einem entscheidenden Faktor für den Unternehmenserfolg.

Doch wie funktioniert das in der Praxis? Darauf gibt dieses Buch eine Antwort. Bevor es jedoch um praktische Konzepte und Lösungsansätze geht, sollen in diesem einführenden Kapitel wichtige grundsätzliche Aspekte einer kraftvollen Logistik-Funktion aufgearbeitet werden:

- Was ist heute für die Wettbewerbsfähigkeit von Unternehmen entscheidend?
- Welche Rolle spielt dabei die Logistik-Funktion?

1.1 Zukunftsaufgabe Wettbewerbsfähigkeit

Unternehmen erfolgreich zu machen heißt, sie fit zu machen – und dies kann durchaus sportlich gesehen werden: fit für profitables Wachstum in den globalen Märkten, die durch starken Wettbewerbsdruck und Volatilität geprägt sind [1]-[7]. Dieser Aufgabenstellung kann man sich gut über die einfache und doch sehr prägnante Definition der Wettbewerbsfähigkeit nach BALASSA nähern: „ability to sell" [8]– der Fähigkeit von Unternehmen, Güter kurz-, mittel- und langfristig unter Wettbewerbsbedingungen rentabel zu verkaufen [9]. Nachhaltiges und rentables Wachstum steht also im Fokus der Wettbewerbsfähigkeit – nicht die kurzfristige Absatzspitze oder der Güterverkauf unter Verlust betrieblicher Substanz [10]. Genau dafür hat das Management im Unternehmen zu sorgen („sell, prevail and sustain").

Geht man an dieser Stelle ins Detail, stellt sich die Frage, welche Faktoren zur Verbesserung der Wettbewerbsfähigkeit zu steuern sind. Die Vielfalt möglicher Faktoren ist groß. Daher soll hier der Blick auf die Wettbewerbsfaktoren gelegt werden, die in den leistungswirtschaftlichen Funktionen eines Unternehmens selbst beeinflusst werden können: Kosten, Qualität, Zeit und Innovationen in der Leistungserstellung.

Auf der Leistungsseite sind Innovationen zur Weiterentwicklung attraktiver Produkte und neuer, flexibler wie robuster Lieferkonzepte ein wesentlicher Stellhebel, um im Wettbewerb einen kaufentscheidenden Mehrwert für den Kunden zu generieren [11]. Ein geeignetes Innovationsmanagement ist hierfür eine zentrale Grundvoraussetzung. Über den Faktor Qualität ist sicherzustellen, dass mit den Produkten auch in der Praxis die Anforderungen der Kunden genau erfüllt werden [12]. Dazu sind sie anforderungsgerecht zu fertigen und auszuliefern. Nicht zuletzt ist Zeit von entscheidender Bedeutung. In diesem Punkt muss das Unternehmen eine Wettbewerbsdifferenzierung durch Geschwindigkeit in Entwicklung („Time-to-market"), Produktion („Hours-per-product") und Lieferzeit („Time-to-customer") gewährleisten [13][14]. Die Optimierung der Leistungsseite führt jedoch nur dann zur Wettbewerbsfähigkeit, wenn gleichzeitig auch die Kostenseite des Unternehmens wettbewerbsfähig ist [9]. Dazu ist der Prozess der Leistungserstellung über alle Wertschöpfungsstufen hinweg so zu optimieren, dass eine marktfähige und gleichzeitig profitable Preisbildung möglich wird. Im Ergebnis sind die preisliche und die nicht-preisliche Wettbewerbsfähigkeit des Unternehmens in Einklang zu bringen.

Abbildung 1.1 Faktoren der Wettbewerbsfähigkeit von Unternehmen

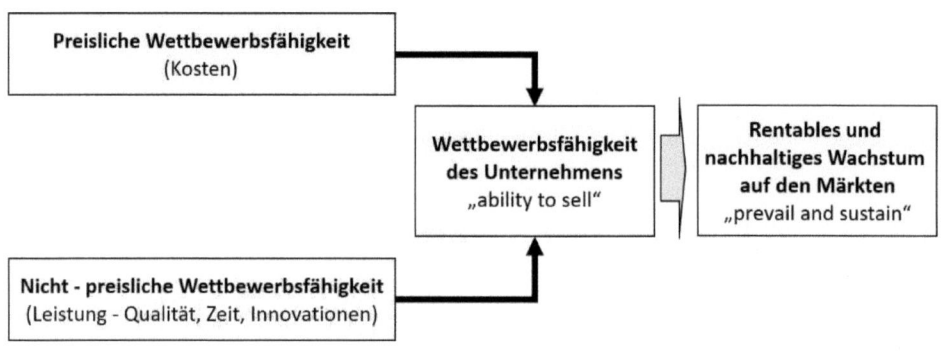

Betrachtet man in diesem Kontext im Speziellen die Logistik-Funktion, wird ihre zentrale Bedeutung für die Wettbewerbsfähigkeit des Unternehmens klar: die Bereitstellung leistungsstarker, flexibler, robuster und kostengünstiger Materialflusssysteme entlang der gesamten Wertschöpfungskette. Dazu hat sie in der Güterversorgung das magische Viereck aus

- Lieferzeiten reduzieren,
- Lieferqualität verbessern,
- Lieferflexibilität erhöhen und
- Logistikkosten senken

zu steuern [15]. Einfach gesagt: Es geht auch in der Logistik um den simplen Grundsatz: „Mit weniger mehr erreichen." In guten Zeiten und auch in der Krise.

1.2 Erfolgsfaktor Logistik-Funktion

Aufbauend auf diesen Grundsätzen ist zu analysieren, welche Rolle die Logistik-Funktion für die Wettbewerbsfähigkeit eines Unternehmens genau spielt und welche Potenziale konkret in ihr liegen. Für diese Analyse wird zunächst eine inhaltliche Abgrenzung und Einordnung der Funktion vorgenommen. Danach erfolgt eine Bewertung der unternehmerischen Bedeutung des „Erfolgsfaktors Logistik".

Die Logistik-Funktion im Unternehmen

Strukturell ist die Logistik-Funktion ein integraler Bestandteil der leistungswirtschaftlichen Funktionen. Dort stellt sie ein Bindeglied zwischen den Beschaffungsmärkten, der betrieblichen Wertschöpfung und den Kunden des Unternehmens dar [16]. Entsprechend ist sie in der Regel als Querschnittsfunktion verankert [16].

Abbildung 1.2 Das integrierte Unternehmen

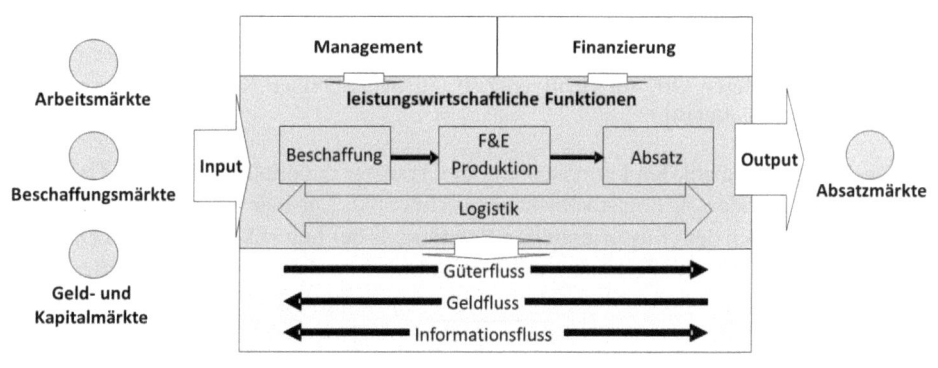

Die Hauptaufgabe der Logistik-Funktion ist die Organisation und intelligente Umsetzung aller erforderlichen Material- und Informationsflüsse. Dies umfasst die körperliche Fremdversorgung des Unternehmens mit den für die Wertschöpfung erforderlichen Input-Faktoren aus den Beschaffungsmärkten, die Steuerung und Umsetzung der innerbetrieblichen Güterflüsse zur Versorgung der Produktion, die auftragskonforme Belieferung der Kunden mit Endprodukten sowie das Management der erforderlichen Entsorgungsströme [17]. Entsprechend können phasenspezifische Teilsysteme der Logistik abgegrenzt werden: die Beschaffungs-, Produktions-, Distributions- und Entsorgungslogistik [18]. Diese Kette der logistischen Teilsysteme vom Lieferanten bis zum Kunden wird in diesem Buch im Folgenden auch als Supply-Chain bezeichnet.

Abbildung 1.3 Logistik-Phasen

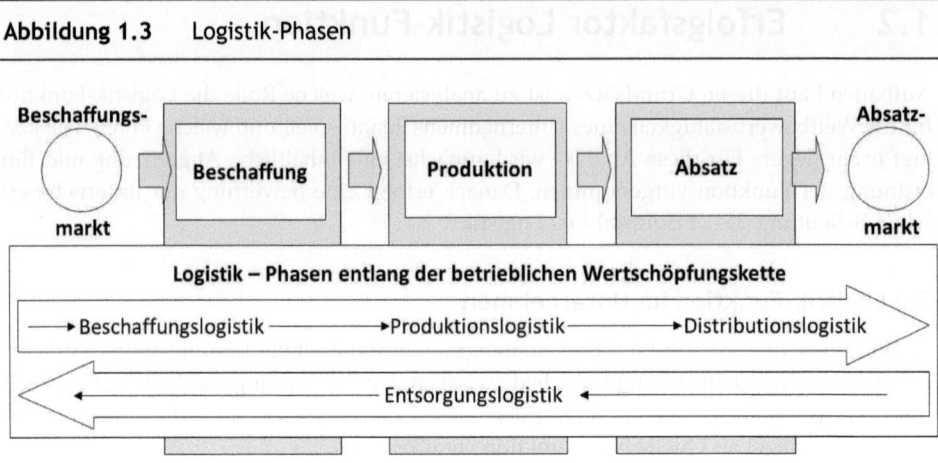

Die verschiedenen Teilsysteme sind entsprechend ihrer spezifischen Anforderungen zu konzipieren und zu einem schlüssigen Gesamtsystem zu vernetzen. Wenn diese „Doppelaufgabe" gelingt, entstehen leistungsstarke Material- und Informationsflüsse, ganz im Sinne der „7R" der Logistik: Das richtige Produkt wird in der richtigen Menge, in der richtigen Qualität, am richtigen Ort, zur richtigen Zeit, zu den richtigen Kosten, für den richtigen Kunden bereitgestellt [19].

Gegenstand der Logistik-Funktion ist somit der Transfer materieller Güter und Daten – sie werden im Folgenden als Logistikobjekte bezeichnet [20]. Die hier vorgenommene Abgrenzung folgt demnach dem flussorientierten Verständnis der Logistik nach ARNOLD: „Logistik kennzeichnet alle Managementaktivitäten in und zwischen Unternehmen, die sich auf die Gestaltung des gesamten Material- und Informationsflusses von den Lieferanten in ein Unternehmen hinein, innerhalb eines Unternehmens sowie von Unternehmen zu den Abnehmern beziehen"[21][22] (vgl. weitere Logistik-Definitionen auch [23][24]).

Zur weiteren thematischen Eingrenzung fallen im Verständnis dieses Buches die Gestaltung und Durchführung von Marktanalysen und Marketingaktivitäten, die Bereitstellung von Produktionsfaktoren aus den Arbeits- bzw. Kapitalmärkten sowie die Ausführung von Transaktionsaufgaben in den Beschaffungs- bzw. Absatzmärkten nicht in den Aufgabenbereich der Logistik. Sie werden der jeweils zuständigen Unternehmensfunktion wie etwa Personal, Finanzen, Marketing, Beschaffung oder Absatz zugeordnet. Für das Management dieser Aufgaben wird daher auf die entsprechende Fachliteratur verwiesen [25]-[34].

Unternehmerische Bedeutung der Logistik-Funktion

Die unternehmerische Bedeutung der Logistik wird durch einen kurzen Blick auf die Kundenmärkte deutlich. Offene Handelsstrukturen, technologischer Fortschritt und leistungsfähige Marktteilnehmer haben zu einer dynamischen Entwicklung der Weltwirtschaft geführt – mit anspruchsvollen Kunden, die vom Wettbewerb der Anbieter „lernen" [35]. In einem funktionierenden Markt wird den Kunden schnell klar, wer etwas kann und wer sich mit seinem Können von den Wettbewerbern differenziert. Zügig und ohne Risiko sind für den Endverbraucher die Lieferanten auf globaler Ebene austauschbar. Auf der Anbieterseite müssen demnach Leistung und Kosten jederzeit stimmen, damit sich der Kunde für einen Kauf entscheidet. Bei globaler Warenverfügbarkeit bestimmt im Ergebnis das Geld und die Zuverlässigkeit der Belieferung die Kaufentscheidung. Das ist eine anspruchsvolle Herausforderung für jeden Anbieter. Wird der funktionierende Markt in der Krise plötzlich gestört, ändern sich abrupt die Anforderungen. Jetzt behauptet sich der, der trotz kurzfristiger Verknappung von Gütern für seine Kunden ein zuverlässiger Partner bleibt. Jetzt schlägt Warenverfügbarkeit das Argument Geld. Schlagartig können sich in der Krise Marktanteile durch Vertrauensverlust oder -gewinn fundamental ändern. Diese Veränderungen haben dann auch nach der Markterholung eine Langzeitwirkung auf die Kundenakzeptanz. Krisen sind für Unternehmen damit Chance und Risiko zugleich. Sie sollten daher auch im funktionierenden Markt immer auch die Lieferfähigkeit in der Krise mit im Blick haben.

Die Conclusio ist einfach und herausfordernd zugleich: Will man dauerhaft im Wettbewerb bestehen, muss man für funktionierende wie krisenbelastete Märkte gleichermaßen gut vorbereitet sein. In diesem Umfeld ist ein garantiert hoher Lieferservice neben den klassischen Faktoren Produktkosten und -qualität ein wichtiges Verkaufsargument im Wettbewerb [36]. Doch was bedeutet Lieferservice konkret? Im Kern geht es um eine schnelle, zuverlässige und flexible Güterversorgung der Kunden - egal unter welchen Marktbedingungen [37]. Gelingt das, können neue Kunden gewonnen, bestehende Kundenbeziehungen gefestigt und logistische Leistungsvorteile in die Preisbildung eingebaut werden [37]. Lieferservice wird dabei durch die Stellhebel Lieferzeit, Lieferqualität und Lieferflexibilität getragen [37][38]. Sie werden zu konkreten Leistungszielen in der Logistik:

- **Lieferzeit:** Das Logistiksystem befähigt das Unternehmen, die Kunden mit kürzeren Lieferzeiten zu versorgen als die Wettbewerber.
- **Lieferqualität:** In der operativen Durchführung der Güterversorgung werden Lieferzusagen in Zeit, Ort, Menge und Beschaffenheit zuverlässig eingehalten.
- **Lieferflexibilität:** Geschwindigkeit und Zuverlässigkeit in der Lieferkette ermöglichen die Entwicklung flexibler Produkt- und Auslieferkonzepte bei gleichzeitig steigenden Produktvariationen.

Für die Umsetzung eines hohen Lieferservices geht es im Kern um eine geschickte Ausbalancierung von Beständen, Transport- und Standortkonzepten und gut diversifizierten Wertschöpfungsnetzwerken. Wer das nachhaltig macht, kann in guten wie in schlechten Zeiten eine effektive Güterversorgung für seine Kunden gewährleisten.

Das stärkt das Unternehmen. Zu einem echten Wettbewerbsvorteil wird der Lieferservice jedoch erst dann, wenn man in der Verwirklichung der Logistikleistungen auch die Logistikkosten „im Griff" hat [39]. Die Logistik-Funktion hat folglich auch auf der Kostenseite Einfluss auf die Wettbewerbsfähigkeit des Unternehmens. Betrachtet man jedoch, dass die Logistikkosten in der Regel nur einen Anteil von ca. 5-8% am Umsatz ausmachen [40], geht es an dieser Stelle nicht in erster Linie um „harte Kostensenkungspotenziale", sondern vielmehr um die Angemessenheit der Logistikkosten [41]. Nur wenn die Logistikkosten in Balance zum „Mehrwert" des Lieferservice stehen, trägt am Ende der angestrebte Wettbewerbsvorteil. Damit wird der vierte Zielbeitrag der Logistik-Funktion zur Wettbewerbsfähigkeit des Unternehmens klar:

■ **Logistikkosten:** Eine ausgewogene Kosten-Service-Balance ermöglicht in der Wertschöpfungskette eine wirtschaftliche Operationalisierung der Güterversorgung.

In diesem Kontext ist es wichtig, dass die Anforderungen an Logistikservice und Logistikkosten nicht über alle Märkte und Branchen hinweg homogen sind. Vielmehr existieren starke Differenzierungen, die davon abhängen, welche Güter durch das Logistiksystem fließen und nach welchen Gesetzmäßigkeiten die jeweiligen Märkte funktionieren. Abb. 1.4 gibt in enger Anlehnung an PFOHL, KOWALSKI und SEECK beispielhafte Einschätzungen branchenspezifischer Service-Kosten-Balancen in der Logistik wieder [42][43].

Abbildung 1.4 Beispielhafte Einschätzungen zur Bedeutung der Logistik-Funktion

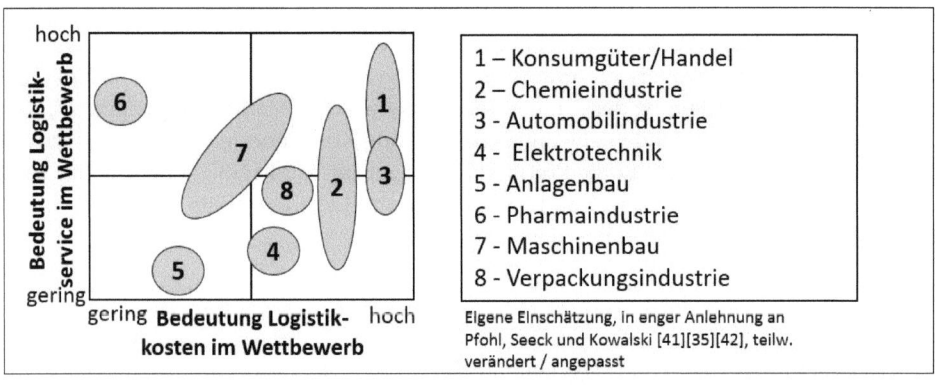

Entsprechend der beispielhaft aufgezeigten Einordnungen sollte jedes Unternehmen die für ihren Erfolg relevante logistische Service-Kosten-Balance definieren und ihr Logistiksystem entsprechend ausrichten. Die richtige Balance zu finden, ist eine der großen Herausforderungen bei der Gestaltung der Logistik-Funktion. Gelingt dies, wird sie zum kraftvollen Werttreiber im Unternehmen und zu einem respektierten Partner in der Supply-Chain. Die Kunden nehmen diese richtige Balance dann als Logistik-Power wahr und fühlen sich durch das Unternehmen in ihren Bedürfnissen ernst genommen - in guten wie in schwierigen Zeiten.

2 Logistikmanagement: Schnell, schlank und fehlerfrei liefern

Die unternehmerische Bedeutung der Logistik-Funktion wurde im ersten Kapitel klar umrissen. Die richtige Balance aus Lieferservice und Logistikkosten macht sie zu einer tragenden Kraft für den wirtschaftlichen Erfolg des Unternehmens. Nur mit dieser Balance gelingt es, die Kunden jederzeit schnell, schlank und fehlerfrei beliefern zu können. Diese Fähigkeiten kulminieren im Unternehmen zu Logistik-Power. Doch welche Eigenschaften zeichnet diese Logistik-Power im Detail aus und wie kann sie entstehen? Dazu werden im Folgenden die wichtigsten Wirkungszusammenhänge herausgearbeitet.

In Teil 2 des Buches erfolgt dann eine präzise Detailbeschreibung, wie Logistik-Power mit den richtigen Instrumenten erreicht und operationalisiert werden kann. Teil 3 nimmt abschließend eine Gesamtreflexion vor. Damit wird dem Leser ein praktischer Leitfaden für die Entwicklung und Operationalisierung einer starken Logistik an die Hand gegeben.

2.1 Logistik-Power: Der Ansatz

Um die in Kapitel 1.2 aufgezeigten Wettbewerbspotenziale zu realisieren, braucht es Logistik-Power. Doch was bedeutet das konkret? Betrachtet man zunächst den Begriff Power, so versteht man nach MEEHANE und WRIGHT darunter „ability to influence" [44]. Dieses Verständnis von Power bettet sich gut in die gängigen deutschen Übersetzungen des Begriffs wie etwa Einflussmöglichkeit, Fähigkeit, Vermögen, Überzeugungskraft, Stärke, Autorität oder Macht ein [45]. Stellt man die Bedeutung von Power in den Kontext der Logistik, kann man daraus das Verständnis von Logistik-Power ableiten: Die Fähigkeit der Logistik-Funktion, ihren Wirkungsbereich so zu beeinflussen, dass sie ihre Ziele erreicht: Mit Logistik-Power schnell, schlank und fehlerfrei liefern. Mit kundengerechtem Lieferservice und zu angemessenen Logistikkosten. Im funktionierenden Markt und in der Krise.

Damit Logistik-Power entsteht, muss die Funktion so aufgestellt werden, dass sie in ihrer Aufgabe professionell arbeiten und im Ergebnis kompetent und durchsetzungsstark agieren kann. Nur wem diese Eigenschaften zugeschrieben werden, wird im Kräftespiel der Marktwirtschaft ernst genommen und respektiert. Dieser Respekt ist für nachhaltig gute Ergebnisse eine wesentliche Voraussetzung.

Doch was sind die typischen Merkmale einer kraftvollen Logistik-Funktion? Dazu können grundsätzliche Parameter identifiziert werden, die sogenannten Stärkefaktoren der Logistik:

- **Stärkefaktor 1 – Die Logistik-Funktion ist strategisch stark im eigenen Unternehmen verankert:** Die Funktion ist als wichtige, erfolgsrelevante Kraft in den Unternehmensstrukturen platziert, prozessual fest und mit klaren Aufgaben, Kompetenzen und Verantwortungen in die betrieblichen Abläufe integriert sowie personell stark in der Unternehmensführung vertreten. Eine kraftvolle strategische Verankerung mit „breitem Kreuz" im eigenen Unternehmen ist für eine starke Leistung in der Güterversorgung von entscheidender Bedeutung. Wie sollen die operativen Teilnehmer der Supply-Chain sonst die Logistik-Funktion ernst nehmen, wenn sie im eigenen Haus „nichts zu sagen" hat. Je stärker sie dort positioniert ist, desto stärker kann sie in ihren Aufgaben wirken.

- **Stärkefaktor 2 – Die Logistik-Funktion ist stark bei den operativen Supply-Chain-Partnern positioniert:** Die Logistik-Funktion genießt durch die Abstrahlung ihrer strukturellen Stärke sowie ihrer fachlichen und sozialen Handlungskompetenz Respekt bei den operativen Supply-Chain-Partnern, also den Zulieferern, den Fachbereichen im Unternehmen und den Kunden. Damit kann sie sich auf der Arbeitsebene wirkungsvoll mit allen am Material- und Informationsfluss direkt Beteiligten vernetzen.

- **Stärkefaktor 3 – Die Logistik-Funktion wird stark geführt:** Die innere Organisation der Logistik-Funktion ist ein entscheidender Faktor, um die operativen Materialflüsse erfolgreich gestalten, steuern und weiterentwickeln zu können. Dazu werden innerhalb der Funktion die erforderlichen Prozesse und Strukturen geeignet ausgestaltet, umgesetzt und gesteuert.

- **Stärkefaktor 4 – Die Logistik-Funktion sorgt für einen starken operativen Logistikbetrieb:** In der betrieblichen Praxis operationalisiert die Logistik-Funktion die Material- und Informationsflüsse jederzeit so, dass sie ihre Logistikziele erreicht. In ihrer Kernaufgabe – der Versorgung der Supply-Chain mit Gütern – erzielt sie exzellente Ergebnisse. Das führt zu einer positiven Rückkopplung auf die Stärkewahrnehmung der Logistik-Funktion in der Unternehmensführung und bei den Supply-Chain-Partnern.

Steht die Logistik-Funktion für die angeführten Merkmale, dann hat sie Logistik-Power. Sie kann den Material- und Informationsfluss entlang der gesamten Wertschöpfungskette entscheidend beeinflussen und ihre Ziele erreichen: schnell, schlank und fehlerfrei liefern.

Eine starke Logistik-Funktion entsteht jedoch nicht von allein. Logistik-Power ist kein Geschenk, sondern hart zu erarbeiten. Entsprechend dem betriebswirtschaftlichen Managementzyklus aus Planung, Realisation und Kontrolle sind dazu auch in der Logistik-Funktion die klassischen Aufgabentypen auszugestalten [46]:

- **Logistik-Planning:** Strategische Logistik-Aufgaben zur Gestaltung, Operationalisierung und Realisierung von Logistikzielen in der Logistik-Funktion.

- **Logistik-Operations:** Operative Logistik-Aufgaben zur effizienten Realisierung der Material- und Informationsflüsse in der Supply-Chain.

- **Logistik-Controlling:** Erfolgsorientierte Steuerung der Aufgaben im Logistik-Planning und den Logistik-Operations.

Die Logistik-Aufgaben wirken in der betrieblichen Praxis als Befähiger für Logistik-Power und sorgen im Ergebnis für die Erreichung der Logistik-Ziele. Abb. 2.1 fasst die Wirkungszusammenhänge kompakt zusammen.

Abbildung 2.1   Logistik-Power: Wirkungszusammenhänge

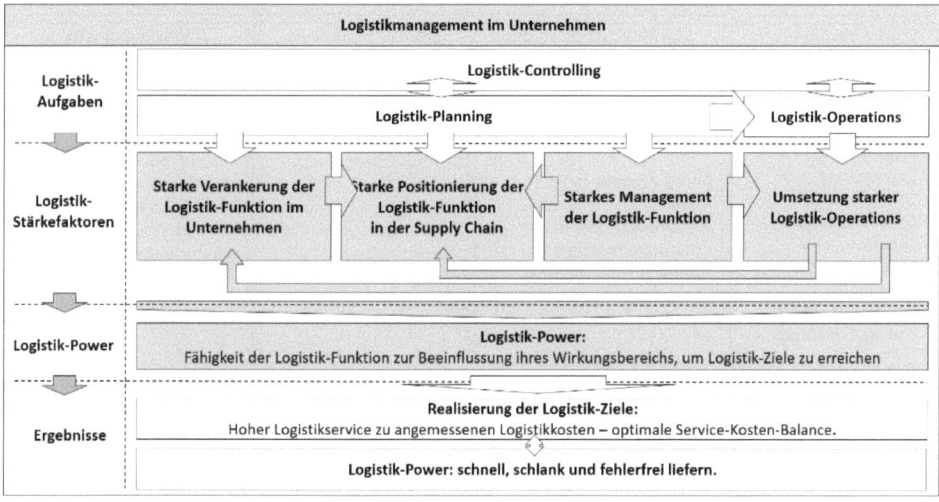

In den folgenden Kapiteln werden die Stärkefaktoren und Aufgaben der Logistik als treibende Faktoren für Logistik-Power weiter detailliert.

2.2 Logistik-Power: Stärkefaktoren im Detail

Die einführenden Erläuterungen aus Kapitel 2.1 umreißen die grundsätzlichen Themenkomplexe, aus denen sich Logistik-Power generiert. Die dort herausgearbeiteten Stärkefaktoren

- einer starken strukturellen Verankerung im Unternehmen,
- einer starken Positionierung bei den Supply-Chain-Partnern,
- einem starken Funktionsmanagement und
- starken Logistik-Operations

reichen aber in ihrem Detaillierungsgrad nicht aus, um die Logistik-Aufgaben zielgenau ableiten und auf Logistik-Power ausrichten zu können. Daher sind die Stärkefaktoren weiter zu analysieren. Es braucht an dieser Stelle einen genauen Blick, was Logistik-Power im Detail ausmacht. Dazu werden die Stärkefaktoren mit einzelnen Kriterien weiter untersetzt. So wird deutlich, was Logistik-Power im Detail ausprägt. Abbildung 2.2 gibt einen Überblick zu diesen Einzelkriterien, die im Folgenden weiter erläutert werden.

Abbildung 2.2 Logistik-Power: Stärkefaktoren

Logistik-Power			
Starke Verankerung im Unternehmen	Starke Position in der Supply-Chain	Starkes Funktionsmanagement	Starke Logistik-Operations
Merkmale	Merkmale	Merkmale	Merkmale
- Logistik-Integration - Logistik-Rolle - Logistik-Ziele - Logistik-Strategie - Logistik-System - Logistik-Prozesse - Logistik-Dialog - Logistik-Vernetzung - Logistik-Ergebnisse	- Rollenkompetenz - Informationskompetenz - Analysekompetenz - Lösungskompetenz - Umsetzungskompetenz - Kommunikationskompetenz	- Prozessorientierung - Methodenintegration - Make/Buy-Management - Rollenintegration - Personalauswahl - Dienstleisterauswahl - Funktionssteuerung - KVP-Prozess	- Bedarfsmanagement - Bestandsmanagement - Verfügbarkeitsmanagement - Liefermanagement - Wartezeitenmanagement - Ressourcenmanagement - Informationsmanagement

Starke Positionierung der Logistik-Funktion im Unternehmen

Eine starke strategische Verankerung der Logistik-Funktion im Unternehmen kann an ihrer strukturellen, prozessualen und personellen Aufstellung sowie ihrer Rolle in der Unternehmensführung festgemacht werden. Im Detail stehen die folgenden Kriterien für eine starke Logistik-Funktion:

- **Logistik-Integration:** Die Logistik-Funktion ist direkt in das Top-Management respektive in die Geschäftsleitung des Unternehmens integriert.

- **Logistik-Rolle:** Die Rolle der Logistik-Funktion ist klar festgelegt. Dazu sind ihre Aufgaben, Kompetenzen und Verantwortungen (AKV) definiert, ihre strategischen Schnittstellen zu den anderen Unternehmensfunktionen geklärt und das operative Zusammenspiel mit den Supply-Chain-Partnern in der Wertschöpfung geregelt.

- **Logistik-Ziele:** Der Logistik-Funktion sind im Unternehmen klare und anspruchsvolle Ziele zugeordnet, für deren Realisierung sie verantwortlich ist.

- **Logistik-Strategie:** Zur Erreichung der Logistikziele sind im Unternehmen klare logistische Leistungs- und Kosten-Strategien verankert.

- **Logistik-System:** Unter Führung der Logistik-Funktion ist im Unternehmen ein strategiekonformes Logistiksystem implementiert.

- **Logistik-Prozesse:** Für den Betrieb des Logistiksystems sind die Anforderungen im Hinblick auf die Durchführung der Material- und Informationsflüsse bekannt. Die Umsetzung der Logistikprozesse erfolgt entsprechend der operativen Planung in definierten Rollen und in enger Zusammenarbeit mit den Supply-Chain-Partnern.

- **Logistik-Dialog:** Die Logistik-Funktion ist in alle Kommunikationsstrukturen der anderen Unternehmensfunktionen mit logistischer Relevanz eingebunden.
- **Logistik-Vernetzung:** Die Manager und Mitarbeiter der Logistik-Funktion sind so vernetzt, dass sie Teil der „informellen Entscheidungskreise" sind.
- **Logistik-Ergebnisse:** Im operativen Logistikbetrieb werden die Leistungs- und Kostenziele der Funktion zuverlässig realisiert.

Starke Positionierung der Logistik-Funktion bei den operativen Supply-Chain-Partnern

Zur Beurteilung der strukturellen Funktionsstärke bei den operativen Supply-Chain-Partnern können die folgenden Detailkriterien genutzt werden:

- **Rollenkompetenz:** Durch einen überzeugenden Auftritt als Teil der Unternehmensführung und exzellente Operations nehmen die Supply-Chain-Partner die Logistik-Funktion als starken und kompetenten Unternehmensbereich wahr.
- **Informationskompetenz:** Die Logistik-Funktion hat Kenntnis über alle erforderlichen Daten, die zur Beurteilung der Logistikperformance wichtig sind und wirkt auf die Logistik-Partner ein, diese jederzeit zu aktualisieren.
- **Analysekompetenz:** Auf Basis logistischer Kosten- und Leistungsdaten validiert die Logistik-Funktion ihre Performance entlang der Supply-Chain.
- **Lösungskompetenz:** Zur Steigerung der Leistungsfähigkeit entwickelt die Logistik-Funktion mit ihren Partnern abgestimmte Optimierungskonzepte.
- **Umsetzungskompetenz:** Die Umsetzung von Optimierungskonzepten erfolgt schnell, fehlerfrei und präzise gesteuert.
- **Kommunikationskompetenz:** Ein erstklassiges bidirektionales Kommunikationsverhalten unterstützt die Logistik-Funktion bei ihrer Zusammenarbeit mit ihren Partnern.

Starkes Management der Logistik-Funktion

Eine dauerhaft starke Positionierung der Logistik-Funktion in der Unternehmensführung und bei den Supply-Chain-Partnern ist kein Selbstläufer. Dafür sind ein professionelles Management der Funktion und starke Operations erforderlich. Das Funktionsmanagement muss dabei für eine leistungsstarke Organisationseinheit sorgen und die Voraussetzungen dafür schaffen, dass die Funktion ihre vorgesehene Rolle glaubwürdig ausfüllen kann. Zur Bewertung der Management-Performance dienen die folgenden Detailkriterien:

- **Prozessorientierung:** Alle in der Logistik-Funktion erforderlichen Aufgabenstellungen sind mit ihren Zielstellungen definiert. Die erforderlichen Prozesse zur Aufgabenbearbeitung sind in einem funktionierenden Prozessnetzwerk festgelegt. Die Prozesse sind dabei so gestaltet, dass sie fehlerrobust ausgelegt sind und im Personaleinsatz ein breites Handlungsspektrum eröffnen.

- **Methodenintegration:** In die Prozesse sind die „Best-Practice-Standards" einer modernen Logistik integriert.

- **Make-or-Buy-Management:** Entsprechend der logistischen und wirtschaftlichen Anforderungen wird systematisch entschieden, welche Logistikprozesse intern ausgeführt und welche Prozesse extern vergeben werden.

- **Rollenintegration:** In den Prozessen sind die Rollen der Mitarbeiter und externen Logistikdienstleister durch AKV eindeutig festgelegt.

- **Personalauswahl:** Für die selbst ausgeführten logistischen Prozesse werden ausschließlich aufgabengerecht ausgewählte Mitarbeiter eingesetzt.

- **Dienstleisterauswahl:** Für alle fremdvergebenen logistischen Prozesse werden ausschließlich geeignete Dienstleister eingesetzt.

- **Funktionssteuerung:** In der Logistik-Funktion ist ein geeignetes Organisationsmodell verankert, um die Logistik-Prozesse ergebnisorientiert zu steuern.

- **KVP-Prozess:** In der Funktion ist ein kontinuierlicher Verbesserungsprozess zur Optimierung der Prozesse und der strategischen Ausrichtung installiert.

Starke Logistik-Operations

Eine starke Logistik-Funktion muss sich jeden Tag im operativen Geschäft bewähren. In ihrer Kernaufgabe, der Versorgung der Supply-Chain mit Gütern und Informationen – also den Logistik-Operations – schlägt ihr Herz. Nur wenn sie hier einen spürbaren Beitrag zur Steigerung der Wettbewerbsfähigkeit des Unternehmens leistet, ist eine wirklich starke Positionierung der Funktion möglich, die dauerhaft trägt. Starke Operations können an typischen Stärkemerkmalen festgemacht werden:

- **Bedarfsmanagement:** Für die operative Planung der Material- und Informationsflüsse werden kundengerechte Verfahren zur Bedarfsplanung ausgewählt und eingesetzt. Dies gilt für sämtliche Planungsprozesse vom Lieferanten bis zum Endkunden.

- **Bestandsmanagement:** Entsprechend der Leistungsanforderungen der Supply-Chain-Partner werden die Materialbestände in ihrer Bestandshöhe optimal geführt.

- **Verfügbarkeitsmanagement:** Die Bedarfe an disponierten Gütern sind jederzeit durch die für sie optimale Bestandshöhe gedeckt.

- **Liefermanagement:** Alle disponierten Güter werden dem Empfänger jederzeit fehlerfrei entsprechend der „7R" der Logistik bereitgestellt.

- **Wartezeitenmanagement:** Alle logistischen Prozesse sind so aufeinander abgestimmt, dass in der Abwicklung von Lieferaufträgen dort keine Wartezeiten entstehen.

- **Ressourcenmanagement:** Für die Realisierung der logistischen Prozesse werden jederzeit die unter Kosten- und Leistungsgesichtspunkten optimalen technischen und menschlichen Ressourcen eingesetzt.

■ **Informationsmanagement:** Die für die Planung und Ausführung logistischer Leistungen benötigten Informationen sind jederzeit transparent und verfügbar.

Mit den aufgeführten Detailkriterien kann Logistik-Power in der Praxis fassbar gemacht werden. Logistik-Power entsteht demnach aus ganz konkreten Eigenschaften und Fähigkeiten der Logistik-Funktion. Daraufhin müssen alle Logistik-aufgaben präzise ausgerichtet werden.

2.3 Logistik-Power: Logistikaufgaben im Detail

Um Logistik-Power zu erreichen müssen alle Logistik-Aufgaben geeignet strukturiert und ausgestaltet werden. Bei der Ausgestaltung der Aufgaben bedeutet das, genau zu hinterfragen, welchen Einfluss diese jeweils auf die Stärke der Logistik-Funktion haben und was sie dafür in der Praxis leisten müssen. Beim Aufgabendesign steht also nicht der prozessuale Gedanke der Aufgabenbearbeitung an erster Stelle, sondern die gewünschte Wirkung. Die Wirkung prägt dann in Folge die Lösungskonzeption und die Prozessgestaltung (vgl. Abb. 2.2).

Abbildung 2.3 Kopplung von Logistik-Aufgaben und Logistik-Stärkefaktoren

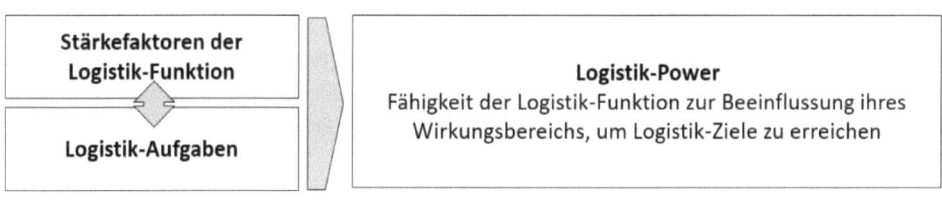

Betrachtet man die Inhalte der Logistik-Aufgaben, dann ergeben sich entsprechend dem betriebswirtschaftlichen Managementzyklus aus Planung, Realisation und Kontrolle ganz unterschiedliche Aufgabentypen (vgl. Kap. 2.1):

■ Aufgaben im Logistik-Planning

■ Aufgaben in den Logistik-Operations

■ Aufgaben im Logistik-Controlling

In diesen drei übergelagerten Aufgabenbereichen können und müssen wiederum eine Vielzahl von Einzelaufgaben gestaltet und auf die Generierung von Logistik-Power ausgerichtet werden. Abb. 2.4 gibt einen Überblick über das Aufgabenset, dass im Weiteren im Detail aufgearbeitet wird:

Abbildung 2.4 Logistik-Aufgaben im Detail

Aufgaben der Logistik-Funktion		
Logistik-Planning	**Logistik-Operations**	**Logistik-Controlling**
Teilaufgaben	Teilaufgaben*	Teilaufgaben
- Funktionseinordnung - Produkttypisierung - Logistikziele - Logistiksystemdesign - Logistikmanagement	- BL: Materialdisposition - BL: Transport-/Tourenplanung - BL: Kommissionierung - BL: Versand/Auslieferung - BL: Warenvereinnahmung - PL: Produktionsplanung - PL: Produktionsversorgung - DL: Auftragsmanagement - DL: Liefermanagement - EL: Entsorgungsmanagement	- Operatives Controlling - Strategisches Controlling

*BL: Beschaffungslogistik; PL: Produktionslogistik; DL: Distributionslogistik; EL: Entsorgungslogistik

Aufgaben im Logistik-Planning

Dem Logistik-Planning können alle Aufgaben zur strategischen Positionierung der Logistik-Funktion im Unternehmen sowie zur Gestaltung der Material- und Informationsflüsse in der Supply-Chain zugeordnet werden. Im Ergebnis dienen sie der Eröffnung und Sicherung der Erfolgspotenziale in der Logistik-Funktion:

- **Funktionseinordnung:** Hierarchische Einordnung der Funktion im Unternehmen. Integration der Funktion in die strategischen und operativen Führungsmechanismen. Klärung der Rolle mit Aufgaben, Kompetenzen und Verantwortungen (AKV) entlang der gesamten Supply-Chain.

- **Produkttypisierung:** Inhaltliche Abgrenzung und Strukturierung der Logistikobjekte in der Supply-Chain.

- **Logistikziele:** Festlegung konkreter Logistikziele in Lieferzeit, Lieferqualität, Lieferflexibilität und Logistikkosten für das Logistiksystem.

- **Logistiksystemdesign:** Strategisches Design und Implementierung des Logistiksystems mit Systemstruktur, Systemprozessen und Systemtechnik. Bereitstellung eines geeigneten Steuerungsmodells für den operativen Systembetrieb.

- **Logistikmanagement:** Implementierung von Managementstrukturen und Managementprozessen zur operativen Führung des Logistikbetriebs und zur Weiterentwicklung der strategischen Logistikausrichtung.

Aufgaben in den Logistik-Operations

In den Logistik-Operations geht es um die praktische Realisierung der Material- und Informationsflüsse – von den Lieferanten bis hin zu den Kunden. Im Fokus stehen die „echten Versorgungsaufgaben":

Aufgaben in der Beschaffungslogistik

- **Materialdisposition:** Planung und Abstimmung der termin- und mengengerechten Materialversorgung des Unternehmens. Anwendung geeigneter Dispositionsverfahren.
- **Transport-/Tourenplanung:** Gestaltung optimaler Versorgungsrelationen zur Operationalisierung der disponierten Materiallieferungen.
- **Kommissionierung:** Effiziente Zusammenstellung und Bereitstellung der disponierten Materiallieferungen bei den Lieferanten.
- **Versand:** Verpackung, Labeling, Beladung und Versand der kommissionierten Materiallieferungen bei den Lieferanten, inklusive des zugehörigen Daten- und Dokumentenmanagements.
- **Auslieferung:** Transport und Überwachung bzw. Steuerung der sich in der Zulieferung befindlichen Materiallieferungen.
- **Warenvereinnahmung:** Annahme, Prüfung (falls erforderlich), Buchung und Verbringung der angelieferten Materialien an den Bestimmungsort im Unternehmen.

Aufgaben in der Produktionslogistik

- **Produktionsplanung und -steuerung:** Steuerung der Materialanforderungen im Produktionsprozess. Bereitstellung der Dokumente für die Warenversorgung.
- **Produktionsversorgung:** Mengen- und termingerechte Versorgung der Produktionslinie durch geeignete innerbetriebliche Versorgungskonzepte. Disposition der Eigenfertigungsteile sowohl der benötigten Fertigzeuge und Halbfertigzeuge.

Aufgaben in der Distributionslogistik

- **Auftragsmanagement:** Steuerung einer zuverlässigen Auftragsannahme mit Auftragsannahme, Verfügbarkeitsprüfung, Lieferterminermittlung und Auftragsbestätigung. Information des Kunden über den aktuellen Auftragsstatus.
- **Liefermanagement:** Mengen- und termingerechte Warenbereitstellung, Kommissionierung und Auslieferung der Versandaufträge.

Aufgaben in der Entsorgungslogistik

- **Entsorgungsmanagement:** Gestaltung, Implementierung und Steuerung der erforderlichen Entsorgungskreisläufe entlang der Supply-Chain.

Aufgaben im Logistik-Controlling

Das Logistik-Controlling hat die Überwachung und Steuerung der Zielerreichung der Logistik-Funktion zum Gegenstand. Dazu dienen die folgenden Teilaufgaben:

- **Operatives Controlling:** Systematisches Controlling der Logistik-Funktion im Hinblick auf die Erreichung der gesteckten Logistikziele in den Operations. Ableitung operativer KVP-Programme zur Steigerung der Leistungsfähigkeit.

- **Strategisches Controlling:** Systematisches Bewerten, Eröffnen und Sichern der Erfolgspotenziale der Logistik-Funktion durch die Weiterentwicklung der Aufgaben im Logistik-Planning. Gestaltung strategischer KVP-Programme zur Optimierung der strategischen Ausrichtung der Logistik-Funktion.

Das Controlling koppelt die erreichten Ergebnisse aus dem Logistik-Planning und den Logistik-Operations systematisch an die Zielstellungen und gewünschten Wirkungen einer starken Logistik zurück. Damit werden Handlungsbedarfe sichtbar, die zu einer systematischen Weiterentwicklung der Logistik-Power im Unternehmen führen. Das tägliche Feedback zu servicerelevanten Kennzahlen sichert den Erfolg der Logistik nachhaltig ab.

Teile 2 des Buches greift nun die einzelnen Logistik-Aufgaben auf und zeigt präzise auf, was in der Praxis zu tun ist, damit sie wie im hier beschriebenen Sinne Logistik-Power entfalten.

Teil 2
Logistik-Power:
Umsetzung im Unternehmen

Teil 2
Logistik-Power-
Unsetzung im Unternehmen

3 Logistik-Planning: Erfolgspotenziale eröffnen

Das Logistik-Planning ist eine strategische Aufgabenstellung, mit der die Erfolgspotenziale für das Logistikmanagement eröffnet und gesichert werden. Für die Logistik-Funktion werden bereits an diesem Punkt alle erforderlichen Voraussetzungen geschaffen, damit sie in der Praxis kompetent und durchsetzungsstark agieren kann. Dazu sind die folgenden strategischen Einzelaufgaben auszugestalten und zu implementieren:

- Funktionseinordnung
- Produkttypisierung
- Logistikziele
- Logistiksystem
- Logistikmanagement

3.1 Einordnung der Logistik-Funktion im Unternehmen

An erster Stelle des Logistik-Planning steht die Einordnung der Logistik-Funktion im Unternehmen: Sie ist wirkungsvoll in die betriebliche Aufbau- und Ablauforganisation zu integrieren.

3.1.1 Ziele der Funktionseinordnung im Unternehmen

Wer im Unternehmen gestalten will, braucht Stärke. Es muss klar sein, wo und wofür die Logistik-Funktion im Kräftefeld von Einfluss und Macht stehen soll. Hierbei geht es um eine grundsätzliche Fragestellung – und mit ihrer Beantwortung beginnt die Ausgestaltung der Logistik-Funktion. Die Unternehmensleitung ist hier als prozessverantwortliche und prozesstreibende Kraft gefordert, die Einordnung zu beantworten und zu verantworten.

Im betrieblichen Spiel um Macht und Einfluss kann man eine treffende Analogie zum Schachspiel bilden. Dort ist der König die stärkste Figur. Das gesamte Spiel dreht sich um ihn. Von ihm geht der Erfolg aus. Seine Position gilt es zu stärken und zu schützen. Im Unternehmen ist der König die Nummer eins, also der Geschäftsführer, der Vorsitzende des Vorstands oder der CEO. Die Dame ist im Schachspiel die stärkste agierende Figur. Sie hat den größten Aktionsradius und die größte Wirkung. Im Unternehmen ist diese Rolle klar vergeben und kommt dem Vertrieb zu. Der Vertrieb ist auf den Märkten unterwegs und sorgt dort für Umsatz. Das ist „die" Potenzialbasis für das EBIT. Ohne Umsatz gibt es keinen

Gewinn. Richtig wirken kann die Dame aber nur, wenn sie gut mit den anderen operativen Figuren zusammenspielt: den Türmen, Läufern, Springern und Bauern. Sie müssen in ihrem Handeln strategisch klug aufeinander abgestimmt werden und in ihrer Rolle effektiv wirksam werden. Damit aus dem Umsatzpotenzial wirklich EBIT wird.

Im Unternehmen kommen diese nachgeordneten Rollen den übrigen Funktionen im Unternehmen zu. Wer hier jedoch Turm, Läufer, Springer oder Bauer ist, hängt stark vom Design der Funktionen und ihrer Besetzung ab. Wenn wir das Logistikmanagement als eine für die Kunden- und Marktakzeptanz besonders wirksame Aufgabe verstehen, muss die Logistik-Funktion im spielerischen Sinn als Turm oder Läufer aktiv werden. Nur dann kann sie einen echten Beitrag zum Unternehmenserfolg leisten: durch starken Lieferservice und gleichzeitig angemessenen Logistikkosten. Als Bauer wäre sie nur „Erfüllungsgehilfe" ohne strategische Bedeutung.

Für den Erfolg der Funktion kommt es also auf die richtige Rolle im Unternehmen an. Diese Rolle muss von der Geschäftsleitung vorgegeben und verantwortet werden. Sie tritt hier als treibende Kraft auf, denn die Einordnung der Funktion determiniert wesentlich, wie sie später in Strukturen, Prozessen und Methoden sinnvoll aussehen kann. Diese Aufgabenstellung kann die Geschäftsleitung nicht delegieren.

Was macht aber am Ende eine starke Rolle der Logistik-Funktion konkret aus? Was ist das Ziel der Funktionseinordnung? Was macht sie also im hier gezeichneten Bild zu einer starken Schachfigur? Das kann an den folgenden Ergebnisparametern festgemacht werden:

- Die Logistik-Funktion ist als Bestandteil der Geschäftsleitung kraftvoll hierarchisch im Unternehmen verankert.
- Sie übernimmt im Unternehmen klare Aufgaben, Kompetenzen und Verantwortungen (AKV) und ist gut mit den AKV der anderen Unternehmensfunktionen abgestimmt. Dabei sind Zuständigkeiten und Schnittstellen der Zusammenarbeit wirkungsvoll definiert. Die AKV determinieren ihre Prozesse.
- Im Zielgerüst des Unternehmens übernimmt die Logistik-Funktion entsprechend ihrer Rolle klare Ergebnisverantwortung.
- Für die frühzeitige Einbindung in alle logistikrelevanten Vorgänge des Unternehmens ist sie in die operativen und strategischen Regelkommunikationsstrukturen der Geschäftsleitung und der Fachbereiche fest eingebunden. Ferner unterhält sie wirksame Kommunikationsstrukturen zu ihren Supply-Chain-Partnern.
- Das Management der Funktion ist gut auf persönlicher Ebene im Unternehmen und mit den externen Supply-Chain-Partnern vernetzt. Die handelnden Personen werden dort als kompetente Partner respektiert.

Wenn strukturelle Macht, eine klare Rolle, exzellente Führung und Kompetenz in der Sache zusammentreffen, sind wichtige Grundvoraussetzungen für eine starke Logistik-Funktion gegeben. Genau dafür ist in der Funktionseinordnung zu sorgen.

Aus den diskutierten Zielstellungen leiten sich im Kern drei zentrale Aufgabenstellungen ab, die es für die Einordnung clever auszugestalten gilt:

- Organisatorisch muss die Logistik-Funktion eine geeignete Positionierung in der Unternehmensstruktur erhalten (Aufbauorganisation).
- Inhaltlich-prozessual ist ihr Handlungsrahmen über klare Aufgaben, Kompetenzen und Verantwortungen (AKV) zu bestimmen (Ablauforganisation).
- Personell muss eine bedarfsgerechte Besetzung im Management der Procurement-Funktion erfolgen (Managementbesetzung).

3.1.2 Lösungen: Aufbauorganisation

Für die erste, organisatorische Aufgabenstellung ist zu hinterfragen, welches Strukturkonzept für die Logistik–Funktion am besten geeignet ist. Bei dieser Entscheidung sind neben der sachlichen Angemessenheit auch verhaltensorientierte Aspekte zu berücksichtigen. Schließlich ist die Gestaltung von Zuständigkeiten ein hochemotionaler Aspekt, geht es doch auch um individuelle Macht und Einfluss.

Grundmodelle der strukturellen Einordnung

Basis für die strukturelle Einordnung der Logistik-Funktion sind typische Grundmodelle aus der Organisationslehre. Dort unterscheidet man prinzipiell die funktionale, divisionale und hybride Ausgestaltung von Aufbauorganisationen [47]. Abbildung 3.1 gibt einen kompakten Überblick über diese Strukturmuster und zeigt auf, welche Rolle dabei jeweils die Logistik-Funktion spielt [48][49].

Auf die Frage, welche Strukturalternative im Einzelnen zur optimalen Organisationsform führt, kann keine pauschale Antwort gegeben werden. Für die richtige Einordnung kommt es vielmehr darauf an, dass sie sich nahtlos in die spezifischen Strukturanforderungen des gesamten Unternehmens einfügt. Für eine bedarfsgerechte Konzeption braucht es daher zunächst eine Analyse der unternehmerischen Rahmenbedingungen. Dabei stehen für die Logistik die folgenden Fragen im Vordergrund:

- Was sind die strategischen und operativen Ziele des Unternehmens?
- Wie sieht das Leistungs-/Produktspektrum des Unternehmens aus?
- Wie ist die Wertschöpfung organisiert (Ablauforganisation & Aufbauorganisation)?
- Welche Fertigungsstätten müssen von wo aus und wie versorgt werden?
- Wie wird der Materialfluss innerhalb der Fertigungsstätten organisiert?
- Welche Märkte müssen von wo aus und wie beliefert werden?
- Welche Rolle spielen Lieferservice und Logistikkosten für den Unternehmenserfolg?
- Wie sieht der Markt in 5 oder 10 Jahren aus und sind wir dafür richtig aufgestellt?

Abbildung 3.1 Einordnung der Logistik-Funktion in der Unternehmensstruktur

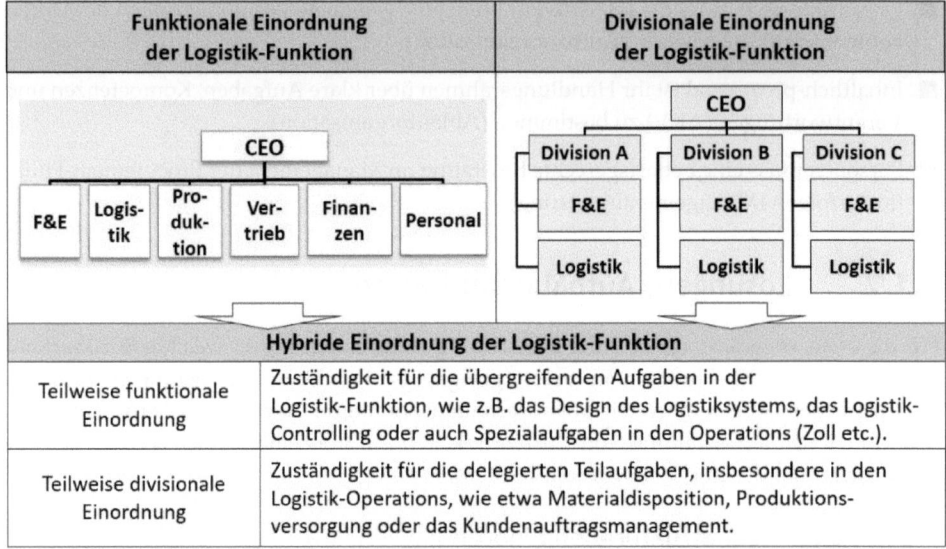

Auf Basis der entwickelten Antworten auf die o.a. Fragen kann die Logistik-Funktion bedarfsgerecht in das Strukturbild des Unternehmens integriert werden. In der Diskussion dazu sind die jeweiligen Vor- und Nachteile der Gestaltungsalternativen umfassend zu reflektieren und bei der Entscheidungsfindung zu berücksichtigen.

Funktionale Einordnung

Die funktionale Organisation der Logistik wird häufig auch als „Zentrallogistik" bezeichnet. In diesem Modell ist die Funktion ein gleichberechtigter Partner der anderen Unternehmensfunktionen in der Geschäftsleitung. Ihr ist dann die Verantwortung für die Gestaltung und Umsetzung der Logistikaufgabe für das gesamte Unternehmen zugeordnet. Dieses Modell kann beispielsweise in Unternehmen beobachtet werden, die insgesamt „straff zentral" geführt werden und bei denen das Leistungs- und Produktspektrum wie auch die Logistikprozesse relativ homogen für alle Organisationsbereiche strukturiert sind. Es kommt also im Wesentlichen auf die Homogenität der Arbeitsabläufe in der Supply-Chain an, unabhängig davon, in welcher Branche ein Unternehmen aktiv ist. Fertigt beispielsweise ein Automobilzulieferer mit Flachdichtungen für KFZ nur eine spezielle Produktgruppe, die gleichzeitig für eine homogene Abnehmerstruktur bestimmt ist, wird häufig die funktionale Organisation gewählt. Die Vorteile dieses Modells lassen sich kompakt zusammenfassen:

- Transparente Zusammenführung aller Produkt- bzw. Materialbedarfszahlen zur zentralen Steuerung homogener Material- und Informationsflüsse (Koordinationsfähigkeit).

- Verstärkung des logistischen Einflusses auf Lieferanten und Logistikdienstleister sowie Verbesserung der eigenen Anbindung an Kunden durch zentrale Ansprechpartner.
- Verstärkung interner Macht als Bestandteil der Geschäftsleitung.

Natürlich gibt es auch Nachteile in einer funktionalen Einordnung, die bei der Bewertung dieser Variante zu berücksichtigen sind. Häufige typische Schwächen sind:

- Risiko starrer Einheitsprozesse, vorbei an differenzierten Logistikanforderungen.
- Risiko einer erhöhten Distanz zu den Bedarfsträgern.
- Risiko langsamer bzw. ineffizienter Zentralabläufe.

Divisionale Einordnung

Je vielfältiger und inhomogener die logistischen Anforderungen und Prozesse eines Unternehmens werden, desto größer ist die Wahrscheinlichkeit, dass sich die oben angeführten Risiken realisieren. In diesem Fall wird oft die Alternative einer divisionalen Einordnung in Betracht gezogen. Diese Organisationsform wird auch häufig als „dezentrale Logistik" bezeichnet. Im Ergebnis wird dabei im Unternehmen die Verantwortung für die logistischen Prozesse an verschiedene, klar abgegrenzte Gruppen von Bedarfsträgern delegiert. Dort nehmen dann einzelne, divisionale Logistik-Einheiten jeweils ihre Aufgabe in Eigenverantwortung wahr und handeln im Wesentlichen autonom. Typischerweise finden sich entsprechende Organisationsformen in Firmen mit einem hohen Diversifizierungsgrad in Produkten und Prozessen. Ist beispielsweise ein Konzern mit unterschiedlichsten Produktdivisionen aktiv, etwa gleichzeitig als Automobilzulieferer und auch als Hersteller von Haushaltsgeräten, liegt es auf der Hand, dass dann die logistischen Anforderungen sehr unterschiedlich sind. Eine dezentrale Einordnung bietet sich also an. Die Vorteile dieser Organisationsform lassen sich wie folgt zusammenfassen:

- Direkte Anbindung der Logistik an die Bedarfsträger (mittendrin statt nur dabei).
- Hohe Variabilität und Flexibilität im Design von Logistikstrukturen und -prozessen.
- Hohe Geschwindigkeit und kurze Entscheidungswege in der Aufgabenumsetzung.

Diesen Vorteilen stehen jedoch auch Nachteile gegenüber, die insbesondere eine Auswirkung auf das Gesamtunternehmen haben können:

- Divisions- oder Bereichsinteressen dominieren übergreifende Unternehmensinteressen.
- Logistikprozesse sind ggf. intransparent und nicht ressourcenoptimiert umgesetzt.
- Lösungen werden von verschiedenen Bereichen mehrfach „erfunden" und implementiert. Es entstehen heterogen Lösungen zu hohen (Mehrfach-)kosten.

Hybride Einordnung

Hybride Einordnungen vereinen die Vorteile der beiden ersten Grundmodelle und dämpfen die jeweiligen Nachteile. In hybriden Strukturen werden die Logistikaufgaben dann zentral gebündelt, wenn ein einheitliches Vorgehen für alle Beteiligten von Vorteil ist bzw. das Gesamtinteresse des Unternehmens die Bereichsinteressen bewusst dominieren soll. Funktionsübergreifende Aufgaben verbleiben in funktionaler, zentraler Verantwortung. Alles andere wird dezentral in die Verantwortung der Divisionen gestellt.

Die hybride Einordnung wird auch häufig als „Matrixorganisation" in der Logistik bezeichnet – mit einer Zentrallogistik und angegliederten dezentralen Logistikeinheiten. In dieser Konstellation kann sie zentral als starker Partner in der Geschäftsleitung agieren und dort wichtige Belange der Logistik vertreten. So können beispielsweise auf der prozessualen Ebene AKV für das Zusammenwirken mit den anderen Unternehmensfunktionen abgestimmt werden. Gleichfalls kann festgelegt werden, welche Logistikaufgaben zentral gebündelt werden sollen, da sie homogen bzw. strategisch relevant sind. Typische Beispiele hierfür sind das Logistik-Planning mit der Festlegung von Logistikzielen und dem Design des Logistiksystems oder auch das Logistik-Controlling. Die Operationalisierung des Logistik-Systems kann dementgegen häufig nur sinnvoll dezentral vorgenommen werden. Hier kommt es für den Logistikbetrieb auf die spezifischen Gegebenheiten vor Ort an, etwa bei der Steuerung der Logistikdienstleister für Transport- und Lageraufgaben oder im Hinblick auf einen flexiblen Einsatz des Logistikpersonals im Saisonbetrieb.

In hybriden Strukturen wird es für die Logistik im Ergebnis möglich, sowohl eine starke zentrale Rolle zu spielen als auch nah an den Bedarfsträgern vor Ort zu sein. Wenn dies geschickt organisiert wird, entstehen große Vorteile:

- Verstärkung der internen Macht als Mitglied der Geschäftsleitung.
- Abgestimmte AKV für die Zusammenarbeit mit anderen Unternehmensfunktionen.
- Homogenisierung der Logistikaufgabenstellungen mit unternehmensweitem Potenzial.
- Flexibilisierung logistischer Aufgabenstellung mit divisionalem Potenzial.
- Direkter Kontakt und höhere Geschwindigkeit bei den Beteiligten vor Ort.

Die zentralen Nachteile der funktionalen bzw. divisionalen Strukturen können gedämpft werden. Jedoch entstehen in hybriden Strukturen komplexere Führungs- und Steuerungsmechanismen. Dadurch ergeben sich neuartige Nachteile:

- Komplexere Strukturen und Zuständigkeiten im Unternehmen. Keiner ist so richtig zuständig und verantwortlich.
- Inhomogene Führungsansätze im Unternehmen.
- Erhöhter Kommunikations- und Abstimmungsbedarf zwischen funktionalen und divisionalen Logistik-Einheiten.
- Steigende Zahl an Schnittstellen zu Lieferanten, Kunden und Unternehmensfunktionen.

Auswahl eines Grundmodells

Um bei der konkreten Entscheidungsfindung zu einer passgenauen Einordnung der Logistik-Funktion zu kommen, empfiehlt es sich, anhand der Homogenität bzw. Inhomogenität der Logistikprozesse im Unternehmen die notwendigen Schlussfolgerungen zu ziehen. Orientierung kann dabei folgender Leitsatz geben:

- Die Einordnung der Logistik-Funktion sollte so funktional wie möglich und so divisional wie nötig erfolgen.

Diese Orientierung ermöglicht durch Prozessstandardisierungen eine Erhöhung der Ergebnispotenziale – unter Berücksichtigung der erforderlichen Flexibilitätsansprüche.

Unabhängig vom genutzten Grundmodell ist sicherzustellen, dass die Logistik-Funktion einen direkten Zugang zur Unternehmensleitung bzw. in divisionalen Strukturen zur Divisions-Leitung hat. In diesem Zusammenhang ist sie auch als integraler Bestandteil in die Regelkommunikation des engen Führungskreises zu integrieren.

3.1.3 Lösungen: Ablauforganisation (AKV)

Der gewählten Strukturlösung folgend sind inhaltlich-prozessual die AKV der Logistik-Funktion festzulegen. Im Prinzip geht es dabei um das konkrete Wechselspiel der einzelnen Funktionen im Unternehmen. Unter strategischen Gesichtspunkten ist in diesem Zusammenhang darauf zu achten, dass die Logistik-Funktion in der Unternehmensführung bei allen grundsätzlichen Entscheidungen mit logistischer Relevanz eingebunden ist. Veränderungen im Produktportfolio, den Beschaffungs- und Absatzmärkten oder auch in den Fertigungsprozessen ziehen immer auch Änderungen im Material- und Informationsfluss nach sich. Daher ist es wichtig, dass die logistischen Auswirkungen dort angemessen in die Entscheidungsfindung einfließen. Bei der operativen Umsetzung der Material- und Informationsflüsse kommt es dann auf eine reibungslose Zusammenarbeit mit allen internen und externen Partnern in der Supply-Chain an. Auch hier muss klar sein, wer was zu welchem Zeitpunkt zu tun hat und wer wofür verantwortlich zeichnet, damit am Ende Güter wie geplant fließen. Das für den Erfolg der Logistik-Funktion wichtige Zusammenspiel mit den anderen Unternehmensfunktionen kann grundsätzlich über Aufgaben, Kompetenzen und Verantwortungen (AKV) definiert werden [50]. AKV legen dabei für typische Arbeitsaufgaben im Unternehmen fest, wer in der Ablauforganisation wofür verantwortlich zeichnet. Unterschieden werden können dabei AKV für das Management und den Supply-Chain-Betrieb.

AKV für das Logistikmanagement

Für die strategische Ausrichtung der Logistik-Funktion ist es von Bedeutung, dass sie auf Geschäftsführungsebene aktiv in alle wichtigen Unternehmensentscheidungen mit logistischer Relevanz eingebunden ist. Denn hier werden die Prämissen für das Logistiksystem im Hinblick auf Lieferservice und Logistikkosten maßgeblich determiniert. Tabelle 3.1 gibt in diesem Zusammenhang typische Entscheidungssachverhalte beispielhaft wieder.

Tabelle 3.1 Beispiele typischer Unternehmensentscheidungen mit Logistikrelevanz

Bereich	Unternehmensentscheidung	Logistische Relevanz
Entwicklung	Weiterentwicklung und Ausdifferenzierung von Produkten auf den neuesten technischen Stand zur Erfüllung von Kundenanforderungen.	Erhöhung der Variantenvielfalt im Logistiksystem. Anbindung neuer Lieferanten an die Zulieferstrukturen.
Produktion	Erweiterung der Produktion um zwei neue Fertigungslinien. Verlagerung von Produktionsstandorten.	Veränderung der Materialflüsse. Neue Prozesse. Höhere Bestände. Komplexere Lieferstrukturen. Vervielfachung der Logistikkosten bei gleichem Umsatz.
Einkauf	Veränderung von Abrufmengen zur Realisierung von Skaleneffekten.	Höhere Bestände. Mehr Flächenbedarf. Neue Ladungsträger. Neue Lieferzyklen.
Qualität	Definition neuer Liefervorschriften zum Produktschutz.	Neue Verpackungen. Neues Stauungskonzept für Container.
IT	Einführung, Weiterentwicklung und Wartung neuer ERP-Systeme und kaufmännischer Prozesse.	Neue Buchungsverfahren und Schnittstellen zu Lieferanten-, Kunden- und Dienstleistersystemen.
Absatz	Implementierung neuer Vertriebswege und neuer Märkte sowie Ausbau bestehender Netze.	Aufbau eines neuen Lagernetzes zur Versorgung der Distributionswege. Veränderung von Anforderungen an Lieferzeit und Lieferflexibilität in den Märkten.
Marketing	Forderung neuer Produkte unter Beibehaltung des bisherigen Produktportfolios.	Erhöhung der Variantenvielfalt im Logistiksystem.
Finanzen	Freisetzung gebundenen Kapitals zur Erhöhung des Cash-Flows.	Abbau von Beständen. Anpassung der Läger. Neue Lieferkonzepte.
Controlling	Umsetzung veränderter Inventurzyklen und Inventurprozesse.	Veränderung logistischer Prozesse im Lager.

Wie aus den oben angeführten Beispielen deutlich wird, haben unternehmerische Entscheidungen - unabhängig ihrer fachlichen Inhalte - häufig auch logistische Implikationen. Dabei entstehen Zielkonflikte, die es auszubalancieren gilt [51][52]. So haben beispielsweise neue Produktvarianten oft auch eine Erhöhung der Teilevielfalt und der Bestände zur Folge, was zu höheren Logistikkosten führt. Daher ist im Kontext von Unternehmensentscheidungen immer auch konkret zu hinterfragen, welche Auswirkungen sich daraus für das Logistiksystem ergeben und wie in der Gesamtwirkung eine Entscheidung die Wettbewerbsfähigkeit des Unternehmens beeinflusst.

Damit die Logistik-Funktion in dieser Diskussion den erforderlichen Einfluss in der Unternehmensführung nehmen kann, sollte ihre Rolle im Führungsteam mit „Management-AKV" präzisiert werden:

- **Aufgaben:** Beratung der Unternehmensführung im Hinblick auf logistische Konsequenzen, die auf Produkt-, Prozess-, Struktur- oder Organisationsveränderungen beruhen. Unterstützung der Unternehmensführung bei der Entscheidungsfindung.

- **Kompetenzen:** Valide Bewertung der geplanten Veränderungen im Hinblick auf ihre Auswirkungen bezüglich des geforderten Lieferservice und der dadurch zu erwartenden Logistikkosten.

- **Verantwortungen:** Sicherstellung einer umfassenden Reflexion der logistisch relevanten Fragestellungen in der Unternehmensleitung. Überführung von Unternehmensentscheidungen in realistische, im gesamten Führungsteam abgestimmte Logistikziele.

Nimmt die Logistik-Funktion diese Rolle effektiv wahr, entstehen klare Vorgaben für die Ausgestaltung der Logistikaufgaben im Unternehmen und die zu realisierenden Logistikziele. Zielkonflikte zwischen den Unternehmensfunktionen werden entschärft, da sie bereits Gegenstand der Entscheidungsfindung in der Unternehmensleitung waren.

AKV für den Supply-Chain-Betrieb

In der betrieblichen Praxis kommt es für den Erfolg der Logistik-Funktion auf reibungslos umgesetzte Material- und Informationsflüsse an. Dazu sind die wesentlichen Aufgabenstellungen in den logistischen Teilsystemen der Beschaffungs-, Produktions-, Distributions- und Entsorgungslogistik zu gliedern und die Aufgabenteilung zwischen den Supply-Chain-Partnern zu regeln.

Betrachtet man die Beschaffungslogistik, dann geht es dort um die Aufgabenverteilung in der Fremdversorgung des Unternehmens. Entlang der Logistik-Aufgaben lassen sich hier die wesentlichen Aufgaben und Zuständigkeiten wie folgt differenzieren:

- **Materialdisposition:** Bei der Materialdisposition handelt es sich in der Beschaffungslogistik um den konkreten Abruf bzw. die konkrete Bestellung von Gütern bei den Lieferanten des Unternehmens. Basis der Disposition sind die Auftragsdaten aus der Absatz- bzw. Produktionsplanung. Zuständig für diese Aufgabe ist die Logistik. Sie hat sowohl die Lieferanten als auch ggf. die für den Gütertransport zuständigen Logistikdienstleister (Spediteure) rechtzeitig darüber zu informieren, welcher Bedarf in welcher Menge zu welchem Zeitpunkt an welchen Ort zu liefern ist. Dazu hat sie in enger Abstimmung mit der Produktion auf Basis der betrieblichen Produktionsplanung und Produktionssteuerung geeignete Dispositionsverfahren ein- und umzusetzen. In der Produktionslogistik (s.u.) geht es in der Disposition analog um das Auslösen von Fertigungsaufträgen. Die hierfür eingesetzten Verfahren sind meist identisch.

- **Transport-/Tourenplanung:** Gegenstand der Transport- und Tourenplanung ist eine kosten- und prozessoptimale Auslegung der Versorgungsrelationen des Unternehmens. Dabei ist zu klären, aus welchen Fertigungs- bzw. Lagerstätten der Lieferanten und über welche Touren der Wareneingang kostenoptimal versorgt werden kann – unter Berücksichtigung ggf. vorgegebener Anlieferzeitfenster. Erfolgt in diesem Kontext eine Anlieferung „frei Haus", ist diese Planungsaufgabe in der Verantwortung der Lieferanten, in enger Abstimmung mit den ausführenden Spediteuren und der Logistik. Wurde „ab Werk" als Lieferkondition vereinbart, liegt diese Aufgabe prinzipiell bei der Logistik, die sie jedoch im Regelfall an die für die Transportabwicklung beauftragten Spediteure delegiert. In diesem Fall müssen sich die Logistik / die Frachtführer mit den Lieferanten über die Ausführung der Touren abstimmen.

- **Kommissionierung:** Zur Vorbereitung der Warenauslieferung hat der Lieferant in eigener Verantwortung und unter Einsatz effizienter Kommissionierungsverfahren die disponierten Güter an seinem Warenausgang bereitzustellen.

- **Versand:** Im Versand hat der Lieferant in eigener Verantwortung die zur Auslieferung bestimmten Güter zu verpacken, zu kennzeichnen und mit den erforderlichen Warenbegleitpapieren auszustatten. Die Lieferung ist schließlich mit allen relevanten Lieferdaten in Abstimmung mit dem Spediteur, dem Wareneingang des Abnehmers zu avisieren. Schließlich erfolgt die Beladung der Transportmittel, womit die Übergabe der Ware an den Frachtführer abgeschlossen ist.

- **Auftragsverfolgung:** Befindet sich die avisierte Ware im Transport, kann über Trace- & Trackingsysteme der jeweilige Status, wie z.B. der aktuelle Standort der Ware oder auch die Termineinhaltung, abgerufen werden. In Summe kann der gesamte Weg vom Versender bis zum Empfänger schlüssig verfolgt und dokumentiert werden. Für die Bereitstellung dieser Informationen ist der ausführende Spediteur verantwortlich.

- **Warenvereinnahmung:** Im Wareneingang hat die Logistik die eintreffenden Güter anzunehmen, ggf. zu prüfen, zu buchen und an den Bestimmungsort im Unternehmen zu verbringen. Einkauf, Controlling, Rechnungswesen und Produktion können über die Buchungsvorgänge zeitnah über die Warenversorgung informiert werden, so dass jederzeit ein aktueller Überblick zu Beständen und Bestellvorgängen möglich ist. Ggf. wird diese Aufgabe auch komplett an Logistikdienstleister delegiert.

In der Produktionslogistik geht es um die Versorgung der betrieblichen Wertschöpfung. Auch hier sind die Aufgaben der Logistik-Akteure klar zu strukturieren:

- **Produktionsplanung:** Zur Planung der Fertigung hat die Logistik den Bedarf an Fertigprodukten zu ermitteln und in Produktionsaufträge umzuwandeln. Die Produktionsaufträge sind mit der Produktion im Hinblick auf freie Kapazitäten abzustimmen und einzuplanen. Darauf aufbauend ist der konkrete Materialbedarf entlang der Produktionslinie mengen- und zeitgerecht zu ermitteln und operativ zu steuern.

- **Produktionsversorgung:** Entsprechend der Materialbedarfe hat die Logistik für eine mengen- und termingerechte Versorgung der Produktionslinie durch geeignete innerbetriebliche Versorgungskonzepte zu sorgen. Handelt es sich um Warenabrufe von lagerhaltigen Materialien, hat sie die Auslagerung, Kommissionierung, ggf. Verpackung bzw. KLT-Umlagerung, Buchung und den Transport der Güter zum Bestimmungsort zu steuern. Dabei handelt es sich in der Regel um einen intern und autonom durchführbaren Prozess. Häufig wird diese Aufgabenstellung von der Logistik an externe Logistikdienstleister delegiert. Handelt es sich um Just-in-Time bzw. Just-in-Sequenz Abrufe ohne Lagerhaltung, so fließen die Warenabrufe unmittelbar in die Materialdisposition der Beschaffungslogistik ein, so dass hier die beschriebenen Aufgaben für eine bedarfsgerechte Produktionsversorgung sorgen, direkt vom Lieferanten bis hin zur Produktionslinie.

In der Distributionslogistik geht es um die Aufgabenverteilung für eine mengen- und termingerechte Versorgung der Kunden mit fertigen Gütern. In dieser Aufgabenstellung greift typischerweise die folgende AKV-Aufteilung:

- **Auftragsmanagement:** Auf Basis der eingehenden Kundenanfragen zeichnet die Logistik für eine zuverlässige Verfügbarkeitsprüfung, Lieferterminermittlung und Auftragsbestätigung verantwortlich. Hierzu steht sie in engem informatorischen Austausch mit Absatz, Produktion und Einkauf. Mit der Produktion hat sie die Produktionsplanung abzustimmen und ggf. über den Einkauf die termingerechte Verfügbarkeit der benötigten Vormaterialien zu prüfen. Am Ende hat Sie Kundenanforderungen und betriebliche Möglichkeiten auszubalancieren und in Einklang zu bringen.

- **Liefermanagement:** Entsprechend der zugesagten Aufträge zeichnet die Logistik für eine auftragskonforme Warenbereitstellung, Kommissionierung Buchung, und Auslieferung der fertiggestellten Güter an die Kunden verantwortlich. Diese Aufgabe kann sie selbst oder in Zusammenarbeit mit Logistikdienstleistern ausführen. Voraussetzung ist eine termingerechte Fertigung. Hierfür zeichnet die Produktion verantwortlich. Die gebuchten Aufträge können dann im Controlling erfasst und die Zahlungsläufe im Rechnungswesen angestoßen werden.

In der Entsorgungslogistik ist das Management der erforderlichen Entsorgungsströme in der Supply-Chain sicherzustellen. Hier geht es im Wesentlichen um das Handling von Abfällen und Reststoffen.

- **Entsorgungsmanagement:** Für die Aufgabe des Entsorgungsmanagements zeichnet ebenfalls die Logistik verantwortlich, in enger Zusammenarbeit mit Lieferanten, Kunden und der Produktion. Da es sich hier um eine sehr komplexe Herausforderung handelt, wird das Entsorgungsmanagement – insbesondere im Bereich der Abfall- und Reststoffentsorgung - häufig insgesamt an Entsorgungsspezialisten ausgelagert.

Die hier vorgestellte Aufgabenteilung der Supply-Chain-Partner hat beispielhaften Charakter. Sie kann unternehmensindividuell variiert werden. Dadurch ändern sich nicht die

Aufgabenstellungen selbst, sondern nur die mit ihnen verbundenen Zuständigkeiten im und außerhalb des Unternehmens. Diese Zuständigkeitsklärung ist jedoch von entscheidender Bedeutung, wenn alle Spieler reibungslos zusammenarbeiten sollen. Entsprechend kompakt und klar sollten die operativen AKV für den Supply-Chain-Betrieb festgelegt werden. Abbildung 3.2 gibt ein beispielhaftes AKV-Konzept wieder.

Abbildung 3.2 AKV für den Supply-Chain-Betrieb

Logistische Aufgaben	Operative Supply-Chain-Partner							
	Interne Supply-Chain-Partner					Externe Supply-Chain-Partner		
	Logistik	Produktion	Absatz	Einkauf	Controlling	RW	Lieferant	Kunde	LOG-DL
Beschaffungslogistik									
Operative Materialdisposition	V	M		I	I		I		I
Transport- /Tourenplanung	I/V						V/I		M/(V)
Kommissionierung							V		
Versand	I						V		M
Auftragsverfolgung	I						I		V
Warenvereinnahmung	V	I		I	I	I	I		(V)
Produktionslogistik									
Produktionsplanung	V	M							(I)/(V)
Produktionsversorgung	V	M					(M)		(V)/(M)
Distributionslogistik									
Auftragsmanagement	V		I					I	
Liefermanagement	V	M			I	I		M	(V)/M
Entsorgungslogistik									
Entsorgungsmanagement	V	M	M				M	M	M/(V)

V=verantwortlich; M=mitwirkend; I = informatorisch eingebunden; () = typische Alternativvariante

3.1.4 Lösungen: Funktionsmanagement

Eine weitere wichtige Rolle für eine starke Logistik-Funktion spielt das Führungspersonal. Hier gilt es, die fachlichen Logistik-Anforderungen mit den für das Top-Management des Unternehmens erforderlichen Persönlichkeitsmerkmalen zusammenzubringen. Eine Logistik-Funktion ist letztlich nur dann stark, wenn sie in der Unternehmensführung wirklich etwas „zu sagen" hat. So sind die Interessen der Logistik geschickt in der Geschäftsleitung wie auch bei den operativen Supply-Chain-Partnern zu positionieren – einerseits durchsetzungsstark, andererseits auch integrativ. Das ist eine sehr anspruchsvolle Aufgabe, die eine geschickte Managementhand braucht, mit dem richtigen Führungsmix aus Position, Integration und Steuerung. Dazu ist sie mit den richtigen Köpfen zu besetzen

Die Methoden und Verfahren zur Auswahl von Führungspersonal sind in der einschlägigen Literatur zum Human-Ressource-Management sowie der generellen Managementlehre verankert und sind nicht Gegenstand dieses Buches [53]-[55]. Vielmehr wird an dieser Stelle auf wichtige Einzelfaktoren für die Logistik eingegangen [56]:

- Erfahrungshintergrund Fachkompetenzen.
- Erfahrungshintergrund führungsmethodischer Kompetenzen.
- Führungsrelevante Sozial- und Selbstkompetenzen.

Faktoren der Management-Besetzung - Fachkompetenzen

Um die Logistik-Funktion erfolgreich steuern zu können, ist umfassende Erfahrung in den leistungswirtschaftlichen Prozessen des Unternehmens von großem Vorteil. Ein fachlicher Hintergrund aus den klassischen Supply-Chain-Funktionen in Einkauf, Produktion und Absatz hilft bei einer sachgerechten Ausgestaltung der Logistik-Funktion. Wer dort bereits Führungsverantwortung übernommen hat, weiß worauf es im Tagesgeschäft eines laufenden Betriebs ankommt. Nur wer die Bedeutung von Lieferservice und Logistikkosten im Betriebsalltag selbst gespürt hat, kann den besonderen Charakter logistischer Aufgaben nachvollziehen. In ihrer Wirkung kann die Logistik nämlich für das Fachbereichsmanagement großen Stress bedeuten – denn nur wer liefern kann, verkauft.

Wer also in der Logistik die Sichtweise der Fachbereiche auf die Logistik kennt, kann sich auf eine konstruktive und zielführende Zusammenarbeit mit seinen Partnern einstellen. Wenn Sprache, Denkansätze und Handlungsmuster zueinanderpassen, stimmt am Ende auch die Chemie, und das erforderliche Vertrauen kann entstehen. Dieser Fachbereichshintergrund braucht jedoch auch eine fachliche Abrundung aus der Logistik selbst. Direkte Erfahrungen aus der Logistik oder zumindest aus einer intensiven Zusammenarbeit mit der Logistik sind wichtig für einen klaren Blick auf die zentrale Herausforderung der Funktion: Dem Management des magischen Vierecks aus Lieferzeit, Lieferqualität, Lieferflexibilität und Logistikkosten – auch und insbesondere in der Hektik des Tagesgeschäfts. Oder kurz gefasst: Die Logistik-Führung braucht Manager, die mit den Herausforderungen der Fachbereiche konkret etwas anfangen können, ein gutes Grundverständnis für die Logistik-Rolle und ihre Aufgaben haben und es schaffen, beide Sichtweisen in einen gleichberechtigten Interessenausgleich zu integrieren.

Faktoren der Management Besetzung - Methodenkompetenz

Zum erfolgreichen Management der Logistik-Funktion braucht es neben dem fachlichen Hintergrund auch umfassende methodische Führungskompetenzen. In Richtung der Geschäftsleitung sind politisch-methodische Kompetenzen gefordert. Es erfordert Erfahrungen, um Macht- und Interessenslagen zu erkennen, Strukturen und Netzwerke zu verstehen, Allianzen zu bilden und zu beeinflussen und das Beziehungs- wie Machtgeflecht für die eigenen Interessen zu nutzen. In der Management-Besetzung kommt es daher darauf an zu hinterfragen, welche Netzwerke und machtpolitischen Erfahrungen in die Funktion eingebracht werden können.

In der Supply-Chain selbst ist die Fähigkeit gefordert, systematisch Orientierung zu geben, Verantwortung und Verbindlichkeit zu erzeugen, Ehrgeiz zu entfachen und wenn nötig, im Stress für Ruhe und Ordnung zu sorgen. Um Orientierung zu geben, haben die Logistik-Manager selbst strategisch zu handeln: So sind z.B. aus den Unternehmenszielen systematisch geeignete Logistikziele abzuleiten. Das Logistiksystem ist so zu konzipieren, dass die Logistikziele in der Praxis auch tatsächlich erreicht werden können. Im operativen Logistikbetrieb sind alle Supply-Chain-Partner zu einer klaren Übernahme von Verantwortung für Aufgaben und Ziele zu verpflichten sowie zu einer Kultur der Verbindlichkeit zu führen. Mit einer Führung über Ziele soll bei allen Akteuren Ehrgeiz für bessere Lösungen entfacht werden. Begleitet von der Fähigkeit, in hektischen, krisenhaften Stresssituationen souverän für Ordnung zu sorgen. In der Supply-Chain sind also besonders strategisch-gestalterische und operativ-steuernde Kompetenzen gefordert.

Faktoren der Management Besetzung - Sozial- und Selbstkompetenzen

Fachliche und methodische Kompetenzen erlangen in der Führungsaufgabe nur dann Durchschlagskraft, wenn sie durch den „Menschen Führungskraft" in Wirkung gebracht werden können. Hier zählt der persönliche Auftritt und wie die Führungskraft sich durch Verhalten und Wort in das Netzwerk der Kollegen, Mitarbeiter und Supply-Chain-Partner einbringt. Es geht um die sogenannten Soft-Aspekte, die entscheidend für den Erfolg sind, wenn fachliche und methodische Kompetenzen mitgebracht werden.

Die speziellen Anforderungen an die Sozial- und Selbstkompetenzen von Führungskräften können nicht pauschal oder allgemein formuliert werden. Sie müssen zu den spezifischen Gegebenheiten im Unternehmen passen. Dabei können je nach Situation spezifische Anforderungsprofile entstehen, deren Abdeckungsgrad im Besetzungsprozess zu validieren ist. Anforderungsprofile können z.B. entlang der folgenden Struktur aufgestellt werden:

- Anforderungen an die Persönlichkeit und die Ausdrucksfähigkeit (Charisma).
- Anforderungen an das Dialog-/Konfliktverhalten (Durchsetzungs-/Integrationsstärke).
- Anforderungen an das Sozialverhalten (Chef, Kollegen, Mitarbeiter, Kunden).
- Anforderungen an den Handlungspragmatismus (Problemverhalten, Stressresistenz).

Der Anspruch bzw. die Anforderungen an Fach-, Methoden-, Sozial- und Selbstkompetenzen im Top-Management müssen ein stimmiges Bild ergeben. Existiert ein klares Bild, kann die Personalauswahl systematisch und mit präzisen Zielvorstellungen vorgenommen werden. Wenn das gelingt, ist die Chance hoch, eine gute Besetzung vorzunehmen.

3.2 Logistische Produkttypisierung

Nach erfolgter Einordnung der Logistik-Funktion im Kräftefeld des Unternehmens geht es nun darum, diese auf inhaltlicher Ebene strategisch klug auszurichten und auf ihre operativen Aufgaben vorzubereiten. Der erste Schritt liegt dabei in der logistischen Produkttypisierung.

3.2.1 Ziele der logistischen Produkttypisierung

Das Artikel- bzw. Teilespektrum eines Unternehmens besteht nicht selten aus mehreren zehntausend verschiedenen Logistikobjekten, die von den Beschaffungsmärkten über die Produktion bis hin zu den Kunden fließen. In dieser Vielfalt ist ein zu jederzeit bedarfsgerechtes Logistiksystem zu organisieren, mit dem man die Material- und Informationsflüsse in der Supply-Chain bestmöglich steuern und operationalisieren kann. So ökonomisch effizient wie möglich und so widerstandsfähig wie nötig. An dieser Stelle greift die Aufgabenstellung der logistischen Produkttypisierung.

Um die Vielfalt der Logistikobjekte managen zu können, ist eine systematische Segmentierung erforderlich [57]. Dazu sind die einzelnen Objekte eindeutig zu erfassen, zu ordnen und entsprechend ihrer logistischen Grundcharakteristika einzuordnen.

Zur Vorbereitung der Produkttypisierung werden die Logistikobjekte im ersten Schritt über eine geeignete Verschlüsselungssystematik identifiziert, übergeordneten Produktgruppen in der Supply-Chain zugeordnet (Fertigteile, Halbfertigteile und Rohteile) und in den Teilsystemen der Logistik verortet (Beschaffungs-, Produktions-, Distributions- und Entsorgungslogistik). Damit wird eine schnelle Orientierung erreicht, um welche Logistikobjekte es an welcher Stelle im Logistiksystem geht.

Darauf aufbauend sind im zweiten Schritt die Logistikobjekte nach vordefinierten logistischen Produkttypen zu segmentieren. Dabei sind die Produkttypen „Make-to-stock", „Make-to-order" und „Engineer-to-order" grundsätzlich zu unterschieden. Über eine systematische Bewertung ihrer logistischen Grundcharakteristika können die Logistikobjekte dabei in den Themenfeldern Standardisierungsgrad, Kundenanonymität, Lagerfähigkeit, Losgrößenvariabilität und Verpackungsanforderungen differenziert werden.

Im Anschluss sind die Logistikobjekte in einem dritten Schritt mit „logistischen Stammdatensätzen" zu unterlegen. In ihnen werden später alle Informationen abgebildet, die für eine präzise Steuerung der Materialflüsse erforderlich sind. Dazu gehören auch spezifische Daten, die in einer Krise für ein schnelles Umstellen der Supply-Chain erforderlich sind. Darüber hinaus ermöglichen gute Stammdatenstrukturen im Logistik-Controlling später eine präzise Bewertung der Logistikleistung, da die Analysemöglichkeiten durch variable Parameterselektionen flexibel gestaltet werden können.

Im Ergebnis entsteht über die Produkttypisierung sowohl ein Überblick über die Herausforderungen im Logistiksystem insgesamt, als auch ein logistisches Profil für jedes einzelne Logistikobjekt. Für die verschiedenen Segmente können dann in den weiteren Aufgabenstellungen im strategischen Logistik-Planning die Anforderungen an Lieferservice und Logistikkosten präzisiert und die richtigen Methoden zur Steuerung der Material- und Informationsflüsse in den Logistik-Operations abgeleitet werden. Mit der Produkttypisierung können damit wichtige Zielstellungen im Logistikmanagement unterstützt werden:

- Die Produkttypisierung ermöglicht die Fokussierung von Zielschwerpunkten im Logistiksystem.
- Die Produkttypisierung unterstützt eine bedarfsgerechte Formulierung der strategischen Anforderungen an das Logistiksystem.
- Die Produkttypisierung ermöglicht ein bedarfsgerechtes Design der Steuerungsprozesse im Logistiksystem.

- Die Produkttypisierung ermöglicht für alle Logistikobjekte eine systematische Erfassung und Zuordnung logistischer Stammdaten.

- Die Inhalte und die Struktur logistischer Stammdaten ermöglichen die Gestaltung logistischer Analysekonzepte.

3.2.2 Lösungen: Identifizierung der Logistikobjekte

Logistikobjekte sind materielle Güter und zugehörige Informationen, die durch die Supply-Chain fließen (siehe Kapitel 1.2). An dieser Stelle lenken wir den Fokus zunächst auf die materiellen Güter. Diese können über ein Schlüsselsystem in der Supply-Chain eindeutig identifiziert werden (vgl. Kapitel 4.3). Wesentlich ist, dass das Schlüsselsystem eines Unternehmens konsistent und verständlich ist. In der Beschaffungslogistik werden Einkaufteile durch Sachnummern unterschieden, während in der Distributionslogistik die für den Verkauf bestimmten Produkte über Artikel- und Seriennummern gekennzeichnet und eindeutig identifizierbar sind. Nummerierte Fertigungsaufträge lassen eine klare Zuordnung der sich in Fertigung befindlichen Produkte zu.

Im Ergebnis können also alle Logistikobjekte in der Supply-Chain über Nummernschlüssel exakt identifiziert werden. Zur operativen Verschlüsselung werden in der Praxis klassifizierende Schlüssel, Ident-Schlüssel und Verbundschlüssel eingesetzt, wie sie in Abbildung 3.3 prinzipiell dargestellt werden [58].

Klassifizierende Schlüssel ermöglichen durch Eigenschaftsdifferenzierung eine Zuordnung von Logistikobjekten zu Materialgruppen. Im Ergebnis soll sichergestellt werden, dass der Anwender schnell einzelne Objekte im Materialgruppensystem des Unternehmens wiederfinden kann. Klassifizierende Schlüssel reichen jedoch auf der Materialflussebene nicht zur Identifikation einzelner Logistikobjekte aus, da sie nur Ordnungsgruppen bereitstellen.

Eine eindeutige Identifizierung einzelner Logistikobjekte ermöglichen erst Ident- bzw. Verbundschlüssel. Ident-Schlüssel setzen sich aus einer einmalig vergebenen Kombination aus Buchstaben-, Ziffern- oder Buchstaben-Ziffern-Folgen zusammen. Ein Logistikobjekt wird dann eindeutig einem Ident-Schlüssel zugewiesen. Das reicht für die Identifikation, gibt jedoch dem Anwender wenig Orientierung, da es sich meist um unsystematische Zeichenfolgen handelt. Ist eine „sprechende Orientierung" gefragt, eignen sich Verbundschlüssel. Dort entsteht durch die Zuweisung eines Ident- zu einem Klassifizierungsschlüssel ebenfalls ein eindeutiger Objektbezug, jedoch sprechend – wenn der Schlüssel gut gestaltet wurde.

Abbildung 3.3 Systematik der Objektverschlüsselung

Arten der Materialverschlüsselung:

Klassifizierende Schlüssel:
Klassifizierungsmerkmale ermöglichen eine Gruppierung von Objekten nach vergleichbaren Eigenschaften.

Ident-Schlüssel
Sind reine Ident-Kennziffern, nicht sprechend.

Verbundschlüssel:
Setzen sich aus einem Klassifizierungs- und einem Ident-Teil zusammen.

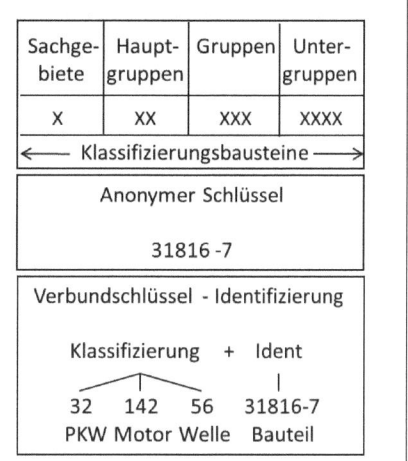

3.2.3 Lösungen: Produktgruppen in der Supply-Chain

Die identifizierten Logistikobjekte sind im nächsten Schritt nach übergeordneten Produktgruppen zu ordnen [59][60]. Dazu werden vier zentrale Produktgruppen unterschieden:

- **Fertigteile (FERT):** Fertigteile sind die vom Unternehmen für den Verkauf an den Kunden bereitgestellten (End-)Produkte. Es handelt sich um in der Fertigung erstellte Güter oder um von Zulieferern eingekaufte Handelswaren bzw. Ersatzteile, die ohne eigenen Wertschöpfungsbeitrag (unverändert als Fertigteile) an den Kunden weiterverkauft werden.

- **Halbfertigteile (HALB):** Halbfertigteile sind Güter, aus denen im Wertschöpfungsprozess durch Montage oder Zusammenfügen ein Fertigteil entsteht. Halbfertigteile werden in Eigen- oder Fremdfertigung durch den Einsatz und die Bearbeitung von Rohteilen erzeugt. Alternativ können Halbfertigteile auch als komplexe Einkaufteile von Zulieferern zur Weiterbearbeitung in der Produktion beschafft werden. Komplexe Fahrzeugmodule, wie etwa das vormontierte Frontmodul in der PKW-Fertigung, seien dafür beispielhaft genannt.

- **Rohteile (ROH):** Rohteile sind zugekaufte, einfache Komponenten oder Rohstoffe, die in der Fertigung bearbeitet werden und dann in Halbfertigteile einfließen bzw. in solche umgewandelt werden. Beispielhaft seien Coils oder auch Eisenträger genannt.

- **Abfälle (ABF):** Bei Abfällen handelt es sich um die in der Supply-Chain zu steuernden Güter, die für die Entsorgung bestimmt sind, wie etwa leere (Einweg)-Verpackungen.

Abbildung 3.4 macht die Zuordnung von Logistikobjekten zu Produktgruppen und ihre phasenspezifische Verortung in der Supply-Chain schematisch deutlich.

Abbildung 3.4 Produktgruppen im Logistiksystem

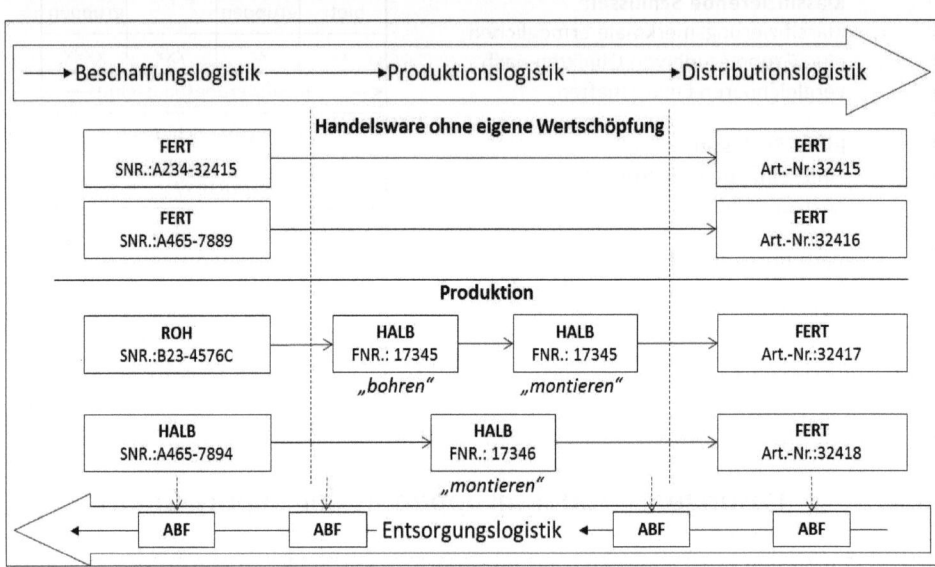

3.2.4 Lösungen: Logistische Produkttypisierung

Nachdem mit der Verschlüsselung der Logistikobjekte und ihrer Produktgruppenzuordnung klar ist, worum es in der Supply-Chain an welcher Stelle geht, sind die Logistikobjekte im Hinblick auf ihre logistischen Charakteristika zu differenzieren. Durch die Merkmale

- **Kundenanonymität:** Ja - kundenunabhängiges / Nein - kundenabhängiges Produkt,
- **Standardisierungsgrad:** Standardprodukt, Variantenprodukt, Individualprodukt,
- **Lagerfähigkeit:** Ja – Lagerprodukt, Nein – Kein Lagerprodukt,
- **Losgrößenvariabilität:** Ja – gegeben / Ja - fix vorgegeben / Nein – nicht gegeben,
- **Verpackungstyp:** produktspezifisch, kundenspezifisch,

werden die logistischen Produkttypen im Wesentlichen anhand des sogenannten Kundenauftragsentkopplungspunkts (CODP – Customer Order Decoupling Point) unterschieden [61]. Dieser Punkt gibt an, an welcher Stelle in der Supply-Chain eine Fertigung bzw. Teileverwendung nur für einen spezifischen Kundenauftrag beginnt bzw. bis zu welcher Stelle Logistikobjekte für verschiedene Kundenaufträge Verwendung finden können. Entsprechend dieser Logik werden die folgenden Produkttypen unterschieden:

- **MTS Make-to-stock:** Standardisierte Serienprodukte, die in großer Menge kundenanonym einer Vielzahl von Abnehmern zur Verfügung gestellt werden, z.B. eine für den deutschen Markt produzierte Coca-Cola-Dose, die der Endabnehmer bei seinem Einzelhändler kauft.
- **MTO Make-to-order:** Auf Basis eines definierten Produktstandards werden seriennahe Produktvarianten mit individuellen Teileigenschaften (wie z.B. einer kundenspezifischen Teilenummer, Markenbezeichnung etc.) für spezifische Abnehmer gefertigt. In diesem Kontext können zwei MTO-Ausprägungen unterschieden werden:
  - **MTO$_w$ – Make-to-order (wiederkehrend)**: Eine Produktvariante wird mehrfach durch Aufträge nachgefragt, z.B. Auftragsfertigung einer PC-Eigenmarke für vierteljährliche Discounter-Aktionen.
  - **MTO$_e$ – Make-to-order (einmalig)**: Eine Produktvariante erhält einen einmaligen Auftrag eines spezifischen Abnehmers, z.B. eine individuelle Weihnachtsverkaufsaktion mit einmaligem Verpackungsdesign.
- **ETO Engineer-to-order:** Auf Basis einer individuellen Spezifikation wird einmalig ein Produkt für einen spezifischen Abnehmer entwickelt und gefertigt.

Tabelle 3.2 zeigt zusammenfassend auf, welche Ausprägung der logistischen Grundcharakteristika zu welcher Produkttypisierung führt.

Tabelle 3.2   Logistische Produkttypisierung

	Standardisierungsgrad	Kundenanonymität	Lagerfähigkeit	Losgrößenvariabilität	Verpackungstyp
MTS	Standardprodukt (Serie)	Ja	Ja	Ja	produktspezifisch
MTO$_w$	seriennahe Variante	Nein	Ja	Ja	kundenspezifisch
MTO$_e$	seriennahe Variante	Nein	Nein	Nein	kundenspezifisch
ETO	individuelles Produkt	Nein	Nein	Nein	kundenspezifisch

Bei der Durchführung der Produkttypisierung beginnt man im Sinne einer durchgängigen Wertstromplanung für den Kunden am Ende der Supply-Chain.

In der Distributionslogistik kann für alle Fertigteile eine passende Zuordnung vorgenommen werden. Dabei steht jeweils die Frage im Vordergrund, welche Eigenschaften der Tabelle 3.2 die Kundenaufträge prägen. Entsprechend kann für jedes Fertigteil eine Typisierung erfolgen. Handelt es sich dabei um Handelsware, die ohne eigene Wertschöpfung für den Vertrieb als Fertigteile eingekauft werden, kann eine entsprechende Typisierung 1:1 auf die Einkaufsteile in der Beschaffungslogistik übertragen werden.

Entstehen die Fertigteile durch eigene Wertschöpfung, dann sind auch die Halbfertigteile in der Produktion zu typisieren. Wenn klar ist, welches Halbfertigteil in welche Fertigteile einfließt, kann für die Produktionslogistik eine Produkttypisierung durchgeführt werden. Dabei unterstützen die folgenden Leitsätze:

- Geht ein Halbfertigteil standardisiert und baugleich in alle oder in einen großen Anteil der Fertigteile ein, so kann es in der Regel dem Typ MTS zugeordnet werden.

- Geht ein Halbfertigteil in einer seriennahen Variante wiederkehrend in ein oder mehrere Fertigteile ein, so kann es in der Regel dem Typ MTO_w zugeordnet werden.

- Geht ein Halbfertigteil in einer seriennahen Variante einmalig in ein Fertigteil ein, so kann es in der Regel dem Typ MTO_e zugeordnet werden.

- Geht ein speziell entwickeltes und gefertigtes Halbfertigteil nur in ein spezifisches Fertigteil ein, so kann es in der Regel dem Typ ETO zugeordnet werden.

Die vorgestellten Leitsätze geben Orientierung. Im Zweifelsfall gehört jedoch jeder Einzelfall bewertet und geprüft.

Entsprechend der aufgezeigten Logik sind schließlich auch in der Beschaffungslogistik die für die Fertigung benötigten Einkaufteile zu typisieren. Hier können die Leitsätze aus der Produktionslogistik sinngemäß angewendet werden. Dabei steht an dieser Stelle im Fokus, welches Einkaufteil (HALB/ROH) in der Produktion wo und wie in welche(s) Halbfertigteil(e) einfließt.

Abschließend können in der Supply-Chain die Abfälle typisiert werden. Da sie für standardisierte Entsorgungsflüsse gesammelt und ggf. aufbereitet werden, ist im Regelfall eine MTS-Typisierung möglich.

Wie Abbildung 3.5 verdeutlicht, entsteht über die Supply-Chain ein klares Bild, welche logistischen Grundcharakteristika an welcher Stelle greifen. Das ist der Kern der logistischen Produkttypisierung. Erst dieses Wissen ermöglicht ein bedarfsgerechtes Design des Logistiksystems und einen effektiven Logistikbetrieb in der Praxis. Ökonomisch effizient und möglichst stabil im Krisenfall.

Logistische Produkttypisierung

Abbildung 3.5 Produkttypisierung im Logistiksystem

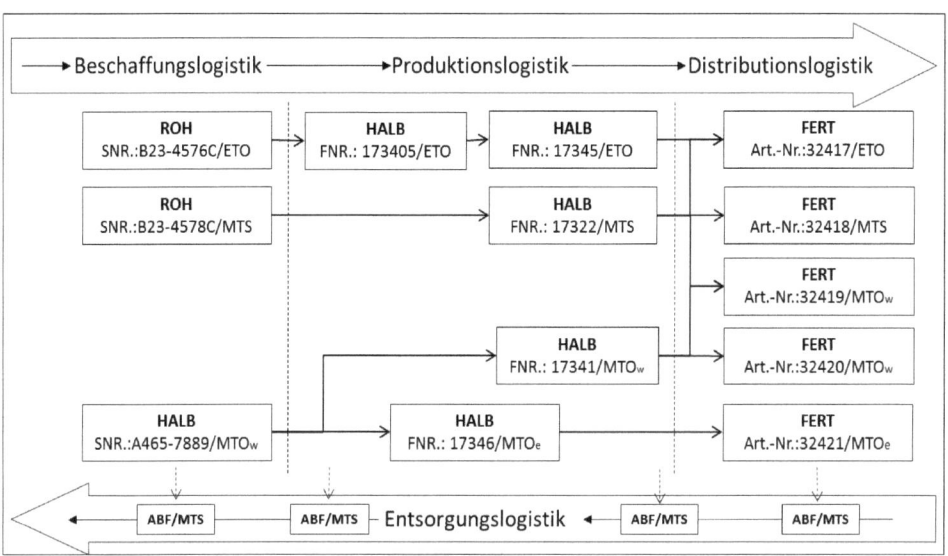

Fasst man die Typisierungen kompakt zusammen, werden die im Logistiksystem dominierenden Produkttypen deutlich. Die Struktur der Produkttypen geht als wichtige Basisinformation in die weiteren Aufgabenstellungen des Logistik-Plannings und der Logistik-Operations ein.

Abbildung 3.6 Struktur der Produkttypen im Logistiksystem

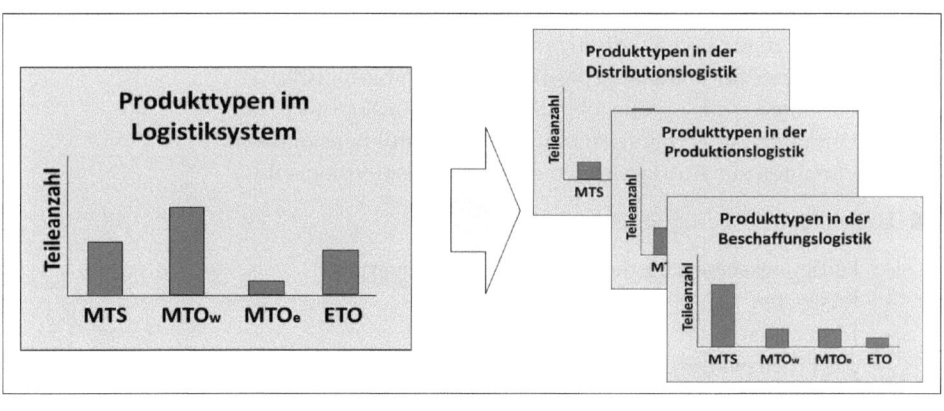

3.2.5 Lösungen: Logistische Stammdaten

Nachdem die Logistikobjekte typisiert wurden, müssen sie mit den für die Materialflusssteuerung erforderlichen Datenstrukturen hinterlegt werden. Dazu sind im ERP-System des Unternehmens zunächst die logistischen Stammdatensätze anzulegen:

- Grunddaten zur Identifikation und Klassifizierung der Logistikobjekte
    - Materialnummer (Sachnummer/Fertigungsnummer/Artikelnummer)
    - Material-/Artikelbezeichnung und Materialgruppe
    - Produktgruppe
    - Produkttyp (MTS, MTO_w, MTO_e, ETO)
    - Basismengeneinheit (z.B. Stk.; kg, l, etc.)

Die Grunddaten gelten für das gesamte Unternehmen und sind von sämtlichen Unternehmensfunktionen einsehbar. Neben diesen übergreifenden Datensätzen, werden den Logistikobjekten in der Regel weitere funktionsspezifische Datenstrukturen hinterlegt [62]. Aus Sicht der Logistik können dabei für den normalen wirtschaftlichen Betrieb insbesondere die folgenden Datenelemente hervorgehoben werden:

- Einkaufsdaten
    - Einkäufer
    - Lieferant
    - Lieferantenteilenummer
    - Bestellmengeneinheit
    - Lieferquotenanteil
    - Mahnwerte
    - Wiederbeschaffungszeit

- Logistikdaten – Materialdisposition, Produktionsplanung, Auftragsmanagement
    - ABC/XYZ-Klassifizierung
    - Eigenfertigungs-/Fremdfertigungsklassifizierung
    - Verfahren zur Materialdisposition (Beschaffungslogistik)
    - Verfahren zur Losgrößenplanung (Produktionslogistik)
    - Verfahren zur Fertigungsterminierung (Produktionslogistik)
    - Verfahren zur Auftragsterminierung (Dispositionslogistik)

- Logistikdaten – Fertigungssteuerung
    - Fertigungssteuerungsmodell (Push-/Pull-Steuerung)
    - Rüstzeiten
    - Liegezeiten
    - Sicherheitswartezeiten
    - Bearbeitungszeiten

- Logistikdaten – Lagersteuerung zur Bestandsführung
    - Lagerplatz
    - Lagernummer
    - Lagertyp
    - Kommissionierungsbereich
    - Haltbarkeitsdaten
    - Temperaturanforderungen
    - Raumbedingungen
- Vertriebsdaten
    - Verkaufsmengeneinheit
    - Mindestauftragsmenge
    - Umsatzsteuerdaten
    - Auslieferungswerk
    - Preisdaten
    - Versanddaten

Die genaue Struktur der funktionsspezifischen Datensätze ist abhängig von den betrieblichen Erfordernissen und dem eingesetzten ERP-System. Die oben angeführten Beispiele geben dazu eine erste Orientierung. Die gängigen ERP-Systeme stellen im Regelfall für diese Aufgabe ein breites Konfigurationsspektrum bereit [63][64].

Ergänzt werden sollten die logistischen Daten um krisenrelevante Parameter. Je nach Zuständigkeit sollten diese vom Einkauf oder der Logistik erfasst und regelmäßig überarbeitet werden. In der Krise kommt es darauf an schnell erforderliche Menge vorzuhalten oder auch alternative Bezugsquellen zu aktivieren. Hier kommt es darauf an gezielt zu planen, wer für wen unter welchen Bedingungen einspringen kann. Für den Krisenfall empfiehlt es sich, für jedes Logistikobjekt einen Krisendatensatz anzulegen, der insbesondere die folgenden Informationen enthält und auf monatlicher Basis zu aktualisieren ist:

- Krisendaten
    - Alternative Bezugsquellen im Inland inkl. Mengenkapazität
    - Alternative Bezugsquelle im EU-Ausland inkl. Mengenkapazität
    - Alternative Bezugsquellen außerhalb der EU inkl. Mengenkapazität
    - Alternatives, aber baugleiches Material in ggfs. höherer Qualität
    - Alternative Baugruppen
    - Prioritätszahl des Bauteils für die Versorgungssicherheit (ABC)
    - Absicherung benötigter Maschinen bei Alternativquelle (ja/nein)
    - Absicherung benötigter Werkzeuge bei alternativquelle (ja/neun)
    - Verlagerungsdauer erforderlicher Werkzeuge
    - Ramp-up Dauer der Produktion bei Verlagerung
    - Risikokennzahl (1 gering - 5 sehr hoch) zu Lieferant und Teil
    - Risikokennzahl (1 gering - 5 sehr hoch) zu Insolvenzgefahr je Lieferant
    - Risikokennzahl (1 gering - 5 sehr hoch) je Region/Land

3.3 Logistikziele

Ziele geben einer Organisation Richtung und Dynamik. Das gilt auch in der Logistik-Funktion eines Unternehmens. Für die konkrete Zielbestimmung ist zu hinterfragen, welchen Beitrag die Logistik-Funktion zur Steigerung der Wettbewerbsfähigkeit leisten kann.

3.3.1 Zielsetzungen in der Logistik-Funktion

Im ersten Schritt kann man sich den Zielschwerpunkten der Logistik durch einen Blick auf die logistische Produkttypisierung nähern. Entsprechend der dominanten Produkttypen (MTS, $MTO_{w/e}$, ETO) ist unter Berücksichtigung der branchen- bzw. unternehmensspezifischen Gegebenheiten zu differenzieren, welche Ziele (Zielinhalt = Richtungswirkung von Zielen) mit welchem Anspannungsgrad (Zielanspannung in Höhe und Zeitpunkt = Dynamikwirkung von Zielen) grundsätzlich für den Logistikerfolg wesentlich sind. Dabei werden grundsätzlich die Zielkategorien Lieferservice und Logistikkosten differenziert. Für beide Zielkategorien sind jeweils geeignete Kenngrößen zu bestimmen, die dann über konkrete Zielwerte operationalisiert werden.

Betrachtet man zu dieser Aufgabenstellung die einschlägige Fachliteratur, findet sich dort eine große Anzahl möglicher Kenngrößen [65]-[77]. An dieser Stelle ist es daher wichtig, sich aus der Managementperspektive auf die für den Logistikerfolg wesentlichen Kenngrößen zu konzentrieren. Weniger ist hier oft mehr.

Bei der Auswahl der Zielgrößen und der Festlegung von Zielwerten handelt es sich im Unternehmen nicht nur um einen rein intellektuellen Vorgang. Vielmehr spielen die Interessen der unterschiedlichen Supply-Chain-Partner und ihrer Manager eine wichtige Rolle. Im Unternehmen wird es zu Interessens- bzw. Zielkonflikten kommen. Schließlich geht es bei der Zielfindung auch um Einfluss, Profilierung und Macht. Streit- und Diskussionsfragen sind programmiert: Welche Ziele sind für das Unternehmen wichtig? Wer setzt welche Schwerpunkte? Wo gibt es Überschneidungen bzw. Widersprüche? Unterschiedliche Sichtweisen sind an dieser Stelle selbstverständlich und auch gut. Sie sind in einem strukturierten und offenen Zielfindungsprozess auszubalancieren.

Als Ergebnis entsteht ein präzises Ziel-Set, das für die Logistik-Funktion die Erfolgskriterien Lieferservice und Logistikkosten genau beschreibt und mit konkreten Zielgrößen fassbar macht. Damit werden wichtige Grundsteine für die Steuerung der Logistik-Funktion gelegt:

- Kenngrößen und Zielwerte ermöglichen die präzise Steuerung eines wettbewerbsfähigen Lieferservices.

- Kenngrößen und Zielwerte ermöglichen die bei der Umsetzung des Lieferservices die Realisierung angemessener Logistikkosten.

3.3.2 Lösungen: Zielschwerpunkte im Logistiksystem

Das Logistiksystem muss die richtige Balance aus Lieferservice und Logistikkosten abbilden. Doch wie prägt sich diese Balance konkret aus? Sie wird wesentlich durch die Struktur der Logistikobjekte und der sie begleitenden unternehmens- bzw. branchenspezifischen Marktanforderungen determiniert. Hier kommt erneut die Produkttypisierung ins Spiel.

Dazu ist für jeden Produkttyp zu definieren, was das Unternehmen unter den Stichworten Lieferservice (determiniert durch die Faktoren Lieferzeit, Lieferqualität, Lieferflexibilität) und Logistikkosten konkret leisten muss, um im Wettbewerb erfolgreich zu sein. Grundsätzlich gelten dabei die in Tabelle 3.3 herausgearbeiteten Zielschwerpunkte als erste Orientierung.

Tabelle 3.3 Logistische Produkttypen und Zielschwerpunkte in der Logistik

	Logistikziele			
	Lieferservice			Logistikkosten
	Kurze Lieferzeiten	Hohe Lieferqualität	Hohe Lieferflexibilität	Niedrige Logistikkosten
MTS	sehr wichtig	sehr wichtig	wichtig	sehr wichtig
MTOw	sehr wichtig	sehr wichtig	sehr wichtig	wichtig
MTOe	Wichtig	sehr wichtig	sehr wichtig	wichtig
ETO	weniger wichtig	sehr wichtig	weniger wichtig	weniger wichtig

Diese Orientierungen müssen aber im Detail für alle Logistikobjekte weiter konkretisiert werden. Die Anforderungen an die konkreten Zielschwerpunkte ergeben sich in der Regel aus der Analyse der branchen- bzw. marktüblichen Rahmenbedingungen des Unternehmens. So können etwa die Lieferzeitanforderungen für ein Produkt konkret herausgearbeitet und mit den von den Märkten hierfür akzeptierten Logistikkosten gegenübergestellt werden. Am Ende lässt sich, wie in Abbildung 3.7 beispielhaft dargestellt wird, die für den Unternehmenserfolg tragende Lieferservice-Logistikkosten-Balance kompakt in einem „Logistik-Performance-Portfolio" zusammenfassen. Wenn diese Balance clever festgelegt wird, können später in der Marktbearbeitung gezielt die richtigen Akzente gesetzt werden, damit Kundenbedarfe und -wünsche effektiv bedient werden können. Das ist für jedes Unternehmen ein entscheidender Faktor im Wettbewerb um die Gunst der Kunden.

Abbildung 3.7 Logistische Zielschwerpunkte im Unternehmen

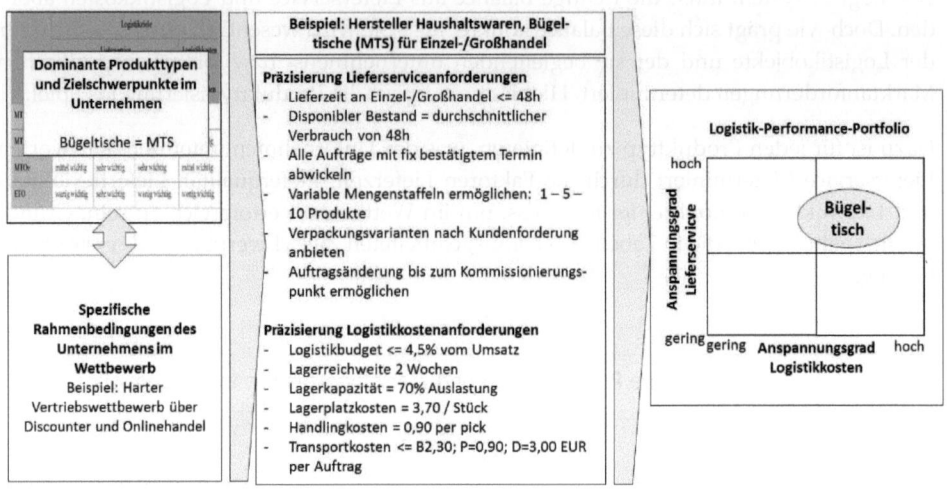

Die erarbeiteten Anforderungen zu Logistikservice und Logistikkosten sind im Folgenden über ein logistisches Zielsystem zu operationalisieren. Es sollten geeignete Kenngrößen entwickelt, mit Zielwerten belegt und in eine Logistik-Scorecard integriert werden. In den Kapiteln 3.3.3 und 3.3.4 werden für das Logistikmanagement wesentliche Kenngrößen vorgestellt. Kapitel 3.3.5 zeigt auf, wie auf Basis der herausgearbeiteten Zielschwerpunkte Kenngrößen ausgewählt und für die Steuerung des Logistiksystems eingesetzt werden können.

Der hier skizzierte Arbeitsschritt zur Bestimmung der Logistikanforderungen ist nicht trivial, da diverse logistische Zielkonflikte im Unternehmen greifen. Agiert die Logistik-Funktion als interner Dienstleister, prägt beispielsweise der Vertrieb mit seinen Anforderungen an Produktexklusivität, Lieferflexibilität und Kundenwunschtreue wesentlich die logistischen Service- und Kostenstrukturen mit. Gleichzeitig sind die Absatzprognosen des Vertriebs Grundlage für die Auslegung der Bestände und Logistikkapazitäten – eine verbrauchsnahe Bestandsführung und eine richtige Kapazitätsauslegung sind aber wiederum wichtig für wirtschaftliche Logistikprozesse. Betrachtet man neben dem Vertrieb die Beschaffung, dann gibt sie mit ihren Entscheidungen für die Gestaltung der Lieferantennetze und der Beschaffungsmengen ebenfalls service- und kostenwirksame Prämissen für die Auslegung von Beständen und Prozessen im Logistiksystem vor. Gleiches gilt für die Produktion durch die Festlegung von Fertigungsstandorten und -methoden, die von der Logistik zu bedienen sind. Abbildung 3.8 zeigt typische logistische Zielkonflikte auf, die sich aus den Prämissen und Handlungen der verschiedenen Unternehmensfunktionen ergeben können.

Abbildung 3.8 Ausgewählte logistische Zielkonflikte

Bedarfsgerechte Logistikanforderungen können daher am Ende nur dann formuliert werden, wenn die unterschiedlichen Ziele und Interessen der Unternehmensfunktionen in einen gemeinsamen Kontext gestellt, in ihren logistischen Auswirkungen bewertet und mit den grundsätzlichen Zielanforderungen der dominierenden Produkttypen in Einklang gebracht werden. Erst durch den hierfür notwendigen Managementdialog können die vielschichtigen Einflussfaktoren auf die Logistik-Funktion ins Gleichgewicht gebracht und sowohl faire als auch anspruchsvolle, aber eben realistische Logistikvorgaben formuliert werden.

3.3.3 Lösungen: Ziele - Lieferservice

Bei der Vorgabe der Logistikziele steht zunächst der Lieferservice im Vordergrund. In diesem Buch werden dem Begriff Lieferservice die logistischen Leistungsparameter Lieferzeit, Lieferqualität und Lieferflexibilität zugeordnet. Für die Logistiksteuerung sind alle drei Leistungsparameter im Verbund zu betrachten. Für die Detailsteuerung können sie mit weiteren Detailkenngrößen hinterlegt werden.

Abbildung 3.9 Ausgewählte Logistikziele - Lieferservice

Bei der Lieferzeit geht es um Geschwindigkeit, denn es ist entscheidend, dass der Kunde entsprechend seinen Erwartungen rechtzeitig mit Gütern beliefert wird. Im Vordergrund der Lieferqualität steht die Frage, ob bei der Ausführung der Belieferung Fehler passieren, die zu Reklamationen führen. Das kann passieren, wenn sich eine Lieferung verspätet, falsche Mengen geliefert, unpassende Verpackungen benutzt oder auch Güter beim Transport beschädigt werden. Unter dem Aspekt der Lieferflexibilität geht es schließlich um die Fähigkeit, sich wechselnden Kundenanforderungen schnell anpassen zu können, denn das ist ein für den Lieferservice entscheidender Faktor.

Ziel - Lieferzeit

Die Bewertung von Lieferzeiten ist keine triviale Aufgabe. Wann ist eine Lieferung schnell und wann langsam? Ist diese Fragestellung überhaupt die richtige oder geht es vielmehr darum, die Liefergeschwindigkeit zu realisieren, die der Abnehmer einer Lieferung konkret verlangt? An dieser Stelle setzt die Kenngröße der Kundenwunschtreue ein. Mit ihr wird gemessen, wie hoch der Anteil der Lieferungen ist, bei denen die Lieferzeitenvorgaben der Abnehmer erfüllt werden:

$$Kundenwunschtreue\ [\%] = \frac{Anzahl\ der\ gemäß\ Liefertermin wunsch\ gelieferten\ Aufträge}{Anzahl\ der\ mit\ exaktem\ Liefertermin wunsch\ erfassten\ Aufträge} * 100$$

Werden die Kundenwunschdaten mit exakten Terminen erfasst, lässt die Kundenwunschtreue eine gute Aussage darüber zu, ob die Liefergeschwindigkeiten im Logistiksystem anforderungsgerecht ausgestaltet sind. Ein Einsatz dieser Kenngröße ist z.B. bei der Lieferung komplexer, hochwertiger Güter oder auch bei der Versorgung eines Betriebes mit Serienmaterial möglich. Hier sind feste Zeitvereinbarungen oft Grundlage der Zusammenarbeit.

In der Praxis kommt es jedoch auch in vielen Bereichen vor, dass Kundenwunschtermine nicht präzise geäußert werden. Das ist z.B. der Fall, wenn es um die Lieferung von Standardartikeln, wie etwa Katalogwaren geht. Hier erfolgt teilweise gar keine Nennung von Wunschterminen, sondern nur eine abstrakte Anforderung, z.B. „so schnell wie möglich" oder „nach Katalogbedingung" liefern. In diesem Segment ist es sinnvoll, über Marktforschungs- und Prozessanalysen zu untersuchen, welche Lieferzeitanforderung die Abnehmer der Güter mit den jeweiligen Produkten verbinden. Entsprechend können im Logistiksystem strategische Lieferzeitenvorgaben festgelegt werden. Die Qualität dieser Vorgaben hängt dabei ganz wesentlich von der Analysequalität der Kundenanforderungen ab.

Sind die Lieferzeitanforderungen definiert, kann gemessen werden, wie hoch der Anteil der Lieferungen ist, bei denen die strategischen Zeitvorgaben erfüllt werden:

$$Lieferzeitentreue\ [\%] = \frac{Anzahl\ der\ nach\ strategischer\ Lieferzeitvorgabe\ gelieferten\ Aufträge}{Anzahl\ der\ mit\ strategischer\ Lieferzeitvorgabe\ erfassten\ Aufträge} * 100$$

Als Voraussetzung für eine pünktliche Lieferung kommt es wesentlich darauf an, ob die zur Auslieferung bestimmten Güter im Logistiksystem verfügbar sind. Geht es dabei um das Handling lagerhaltiger Ware, kann hier die „Lieferfähigkeit" als ergänzende Kenngröße hinzugenommen werden – denn ohne Lagerware kann keine Auslieferung erfolgen. Für die Bestimmung der Lieferfähigkeit gilt:

$$Lieferfähigkeit\ [\%] = \frac{Anzahl\ der\ Aufträge\ mit\ ausreichend\ frei\ disponiblem\ Lagerbestand}{Anzahl\ aller\ Aufträge\ für\ lagerhaltige\ Güter} * 100$$

Werden Güteranfragen direkt aus der Fertigung bedient, sind stabile Fertigungsprozesse und eine zuverlässige Güterversorgung in den Prozessen wichtig. Aus Sicht der Logistik ist es hier entscheidend, die Planstarttermine der Fertigung einzuhalten – denn ohne pünktlichen Fertigungsstart kann keine Auslieferung der Güter zum Planfertigstellungstermin erfolgen. Daher kann hier die „Planstarttermintreue" als ergänzende Kenngröße zur Steuerung der Lieferzeiten genutzt werden:

$$Planstarttermintreue\ [\%] = \frac{Anzahl\ der\ wie\ geplant\ gestarteten\ Fertigungsaufträge}{Anzahl\ aller\ Fertigungsaufträge} * 100$$

Ergänzend sei an dieser Stelle angemerkt, dass mit den Lieferzeitzielen direkte Interdependenzen zur Zielgröße der Logistikkosten verbunden sind. Je kürzer bzw. kundenwunschorientierter Lieferzeiten gestaltet werden können, desto näher kann man im normalen Geschäftsbetrieb die eigene Fertigung am realen Verbrauch der Märkte ausrichten. Das vermeidet sowohl Bestände als auch das Risiko fehlerhafter Prognosen und ermöglicht in der Regel schlanke Pull−Prozesse [70]. Alles Faktoren, die auch die Kostenseite positiv beeinflussen. Im Krisenfall sind die oben angeführten Zielparameter gute Frühindikatoren, um sich abzeichnende Lieferschwierigkeiten frühzeitig zu erkennen. Nur wer die aufgeführten Kenngrößen tagesaktuell führt und bewertet kann schnell eingreifen, Probleme antizipieren und im Krisenmanagement gezielt agieren. Das bedeutet eine krisengerechte Anpassung und Reorganisation der Supply-Chain und eine gute Kundenkommunikation. Wer hier professionell arbeitet schafft Vertrauen, auch und insbesondere in der Krise.

Ziel - Lieferqualität

Bei der Steuerung der Lieferqualität geht es um die anforderungskonforme Ausführung von Lieferzusagen – also um Auslieferungen zur vereinbarten Zeit, in der vereinbarten Menge, in der vereinbarten Verpackung und mit der richtigen Beschaffenheit der Güter. Werden Lieferzusagen nicht erfüllt, führt dies zu Reklamationen. Die Reklamationsquote kann daher als übergeordnete Kenngröße zur Messung der Lieferqualität genutzt werden [74]:

$$Reklamationsquote\ [\%] = \frac{Anzahl\ wegen\ logistischer\ Mängel\ reklamierter\ Lieferaufträge}{Anzahl\ aller\ Lieferaufträge} * 100$$

Zur präzisen Steuerung der Lieferqualität kann die Reklamationsquote mit weiteren Kenngrößen ergänzt werden. Da ist für den Qualitätsfaktor Zeit die Liefertermintreue zu nennen. Hier wird gemessen, ob beim Kunden die Termine eingehalten werden [74]:

$$Liefertermintreue\ [\%] = \frac{Anzahl\ der\ zum\ zugesagten\ Liefertermin\ ausgelieferten\ Aufträge}{Anzahl\ aller\ Lieferaufträge} * 100$$

Die Kenngröße der Liefertermintreue ist in engen Kontext zu den Kenngrößen der Kundenwunsch- bzw. Lieferzeitentreue zu stellen. Wurden dort die Kundenvorgaben bzw. -

anforderungen in den Fokus gestellt, geht es an dieser Stelle um die Einhaltung bestätigter Lieferterminzusagen – und die können vom Kundenwunsch abweichen. So kann beispielsweise ein Kunde den Wunsch äußern, eine Ware in 7 Tagen geliefert zu bekommen. Da dies im Logistiksystem aufgrund mangelnder Kapazitäten, Fehlteilen o.ä. nicht realisierbar ist, wird dem Kunden eine Lieferzeit von 14 Tagen gemeldet. Dieser Liefertermin entspricht nicht dem Kundenwunsch, wird aber gemäß Zusage eingehalten. Zugesagter Liefertermin und Kundenwunsch sind also zu differenzieren. Für die Steuerung des Logistiksystems ist dies von hoher Relevanz. Es ist darauf zu achten, dass Liefertermine möglichst gemäß dem Kundenwunsch zugesagt und realisiert werden. Besteht hier eine Diskrepanz zwischen Wunschtermin- und Liefertermintreue, so wird das durch die Gegenüberstellung dieser Kenngrößen schnell deutlich. Ergänzend sei hinzugefügt, dass es bei der Messung der hier vorgestellten Kenngrößen grundsätzlich immer um gesamte Lieferaufträge geht und nicht um die Erfüllung einzelner Auftragspositionen, denn am Ende ist für den Kunden immer die Erfüllung eines Gesamtauftrages relevant.

Neben dem zeitlichen Aspekt kann die Lieferqualität auch an den Ausführungsparametern Menge, Verpackung und Güterbeschaffenheit gemessen werden [69]:

$$Liefermengentreue\ [\%] = \frac{Anzahl\ der\ Lieferaufträge\ mit\ korrekt\ gelieferten\ Mengen}{Anzahl\ aller\ Lieferaufträge} * 100$$

$$Verpackungsbeanstandungsquote\ [\%] = \frac{Anzahl\ der\ Lieferaufträge\ mit\ beanstandeter\ Verpackung}{Anzahl\ aller\ Lieferaufträge} * 100$$

$$Beschädigungsquote\ [\%] = \frac{Anzahl\ der\ Lieferaufträge\ mit\ logistikbedingt\ beschädigten\ Gütern}{Anzahl\ aller\ Lieferaufträge} * 100$$

Im normalen Geschäftsbetrieb sind diese Kenngrößen gute Parameter, um die Zuverlässigkeit der Lieferperformance in der Kundenbewertung gut nachvollziehen zu können. Im Krisenfall sind es „Spätindikatoren". Hier wird deutlich, wie gut und schnell man sich auf plötzliche Probleme in der Lieferkette einstellen konnte. Schlechte Werte sprechen hier für ein mangelhaftes Krisenverhalten und ein „starres" Management der Supply-Chain. Gute Werte deuten auf ein dynamisches und treffsicheres Krisenmanagement hin.

Ziel - Lieferflexibilität

Ein weiterer wichtiger Leistungsfaktor der Logistik ist die Fähigkeit, sich wechselnden Kundenanforderungen anpassen zu können. Dabei geht es beispielsweise um die spontane Änderung von Lieferterminen, Liefermengen, Versandarten oder auch Verpackungen. Eine dynamische Anpassungsfähigkeit ermöglicht dem Unternehmen im Wettbewerb eine starke Serviceorientierung und ist ein echter Wettbewerbsvorteil, da der Kunde sie direkt wahrnimmt. Die logistische Flexibilität kann mit folgender Kenngröße gemessen werden [69]:

$$Lieferflexibilitätsgrad\ [\%] = \frac{Anzahl\ der\ Lieferaufträge\ mit\ erfüllten\ Änderungswünschen}{Anzahl\ aller\ Lieferaufträge\ mit\ Änderungswünschen} * 100$$

Ziel - Lieferserviceindex

Aus den übergeordneten Lieferservice-Kenngrößen (Kundenwunschtreue bzw. Lieferzeitentreue, Reklamationsquote, Lieferflexibilitätsgrad) kann ein Lieferserviceindex gebildet werden.

$$Lieferserviceindex = Kundenwunschtreue[\%] * (1 - Reklamationsquote)[\%] * Lieferflexibilitätsgrad[\%]$$

Im Index macht die Multiplikation der Einflussfaktoren deutlich, dass es für die Leistungsfähigkeit der Logistik-Funktion auf eine gleichzeitig hohe Leistung in Lieferzeit, Lieferqualität und Lieferservice ankommt [65][66]. Werden beispielsweise in 95% der Aufträge die Kundenwunschtermine realisiert, in 98% reklamationsfrei gearbeitet und in 99% alle Änderungsanfragen erfüllt, so ergibt sich ein Lieferserviceindex von 0,92 - oder anders ausgedrückt: Wenn ein Kunde jede Woche zweimal eine Bestellung auslöst, entsprechen acht Lieferungen im Jahr nicht seinen Vorstellungen. Dieses einfache Beispiel zeigt, welche Bedeutung die parallele Steuerung aller drei Einflussparameter hat.

Ergänzende Detailkenngrößen

Werden im Logistikbetrieb aus der Managementperspektive Schwachstellen deutlich, können weitere Detailkenngrößen eingesetzt werden, um Einzelproblemen auf den Grund zu gehen. Sie finden im Tagesgeschäft auf der operativen Ebene Anwendung – flexibel und individuell, je nach aktueller Problemlage. So können beispielsweise Kenngrößen wie Dispositionszeiten, Durchlaufzeiten, Pufferzeiten, Rüstzeiten, Bearbeitungszeiten, Transportzeiten, Transportstrecken, Bestandsvorgaben, Lieferbereitschaftsgrad, Lagerreichweite, Lagerfüllgrad, Kommissionierungszeiten, Kapazitätsauslastungsquoten oder Prozessfähigkeitsindizes in den spezifischen Logistikprozessen angewendet werden, um Ansatzpunkte für konkrete Verbesserungspotenziale zu ermitteln. Für eine genaue Beschreibung dieser operativen Kenngrößen wird auf die Fachliteratur verwiesen [65]-[77].

3.3.4 Lösungen: Ziele - Logistikkosten

Damit in den Märkten ein Wettbewerbsvorteil entsteht, muss der geforderte Lieferservice zu angemessenen Logistikkosten realisiert werden. Doch was sind Logistikkosten? Betrachtet man hierzu die Fachliteratur und die von Logistikverbänden bzw. Unternehmensberatungen durchgeführten Logistikbenchmarks, findet sich dort keine einheitliche Detailabgrenzung der Logistikkosten [71]-[77]. Im Folgenden werden unter Logistikkosten grundsätzlich alle Kosten verstanden, die unmittelbar für den Aufbau und den Betrieb des Logistiksystems anfallen. Dabei werden Management-, Bestands- und Prozesskosten unterschieden. Managementkosten entstehen durch den Aufbau und die Führung des Logistiksystems. Bestands- und Prozesskosten entstehen im operativen Logistikbetrieb. Die Bestandskosten generieren sich aus den Werten der sich im Logistiksystem befindlichen Güter und den für die Lagerung anfallenden Aufwänden. Die Prozesskosten ergeben sich aus allen Aufgabenstellungen, die für die Planung, Durchführung und Steuerung der operativen Material- und Informationsflüsse erforderlich sind. Werden Kostenbrennpunkte deutlich, können auf der operativen Ebene weitere Detailkenngrößen hinzugefügt werden [65]-[77].

Abbildung 3.10   Ausgewählte Logistikziele - Logistikkosten

Ziel - Logistikkosten

Zur Bewertung der Logistikkosten ist es zunächst sinnvoll, die für die Erbringung der Logistikleistung insgesamt anfallenden Kosten zu ermitteln und in den Kontext des Unternehmensumsatzes zu stellen. Diese Analyse verdeutlicht die unmittelbare finanzielle Bedeutung der Logistik im Unternehmen. Im Zielsystem kann dazu die Kenngröße der Logistikkostenquote in zwei alternativen Ausprägungen genutzt werden:

$$Logistikkostenquote\ [\%] = \frac{Logistikkosten\ des\ Unternehmens\ per\ anno\ [EUR]}{Umsatz\ des\ Unternehmens\ per\ anno\ [EUR]} * 100$$

$$Logistikkostenquote\ [\%] = \frac{Managementkosten\ [EUR] + Bestandskosten [EUR] + Prozesskosten\ [EUR]}{Umsatz\ des\ Unternehmens\ [EUR]} * 100$$

Die Management-, Bestands- und Prozesskosten setzen sich im Wesentlichen aus den unten aufgeführten Einflussfaktoren zusammen:

■ Managementkosten

    Personalkosten Führungspersonal
    + Personalkosten Mitarbeiter im Logistik-Planning und Logistik-Controlling
    + Sachkosten (insb. Büro-, IT-, Reisekosten)
    + Dienstleistungskosten (insb. externe Logistikberater)

    = Managementkosten

■ Bestandskosten

    Kapitalbindungskosten (Lagerbestandswert * kalkulatorischer Zinssatz)
    + Kapitalobsoleszenskosten (Bestandswert-/Teilwertabschreibungen)
    + Personalkosten Lagerhaltung (Lagermitarbeiter für Lagerprozesse)
    + Sachkosten Lagerhaltung (insb. Raum-, Energie-, IT-, Equipmentkosten)
    + Dienstleistungskosten (externe Logistikdienstleister für Lagerhaltungsaufgaben)

= Bestandskosten

■ Prozesskosten

    Personalkosten dispositive Prozesse (Materialdisposition)
    + Personalkosten operative Prozesse (insb. Kommissionierung und Transport)
    + Sachkosten Infrastruktur (insb. Büro-, IT-, Transport-/Handlingsgerätekosten)
    + Sachkosten Betrieb (insb. Behälter-, Verpackungs-, Energiekosten, Versicherung)
    + Dienstleistungskosten (externe Logistikdienstleister für Transport/Handling)

= Prozesskosten

Entsprechend der betrieblichen Kostenrechnungssystematik sollten die Abgrenzung und die Interpretation der Einflussfaktoren unternehmensindividuell präzisiert und ggf. angepasst werden.

Ziel - Managementkosten

Für die Steuerung der Kostenstrukturen ist der Kostenanteil für die Managementaufgaben in der Logistik-Funktion interessant. Da auch in der Logistik der „Lean-Management-Ansatz" eine zentrale Ansage für das Führungsteam ist, sollte darauf geachtet werden, dass außerhalb größerer Veränderungsprojekte kein „Wasserkopf" im Logistikbetrieb entsteht:

$$Managementkostenquote\ [\%] = \frac{Managementkosten\ in\ der\ Logistik\ per\ anno\ [EUR]}{Logistikkosten\ des\ Unternehmens\ per\ anno\ [EUR]} * 100$$

Ziel - Bestandskosten

Zur Steuerung der Bestandskosten ist aus fiskalischer Sicht zunächst der nominale Bestandswert der eingelagerten Güter von Interesse. Er macht deutlich, wie hoch in EUR das durch Güter gebundene Kapital im Unternehmen ist. Dieses Kapital ist „tot" und kann nicht mehr anderweitig im Unternehmen für wertschöpfende Aktivitäten eingesetzt werden. Der Lagerbestandswert lässt sich wie folgt definieren:

$$Lagerbestandswert\ [EUR] = Summe\ der\ Werte\ aller\ eingelagerten\ Güter$$

Für das Management der Bestandskosten ist insbesondere die Lagerdynamik ein wichtiger Parameter. Kurze Lagerreichweiten und hohe Umschlagraten sorgen für kurze Lagerzeiten und geringe Kapitalbindung. Zur Steuerung der Bestandswerte und der Lagerdynamik eignen sich folgende Kenngrößen [72][74][78]:

$$Lagerbestandsquote [\%] = \frac{Durchschnittlicher\ Lagerbestandswert\ per\ anno\ [EUR]}{Umsatz\ des\ Unternehmens\ per\ anno\ [EUR]} * 100$$

$$Lagerumschlagh\ddot{a}ufigkeit\ [\frac{1}{Jahr}] = \frac{Verbrauchswert\ aus\ dem\ Lagerbestand\ per\ anno\ [EUR]}{Durchschnittlicher\ Lagerbestandswert\ per\ anno\ [EUR]}$$

$$Mittlere\ Lagerreichweite\ [Tage] = \frac{Mittlerer\ Lagerbestand\ [Stk.]}{Mittlere\ Anzahl\ der\ Lagerabg\ddot{a}nge\ [\frac{Stk.}{Tag}]}$$

Gelingt es über eine hohe Lagerdynamik die Bestände wirtschaftlich zu steuern, müssen die Lagerressourcen der Lagerdynamik angepasst werden. Durch geringere Bestände können meist auch die Ressourcen reduziert werden, da weniger Lagerfläche bzw. weniger Lagerplätze benötigt, verwaltet und bedient werden müssen [70]. Kapazitätsauslastung und Handlingkosten können wie folgt gesteuert werden [72][74]:

$$Mittlerer\ Lagerf\ddot{u}llgrad\ [\%] = \frac{Durchschnittlich\ belegte\ Lagerpl\ddot{a}tze\ per\ anno\ [Stk.]}{Lagerplatzkapazit\ddot{a}t [Stk.]}$$

$$Mittlerer\ Lagerplatzkostensatz\ [\frac{EUR}{Stk.}] = \frac{Lagerkosten\ per\ anno\ [EUR]}{Durchschnittlich\ belegte\ Lagerpl\ddot{a}tze\ per\ anno\ [Stk.]}$$

$$Mittlerer\ Handlingkostensatz\ [\frac{EUR}{Stk.}] = \frac{Handlingkosten\ f\ddot{u}r\ Ein-\ und\ Auslagerungen\ per\ anno\ [EUR]}{Handlingvorg\ddot{a}nge\ per\ anno\ [Stk.]}$$

Bei der Planung der Bestandskosten und Vereinbarung von Zielwerten geht es im Unternehmen ganz besonders auch um die richtige Balance aus Lieferfähigkeit und Logistikkosten. Bestände bzw. stark ausdifferenzierte Logistiksysteme führen immer auch zu einem Puffer, um im Krisenfall lieferfähig zu sein und Zeit zu gewinnen. Andererseits binden sie Kapital und belasten die Effizienz des Systems im Normalzustand. Hier gilt: kein Genuss ohne Reue! Je schnell und flexibler man im Krisenfall die Lieferkette umstellen kann, umso weniger groß muss der Puffer ausgelegt werden. Flexibles Logistikmanagement steigert so die Robustheit in Sachen Lieferfähigkeit, ohne Zwangsläufig zu extrem hohen Beständen zu führen. Lieferfähigkeit und hohe Bestände sind also keine sich gegenseitig zwingend bedingenden Faktoren. Die Fähigkeit zur dynamischen Anpassung von Lieferketten ist der Schlüssel für ein kostenoptimiertes Krisenmanagement in der Logistik.

Ziel - Prozesskosten

Bei der Steuerung der Prozesskosten kommt es im Wesentlichen auf zwei Kostenfaktoren an: Kosten für dispositive und operative Aufgaben im Logistikbetrieb. Bei den dispositiven Aufgaben geht es um die Materialdisposition in der Beschaffungslogistik, die Produktionsplanung in der Produktionslogistik, das Auftragsmanagement in der Distributionslogistik sowie um die Steuerung der Entsorgungslogistik [73]:

$$Dispositionskostensatz\left[\frac{EUR}{Auftrag}\right] = \frac{Kosten\ für\ dispositive\ Aufgabenstellungen\ [EUR]}{Anzahl\ disponierter\ Aufträge\ [Stk.]}$$

Bei den operativen Aufgabenstellungen stehen in erster Linie Kommissionierungs- und Transportaufgaben zur Umsetzung der Materialflüsse im Fokus. Die Kosten zu Lageraktivitäten wurden bereits in den Bestandskosten mit berücksichtigt. Zur Messung der operativen Materialflusskosten können folgende Kenngrößen eingesetzt werden [76]:

$$Transportkostensatz\left[\frac{EUR}{Auftrag}\right] = \frac{Kosten\ für\ Transportaufgaben\ [EUR]}{Anzahl\ transportierter\ Aufträge\ [Stk.]}$$

$$Kommissionierungskostensatz\left[\frac{EUR}{Auftrag}\right] = \frac{Kosten\ für\ Kommissionierungsaufgaben\ [EUR]}{Anzahl\ kommissionierter\ Aufträge\ [Stk.]}$$

Im stabilen wirtschaftlichen Zustand können die Prozesskosten durch optimale Prozesse stark beeinflusst werden. Im Krisenfall sind hier Peaks durch schnelle Anpassungen möglich und auch tolerabel. Wenn aber erneut eine stabile Lage eintritt muss dann schnell die Prozess- und damit Kostenoptimierung folgen.

Ergänzende Detailkenngrößen

Werden im Logistikbetrieb Kostenbrennpunkte sichtbar, können die oben angeführten Kenngrößen auf spezifische Teilbereiche bzw. Teilprozesse des Logistiksystems oder auch auf spezifische Gruppen von Logistikobjekten angewendet werden. Diese Vorgehensweise ermöglicht eine differenzierte Betrachtung der Kostenstrukturen auf dem „shopfloor". In diesem Kontext können auch weitere Detailkenngrößen in die Analysen eingebaut werden, wie Kenngrößen zu Planbestandsabweichungen, Kapazitätsverfügbarkeit, Kapazitätseffizienz, Flächennutzungsgrad, Raumnutzungsgrad, Höhennutzungsgrad, Wareneingangskosten, Prüfkosten, Betriebskosten, Wartungskosten, Instandhaltungskosten, Energiekosten oder Leasingkosten. Für eine genaue Beschreibung dieser operativen Kenngrößen wird auf die entsprechende Fachliteratur verwiesen [65]-[77].

3.3.5 Lösungen: Logistik-Scorecard

Für das Management der Logistikfunktion sind die Logistikziele in Lieferservice und Logistikkosten zu operationalisieren. Dazu sind geeignete Kenngrößen auszuwählen, Zielwerte festzulegen und eine Scorecard zur Steuerung der Logistik-Funktion zu entwerfen.

Auswahl der Logistikziele

Mit der Auswahl der Kenngrößen wird der Logistik-Funktion Richtung gegeben. Dabei gilt: Konzentration auf das Wesentliche! Sieben bis zwölf übergreifende Logistikziele sollten ausreichen, um der Logistik-Funktion Richtung zu geben. Bei der Auswahl der Kenngrößen kann auf die in Kapitel 3.3.2 erarbeitete Festlegung der Zielschwerpunkte zurückgegriffen werden. Hier wurden im Kontext der Produkttypisierung und der spezifischen Rahmenbedingungen des Unternehmens bereits die wesentlichen Logistikanforderungen herausgearbeitet. Ihnen sind jetzt geeignete Kenngrößen zuzuweisen. Abbildung 3.11 macht die Systematik deutlich.

Abbildung 3.11   Auswahl von Logistik-Kenngrößen

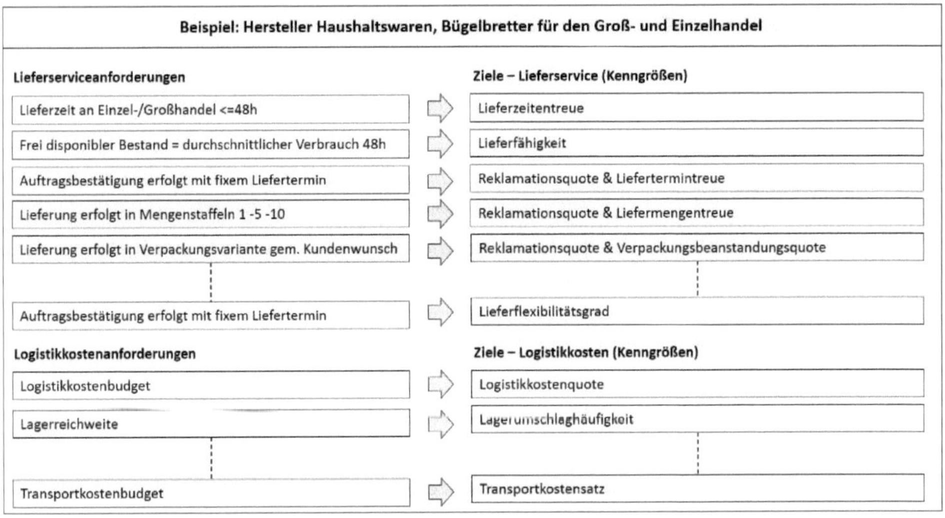

Beispiel: Hersteller Haushaltswaren, Bügelbretter für den Groß- und Einzelhandel	
Lieferserviceanforderungen	**Ziele – Lieferservice (Kenngrößen)**
Lieferzeit an Einzel-/Großhandel <=48h	Lieferzeitentreue
Frei disponibler Bestand = durchschnittlicher Verbrauch 48h	Lieferfähigkeit
Auftragsbestätigung erfolgt mit fixem Liefertermin	Reklamationsquote & Liefertermintreue
Lieferung erfolgt in Mengenstaffeln 1 -5 -10	Reklamationsquote & Liefermengentreue
Lieferung erfolgt in Verpackungsvariante gem. Kundenwunsch	Reklamationsquote & Verpackungsbeanstandungsquote
Auftragsbestätigung erfolgt mit fixem Liefertermin	Lieferflexibilitätsgrad
Logistikkostenanforderungen	**Ziele – Logistikkosten (Kenngrößen)**
Logistikkostenbudget	Logistikkostenquote
Lagerreichweite	Lagerumschlaghäufigkeit
Transportkostenbudget	Transportkostensatz

Operationalisierung der Logistikziele

Für die Operationalisierung sind die ausgesuchten Kenngrößen mit Dynamik zu koppeln. Dynamik entsteht durch konkrete Zielwerte, die es in einem vorgegebenen Zeitrahmen zu erreichen gilt. Diese Zielwerte sind festzulegen und für die Steuerung der Logistik-Funktion in eine Logistik-Scorecard zu integrieren. Beim Anspannungsgrad der Zielwerte sind die in Kapitel 3.3.2 aufgezeigten logistischen Zielkonflikte und die Positionierung der Anforderungen im Logistik-Performance-Portfolio zu berücksichtigen. Im Ergebnis entsteht so eine Logistik-Scorecard, aus der hervorgeht, was man mit der Logistik für das Unternehmen erreichen will. Werden Logistikziele dabei im Sinne von „mutual goals" auch Ziele in den Scorecards der anderen Unternehmensfunktionen, kann die Zusammenarbeit in der Supply-Chain erheblich gestärkt werden.

Ist die Scorecard für die Logistik-Funktion entwickelt, können die Ziele analysiert und entsprechend der jeweiligen Zielbeiträge auf die Logistikteilsysteme der Beschaffungs-, Produktions-, Distributions- und Entsorgungslogistik heruntergebrochen werden. Dabei sind in den Teilsystemen die Zielschwerpunkte und Anspannungsgrade geeignet zu variieren, so dass sie vor Ort zur Aufgabenstruktur passen und die Gesamtziele erfüllen.

Abbildung 3.12 Logistik-Scorecard

Logistik-Scorecard				
Ziele - Lieferservice		Soll	Ist	Maßnahme
SI:	Lieferserviceindex	0,99		
Lieferzeit:	Kundenwunschtreue [%]	90		
Lieferzeit:	Liefertermintreue [%]	100		
Lieferzeit:	Lieferfähigkeit [%]	95		
Lieferqualität:	Reklamationsquote [%]	3,5		
Lieferqualität:	Liefermengentreue [%]	100		
Lieferflexibilität:	Lieferflexibilitätsgrad [%]	80		
Ziele - Logistikkosten:		Soll	Ist	Maßnahme
Generell:	Logistikkostenquote [%]	7,25		
Bestandskosten:	Lagerbestandswert [Mio. EUR]	115		
Bestandskosten:	Lagerumschlaghäufigkeit [1/a]	5,7		
Bestandskosten:	Lagerplatzkostensatz [EUR]	3,15		
Prozesskosten:	Transportkostensatz [EUR]	6,72		
Prozesskosten	Kommissionierkostensatz [EUR]	0,45		

3.4 Logistisches Systemdesign

Um die Logistikziele in einem wettbewerbsintensiven Unternehmensumfeld realisieren zu können, müssen die Anforderungen an das Logistiksystem klar sein und bedarfsgerechte Lösungen für ein passgenaues Logistiksystem entwickelt werden.

3.4.1 Ziele des Systemdesigns

Aufsetzend auf den durchgeführten Produkttypisierungen und den Logistikzielen (vgl. Kapitel 3.2 und 3.3) werden im Systemdesign konkrete Handlungsvorgaben für bedarfsgerechte Material- und Informationsflüsse entwickelt und in logistische Lösungen umgesetzt. Dabei geht es im Kern um die Umsetzung typischer Aufgabenstellungen [81][82]:

- **Logistisches Standortdesign:** Erarbeitung von Vorgaben zur Strukturierung und Vernetzung von Kunden, Produktionsstandorten, Lagerstätten und Kunden. Konfiguration der Lagereinrichtungen an den Logistikstandorten.

- **Logistisches Materialflussdesign:** Erarbeitung von Vorgaben zur Gestaltung der inner- und überbetrieblichen Materialflüsse zwischen den Standorten des Logistiksystems. Konfiguration der Transportnetze.

- **Logistisches Bestandsdesign:** Festlegung der Methoden zur Steuerung der Güterbestände im Logistiksystem. Konfiguration der Logistikobjekte zur Bestandsführung.

- **Logistisches IT-Design:** Unterlegung der sich aus dem Standort-, Materialfluss- und Bestandsdesign ergebenden Struktur des Logistiksystems mit geeigneten IT-Systemen.

Die aufgeführten Handlungsfelder müssen differenziert analysiert und schlüssig zu den logistischen Rahmenbedingungen und Logistikzielen ausgestaltet werden. Die dazu typischen Gestaltungsalternativen werden in den Kapiteln 3.4.2 - 3.4.5 aufgezeigt. Zur Operationalisierung ist das Systemdesign schließlich in der betrieblichen Praxis zu implementieren. Die typischen Implementierungsschritte sind Gegenstand von Kapitel 3.4.6.

Für das Design des Logistiksystems ist eine gute Zusammenarbeit zwischen Logistik-Funktion und Fachbereichen erforderlich. Kritisch sind an dieser Stelle erneut die in Kapitel 3.3 geschilderten Zielkonflikte. Je besser diese geklärt und einer akzeptierten Lösung zugeführt wurden, desto harmonischer wird der Prozess der Systementwicklung laufen. Hier auftretende Störungen haben Vorrang und sind zu klären, damit sie sich nicht manifestieren und dauerhafte Reibungsverluste verursachen. Daher braucht es an dieser Stelle kreative Mitarbeiter, die zielorientiert arbeiten und gleichzeitig Spannungen mit bzw. zwischen Fachbereichen über einen geeigneten Mix aus Durchsetzungskraft und Ausgleichsvermögen austragen können.

3.4.2 Lösungen: Logistisches Standortdesign

Basis für die Gestaltung eines leistungsstarken Logistiksystems ist die Grundstruktur der zu vernetzenden Standorte. Im ersten Schritt muss sich das Unternehmen entscheiden, ob es die Produktion zentral an einem Ort oder dezentral an mehreren Orten organisieren will. Diese Entscheidung muss im Kontext der Lieferanten- und Kundenstrukturen des Unternehmens sowie der weiter steigenden Kundenerwartungen im Hinblick auf Variantenvielfalt und Lieferzeiterwartungen bis hinein in den Stundenbereich getroffen werden. Bei dezentralen Strukturen muss ferner erarbeitet werden, ob die verschiedenen Produktionsstandorte autonom oder im Verbund agieren. Damit wird transparent, wie das Produktionsnetzwerk grundsätzlich funktioniert. Die Struktur des Produktionsnetzwerks hat dann entsprechende Auswirkungen auf die Komplexität der logistischen Prozesse, die mit der Anzahl und der Vernetzung der Standorte zunimmt. Die richtige Strukturierung der Produktionsstandorte ist also bereits eine wichtige logistische Fragestellung [83][84].

Da für die Produktionsstandorte Zulieferteile beschafft, innerhalb der Produktion Halbfertigteile zwischengelagert und am Ende Fertigprodukte zur Kundenauslieferung bereitgestellt werden müssen, sind für die Standorte auch geeignete Lagerstrukturen aufzubauen. In diesem Kontext ist zu klären, an welchen Stellen der Supply-Chain eine Güterlagerung zu erfolgen hat und ob dabei eher eine zentrale oder dezentrale Lagerorganisation sinnvoll ist. Diese Strukturansätze lenken im weiteren Verlauf des Systemdesigns die Auslegung der Lagerkonzepte: Wie für die Planung der Produktionsstandorte gilt auch beim Thema Lagerhaltung: Je intensiver, dezentraler und redundanter im Unternehmen die Lagerhaltung ausgelegt wird, desto komplexer werden die logistischen Prozesse und desto stärker steigen die Bestände im Unternehmen an - gleichzeitig verbessert sich aber ggf. auch die Warenverfügbarkeit vor Ort, was in _Krisenzeiten zählt. Auch hier geht es wieder um die richtige Balance, die nur unternehmensspezifisch bestimmt werden kann.

Strategisches Systemdesign - Produktionsnetzwerk

Aus dem Blickwinkel der Logistik ist die Vielfalt der zu vernetzenden Produktionsstandorte ein kritischer Punkt. Daher ist im Unternehmen die Möglichkeit einer zentralen bzw. die Notwendigkeit einer dezentralen Produktionsstruktur zu reflektieren. Bei der Entwicklung von Produktionsstrukturen greifen in der Regel drei Gestaltungsvarianten:

- **Gestaltungsalternative A - Zentrale Produktion:** Bei der zentralen Produktion erfolgt die Fertigung der Güter an einem Standort [85]. Diese Variante bietet sich insbesondere für kundenanonyme MTS-Massenprodukte oder auch MTO_w-Güter an. Durch Mengenbündelungen soll in der Produktion eine Konzentration der Fertigungskapazitäten erfolgen und eine hohe Automatisierungs- bzw. Maschinenauslastungsquote ermöglicht werden. Es geht also um Rationalisierungspotenziale. Beispielhaft genannt sei die Fertigung von standardisierten DIN-Kugellagern. Eine zentrale Produktion kann auch bei MTO_e- und ETO-Gütern sinnvoll sein, wenn die Produktionsmengen nicht ausreichen, um mehrere Standorte wirtschaftlich auszulasten. Mit den Vorteilen gehen Krisenrisiken einher. Es entstehen massive Abhängigkeiten vom „Zentralstandort", um weltweit lieferfähig zu bleiben. Dieses Risiko kann nur durch dezentrale Bestände in Auslieferregionen gedämpft werden. Das wiederum reduziert deutlich die gewünschten Rationalisierungseffekte.

- **Gestaltungsalternative B - Dezentrale Produktion:** Bei der dezentralen Produktion werden die Produkte des Unternehmens autonom an verschiedenen Standorten gefertigt [85]. Diese Gestaltungsalternative kommt in zwei typischen Feldern zum Tragen:
    - **Dezentrale Produktion für die Fertigung von MTS- bzw. MTO_w-Gütern:** Hier ist die dezentrale Produktion sinnvoll, wenn die Rationalisierungseffekte der Zentralisierung durch gegenläufige Logistikkosten wieder aufgehoben werden. Bei zentralen Produktionskonzepten können in der Beschaffung und der Kundenversorgung erhöhte Transportaufwände entstehen. Kritisch ist das z.B. bei großvolumigen Gütern oder bei niederwertigen Gütern mit einer schlechten Volumen-Gewichts-Relation, wie etwa bei industriellen Schaumprodukten. Hier entstehen ggf. überproportional hohe Transportkosten, bezogen auf die eigentlichen Produktentstehungskosten. Eine zentrale Fertigung ist dann nicht mehr sinnvoll. Im Rahmen der Systementwicklung ist demnach für MTS- bzw. MTO_w-Güter zu reflektieren ob unter dem Gesichtspunkt der Gesamtkosten eine zentrale oder dezentrale Fertigungsorganisation sinnvoll ist. Die dezentrale Fertigung MTS und MTO_w-Gütern ist dabei auch mit einem geringeren grundsätzlichen Lieferrisiko verbunden, da Märkte regional segmentiert werden.

- **Dezentrale Produktion für die Fertigung von MTO$_e$- bzw. ETO-Gütern:** MTO$_e$- bzw. ETO-Güter zeichnen sich durch einmalige und gleichzeitig „kundenspezifische" Fertigungsabläufe aus. Beispielhaft genannt sei die Konstruktion und Fertigung von Presswerkzeugen und Lehren. Bei Aufträgen dieser Art ist eine direkte Kundennähe von strategischem Vorteil, um schnell, flexibel und kosteneffizient mit dem Kunden zusammenzuarbeiten. Daher empfiehlt es sich, flexible, dezentrale Fertigungsstrukturen direkt in den Kundenmärkten zu etablieren. Eine zentrale Fertigungskonzeption würde nur dann Sinn machen, wenn in Summe die „kritische Produktionsmasse" für mehrere Standorte nicht erreicht würde – also bei kleinen und mittelständischen Unternehmen, wobei zu beachten ist, dass die Lieferzeit an den Kunden nicht marktunverträglich lang werden darf.

Die Entscheidung für eine dezentrale Produktion lässt in der Regel die Logistikkosten stark ansteigen. Viele logistische Funktionen und Aufgaben müssen parallel an verschiedenen Standorten vorgehalten werden - ohne dass sich der Umsatz insgesamt erhöht. Das steigert die Quote der Logistikkosten gewaltig (vgl. Kapitel 3.3).

■ **Gestaltungsalternative C - Verbundproduktion:** Im Konzept der Verbundproduktion werden die Ansätze der zentralen und dezentralen Produktion in einen gemeinsamen Ansatz integriert [85]. Bei Unternehmen mit einem breiten und komplexen Produktspektrum und einer hohen Fertigungstiefe können MTS- und MTO$_w$-Güter zentral gefertigt werden. Die Produktion von MTO$_e$- und ETO-Gütern erfolgt dezentral, ggf. unter interner Zulieferung und Weiterverarbeitung zentral gefertigter MTS- und MTO$_w$-Halbfertigteile. Entsprechend unterschiedlich werden die Produktionskapazitäten zwischen den zentralen und dezentralen Produktionseinheiten ausgelegt, z.B. durch den Einsatz von universellen Fertigungszentren einerseits oder einer speziell ausgerichteten Fließfertigung andererseits.

Beispielhaft für diesen Ansatz ist die Verbundfertigung kundenspezifischer Spezialmaschinen: Die Endmontage jener Maschinen erfolgt dezentral nach dem ETO-Konzept. Dort werden u.a. standardisierte Hydraulikzylinder in die Maschinen verbaut. Diese Zylinder unterscheiden sich je nach Maschinenauftrag im Wesentlichen durch den Durchmesser der Kolbenstange und der Hublänge. In der vorgelagerten Fertigungsstufe können die Zylinder über Fließfertigung in mehreren Varianten (Hubstaffeln á 2 mm) zentral nach dem MTS-Prinzip gefertigt und auf Lager gelegt werden. In der Endmontage werden die dann jeweils erforderlichen Hydraulikzylinder vom Lager abgerufen und kundenspezifisch in die Maschinen verbaut. Damit werden zentrale und dezentrale Produktionsabläufe systematisch miteinander vernetzt.

Die Verbundproduktion macht insbesondere dann Sinn, wenn durch Bündelung einerseits und Spezialisierung andererseits komplexe Produktionsstrukturen zu einer effizienten Wertschöpfungskette verbunden werden können. Entsprechend komplex werden die logistischen Strukturen innerhalb des Produktionsnetzes. Ferner darf nicht übersehen werden, dass durch die Zentralisierung einzelner Produktionsschritte das gesamte Netzwerk krisenanfällig wird. Fällt ein dieser zentraler Standort im Krisenfall aus kann daraus der Zusammenbruch der Produktion resultieren. Daher kann darüber nachgedacht werden, die hier aufgezeigten theoretischen Lehransätze etwas praktisch „aufzuweichen" und die zentralen Produktionseinheiten zumindest auf zwei oder drei globale Standorte zu verteilen, um auch in der Krise die Produktionsfähigkeit aufrecht erhalten zu können.

Im Rahmen der Festlegung der standortbezogenen Produktionsstrategie nimmt die logistische Komplexität entlang der Gestaltungsalternativen A bis C kontinuierlich zu. Aus der Logistikperspektive ist daher der Leitsatz „so zentral wie möglich und so dezentral wie nötig" in die Managementdiskussion zur Systementwicklung einzubringen. Bei der Abwägung müssen sowohl die Faktoren der ökonomischen Effizienz als auch die der Risikovorsorge gleichberechtigt eingebracht werden. Auch an dieser Stelle geht es wieder um Balance.

Hat man sich für eine spezifische Gestaltungsalternative entschieden, ist diese mit weiteren Fakten zu hinterlegen. In einem Standortprofil sollte für jeden geplanten Produktionsstandort hinterlegt werden, wo der Standort genau vorgesehen ist und in welchen Mengen und Frequenzen welche Güter gefertigt werden sollen. In Verbundproduktionen ist gleichfalls der Güterfluss zwischen den Produktionsstandorten aufzubereiten, z.B. in Form einer Gütermatrix. Damit entsteht Transparenz über die logistischen Herausforderungen zwischen den Standorten.

Im weiteren Verlauf ist für jeden vorgesehenen Produktionsstandort ein eigenes Lean-Programm aufzusetzen. Damit werden die Güterströme möglichst effizient gesteuert und betrieben. Typischerweise macht hier zunächst für jeden Standort die Implementierung einer Wertstromanalyse Sinn. Dort kann man klar erkennen, an welchen Stellen es in der Gütererstellung hakt und welche Optimierungen erforderlich sind. Im Regelfall bringt die Wertstromanalyse mit der einhergehenden Beschäftigung zu den sieben Arten der Verschwendung schon erhebliches Potenzial, um die Fertigungsstandorte richtig aufzuräumen. Dabei geht es in erster Linie um das Erkennen und die Beseitigung von

- überflüssigen Transporten,
- zu hohen Beständen,
- zu langen Wegen,
- zu langen Wartezeiten auf Teile bzw. Produktionskapazitäten,
- von Überproduktion ohne Bedarf,
- von ineffizienten Arbeitsprozessen bzw. falsch eingesetzte Technologien und
- die Vermeidung von Ausschuss und Nacharbeit.

Kombiniert man diese Analyse der Verschwendung mit Abstellmaßnahmen und klassischen Schnellrüst- und Werkzeugkonzepten (SMED - Single Minute Exchange of Dies), entstehen schlanke, flexible und stabile Wertschöpfungssysteme - nach Möglichkeit untersetzt mit zielführender IT zur Steuerung und zum Betrieb der Fertigung. Damit werden auch konsequente Schritte zu einer digitalen Fabrik (vgl. Kap. 3.4.5) implementiert. Ein gutes Standortkonzept für die Fertigung und produktionsoptimierte Fertigungsabläufe sind die erste Grundlage für ein effizientes Logistiksystem, das in stabilen wirtschaftlichen Zeiten und auch in der Krise funktioniert. Je nach gewähltem Standort- und Fertigungskonzept müssen im Folgenden die erforderlichen Lagerstätten an das Produktionsnetzwerk angedockt werden.

Strategisches Systemdesign - Lagernetzwerk

Bei der Ausgestaltung der Lagerstrukturen gilt der Grundsatz: Je mehr Läger im Logistiksystem, umso größer die logistische Komplexität - hier jedoch noch ergänzt um eine gleichzeitig ansteigende Kapitalbindung des Unternehmens durch wachsende Bestände. Mit den Beständen steigt aber auch gleichzeitig die Versorgungssicherheit an. Daher sind im Führungskreis Vorgaben für eine wirtschaftliche Auslegung der Lagerstrukturen mit der richtigen Balance für Kosten und Versorgungssicherheit festzulegen. Dabei kommen fünf typische Gestaltungsalternativen zum Einsatz:

- **Gestaltungsalternative A – keine Läger:** Auf Lagerhaltung kann gänzlich verzichtet werden, wenn es um die Versorgung einsatzsynchroner „Just-in-sequence" Fertigungsprozesse geht. D.h. Lieferung und Verbrauch von spezifischen Gütern sind eindeutig getaktet und fallen auf einen Zeitpunkt zusammen [86]. Dies ist z.B. häufig bei der Fertigung oder dem Verbrauch kundenspezifischer ETO-Einzelteile der Fall, wie bei der Anfertigung von Zeichnungsteilen im Maschinenbau. Ferner kann es in der Fertigung von MTS- oder $MTO_{w/e}$-Gütern zu einer Versorgung mit komplexen Zulieferteilen kommen, die sortenrein und in Produktionsreihenfolge „part-by-part" in die Produktion eingesteuert werden. Beispielhaft genannt sei etwa die sequenzgesteuerte Integration von Sitzmodulen in der PKW-Fertigung („Tandem-Produktion"). Entsprechende Implementierungen brauchen eine stabile Zusammenarbeit der Supply-Chain Partner und sind in der Krise bei Störungen sehr störanfällig. Daher gilt insbesondere bei dieser Gestaltungsvariante ein gutes Risikomanagement als ein „must have". Verlagerungen oder Substitutionen müssen exakt vorgeplant sein, sollen sie in der Krise greifen. Arbeitet man präventiv im normalbetrieb bereits mit mehreren Lieferanten zusammen, reduziert sich das Risiko. Es steigen aber auch die Kosten enorm an, da parallele lagerfreie Versorgungskonzepte sehr aufwändig sind. Die schnelle Wechselfähigkeit hat hier im Krisenmanagement eine größere Bedeutung.

- **Gestaltungsalternative B – Pufferläger/Supermärkte:** Bei Pufferlägern/Supermärkten handelt es sich um „Kleinstläger" direkt am bzw. in unmittelbarer Nähe zum Verbrauchsort [87][88][89]. Kleine Bestände werden „Just-in-time" beim Verbraucher bereitgestellt, um Fertigungsaufträge in vordefinierten Losgrößen einsatzsynchron mit den benötigten Roh- bzw. Halbfertigteilen zu versorgen. Der Unterschied zur „Just-in-sequence" Versorgung besteht darin, dass die Teile zwar sortenrein, aber nicht in Produktionsreihenfolge (part-by-part) für den Verbrauch angeliefert werden. Ihre Bereitstellung erfolgt in (Klein-)Ladungsträgern, in denen sich eine festgelegte Anzahl baugleicher Zulieferteile befindet, mit denen eine einsatzsynchrone Versorgung der Fertigung sichergestellt wird. Beispielhaft genannt seien in der Automobilproduktion Abgaskrümmer, die baugleich in die Fertigungslinie eingespeist werden können. Typischerweise eignen sich Pufferläger immer dann, wenn in der Fertigung baugleiche MTS- oder MTO$_{w/e}$-Zuliefer- bzw. Halbfertigteile in die weitere Wertschöpfung eingesteuert werden. Die Pufferläger bzw. Supermärkte können je nach Steuerungsmodell direkt durch die Lieferanten oder durch vorgelagerte Läger versorgt werden. Für das Risikomanagement greifen sinngemäß die gleichen Aussagen, wie bei Gestaltungsalternative A.

- **Gestaltungsalternative C – dezentrale Läger**: Bei dezentralen Lägern handelt es sich um komplexe Lagereinrichtungen, in denen in örtlicher Nähe zum Verbrauchsort Güter in größerer Menge bevorratet werden [88][89]. In der Beschaffung kann es sich beispielsweise um komplexe Wareneingangsläger handeln, in der alle für die Lagerhaltung bestimmten Zulieferteile eingelagert und für den Produktionsabruf bereitgestellt werden. Im Produktionsprozess können Halbfertigteile zwischen den Fertigungsstufen am Produktionsstandort zwischengelagert werden. Zur Auslieferung von Fertigteilen können dezentrale Lagereinrichtungen in den Kundenmärkten installiert werden. Beispielhaft genannt seien Auslieferungsläger von PC-Herstellern, die entsprechend der länderspezifischen Produktausprägungen strukturiert und in den Märkten lokalisiert werden. Generell eignen sich dezentrale Läger für die Bevorratung von MTS- und MTO$_w$-Gütern, sofern diese für die Lagerhaltung vorgesehen sind und eine örtliche Nähe zwischen Bevorratung und Verbrauch wichtig ist. Dezentrale Läger sind Krisenfest, aber eben über Bestände auch teuer. Hier bieten sich Konsignationsläger an, ggf. in Verbindung mit Freihandelszonen, um die Kapitalbindung trotz Beständen zu dämpfen. Ggf. ergeben sich aber auch höhere Einstandspreise, da jetzt der Lieferant sein Kapital bindet. Das muss aber nicht unbedingt der Fall sein, ggf. kann ein Lieferant über Konsignationskonzepte seine Fertigungslose optimieren und so sogar Kosten senken. Hier geht es also um die Ausgestaltung im Detail, gemeinsam mit dem Einkauf als Partner der Logistik. Gleiches gilt für die eigenen Läger auf der Distributionsseite.

- **Gestaltungsalternative D – Zentralläger**: Ein Zentrallager kann zum Einsatz kommen, wenn die örtliche Nähe von Bevorratungs- und Verbrauchsort keine entscheidende Rolle spielt. Dies ist etwa dann der Fall, wenn MTS- bzw. MTO$_w$-Güter in größeren Mengen beschafft oder produziert und nicht direkt in voller Höhe vom Verbraucher benötigt werden. Die Versorgung der Verbraucher kann dann direkt aus dem Zentrallager erfolgen [88][89]. Ein typisches Beispiel sind zentrale Auslieferungsläger im Versandhandel. Durch die Konzentration der Güterbevorratung auf ein Zentrallager können im Vergleich zu dezentralen Lagerstrukturen in der Regel Bestände eingespart werden. Gleichzeitig steigen aber auch die Aufwände für die zur Güterauslieferung erforderlichen Transporte an. Bei der Entscheidung, ob zentrale oder dezentrale Lagerstrukturen sinnvoll sind, ist eine Gesamtkostenbetrachtung aus Lager- und Transportkosten vorzunehmen. Unter Berücksichtigung der gegenläufigen Kosteneffekte ist die beste Lösung zu wählen. Zu berücksichtigen sind auch Krisenrisiken, falls ein Lager zeitweise nicht operativ betrieben werden kann. Bei dieser Betrachtung kann ggf. auch ein Mix aus zentraler und dezentraler Lagerhaltung als kosten- und risikogünstigste Variante hervorgehen. Dann greift die Gestaltungsvariante E der Verbundläger als Strukturoption.

- **Gestaltungsalternative E – Verbundläger:** Ein Verbundlager entsteht, wenn ein Zentrallager mit dezentralen Lägern vernetzt wird und/oder wenn zwischen dezentralen Lägern ein vernetzter Lagerverbund aufgesetzt wird. Im Lagerverbund werden eingelagerte Sachnummern und Bestände so aufeinander abgestimmt, dass alle Verbraucher bedarfsgerecht versorgt werden können [88][89]. Die Anzahl der sequentiell hintereinander geschalteten Läger nennt man auch „Lagerstufigkeit" des Lagersystems. Bei der Gestaltung von Verbundlägern ist darauf zu achten, dass in der Fläche keine übermäßigen Redundanzbestände aufgebaut werden. Der Redundanzgrad gibt dabei auf Sachnummernebene den Faktor an, um den durch Einlagerungen an verschiedenen Lagerorten Bestände aufgebaut werden, die den eigentlichen Verbrauch überschreiten. Ein Faktor von 1,15 würde etwa bedeuten, dass der Gesamtbestand einer Sachnummer im Lagerverbund den realen Verbrauch um durchschnittlich 15% überschreitet. Im Betrieb der Verbundläger kann die Versorgung der Verbraucher bzw. der Pufferläger/Supermärkte in der Produktion aus dem Zentrallager oder über eine Belieferung der dezentralen Verbundläger organisiert werden. Ein typisches Beispiel für Verbundläger sind die Ersatzteilverbünde der Automobilhersteller. Aus einem zentralen Ersatzteillager werden regionale und untereinander vernetzte Ersatzteilzentren versorgt, die wiederum eine Versorgung der Vertragswerkstätten nach Bedarf sicherstellen. Aus Risikogesichtspunkten gelten analoge Einschätzungen wie bei der Verbundproduktion.

Im Rahmen der Systementwicklung ist für das Produktionsnetzwerk zu hinterfragen, welche Gestaltungsvarianten für die Lagerung zum Tragen kommen sollen. Auch bei der Betrachtung des Lagernetzes gilt, dass die logistische Komplexität entlang der Alternativen A bis E kontinuierlich zunimmt. Daher gilt es im Produktionsnetzwerk für die Teilsysteme der Beschaffungs-, Produktions- und Distributionslogistik jeweils zunächst die folgenden Fragen zu beantworten:

- Welche Gestaltungsalternativen sind für die Güterbereitstellung erforderlich?
- Welcher Anteil der Teile-Sachnummern greift je Gestaltungsalternative?
- Wie hoch ist der Anteil der Teile-Sachnummern, die redundant gelagert werden?
- Sind Kosten- und Risikobewertungen durchgeführt und ausbalanciert worden?

Über die Beantwortung dieser Fragestellungen werden in den Teilsystemen der Logistik die grundsätzlichen Schwerpunkte in der Lagerstrukturierung deutlich. Aus ihnen lassen sich konkrete Anforderungen an die Bereitstellung der erforderlichen Läger entwickeln:

- Art der erforderlichen Läger
- Anzahl der erforderlichen Läger
- Lagerprofil je Lager (Lagerort, Teile-Sachnummern, Ein- und Auslagerfrequenzen, Ein- und Auslagermengen, Stellplatzbedarf, Volumenbedarf etc.)
- Verbundprofil der Läger, falls das Verbundlagerkonzept zum Tragen kommt (Materialflussmatrix Input/Output zwischen den Lägern, Redundanzgrad Gesamtbestand, Liste redundanter Sachnummern, Redundanzgrad auf Sachnummernebene, Reichweitenvorgabe je Teile-Sachnummer und Lagerort etc.)

Logistisches Standortdesign

Produktionsnetz, Lagerstrukturen und angebundene Kunden bzw. Lieferanten können abschließend in einen gemeinsamen Überblick integriert und mit ihren wechselseitigen Materialflussbeziehungen untersetzt werden. Die Systemstruktur wird transparent.

Abbildung 3.13 Logistisches Standortdesign

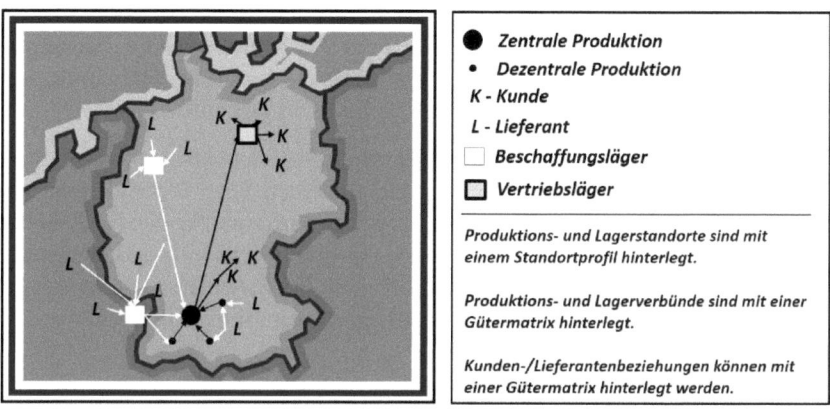

Wurden in der Risikoplanung für den Krisenfall Standort- und Lieferkettenwechsel vorgesehen, sind diese Wechselszenarien getrennt zu beschreiben und im Risikomanagement für den Krisenfall bereitzustellen. Ergeben sich Änderungen im Standort- und Lieferkonzept, sind auch die Wechsel- bzw. Substitutionspläne zeitnah zu aktualisieren. Im Krisenfall ist für grundsätzliche Überlegungen die Zeit nicht gegeben. Dann kommt es nur auf die Umsetzungsgeschwindigkeit an.

Logistische Lagerkonfiguration

Nachdem klar ist, was, wo, wofür und in welchen Mengen produziert werden soll und welcher Lagerbedarf an welchen Stellen im Logistiksystem entsteht, können die einzelnen Lagerstandorte konfiguriert werden. Dabei kommt es auf die richtige Auswahl und Zusammenstellung der Lagereinrichtungen an, insbesondere auf die richtige Lagertechnik, die richtigen Lagerkapazitäten und das richtige Handling- und IT-Equipment. Basis für das Lagerdesign sind die Lagerprofile. Aus ihnen können die Anforderungen an die Lagereinrichtungen abgeleitet werden. Bei der technischen Ausgestaltung der Läger kommen dann im Wesentlichen folgende Gestaltungsalternativen zum Einsatz:

- **Statische Lagersysteme:** Bei statischen Lagersystemen handelt es sich um Lagereinrichtungen, in denen Güter in der Regel nach ihrer Einlagerung bis zur Auslagerung nicht weiter bewegt werden [103][104][108]:

- **Bodenläger, Boden-Blockläger, Boden-Zeilenläger:** Bei den Bodenlägern werden Güter direkt auf dem Boden abgestellt. Diese Lagerart eignet sich prinzipiell für fast alle Güterarten, insbesondere aber für Schüttgüter oder besonders sperrige Güter. Für Flüssigkeiten ist eine Bodenlagerung möglich, wenn sie vorher in Kanister bzw. Tanks abgefüllt wurden. Boden-Blockläger bzw. Boden-Zeilenläger unterscheiden sich lediglich durch eine optische Markierung der Lagerflächen (Rechteck, Längszeile) vom klassischen, nicht markierten Bodenlager.
  Pro: wenig Investitionsbedarf, geringe Störanfälligkeit, flexibel nutzbar, geringe Betriebskosten.
  Contra: schlechte Raumausnutzung, teilweise schlechter Güterzugang, eingeschränkte Gütertransparenz, fehleranfällige Bestandsführung, Einhaltung des FIFO-Prinzips (First-In-First-Out) nur eingeschränkt sicherzustellen.

- **Paletten-Flachregalläger:** In Paletten-Flachregallägern können normierte Europaletten in vorgegebenen Stellplätzen eingelagert werden. Regalflächen können dabei als Einzelplatz- oder Mehrfachstellplatz ausgelegt sein, zum Beispiel für 2, 4 oder 8 Paletten. Im Paletten-Flachregallager lassen sich große Sortimente und Mengen der mittelschweren bis schweren Kategorie einlagern. Flachregalläger werden bis zu einer Höhe von 15 m ausgelegt, so dass alle Lagerplätze mit Schubmaststaplern erreicht werden können.
  Pro: hohe Anpassungsfähigkeit, gute Erweiterungsmöglichkeiten, gute Zugriffsmöglichkeiten, hohe Gütertransparenz, gute Organisationsmöglichkeit.
  Contra: hoher Platzbedarf, lange Wegstrecken, hoher Personaleinsatz.

- **Paletten-Hochregalläger:** Im Paletten-Hochregalläger können Paletten bis zu einer Höhe von ca. 45 m eingelagert werden. Damit erhöht sich das flächenbezogene Lagervolumen enorm. In der Folge eignet sich das Regal jedoch in der Regel nur für leichte bis mittelschwere Güter. Für die Ein- und Auslagerung von Gütern werden spezielle Regalbediengeräte benötigt. Die „Pros" und „Cons" sind grundsätzlich analog zu den Paletten-Flachregallägern einzuschätzen, allerdings mit folgenden Abweichungen bzw. Ergänzungen:
  Pro: hoher Automatisierungsgrad, niedriger Personalbedarf.
  Contra: großer Investitionsaufwand, großer Fördermittelbedarf, höhere Störanfälligkeit, Erweiterungen sind über die Automatisierung nur komplex umsetzbar.

- **Fachbodenregale:** Fachbodenregale sind Regalschränke zur vorzugsweisen Einlagerung von Kleinladungsträgern (KLT). Die Standardhöhe beträgt 2 m. Mehrere Module können horizontal und vertikal zu Regalsystemen kombiniert werden. Bei der vertikalen Kombination entstehen Geschossanlagen, die durch Aufzüge oder Treppen bedient werden können. Ansonsten ist ein Zugriff per Hand ohne Probleme möglich.
  Pro: gute Raumausnutzung, direkte Zugriffsmöglichkeiten, hohe Flexibilität, hohe Umschlagleistung, einfache Organisation, einfache Bestandskontrolle, geringe Störanfälligkeit, niedrige Betriebskosten.
  Contra: geringe Automatisierung, teilweise ungünstige Greifposition, eingeschränkte Einhaltung des FIFO-Prinzips.

- **Kragarm- und Wabenregale:** Kragarm- und Wabenregale werden genutzt, um lange, stabartige Güter einzulagern, wie etwa Rohre, Metallleisten oder Langprofile. Sie sind vergleichbar mit Flachregallägern, speziell für lange Güter ausgelegt.
  Pro: guter Einzelzugriff, gute Gütertransparenz, kompakte Lagerung.
  Contra: geringe Automatisierung, hoher Raumbedarf für Bediengeräte durch das Erfordernis großer Rangierflächen.

■ **Dynamische Lagersysteme:** Bei den dynamischen Lagersystemen handelt es sich um Lagereinrichtungen, in denen Güter nach ihrer Einlagerung in oder mit der Lagereinrichtung weiter bewegt werden [103][104][108]:

- **Durchlaufregale:** Bei Durchlaufregalen werden Güter hintereinander auf geneigten Regalböden abgelegt. Wird Material entnommen, rutschen die restlichen Materialien nach – analog der „Burgerrutschen" im Mc Donald´s Schnellrestaurant. Auf der anderen Seite kann das Regalfach nachgefüllt werden. Diese Regale werden in der Regel für Kleinladungsträger (KLT) ausgelegt. Im großen Stil können sie auch für Paletten ausgelegt werden. Dann bezeichnet man diese Art der Läger als **Einfahr-** oder **Durchfahrregalläger**, da Stapler in den Regalen für eine Verschiebung der Paletten sorgen. Erfolgt die Be- und Entladung dieser Regale nur von einer Regalseite aus, spricht man von Einfahrregallägern. Erfolgen Be- und Entladung von unterschiedlichen Regalseiten, dann werden die Paletten durch das Regal „durchgedrückt". Daher nennt man sie auch Durchfahrregalläger.
  Pro: FIFO Prinzip möglich, gute Raumausnutzung, gute Zugriffs- und Entnahmemöglichkeiten, hohe Automatisierungsmöglichkeit, leichte Bestandsüberwachung.
  Contra: Lagergut kann „auf der Rutsche / im Verschiebekanal" hängen bleiben, technische Sicherungen erforderlich, höhere Wartungskosten, höhere Investitionskosten, geringe Ladungsträgerflexibilität.

- **Verschieberegalsysteme:** Verschieberegalsysteme zeichnen sich dadurch aus, dass die Güter auf einen Stellplatz eingelagert werden und die Stellplätze im Regalsystem dynamisch bewegt werden können. Bekannt ist dieses System zum Beispiel von Aktenregistraturen, in denen Schrankwände auf Schienen verschoben werden können. Je nach Anordnung der Lagerplätze und der Art der Verschiebemöglichkeiten spricht man neben den klassischen Verschieberegalsystemen auch von **Umlaufregalen** oder **Paternosterregalen.** Alle Ausprägungen haben gemeinsam, dass die Güter auf engstem Raum eingelagert und durch dynamische Stellplätze in ihrer Position verschiebbar sind.
  Pro: gute Automatisierbarkeit, gute Raumausnutzung, Gewährleistung des FIFO-Prinzips, gute Kommissionierungsmöglichkeit, guter Schutz der Lagerware.
  Contra: geringe Flexibilität, hohe Investitionskosten, hohe Wartungskosten, erschwerte Ausbaumöglichkeit, relativ hohe Störanfälligkeit.

Für jeden Standort im Logistiksystem, an denen die Einlagerung von Gütern vorgesehen ist, können auf Basis der Lagerprofile die passenden Lagersysteme ausgewählt, miteinander kombiniert und in ein standortspezifisches Lagerlayout gebracht werden. Dieses Layout zeigt auf, an welcher Stelle des Standortes welche Lagerkapazitäten mit welcher Lagertechnik vorgehalten werden. Hinterlegt werden kann dieses Layout mit einer Sachnummernmatrix. Sie präzisiert, welche Sachnummern grundsätzlich wo im System eingelagert werden. Damit wird das Lagerkonzept transparent – Standort für Standort.

Abbildung 3.14 Schema - Lagerlayout

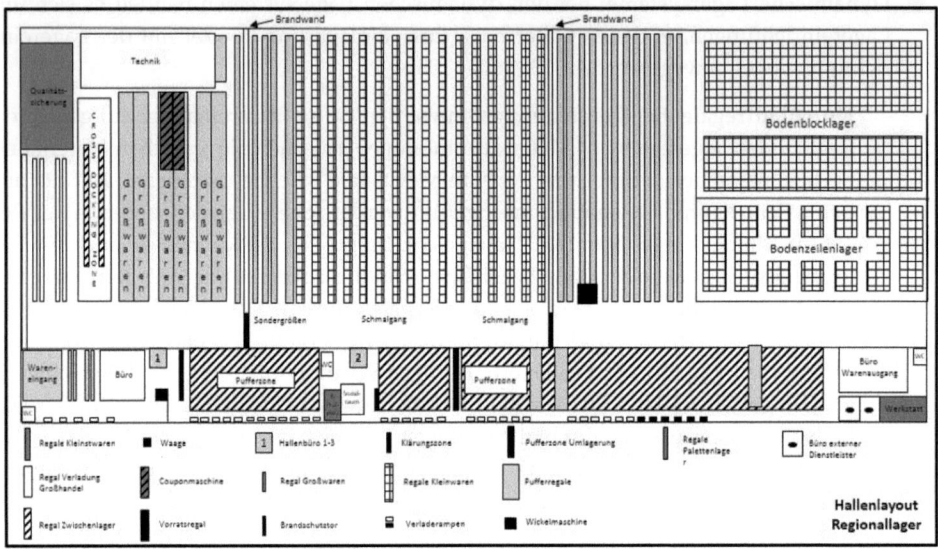

Um das Lager später operationalisieren zu können, sind die Lagereinrichtungen mit Handlingsequipment für die Ein- und Auslagerung, sowie mit IT-Systemen zur Verbuchung der Güter zu untersetzen. Ferner sind die erforderlichen Arbeitsprozesse für den Lagerbetrieb zu beschreiben. Die Handlingsgeräte sind die Schnittstellen der Lagertechnik zu den Materialflüssen im Logistiksystem (vgl. Kapitel 3.4.3).

3.4.3 Lösungen: Logistisches Materialflussdesign

Nachdem die Produktions- und Lagerstrukturen des Logistiksystems präzisiert wurden, sind die logistischen Standorte untereinander sowie mit ihren Lieferanten und Kunden zu vernetzen. Dabei steht der überbetriebliche Gütertransfer im Fokus. In der Systementwicklung sind zunächst geeignete Vorgaben für einen optimalen Einsatz überbetrieblicher Transportsysteme zu formulieren. In Abhängigkeit von Gütermengen und Transportfrequenzen können für den Gütertransfer zwischen den Standorten unterschiedliche Konzepte, wie z.B. Direktverkehre, Gebietsspediteure, Milk-Run-Regelkreise oder auch Kurier-, Express- und Paketdienst-Services (KEP-Services) sinnvoll sein. Am Ende geht es um den richtigen Konzept-Mix, der einen effizienten Materialfluss sicherstellt.

In der Unternehmenslogistik ist jedoch nicht nur der Gütertransfer zwischen den verschiedenen Standorten von Bedeutung. Auch innerhalb der logistischen Standorte ist ein bedarfsgerechter Materialfluss zwischen den Güterquellen und Gütersenken zu gewährleisten. Diese Aufgabenstellung wird über innerbetriebliche Fördersysteme umgesetzt, wie z.B. über Milk-Run-Routenzüge, Staplerverkehre oder auch fest installierte Fördertechnik. Auch an dieser Stelle geht es in der Systementwicklung um einen geeigneten Mix und eine bedarfsgerechte technische Auslegung der innerbetrieblichen Fördersysteme.

Strategisches Systemdesign - Überbetriebliches Transportnetz

Für den Gütertransfer zwischen Produktionsstandorten, Lieferanten und Kunden kommen Verkehrssysteme zum Einsatz. Der Straßen-, Schienengüter- und Luftfrachtverkehr sowie die See-, Binnenschifffahrts- und Rohrleistungstransporte stellen dazu eine breite Gestaltungsbasis dar [102]. Vor der Auswahl und dem Einsatz der Verkehrssysteme steht jedoch die strategische Fragestellung, wie die Materialflüsse prinzipiell ablaufen sollen. Die Prozesse stehen also im Vordergrund der Systementwicklung. Sind diese klar, ergibt sich aus ihnen das überbetriebliche Transportnetz, für das dann die richtigen Verkehrssysteme ausgewählt und wirtschaftlich ausgelegt werden müssen. Zur Ausgestaltung der Transportprozesse stehen zwei grundsätzliche Gestaltungsalternativen zur Verfügung:

- **Gestaltungsalternative A – Ladungsverkehre:** Bei den Ladungsverkehren handelt es sich um direkte Transportrelationen zwischen zwei Standorten [96][98][100][109]. Daher werden sie auch als „Direktverkehre" oder „direkte Transportrelationen" bezeichnet. Dabei kann es sich um direkte Lieferanten-Kunden-Relationen oder um die Vernetzung zweier Produktions- bzw. Lagerstandorte im eigenen Unternehmen handeln.

  Ladungsverkehre sind dadurch gekennzeichnet, dass die eingesetzten Verkehrssysteme ausschließlich mit Gütern der bilateral vernetzten Standorte beladen werden. Dafür ist ein regelmäßiger Güterbedarf zwischen den Standorten mit einem ausreichend hohen Transportvolumen erforderlich. Sind diese Voraussetzungen gegeben, lassen sich bilaterale Transportbeziehungen kostengünstig aufbauen. Die eingesetzten Transportressourcen können voll ausgeschöpft werden und der Handlings- wie Administrationsaufwand für die Be- bzw. Entladevorgänge bleibt beschränkt [99].

- **Gestaltungsalternative B – Sammelgutverkehre:** Bei Sammelgutverkehren handelt es sich um Transporte, bei denen Standorte mit einem jeweils relativ geringen Transportaufkommen vernetzt werden. Es soll eine Verdichtung der Güterströme erzeugt werden, um aus der Summe kleiner Transportmengen große Transporteinheiten zu bilden. Durch diese Konzentration von Einzelsendungen wird sowohl eine bessere Auslastung der Transportmittel, als auch eine Straffung der mit den Be- und Entladevorgängen verbundenen Aufwendungen angestrebt [96][105][109].

  Zur Umsetzung von Sammelgutverkehren werden grundsätzlich in einem ersten Prozessschritt – dem sogenannten „Vorlauf" – kleinere Gütermengen zu einer Gesamtladung konsolidiert. Das kann z.B. über einen Umschlagpunkt, ein Cross-Docking-Center oder einen Sammellauf geschehen. Die konsolidierte Gütermenge wird dann in einem zweiten Prozessschritt, dem „Hauptlauf", über eine längere Distanz in den Zielbereich der Güter verbracht. Dort erfolgen im dritten Prozessschritt die Dekonsolidierung der Güter und ihre Auslieferung an die Adressaten [111]. Dieser Prozessschritt wird Nachlauf genannt. Erfolgt die Auslieferung des Sammelguttransportes an nur einen Adressaten, so kann der Nachlauf entfallen. Wird von einem Lieferanten aus an viele Adressaten geliefert, entfällt der Vorlauf.

Zur konkreten Ausgestaltung von Sammelgutverkehren kommen drei grundsätzliche Konzepte zum Tragen:

- **B1 – Gebietsspediteure:** Ein Gebietsspediteur ist für die Auslieferung von Gütern in ein bzw. für die Anlieferung von Gütern aus einem festgelegten Gebiet verantwortlich. Dabei hat er die Aufgabe, in Abhängigkeit der Materialbedarfe im Logistiksystem die Vor-, Haupt- und Nachläufe in seinem Gebiet selbstständig zu disponieren und die Umsetzung der Transporte mit allen Beteiligten abzustimmen. Die Materialbedarfe sind dabei in der Regel durch kleinere Mengen und Unregelmäßigkeiten in der Lieferhäufigkeit gekennzeichnet. Daher kommt es in diesem Konzept insbesondere darauf an, dass der Gebietsspediteur seine Touren und Transportmittel jederzeit geschickt disponiert, so dass im Ergebnis die Materialbedarfe gedeckt und die Transportkapazitäten voll ausgeschöpft werden [99]. Im betreuten Gebiet entsteht im Ergebnis ein sich dynamisch verändernder, aber jederzeit kontrolliert ablaufender Materialfluss. Ergänzend muss eine bedarfsgerechte Rückführung von Leergut im Liefergebiet gesteuert und umgesetzt werden.

- **B2 – Milk-Run-Systeme:** Bestehen im Logistiksystem feste Transportrelationen mit kleinen Liefermengen und stabilen Lieferfrequenzen, können wiederkehrende Versorgungskreisläufe installiert werden. In der Beschaffungslogistik werden dazu etwa Lieferanten festgelegt, die in einem bestimmten Rhythmus und in fester Reihenfolge nacheinander angefahren werden, um dort jeweils eine konstante Gütermenge in den Sammelgutverkehr aufzunehmen. Mit dem letzten Lieferanten wird die Transportkapazität des Transportmittels ausgeschöpft und die Sammelgutladung kann an ihr Ziel verbracht werden. Analog können in der Distributionslogistik Versorgungskreisläufe zur Kundenbelieferung installiert werden. Da der Materialfluss in diesen Regelkreisen stabil ist, können Touren über „Fahrpläne" exakt getaktet, mit geeigneten Transportkapazitäten ausgestattet und operationalisiert werden. Durch die Stabilität der Kreisläufe lässt sich auch der Leergutrücktransport in das Konzept integrieren, da bei der Warenaufnahme nach dem Prinzip „Leergut gegen Vollgut" verfahren werden kann. Im Grunde ist das vorgestellte System eine industrialisierte Umsetzung des aus der Landwirtschaft bekannten „Milchkannensystems", das dort schon seit vielen Jahren im kleinen Rahmen praktiziert wird und Namensgeber dieses Konzeptes ist [98]. Der Nachteil dieses Systems besteht lediglich darin, dass sich eine auftretende Wartezeit am Anfang der Kette (bspw. durch Verzögerung im Wareneingang eines Kunden) als Wartezeit auf die gesamte Kette des Milk-Run auswirkt, überall spürbar ist und meistens nicht mehr aufgefangen werden kann.

- **B3 – KEP-Dienstleister:** Als weitere Alternative können für den Versand von Kleinsendungen bis 31,5 kg auch die Kurier-, Express- und Paketdienstleister (KEP), wie etwa DHL, UPS oder FedEx eingesetzt werden. Das ist insbesondere sinnvoll, wenn die Sendungsmengen regelmäßig nicht ausreichen, um durch Gebietsspediteure bzw. Milk-Run-Systeme ausgelastete Transportressourcen sicherzustellen. KEP-Dienstleister sind auch dann eine gute Alternative, wenn etwa die Zieladressen der Güter extrem variabel sind. Ein klassisches Beispiel ist hier etwa das Versandgeschäft im Online-Handel. Der Vorteil der KEP-Variante ist, dass man auf ein bestehendes Flächennetz und stabile Verteilsysteme großer Dienstleister zurückgreifen kann. Die KEP-Dienstleistungen unterscheiden sich dabei insbesondere in ihrer Liefergeschwindigkeit: Paketdienste mit Lieferzeiten von über 24h, Expressdienste mit „next day" bzw. „overnight" Belieferung sowie Kurierdienste mit individueller Sofortauslieferung nach dem „same day" Prinzip. Entsprechend der Gütergewichte, Güterverpackungen und der differenzierten Service-Level unterscheiden sich auch die zu leistenden Transportentgelte [97][99]. Ferner ist zu beachten, dass bei der Nutzung von KEP-Dienstleistungen mögliche kostenwirksame Bündelungseffekte, wie etwa beim Einsatz von Gebietsspediteuren und Milk-Run-Systemen, nicht oder nur teilweise realisiert werden können. Damit können die KEP-Dienste in der industriellen Versorgung auch als „Ausweichvariante" bezeichnet werden.

Im Rahmen der Systementwicklung ist für das Netzwerk aus Lieferanten, Produktions- und Lagerstandorten sowie Kunden ein geeigneter Konzept-Mix zur Ausgestaltung des Transportnetzes zu erarbeiten:

- Welche Transportrelationen existieren zwischen den Standorten?
- Welche Gestaltungsalternative ist je Transportrelation für welche Teilesachnummer sinnvoll?
- Welcher Anteil der Teilesachnummern greift je Gestaltungsalternative?

Über die Beantwortung dieser Fragestellungen werden die grundsätzlichen Schwerpunkte zur Ausgestaltung der Transportnetze deutlich. Durch eine Konkretisierung der einzelnen Transportrelationen lassen sich die Anforderungen an den Transport-Mix spezifizieren, z.B. in einer Transportmatrix mit den folgenden Feldern:

- Identifikation Transportrelation (z.B. Transport-ID)
- Güterquelle (Standort Transportstart)
- Gütersenke (Standort Transportziel)
- Sachnummer
- Gestaltungsalternative A – B

Am Ende sollte ein klarer Blick dafür entstehen, welches Transportmodell wo sinnvollerweise zum Tragen kommt.

Unter dem Gesichtspunkt des Risikomanagements ist dafür zu sorgen, dass auch für die bereits erarbeiteten Krisenszenarien, d.h. den Wechsel von Lieferkettenpartnern, eine schnelle und schlüssige Umstellung des Lieferkonzepts möglich ist. Man muss vorher schon genau wissen, welche Gestaltungsvariante für den Transport bei einer Umplanung sinnvoll und schnell umsetzbar ist. Hier gilt es an erster Stelle auf die Geschwindigkeit der Umsetzung zu achten. Kosten können später optimiert werden, wenn ein neuer stabiler Zustand erreicht ist. Dieser Aspekt der Transporteinbindung kommt oft im Krisenmanagement zu kurz. Der Fokus liegt in erster Linie auf neuen Quellen und nicht auf der Integration in ein umfassendes Transportkonzept. In der Krise muss aber beides zügig umstellbar sein.

Abbildung 3.15 Design eines überbetrieblichen Transportnetzes

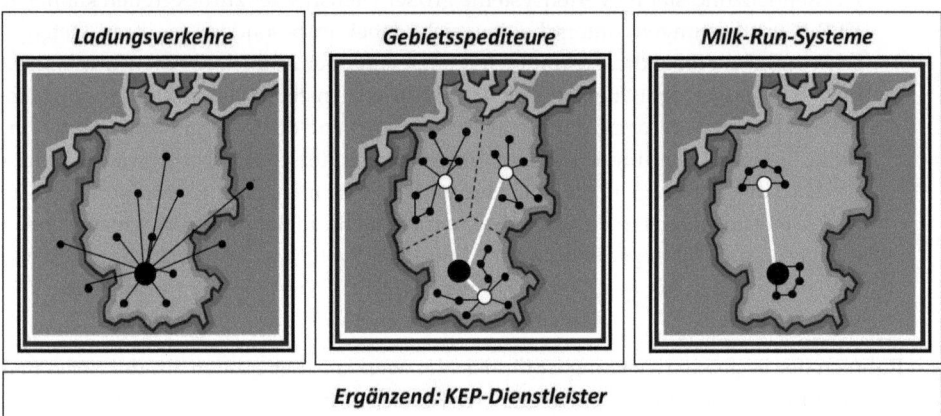

Konfiguration des überbetrieblichen Transportnetzes

Nachdem herausgearbeitet wurde, was, wo, wofür und in welchen Mengen transportiert werden soll, kann das Transportnetz konfiguriert werden. Dabei kommt es insbesondere auf die richtige Auswahl und Zusammenstellung der Verkehrssysteme an. In der Regel wird diese Konfigurationsleistung durch Logistikdienstleister erbracht, die später auch die Transporte durchführen. Für die Konfiguration der Transportrelationen stehen die folgenden Verkehrssysteme zur Verfügung [96][102][104][106][109][112]:

- **Straßengüterverkehr:** Der Straßengüterverkehr gehört in Europa zu den bedeutendsten Verkehrsträgern. Mit einem Straßenverkehrsnetz von über 650.000 km ist es das dichteste europäische Verkehrsträgernetz und ermöglicht eine breite Bedienung der Fläche. Es können quasi alle Güter in kleinen bis mittleren Mengen je Transporteinheit über die Straße transportiert werden. Als Verkehrsmittel kommt ein breites Spektrum an Fahrzeugen in Frage. Für den Gütertransport können etwa PKW, Sprinter mit einer Zuladung von bis zu 3,5 Tonnen, Wechselbrücken-LKW bis zu 12 Tonnen, Gliederzüge bis zu 22 Tonnen, Sattelzüge bis zu 24 Tonnen, Tieflader für Schwertransporte, Tankwagen für den Transport von Flüssigkeiten oder auch Kipperfahrzeuge für den Schüttgüterverkehr eingesetzt werden. Die ausgewählten Verkehrsmittel können im Hinblick auf ihre Kapazität und ihre technische Ausstattung präzise auf die geplante Aufgabenstellung ausgerichtet werden.

Pro: hohe Netzbildungsmöglichkeit, hohe Transportgeschwindigkeit, hohe Flexibilität, rationale Flächenbedienung über Sammel-/Verteiler-/Zubringerverkehre, gütermengenspezifischer Fahrzeugeinsatz, Kombinationsfähigkeit mit anderen Verkehrsträgern, geringe Stillstands- und Wartezeiten durch gute Disposition, reelle Marktpreise durch starken Wettbewerb.

Contra: hoher Energiebedarf, hohe Umweltbelastung, personalintensiver Betrieb, relativ geringe Gütermengen je Transporteinheit, relativ hohes Unfallrisiko, ungeplante Verzögerungsrisiken durch Stau etc.

- **Schienengüterverkehr:** Der Schienengüterverkehr wird klassisch für große Gütermengen im Langdistanztransport eingesetzt. Alle bedeutenden Industrieregionen in Europa sind heute über die Schiene angebunden. An den Anfangs- und Endpunkten des Schienengüterverkehrs ist jedoch in der Regel eine Anbindung an andere Verkehrssysteme erforderlich, um Sender und Empfänger der Güter punktgenau verbinden zu können. Typische Transportobjekte sind Schüttgüter, wie z.B. Kohle, Sand und Kies sowie Flüssiggüter und Gase. Dazu kommen großvolumige oder schwere Stückgüter, wie etwa Coils. Ferner wird der Schienenverkehr auch mit dem Straßenverkehr über intermodale Transportketten kombiniert, so dass auch zunehmend Container oder ganze LKW im Roll-on-Roll-off Betrieb (RoRo) transportiert werden. Für den Gütertransport kommen dabei standardisierte Wagen zum Einsatz: Kfz-Transportwagen, Wagen für den Kombi-Verkehr, Drehgestellflachwagen mit Rungen, gedeckte Schiebewandwagen, offene Güterwagen, gedeckte Güterwagen, gedeckte Güterwagen für Schüttgüter und Tankwagen.

Pro: hohe Massenleistungsfähigkeit, niedrige Einzelkosten je Mengeneinheit, hohe Geschwindigkeit bei langen Direkttransporten, hohe Termintreue, hohe Transportsicherheit.

Contra: strenge Bindung an Zeit- und Fahrpläne, unzuverlässige Fahrplangestaltung, niedrige Geschwindigkeiten durch Rangierpausen bei Wagenwechseln, lange Grenzaufenthalte durch Technologiewechsel (Spurbreiten), zu wenig Wettbewerb zwischen den Anbietern.

- **Binnenschiffsverkehr:** Der Binnenschiffsverkehr ist in Europa ein wichtiger Verkehrsträger für den Transport von Massengütern – hier geht es also um den Transport wirklich großer Mengen je Transporteinheit. Die meisten bedeutenden Industrieregionen in Europa sind über natürliche oder künstliche Wasserstraßen angebunden. Zur Vernetzung von Sendern und Empfängern braucht es auch im Binnenschiffsverkehr in der Regel eine Vernetzung mit anderen Verkehrssystemen. Typische Transportobjekte sind Flüssigstoffe wie Gase, Öle und Chemikalien, Schüttgüter (Kohle, Sand und Kies etc.) sowie großvolumige Stückgüter wie etwa Rotoren von Windkraftanlagen. Containerverkehre oder Roll-on-Roll-off Verkehre spielen eher eine untergeordnete Rolle. Für den Gütertransport werden typischerweise folgende Verkehrsmittel eingesetzt: offene und gedeckte Motorgüterschiffe, Tankmotorschiffe und Stromschubschiffe mit Leichtern. Für die Umsetzung der Verkehrsströme braucht es entlang der Wasserstraßen ein breites Infrastrukturnetz von Binnenhäfen, um die erforderlichen Be- und Entladevorgänge effizient umsetzen zu können und die Güterströme an andere Verkehrssysteme anzudocken.

Pro: hohe Massenleistungsfähigkeit, 24h-Betrieb über Radar, freie Kapazitäten auf Wasserstraßen, hohe Zuverlässigkeit, hohe Transportsicherheit, hohe Umweltfreundlichkeit.

Contra: relativ geringe Netzdichte, langsame Transportgeschwindigkeit, Witterungsabhängigkeit (Hoch-/Niedrigwasser).

- **Seefrachtverkehr:** Der Seefrachtverkehr ist der entscheidende Verkehrsträger für den Güteraustausch in globalen Warenströmen. Alle Kontinente der Welt sind heute über große Seehäfen an den globalen Seefrachtverkehr angebunden. Diese Häfen müssen große infrastrukturelle Anforderungen erfüllen, um im globalen Warentransfer als wichtiger Knotenpunkt eine Rolle zu spielen. Hafenanlagen müssen großzügig im Hinblick auf Fahrrinnenbreite und -tiefe, Kaianlagen und Umschlageinrichtungen ausgestattet sein sowie in Bezug auf ihre Informations- und Kommunikationssysteme den modernsten Ansprüchen genügen. Hierbei zeigt sich, dass die großen Häfen in Deutschland, wie etwa Hamburg, hier vor einer schwer lösbaren Aufgabe stehen. Die Containerschiffe werden immer größer werden. Die Elbe kann jedoch nicht beliebig vertieft bzw. verbreitert werden. Ferner müssen globale Seehäfen an ein Netz regionaler Seehäfen und andere Verkehrssysteme angeschlossen sein, so dass eine zügige Weiterverteilung einlaufender Ware sichergestellt werden kann. Am Beispiel des Hafens Hamburg seien beispielsweise die Feederverkehre (Zubringer- bzw. Auslieferverkehre über See) zu den regionalen Seehäfen Großbritanniens, Skandinaviens oder auch den baltischen Anrainerstaaten in der Ostsee genannt. Ferner erfolgt über den Güterbahnhof Hamburg-Harburg eine Anbindung an das internationale Schienennetz, das eine Warenauslieferung nach Süd- und Osteuropa ermöglicht. Gleichzeitig ist der Hafen für den nationalen und internationalen Straßengüterverkehr unmittelbar an das Autobahnnetz angeschlossen. Damit werden alle strategischen Voraussetzungen für einen globalen Knotenpunkt im Warenverkehr erfüllt. Über den Seefrachtverkehr können alle Arten von Gütern transportiert werden. Als Verkehrsmittel sind im Wesentlichen Tank- und Containerschiffe im Einsatz – im Linien oder Charterverkehr, bereitgestellt über internationale Reedereien. Dabei reichen etwa die Containerschiffe von einer Kapazität mit ca. 1.000 Containern für Feederverkehre (Breite ca. 24,5 m, Tiefgang ca. 9 m) bis hin zu den Megalinern für den interkontinentalen Transport mit einer Kapazität von über 13.000 Containern (Breite ca. 56 m, Tiefgang ca. 16 m).

Pro: hohe Massenleistungsfähigkeit, hohe Distanzfähigkeit, hohe Zuverlässigkeit, hohe Transportsicherheit, hohe Umweltfreundlichkeit, niedrige Transportkosten.

Contra: hoher Anspruch an Hafeninfrastruktur, langsame Transportgeschwindigkeit, Witterungsabhängigkeit (Sturm).

- **Luftfrachtverkehr:** Der Luftfrachtverkehr eignet sich für den Transport zeitkritischer und hochwertiger Güter. Typische Transportobjekte sind z.B. Edelsteine, Güter zur Notversorgung einer Produktion oder auch für Luxusgüter. Dem Nutzen der hohen Geschwindigkeit stehen hohe Kosten entgegen. Durch den Energieverbrauch der Flugzeuge entstehen bei gleichzeitig begrenzten Transportkapazitäten überproportional hohe Transportkosten je Tonnenkilometer. Das rechnet sich nur, wenn der Kunde bereit ist, diese Kosten für die Leistung eines hohen Lieferservice zu tragen oder wenn die Transportkosten im Verhältnis zum Güterwert verschwindend gering sind. Für die Umsetzung von Luftfrachttransporten kommen als Transportmittel Frachträume in den Maschinen des Personenverkehrs oder auch eigenständige Frachtmaschinen in Frage. Sie werden sowohl von Airlines als auch von den großen KEP-Dienstleistern betrieben.

Pro: kurze Transportzeiten, hohe Distanzfähigkeit, hohe Geschwindigkeit, hohe Termintreue, hohe Transportsicherheit.

Contra: sehr hohe Kosten, geringe Kapazitäten, Luftfrachtsicherheit, hoher Handlingsaufwand beim Be- und Entladen, Bedarf an speziellen Förderhilfsmitteln (Container etc.), geringe Netzdichte, Abhängigkeit von der Witterung (Start/Landung).

- **Rohrleitungstransporte** Oft wenig beachtet, aber für die Funktionsfähigkeit einer modernen Industriegesellschaft von hoher Bedeutung, sind die Rohrleitungssysteme (Pipelines). Für den Transport von Gas, Öl, Wasser, Chemikalien oder auch anderen Medien, wie etwa Druckluft, sind sie von zentraler Bedeutung. Moderne Industrieregionen bzw. Städte und Gemeinden sind heute wie selbstverständlich an Rohrleitungsnetze angebunden. Die benötigten Güter stehen dem Abnehmer jederzeit zur Verfügung und können ohne Zeitverzug abgerufen werden, da sie im System über Druck sofort zur Verfügung stehen.

Pro: hohe Massenleistungsfähigkeit, hohe Netzbildungsfähigkeit, hohe Zuverlässigkeit, sofortige Versorgung, hohe Umweltfreundlichkeit.

Contra: statisches System, hoher Investitionsbedarf, lange Laufzeiten zur Amortisation erforderlich, unflexibel bei Strukturveränderungen.

Für den Betrieb eines überbetrieblichen Transportnetzes kommt es auf die richtige Auslegung und eine intelligente Steuerung der eingesetzten Verkehrssysteme an. Die einzelnen Transportrelationen sind passgenau zu konfigurieren und aufeinander abzustimmen. Am Ende ist es der geeignete Mix, der das Transportnetz erfolgreich macht. Einzelne Verkehrssysteme können singulär oder auch im Verbund eingesetzt werden. So entstehen zur Umsetzung der erarbeiteten Transportrelationen ungebrochene, gebrochene oder auch intermodale Transportketten – je nach Bedarf mit den richtigen Kapazitäten dimensioniert.

Aus der Summe der Einzelkonfigurationen wird das überbetriebliche Transportnetz des Logistiksystems transparent. Im operativen Betrieb braucht es dann eine präzise Steuerung und Disposition der eingesetzten Transportkapazitäten. Die Arbeitsprozesse zur Steuerung und Disposition eines Transportnetzes werden im Abschnitt der Logistik-Operations erläutert. Die zur Unterstützung dieser Arbeitsaufgaben eingesetzten IT-Tools müssen bei der Gestaltung des logistischen IT-Designs berücksichtigt werden (vergleiche Kapitel 3.4.5).

Auch bei der Konfiguration des überbetrieblichen Transportnetzes mit Verkehrssystemen muss für die Krise vorgedacht werden. Auch Verkehrssysteme können kurzfristig gestört sein. Beispielhaft genannt seinen Naturkatastrophen wie Erdbeben, Verkehrsbeschränkungen im Epidemie- oder Pandemiefall, kriegerische Auseinandersetzungen oder auch Piraterie. Stör einer dieser Einflussfaktoren das eingesetzte Verkehrssystem stellt sich eine Frage: Wie stellen wir den Transport operativ um. Neue Routen, neue Verkehrsträge und ggf. auch neue Transportpartner müssen schnell und flexibel eingesetzt werden können. Da in der Regel die Transportnetze über logistische Dienstleister gesteuert und betrieben werden, ist bei deren Auswahl auch systematisch zu hinterfragen, mit welchen Tools sie Krisen im Transportsystem managen und wie schnell sie alternative Lösungen bereitstellen können. Hier sind große internationale Partner oder gut vernetzte Mittelständler mit jeweils intelligenten Tools im Vorteil. Genau das ist bei der auftragsvergabe mit zu hinterfragen.

Abbildung 3.16 Konfiguration von Transportrelationen

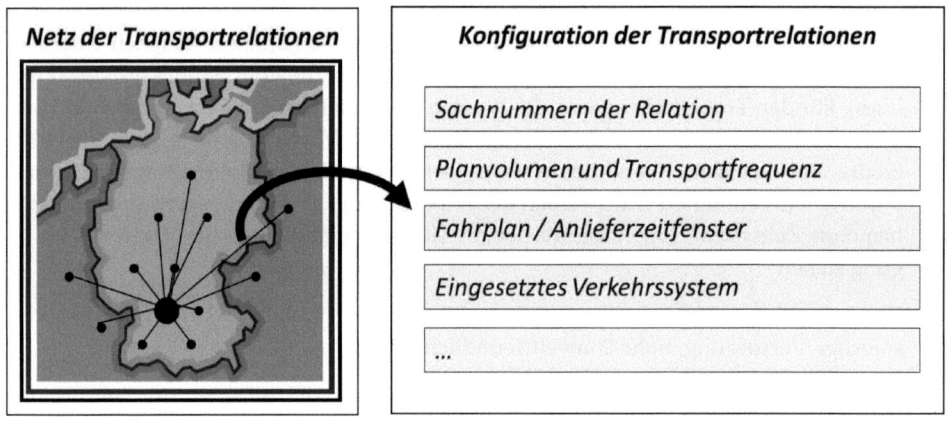

Strategisches Systemdesign - Innerbetriebliches Transportnetz

Der Materialfluss im Logistiksystem beschränkt sich jedoch nicht nur auf die überbetriebliche Vernetzung der Standorte. Auch in den einzelnen Standorten muss der Materialfluss reibungslos funktionieren. Bei der Konzeption der innerbetrieblichen Materialflüsse sind Rahmenbedingungen zu berücksichtigen, die sich wesentlich von denen der überbetrieblichen Materialflüsse unterscheiden: Am Standort geht es um hohe Lieferfrequenzen, kleine Liefermengen und kurze Wege. Daher braucht es hier spezielle Lösungen, bei deren Ausgestaltung gilt: Zunächst müssen die Materialflüsse klar sein, bevor die richtige Fördertechnik für den Transport ausgewählt werden kann [102]. Zur Ausgestaltung innerbetrieblicher Transportnetze greifen in diesem Kontext zwei grundsätzliche Gestaltungsalternativen:

■ **Gestaltungsalternative A – Stetigförderer:** Geht es an einem Standort um die Umsetzung von kontinuierlich und in einem festgelegten Streckennetz ablaufender Materialflüsse, dann können für diese Bereiche Stetigförderer zum Einsatz kommen, also fest installierte Förderanlagen [108][113]. Beispielhaft genannt seien komplexe Produktionslinien in der Automobilindustrie, umgesetzt über Fließbänder. Stetigförderer können dabei entsprechend der geforderten Rahmenbedingungen technisch ausgelegt werden

(Position, eingesetzte Fördertechnik, Förderkapazität). Es ist möglich, sie untereinander zu verketten und mit dynamischen Zu- und Ablaufeinrichtungen auszustatten. Im Ergebnis entsteht ein komplexes Materialflussnetzwerk, das einen stabilen Materialfluss mit hohen Materialumsätzen ermöglicht [104][108].

Transportnetze auf Basis von Stetigförderern lassen sich in der Regel hochgradig automatisieren und erlauben bei hohem Materialumsatz wirtschaftliche Güterflüsse. Allerdings sind sie auch mit hohen Investitionen, intensiven Wartungsaufwänden und einer hohen Inflexibilität verbunden. D.h. Anpassungen in einem bestehenden System sind nur schwierig möglich und meistens mit hohen Kosten verbunden.

■ **Gestaltungsalternative B – Unstetigförderer:** Sind Materialflüsse am Standort diskontinuierlich ausgelegt, und kommt es ferner auf eine flexible Auslegung der Transportnetze am Standort an, greift die Gestaltungsalternative der Unstetigförderer [113]. Dabei handelt es sich um flurgebundene, flurfreie oder aufgeständerte Förderer, die nach Bedarf aktiviert und für flexible, individuelle und sich ggf. dynamisch verändernde Transportaufgaben eingesetzt werden können [104][108]. Bei der Ausgestaltung von Transportnetzen mit Unstetigförderern kommen in der Regel zwei Detailvarianten zur Anwendung:

– **B1 – Routenzüge:** Der Routenzug ist ein Logistikzug, der nach einem festen Fahrplan definierte Haltepunkte am Standort abfährt, um Güter an Pufferplätze der Produktion zu bringen bzw. um dort Fertigware aufzunehmen und in ein Lager zu verbringen. Hier greift demnach innerbetrieblich die „Milk-Run-Systematik". Routenzüge können bei gleichmäßig verlaufenden, geglätteten Güterbedarfen bzw. Produktionszahlen eingesetzt werden.

– **B2 – Einzelverkehre:** Einzelverkehre, z.B. über Stapler, kommen dann zum Einsatz, wenn es um die individuelle Versorgung eines unregelmäßigen Bedarfs geht, bei dem sich Routenzüge nicht zuverlässig planen lassen. Dies ist insbesondere der Fall, wenn in einer nicht ausreichend geglätteten Fertigung für einen zuverlässigen Materialfluss gesorgt werden muss. Güterbedarfe bzw. fertiggestellte Waren werden individuell gemeldet. Es erfolgt eine kontinuierliche Disposition der eingesetzten Förderer, um jederzeit die erforderlichen Transporte sicherzustellen. Ein weiteres Einsatzgebiet der Einzelverkehre sind Güter, die aufgrund ihrer Größe oder ihres Gewichts nicht mit Routenzügen transportiert werden können. Grundsätzlich sollte der Anteil der Sachnummern, die mit Einzelverkehren bewegt werden, möglichst gering gehalten werden, da diese Form des innerbetrieblichen Transports aufwendig in Personal, Förderkapazitäten und Dispositionsprozessen ist.

Im Rahmen der Strategieentwicklung sollten für jeden Standort die umzusetzenden Materialflüsse erarbeitet und in ein Materialflusslayout gebracht werden. Aus dem Layout sollte klar hervorgehen, welche Güter am Standort aus welchen Quellen in welche Senken fließen. Abbildung 3.17 gibt ein Materialflusslayout vereinfacht wieder.

Die einzelnen Materialflüsse können in der Praxis konkret mit den einzelnen Teilesachnummern vernetzt werden. Damit wird präzisiert, welches Material über welchen Weg durch den Standort fließt. Entsprechend der Sachnummerncharakteristika kann dabei festgelegt werden, ob der Materialfluss über das Gestaltungskonzept der Stetig- oder Unstetigförderer realisiert wird (A – B2). Die Ergebnisse können in einer innerbetrieblichen Transportmatrix mit den folgenden Feldern zusammengefasst werden:

- Sachnummer
- Quelle der Sachnummer
- Senke der Sachnummer
- Transportrelation (Identifikation der einzelnen Transportwege im Layout)
- Gestaltungsvariante

Abbildung 3.17   Vereinfachtes Materialfluss-Layout

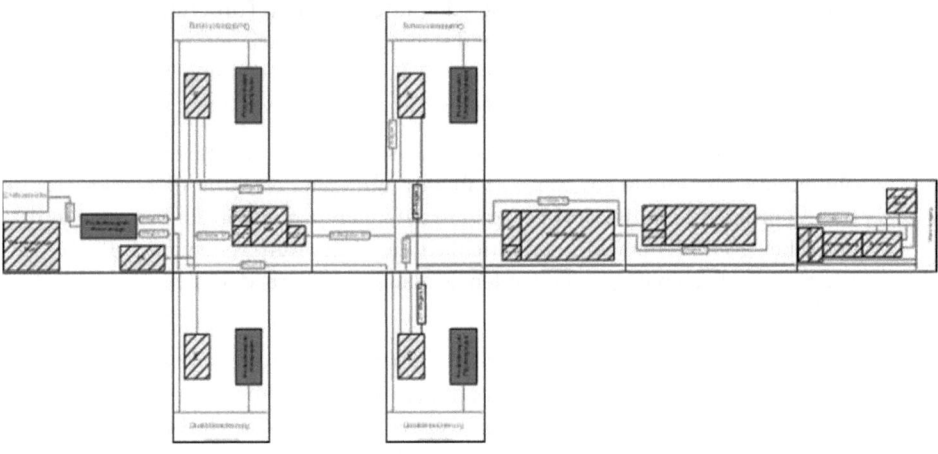

Konfiguration des innerbetrieblichen Transportnetzes

Nachdem herausgearbeitet wurde, was, wofür, wohin und in welchen Mengen am Standort transportiert werden soll, kann das innerbetriebliche Transportnetz konfiguriert werden. Dabei kommt es insbesondere auf die richtige Auswahl und Zusammenstellung der Fördertechnik an. Die Auswahl möglicher Fördertechnik ist enorm groß. Die mit ihnen verbundenen Vor- und Nachteile sind teilweise sehr individuell und vom jeweiligen Einsatz abhängig. Daher wird an dieser Stelle auf eine kompakte Zusammenfassung von „Pros und Cons" verzichtet. Sie würden in der Praxis als generelle Einstufung nicht tragen. Daher wird im Folgenden zunächst ein Überblick zu typischen Stetig- und Unstetigförderern gegeben, die für die Konfiguration des Transportnetzes zur Verfügung stehen.

Betrachtet man die Stetigförderer, dann können mechanische Förderer, Schwerkraftförderer und Strömungsförderer differenziert werden. Innerhalb dieser Kategorien unterscheiden sich die eingesetzten Förderer nach ihrer technischen Auslegung. Hier ist es in der Auswahl und Konfiguration der Fördertechnik entscheidend, genau die Rahmenbedingungen der

Förderaufgabe zu analysieren. Geht es um den Transport von Schüttgütern, Flüssigkeiten, Paketen oder Werkstücken? In welcher Kapazität, Frequenz und Geschwindigkeit ist zu fördern? Welche Entfernungen sind zu überbrücken? Handelt es sich um eine horizontale, vertikale oder gemischte Förderstrecke? Welche physikalischen Eigenschaften der Förderobjekte bestimmen die Fördertechnik? Entsprechend der Vielseitigkeit der aufgestellten Fragestellungen ist auch die Vielfalt der möglichen Fördereinrichtung für die Auswahl zu reflektieren. Tabelle 3.4 gibt einen Überblick zu wesentlichen Typen der Stetigförderer [104][107][110][113].

Tabelle 3.4 Überblick Stetigförderer

Typ	Beispiele
Mechanische Stetigförderer	Bandförderer
	Wandertische
	Rollförderer
	Schneckenförderer
	Schwingförderer
	Tragkettenförderer
	Unterflurförderer
	Schaukelförderer
	Umlaufwerker
	Becherförderer
Schwerkraftförderer	Rollförderer
	Rutschen
Strömungsförderer	Pneumatische Förderer
	Hydraulische Förderer

Im Bereich der Unstetigförderer unterscheidet man im Wesentlichen, ob sie flurgebunden, flurfrei oder stationär im Unternehmen installiert werden [113]. Eine weitere Differenzierung besteht darin, ob sie im Schwerpunkt nur für den horizontalen Gütertransport geeignet sind oder ob sie auch als Hebewerkzeug eingesetzt werden können. Für die Auswahl der geeigneten Fördertechnik sind analog zur Auswahl der Stetigförderer die Rahmenbedingungen der Förderaufgabe zu analysieren. Tabelle 3.5 gibt einen Überblick zu wesentlichen Typen von Unstetigförderern [104][107][113].

Tabelle 3.5 Überblick Unstetigförderer

Typ	V*	H*	Beispiel
Flurgebundene Förderer		X	Handkarren
		X	Gabelhubwagen (manuell/elektrisch)
	X	X	Gabelstapler
		X	Elektrokarren / E-Schlepper mit Anhängern
	X	(X)	Straßenkrane
		X	Führerlose Transportsysteme
	X	X	Führerlose Gabelstapler
		X	Schienenbahnen
	X	X	Schienenkrane
	X		Regalbediengeräte
Flurfreie Förderer	X	X	Brückenkrane
	X	X	Portalkrane
	X	X	Auslegekrane
		X	Hängebahnen
Stationäre Förderer	X		Hebebühnen
	X		Aufzüge
	X	(X)	Roboter

*vertikaler Gütertransfer als Hebezeug / horizontaler Gütertransfer

Betrachtet man die Aufgabe der Konfiguration der innerbetrieblichen Materialflüsse, dann ist also viel Detailarbeit erforderlich, um zu einer geeigneten Auswahl und Dimensionierung der richtigen Fördertechnik zu kommen. Am Ende muss für jede einzelne innerbetriebliche Transportrelation eine Entscheidung für eine Fördertechnik und für Förderkapazitäten stehen. Wichtig ist, dass die einzelnen Materialflüsse dann reibungslos ineinandergreifen und so ein in sich stimmiges Materialflusskonzept entsteht. Unterstützt werden kann diese komplexe Aufgabenstellung insbesondere auch durch Simulationshilfsmittel. Seien es einfache Excell-Tabellen zur Simulation von Transportmatrizen bzw. komplexe Simulationssoftware aus dem Bereich der „Digitalen Fabrik" [101].

Logistisches Materialflussdesign

Durch das Design und die Konfiguration der inner- und überbetrieblichen Transportnetze werden im Logistiksystem alle Abläufe zum Transfer von Gütern transparent. Die Struktur des Materialflusssystems macht die operative Vernetzung aller beteiligten Supply-Chain-

Partner im Logistiksystem deutlich. Mit dieser Transparenz kann der Materialfluss für alle Güter in der Supply-Chain nachvollzogen und unter kontrollierten Bedingungen operationalisiert werden.

3.4.4 Lösungen: Logistische Bestandsstrategie

Nachdem ein vernetztes Bild über Kunden, Lieferanten, Produktions- und Lagerstätten sowie die inner- und überbetrieblichen Materialflüsse erarbeitet wurde, stellt sich die Frage, nach welchen Grundsätzen die Bestände im Logistiksystem geführt werden sollen. Im Fokus steht die Frage nach der optimalen Bestandshöhe, denn Bestände bedeuten einerseits Lieferfähigkeit und andererseits Kapitalbindung. Hier muss die richtige Balance zwischen diesen beiden Polen gefunden werden.

Für eine wirtschaftliche Bestandsführung ist zu analysieren, welche Güter mit geringen Beständen nach dem Pull-Prinzip gesteuert werden können und in welchen Bereichen eine bestandsintensive Push-Steuerung erforderlich ist. In Summe sollten so viel Bestände wie nötig und so wenig Bestände wie möglich im Logistiksystem gehalten werden. Zur weiteren Absicherung der Lieferfähigkeit sollte dann auch das Management der Sicherheitsbestände reflektiert und passgenau für den Krisenfall konfiguriert werden. Abgerundet werden kann die Bestandsstrategie über eine kostenoptimale Eigentumspolitik.

Strategisches Systemdesign - Bestandssteuerung

Zur Bestandssteuerung ist auf Sachnummernebene festzulegen, ob der Materialfluss in der Supply-Chain durch konkrete Kundenaufträge (Pull-Prinzip) oder auftragsunabhängig vom Hersteller (Push-Prinzip) ausgelöst wird. Diese Entscheidung hat unmittelbaren Einfluss auf die Bestandshöhen und die Kapitalbindung im Logistiksystem:

- **Pull-Prinzip:** Bei der Steuerung nach dem Pull-Prinzip werden Güter nur nach ihrem tatsächlichen Bedarf gefertigt. Dazu wird am Ende der Lieferkette im Bedarfsfall ein Signal gesetzt, z.B. ein definierter Meldebestand, der bei der vorgelagerten Wertschöpfungsstufe eingeht und dort die Fertigung auslöst [142]. Entlang der Supply-Chain entstehen kleine, sich selbst steuernde Material-Regelkreise, die schlüssig ineinander greifen. Die Abnehmer ziehen ihre realen Bedarfe durch die Supply-Chain. Damit wird nur das produziert, was der Markt verbraucht und nicht das, was ein Planer glaubt, dass es benötigt würde. Das ist exakter und senkt die Bestände. Ferner entfallen Planungsaufgaben zur Bestimmung von Produktions- und Bestellmengen.

  Das Pull-Prinzip eignet sich am besten für wenig bis mittelstark schwankende und besonders werthaltige Güter, wie z.B. komplexe Fahrzeugmodule in der Kfz-Industrie. Darüber hinaus ist das Pull-Prinzip auch in der Fertigung von Einmalbedarfen das passende Steuerungsmodell, da hier eben nur nach Kundenauftrag produziert wird (ETO).

  Pro: fließende Prozesse, überschaubare Material-Regelkreise, geringe Bestände, geringe materialbedingte Kapitalbindung bei werthaltigen Gütern, keine Überproduktion, keine großen Läger, keine bzw. geringe Planungsaufwände.

Contra: hohe Transportkosten durch kleine Transportmengen und hohe Transportfrequenzen, hohes Risiko des Lieferabrisses bei Prozessstörungen, ggf. längere Lieferzeiten durch kundenspezifische Auftragskopplung der gesamten Supply-Chain.

- **Push-Prinzip:** Beim klassischen Push-Prinzip wird die Fertigung von Gütern direkt vom Hersteller ausgelöst. Er „drückt" die Güter nach einem festgelegten Produktionsprogramm durch die Supply-Chain in die Märkte [142]. Dafür ist ein gut funktionierender Planungsbereich erforderlich, der pro Produktgruppe versucht, einen bestimmten Kundenbedarf pro Zeiteinheit (Monat/Woche) vorherzusagen. Aus dieser Prognose wird dann ein Beschaffungs- und Produktionsplan für alle Teilesachnummern entwickelt, der unter Berücksichtigung der Fertigungs- und Materialflusszeiten eine plankonforme Güterbereitstellung ermöglicht. Ggf. werden bewusst „atmende Lagerkapazitäten" in die Planung einbezogen, um Bedarfsschwankungen gezielt auszugleichen. Asymmetrien zwischen Planung und realem Güterverbrauch schlagen sich dabei in Bestandsveränderungen nieder. Wird weniger geplant als verbraucht, entstehen Bestandsrückgänge oder sogar Lieferabrisse. Wird mehr geplant als verbraucht, bauen sich im System Bestände auf, die sich nur schwierig wieder abbauen lassen („Bullwhip-Effekt"). Diese Unsicherheiten ziehen also auf Dauer häufig erhöhte Bestände nach sich. Ferner entstehen Kosten für geplante Lagerhaltungen sowie Aufwände für die Planungsbereiche. Anzumerken ist hier jedoch auch, dass bei geringwertigen Gütern, wie z.B. DIN-Normteilen, die entstehenden Kosten überschaubar bleiben.

Das Push-Prinzip eignet sich insbesondere für Produkt-Neuheiten, stark schwankende Produkte sowie für Auslaufteile. Ferner macht es in der Massenproduktion geringwertiger Güter mit stabilem Verbrauch Sinn. Beispielhaft hierfür sei der Lebensmittelhandel oder auch der Markt für technische Standardteile genannt. Voraussetzung für den Erfolg ist aber immer eine starke Vertriebsfunktion, die den Kundenbedarf präzise prognostizieren kann. Die Qualität der Planung ist für diese Variante erfolgskritisch.

Pro: Skaleneffekte durch große Lose, wirtschaftliche Transportkosten durch große Transportmengen und kleine Transportfrequenzen, hohe Lieferfähigkeit.

Contra: hohe Bestände, hohe Kapitalbindung bei werthaltigen Gütern, hohe Lagerhaltungskosten, hohe Planungsaufwände, ggf. Über- bzw. Unterproduktion.

Für eine bedarfsgerechte Bestandssteuerung ist im Unternehmen festzulegen, welche Materialien grundsätzlich nach dem Push- bzw. Pull-Prinzip gesteuert werden sollen. Dazu sind auf Sachnummernebene die Vor- und Nachteile der Steuerungsvarianten sorgsam abzuwägen. Auf Basis des Steuerungsmodells können dann später in der Disposition der Zulieferteile bzw. in der Fertigungsplanung geeignete operative Verfahren zur Ermittlung der optimalen Bestellmengen bzw. Fertigungslosgrößen ausgewählt werden (vergleiche Kapitel 4).

Bei der Zuordnung der Steuerungsmodelle kann man sich erneut an den logistischen Produkttypen orientieren. Handelt es sich um Teilesachnummern, die den Produkttypen ETO_e bzw. MTO_e zugeordnet werden, eignet sich nur die Pull-Steuerung, da keine Lagerhaltung dieser Materialien vorgesehen ist. Anders verhält es sich bei Wiederholbedarfen. Im Bereich der MTS- und MTO_w-Güter kommt es auf die spezifische Bedarfscharakteristik der

Abnehmer an. Daher werden diese Güter einer ABC/XYZ-Analyse unterzogen, um eine Zuordnung zu erreichen. Bei der ABC-Teilanalyse erfolgt zunächst eine systematische Bewertung der Wertigkeit [144]:

- A-Güter: sehr hochwertig
- B-Güter: mittlere Wertigkeit
- C-Güter: niedrige Wertigkeit

Darauf aufbauend wird in einer XYZ-Teilanalyse die Auftragsfrequenz beurteilt, also die Regelmäßigkeit der realen Kundenauftragsmengen pro Zeiteinheit, z.B. pro Monat [147].

- X-Materialen: Regelmäßige Auftragsmenge (Schwankungsbreite < 20%)
- Y-Materialien: Schwankende Auftragsmengen (Schwankungsbreite von 20% - 50%)
- Z-Materialien: Stark schwankende Auftragsmengen (Schwankungsbreite > 50%)

Die Schwankungsbreite ist dabei die größte relative Abweichung einer spezifischen Teilperiode vom Durchschnittswert aller betrachteten Teilperioden, z.B. die Abweichung der Auftragsmenge im Monat März um +25%, verglichen mit dem Durchschnitt aller monatlichen Auftragsmengen im Vergleichsjahr.

Abbildung 3.18 ABC/XYZ-Analyse von MTS- und MTO$_w$-Gütern

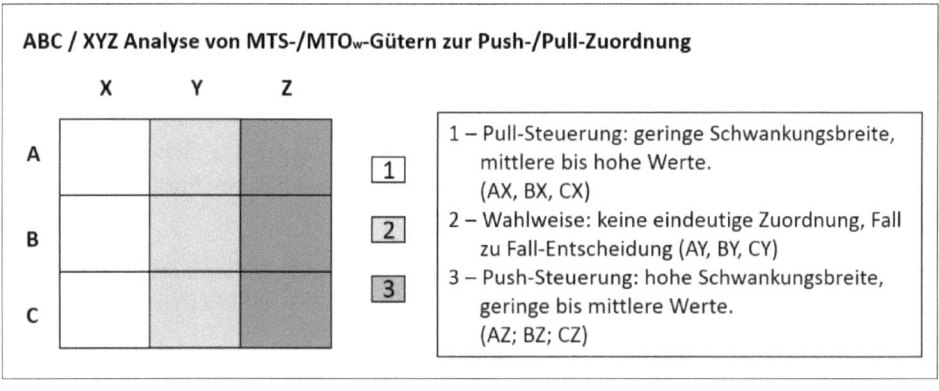

Bei der XYZ-Analyse kommt es darauf an, sich auf die Auftragsmengen der Kunden zu beziehen und nicht auf die ausgeführten Liefermengen. Die Liefermengen könnten nämlich bei einer schlechten Liefermengentreue (vergleiche Kapitel 3.3.3) zu einer falschen Einschätzung führen. So würden zum Beispiel schwankende Liefermengen zu einer Y- oder Z-Einstufung führen, obwohl der Kunde regelmäßig stabile Mengen nach der X-Systematik bestellt hatte, aber mangels Ware nicht oder nur teilweise beliefert wurde.

Nur die korrekten Auftragswerte und ihre Stabilität ermöglichen eine bedarfsgerechte Zuordnung der MTS- bzw. MTO$_w$-Güter zu einem geeigneten Steuerungsmodell.

Während die MTS- bzw. MTO$_w$-Güter in den Portfoliofeldern AX, BX, CX, AZ, BZ und CZ eine eindeutige Zuordnung zur Push- bzw. Pull-Steuerung zulassen (vergleiche Abbildung 3.24), verlangen die AY, BY und CY-Einstufungen eine fallweise Betrachtung. Hier sind die jeweiligen Vor- und Nachteile der Push- bzw. Pull-Variante für die untersuchte Teilesachnummer genau zu hinterfragen und gegenüber zu stellen. Dabei geht es in der Regel um eine Abwägung der Transportkosten einer Pull-Steuerung (geringe Mengen, viele Transporte) gegen die Bestands- und Handlingskosten der Push-Steuerung (hohe Bestandskosten, hoher Lager- und Planungsaufwand). Die vorgenommene Zuordnung der einzelnen Teilesachnummern zu einem Steuerungsmodell kann schließlich in den zugehörigen logistischen Stammdaten dokumentiert werden (vergleiche Kapitel 3.2.5).

Interessant ist darüber hinaus auch die übergreifende Analyse der Zuordnungen. Betrachtet man etwa komplexe Fertigungsketten, dann werden dort häufig verschiedene logistische Produkttypen miteinander kombiniert. Erinnert sei hier an das Beispiel der Verbundproduktion aus Kapitel 3.4.3. Dort wurden MTS-gefertigte Standardzylinder in die Endmontage einer ETO-Maschine eingesteuert. Somit entstehen in der Supply-Chain Vernetzungen von Push- und Pull-gesteuerten Materialflüssen. Diese Vernetzung nennt man auch Postponement oder Push-/Pull-Steuerung [139]. Entscheidend ist hier, zu erkennen, an welcher Stelle es zu einem Steuerungsübergang von Push auf Pull kommt.

Strategisches Systemdesign - Sicherheitsmanagement

Neben einer wirtschaftlichen Führung der Bestandshöhen kommt es auch auf die Absicherung der Lieferfähigkeit an. Dazu ist eine sinnvolle Gestaltung der Sicherheitsbestände zu konfigurieren, um ggf. ungeplante Mengenschwankungen, Prozessfehler oder auch den Ausfall technischer Einrichtungen ausgleichen zu können [141]. Da Sicherheitsbestände auch die Kapitalbindung erhöhen, sollten sie auf das Notwendige beschränkt bleiben. Orientierung geben auch hier die logistischen Produkttypen:

- **ETO- und MTO$_e$-Güter:** Da es sich bei den ETO- bzw. MTO$_e$-Gütern um nicht lagerhaltige Teilesachnummern handelt, erfolgt auch kein Aufbau von Sicherheitsbeständen.

- **MTO$_w$- und MTS-Güter:** Bei den wiederkehrenden Produkttypen kann der Aufbau eines Sicherheitsbestandes sinnvoll sein. Das hängt wesentlich von der Auftragscharakteristik der Abnehmer im Sinne der XYZ-Systematik und der gewollten Resilienz gegenüber Krisenstörungen ab. X-Güter, die durch regelmäßige, gleichmäßige Bedarfe gekennzeichnet sind, brauchen in der Regel keine Sicherheitsbestände, da sie keinen Marktschwankungen unterliegen und stabile Versorgungskreisläufe installiert sind - es sei denn, man sorgt bewusst mit „Resilienzpuffern" aktiv für den Krisenfall vor. Das ist dann erforderlich, wenn in der Krise kein schneller Supply-Chain-Wechsel möglich ist. Hier zeigt sich erneut, wie wichtig die bereits beschriebene Flexibilität und Veränderungsfähigkeit im Logistiksystem ist, um Wirtschaftlichkeit und Versorgungssicherheit gut miteinander vereinen zu können. Wer flexibel handeln kann, braucht weniger Reserve!

Z-Güter, die durch große Mengenschwankungen geprägt sind, sollten grundsätzlich mit Sicherheitsbeständen hinterlegt werden, um bei Bedarf „atmen" zu können. Der Atmungsfaktor kann auch hier im Kontext der Krisenvorsorge variabel gestaltet werden. Bei den Y-Gütern kann fallweise eine Entscheidung getroffen werden. Als Faustformel kann hier gelten: Wird eine Sachnummer nach dem Pull-Prinzip gesteuert, ist auf Basis stabiler Material-Regelkreise kein Sicherheitsbestand erforderlich (Ausnahme: Optionale Resilienzpuffer); beim Push-Prinzip greifen Sicherheitsbestände.

Entsprechend der geschilderten Zuordnungen kann die aufgezeigte Logik im Thema Sicherheitsbestände gemäß Tabelle 3.6 zusammengefasst werden. Optionale Resilienzpuffer bleiben hier in der Darstellung außen vor. Die Zuordnung kann auf Ebene der Telesachnummern in den logistischen Stammdaten hinterlegt werden. Gleiches gilt für ggf. optionale Resilienzpuffer.

Tabelle 3.6   Bestandssteuerung im Logistiksystem

Steuerungsmodell	Zuordnung von logistischen Produkttypen
Kein Sicherheitsbestand	ETO, MTO_e, MTO_w (AX, BX, CX), MTS (AX,BX,CX)
Sicherheitsbestand	MTO_w (AZ, BZ, CZ), MTS (AZ, BZ, CZ)
Fallweise	MTO_w (AY, BY, CY), MTS (AY, BY, CY)

Hat man sich bei einer Sachnummer für den Aufbau eines Sicherheitsbestands oder Resilienzpuffers entschieden, muss dieser konfiguriert werden. Dazu gibt es Praktikerformeln, die sich bewährt haben. Sie sind nicht exakt und damit weder mengen- noch kostenoptimal. In den Betrieben können sie dennoch als einfach zu ermittelnde, grobe Näherungswerte genutzt werden, um eine grobe Orientierung zu geben. Im Folgenden sind drei typische Näherungsrechnungen für die Bestimmung des Sicherheitsbestandes (SB) aufgeführt [91]:

*SB = Durchschnittlicher Verbrauch je Periode * Beschaffungsdauer*

****

SB = Errechneter Verbrauch in der Zeit der Beschaffung + Zuschlagsfaktor für Verbrauchs- und Beschaffungsschwankungen

****

*SB = Mengenmäßiger Umsatz pro Monat * Reichweite für den Mindestbestand*

Für eine genauere Bestimmung des Sicherheitsbestandes kann man auf die Methoden der Wahrscheinlichkeitsrechnung zurückgreifen. Für die Höhe der Sicherheitsbestände sind dynamische Verbrauchsveränderungen und das mit den Bedarfsprognosen verbundene

Fehlerrisiko zu berücksichtigen. Abbildung 3.19 gibt exemplarisch ein Verfahren wieder, das im Folgenden kurz erläutert wird. Für eine genauere Beschreibung wird auf die spezifische Fachliteratur verwiesen [92]-[94][141][150].

Abbildung 3.19 Beispielhafte Ermittlung des Sicherheitsbestandes

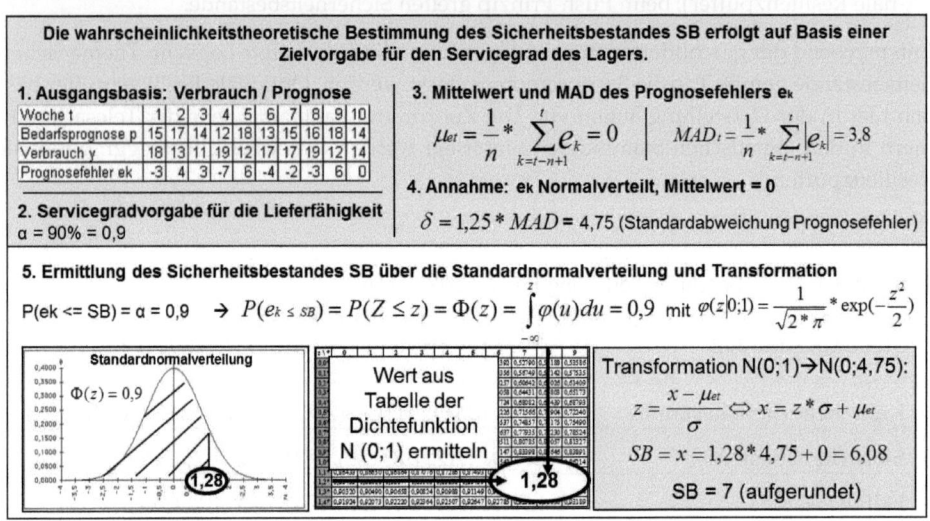

Basis für die Bestimmung des Sicherheitsbestandes ist zunächst eine Zeitreihe, aus der für ein Produkt die Bedarfsprognose, der reale Verbrauch und der Prognosefehler je Periode hervorgehen (Arbeitsschritt 1). Im Folgenden wird der gewünschte Servicegrad α für das Produkt festgelegt (Arbeitsschritt 2). Er bringt zum Ausdruck, zu welchem prozentualen Anteil die Abrufe eines Verbrauchers ereignisorientiert sofort aus dem Bestand bedient werden sollen, im o.a. Beispiel wären dies 90% [90]. Anschließend erfolgt für die weiteren Rechenschritte die Ermittlung des Mittelwertes μ_{et} und die mittlere absolute Abweichung MAD_t (Mean Absolute Deviation) des Prognosefehlers e_k (Arbeitsschritt 3). Unter der Annahme, dass der Prognosefehler mit einem Mittelwert von 0 normalverteilt ist, kann mit der Formel

$$\delta = 1{,}25 * MAD$$

c des Prognosefehlers vorgenommen werden (Arbeitsschritt 4) [92]. Auf dieser Basis lässt sich mit Hilfe des Sicherheitsfaktors z der erforderliche Sicherheitsbestand bestimmen. Der Sicherheitsfaktor z gibt an, um wie viele Standardabweichungen eine normalverteilte Zufallsgröße mit der Wahrscheinlichkeit α (vorgegebener Servicegrad aus Arbeitsschritt 2) über den Mittelwert ansteigt [93] [94]. Der Sicherheitsfaktor lässt sich konkret aus der Dichtefunktion der Standardnormalverteilung ermitteln und kann entsprechenden Wertetabellen entnommen werden [94]. Auf dieser Basis wird durch Transformation der Sicherheitsbestand nach folgender Formel errechnet (Arbeitsschritt 5):

$$SB = x = z * \sigma + \mu_{et}$$

Anzumerken sei an dieser Stelle, dass der erforderliche Sicherheitsbestand bei gleichbleibender Prognosequalität mit ansteigendem Servicegrad überproportional ansteigt. Hier ist demnach auch eine wirtschaftliche Abwägung des erforderlichen Servicegrades erforderlich. Umgekehrt wird deutlich, dass auch ein Absinken der Prognosequalität zu einer exponentiellen Steigerung der Sicherheitsbestände führt. Das macht die Bedeutung dieser Aufgabenstellung für die lagerhaltigen Bestände im Logistiksystem deutlich.

Ferner sollte regelmäßig überprüft werden, ob die Voraussetzungen der Normalverteilung bei den Prognosefehlern gegeben sind, da ansonsten Fehler entstehen und ggf. andere mathematische Berechnungen des Sicherheitsbestandes angewendet werden sollten [95].

Strategisches Systemdesign - Eigentumspolitik

Da Bestände im Unternehmen immer auch Kapital binden, stellt sich die Frage nach einer umsichtigen Eigentumspolitik für alle lagerhaltigen Materialien. Es geht also an dieser Stelle um die MTS- und MTO_w-Güter, die mit Lagerhaltung nach dem Push-Prinzip gesteuert werden. Im Fokus stehen dabei insbesondere die entsprechenden im Fremdbezug allokierten Roh-, Halbfertig- und Fertigteile (vergleiche Kapitel 3.2.3). Für sie ist zu entscheiden, ob sie bei Vereinnahmung in das eigene Logistiksystem auch direkt in eigenes Eigentum übergehen und damit Kapital binden oder ob sie bis zum Verbrauch im Eigentum des Lieferanten bleiben. In diesem Fall bezeichnet man diese Güter auch als Konsignationsbestände [145][146]. Der verbrauchssynchrone Eigentumsübergang wird dabei mit einer parallelen Abrechnung, Bezahlung und Bestandsbuchung gekoppelt.

Der Vorteil dieser Eigentumspolitik ist, dass im Unternehmen die materialseitige Kapitalbindung gesenkt und der Liquiditätsabfluss zeitlich an den Verbrauch gekoppelt werden kann [145][146]. Daher macht es Sinn, zunächst bei allen lagerhaltigen A- und B-Gütern aus Kapitalkostensicht diese Variante zu prüfen. Da die Lieferanten jedoch in der Regel einen zügigen Eigentumsübergang und eine schnelle Bezahlung wünschen, kommt es wesentlich auf die Marktmacht des Abnehmers an, mit der er die Führung von Konsignationsbeständen durchsetzen kann. Je geringer die eigene Marktmacht ist, desto höher werden die zu erwartenden Kostenaufschläge und Abnahmeansprüche der Lieferanten für diese Liefervariante ausfallen. Bei der Abwägung, ob eine Konsignationsstrategie auf Sachnummernebene sinnvoll ist, braucht es daher eine nüchterne Saldo-Analyse der sich ergebenden geldwerten Vor- und Nachteile.

Grundsätzlich gilt diese Vorgehensweise auch für C-Teile, wie z.B. Norm-, Befestigungsoder Standardersatzteile. Auch hier können positive Kapitalbindungseffekte erzielt werden. Jedoch greifen an dieser Stelle ggf. weitere geldwerte Vorteile, die in einer Gesamtkostenanalyse den Ausschlag für eine Konsignationsstrategie geben können – insbesondere wenn der Lieferant im Sinne eines Vendor-Managed-Inventory (VMI) die Bestands- und Lagerführung direkt mit übernimmt [145]:

- Senkung des buchhalterischen Lagerbestands, wie bei A-/B-Materialien.
- Reduzierter Handlingsaufwand im Management der Bestände, da der Lieferant bei Entnahme und den damit verbundenen Entnahmesignal automatisch nachliefert.
- Delegation der Versorgungsverantwortung auf den Lieferanten und Reduzierung des eigenen Aufwandes an Personal- und Technikressourcen für die Bestandsführung.

Diesen Vorteilen stehen auch hier ggf. erhöhte Einstandspreise entgegen. Damit wird eine entsprechende Saldo-Analyse erforderlich.

Aus der Abwägung der Vor- und Nachteile einer Konsignationsstrategie kann auf Ebene von Sachnummern bzw. Sachnummerngruppen entschieden werden, ob Eigen- oder Fremdbestände Sinn machen.

Logistisches Bestandsdesign

Durch die Festlegung des Steuerungsmodells, der Sicherheitsbestände und der Eigentumspolitik wird für jede Sachnummer ein präzises Profil zur Bestandsführung festgelegt. Damit ergibt sich über die Summe aller Sachnummern ein abgestimmtes Steuerungsmodell für die Bestände im Logistiksystem. Das ermöglicht in Vernetzung mit einem bedarfsgerechten Standort- und Materialflussdesign wirtschaftliche Logistikprozesse bei gleichzeitiger Realisierung der unternehmensspezifischen Anforderungen an den Lieferservice.

3.4.5 Lösungen: Logistisches IT-Design

Die Materialflüsse im Logistiksystem müssen geplant, angestoßen und gesteuert werden. Dazu braucht es einen materialbegleitenden Informationsfluss, mit dem alle Logistikaktivitäten exakt umgesetzt und nachvollzogen werden können. Diese Aufgabenstellung wird in der Praxis durch komplexe IT-Systeme der Logistik unterstützt:

- **APS – Advanced Planning System:** Über ein APS-System werden die Logistiksysteme zwischen Kunden und Lieferanten strategisch vernetzt. Sie dienen den Supply-Chain-Partnern zum frühzeitigen Austausch von Planungsdaten über zukünftige Materialbedarfe. Auf dieser Basis können die Fertigungs- und Lieferkapazitäten der Unternehmen aufeinander abgestimmt und synchronisiert werden [143][149]. Im Ergebnis entsteht ein integriertes Supply-Chain-Management. APS-Module sind heute als feste oder optionale Bestandteile in den betrieblichen ERP-Systemen verankert oder können dort über Schnittstellen angedockt werden. Um sie sinnvoll und flexibel auslegen und betreiben zu können, empfehlen sich hier dezentrale Cloud-Systeme zur Vorhaltung der Planungsdaten. Über systematisch gesteuerte Bereitstellungs- und Zugriffskonzepte lassen sich flexible Möglichkeiten des Austauschs von Planungsdaten realisieren. Über standardisierte Datenformate und Schnittstellen können die Supply-Chain-Partner dann auch jeweils mit ihren Systemwelten übergreifend zusammenarbeiten.

- **ERP – Enterprise Ressource Planning System:** In ERP-Systemen werden alle unternehmensinternen Prozesse abgebildet und die zugehörigen betriebswirtschaftlichen Buchungen bzw. Bewertungen erfasst. Berücksichtigt werden dabei in der Regel die Funktionsbereiche Materialwirtschaft, Produktion, Finanz- und Rechnungswesen, Controlling, Personalwirtschaft, F&E, Verkauf und Marketing, Produktdatenmanagement, Dokumentenmanagement sowie die Stammdatenverwaltung des Unternehmens [143]. Typische ERP-Systeme sind etwa SAP oder ORACLE. ERP-Systeme sind industrieller Standard und werden von einer großen Anzahl unterschiedlicher IT-Partner angeboten. Für eine erfolgreiche Systemimplementierung kommt es auf ein passgenaues Customizing und einen systematischen Auswahl- bzw. Integrationsprozess an. Ferner empfiehlt sich auch in den ERP-Systemen eine cloudbasierte Datenhaltung um im gesamten Netzwerk des Unternehmens flexibel mit einer gemeinsamen Informationsbasis zusammenzuarbeiten. Mit der Durchgängigkeit der Datenstrukturen erhöht sich zwangsläufig auch die Disziplin im Unternehmen bei der Gestaltung integrierter IT-Systeme - insbesondere bei einer großen Vielfalt von Fachbereichen und Standorten ist das ein wichtiger strategischer Faktor.

In der betrieblichen Datenverarbeitung sind die ERP-Systeme das Herzstück – das gilt auch für den Bereich der Logistik. Dort geht es im Systembereich der Materialwirtschaft insbesondere um die Buchungs- und Bewertungsprozesse aller Materialbestände und Materialflüsse. Über Schnittstellen, wie z.B. Web-EDI (EDI = Electronic-Data-Interchange), können auf der Auftrags-, Buchungs- und Abrechnungsseite auch die zur logistischen Prozessabwicklung erforderlichen Datenströme zwischen Kunden und Lieferanten vernetzt werden. Durch den Austausch standardisierter Datensätze, wie etwa der EDI-Übermittlung konkreter Auftragsdaten, wird eine automatisierte Zusammenarbeit der Supply-Chain-Partner möglich. Grundlage dafür ist aber eine systematische und fortlaufende Pflege der logistischen Stammdaten. Sie sind das zentrale Informations-Rückgrat für die Abstimmung und den Austausch von Bestell- und Lieferdaten zwischen Kunde und Lieferant. Hier wird zumeist zu wenig Wert auf eine gute Datenpflege gelegt. Das macht in der Praxis dann die Steuerung von Beständen und die richtige Disposition von Bedarfen schwierig (vgl. Kapitel 4). Daher gilt der Leitsatz: Ohne gut gepflegte Materialstammdaten gibt es keine effiziente Steuerung logistischer Warenströme.

Auf längere Sicht können EDI- und WebEDI-Systeme durch die Blockchain-Technologie ersetzt oder (im ersten Schritt) ergänzt werden. Damit wird die Nachvollziehbarkeit und Analysemöglichkeit ausgetauschter Bestell,- Liefer- und Abrechnungsdaten noch weiter erhöht. Dem entgegenstehen dann noch komplexere IT- und ERP-Softwareansätze und die damit verbundenen Investitionen und Qualifizierungsvoraussetzungen. Die Entwicklung vom EDI/WebEDI hin zur Blockchain-Technologie wird sich für den logistischen Datenaustausch voraussichtlich mehr in einer längerfristigen Evolution als in einem abrupten Technologiewechsel entwickeln.

Ferner können die ERP-Systeme auch die Planungsdaten mit APS-Systemen austauschen, um in der Supply-Chain das Forecasting der Bedarfe zu unterstützen. Eine weitere Schnittstelle der ERP-Systeme besteht in Richtung Shopfloor des eigenen

Unternehmens. Hier können MES-Systeme (s.u.) angedockt werden, um auf der Arbeitsebene die Planung und Buchung von Lagerungs- und Transportaufgaben anwendergerecht auszugestalten.

- **MES – Manufacturing Execution System:** Wie oben angesprochen, dienen MES-Systeme der Bearbeitung konkreter Aufgabenstellungen auf der Arbeitsebene des Unternehmens. Beispielhaft genannt seien Lagerverwaltungssysteme oder auch Systeme zur Transport- und Tourenplanung [149]. Sie arbeiten mit Daten aus dem ERP-System und liefern über Schnittstellen auch wieder Daten dorthin zurück. Sie unterscheiden sich von den ERP-Systemen durch ihre aufgabenbezogene Auslegung. Sie sind konkret an die Arbeitsprozesse vor Ort angepasst und lassen sich über einfache Benutzeroberflächen bedienen. Ferner unterstützen sie auch zumeist zusätzliche Auswertungsfunktionen, die dem Personal vor Ort weiterhelfen, wie etwa ein grafischer Belegungsplan für Lagerplätze in einem Lagerverwaltungssystem. Durch ihre Benutzerfreundlichkeit, ihre Prozessorientierung an der Arbeitsaufgabe und ihre Überschaubarkeit gewinnen sie in der Praxis zunehmend an Bedeutung. Sie gleichen gezielt die Schwächen der ERP-Systeme im Hinblick auf ihre Komplexität aus. Wenn neben den APS-und ERP-Systemen auch die MES-Systeme im Hinblick auf ihre Datenhaltung cloudbasiert über definierte Schnittstellen und Datenformate ausgelegt werden, kann eine durchgängige Ankopplung von einzelnen MES-Systemen über das gesamte Logistiknetzwerk realisiert werden. Werden auf der MES-Ebene Steuerungsdaten dezentral verfügbar gemacht, lassen sich bereichs- und standortübergreifend schnell einzelne Lösungsansätze und Erfahrungswerte zur logistischen Steuerung analysieren und Lerneffekte für das gesamte Logistiksystem erarbeiten. Welche Bestandsstrategie hat welche Folgen auf den Lieferservice und die Lieferkosten? Wie kann das Transportsystem an Standorten und zwischen Standorten optimal vernetzt werden? Wie unterscheiden sich die Bedarfsschwankungen im gesamten Logistiksystem und welche Gemeinsamkeiten und Unterschiede leiten sich daraus für die logistische Steuerung sinnvollerweise ab?

All das sind typische Fragen, denen man sich über die Analyse der Bestands- und Bewegungsdaten nähern kann. Big-Data-Analytik und Mustererkennung sind hier die Stichworte um das Logistiksystem zu einem lernenden System zu machen. Auch im Krisenfall ist die dezentrale Verfügbarkeit der logistischen Daten enorm viel wert. Hier kann schnell analysiert werden, welcher Standort wem wie helfen kann. Das macht handlungsfähig für schnelle Entscheidungen. Ein wichtiges Erfolgskriterium im Krisenmanagement. Datenmanagement und Analysefähigkeiten sind demnach ganz zentrale Eigenschaften einer erfolgsfähigen und krisenfesten Logistik der Zukunft.

Aus der Vernetzung von APS-, ERP- und MES-Systemen entsteht im Unternehmen ein komplexes IT-System der Logistik, eng vernetzt mit der IT der Supply-Chain-Partner (vgl. Abbildung 3.20). Damit spielt das Thema Digitalisierung auch in der Logistik-Funktion eine zentrale Rolle.

Abbildung 3.20 System- und Vernetzungsstrukturen in der Logistik-IT

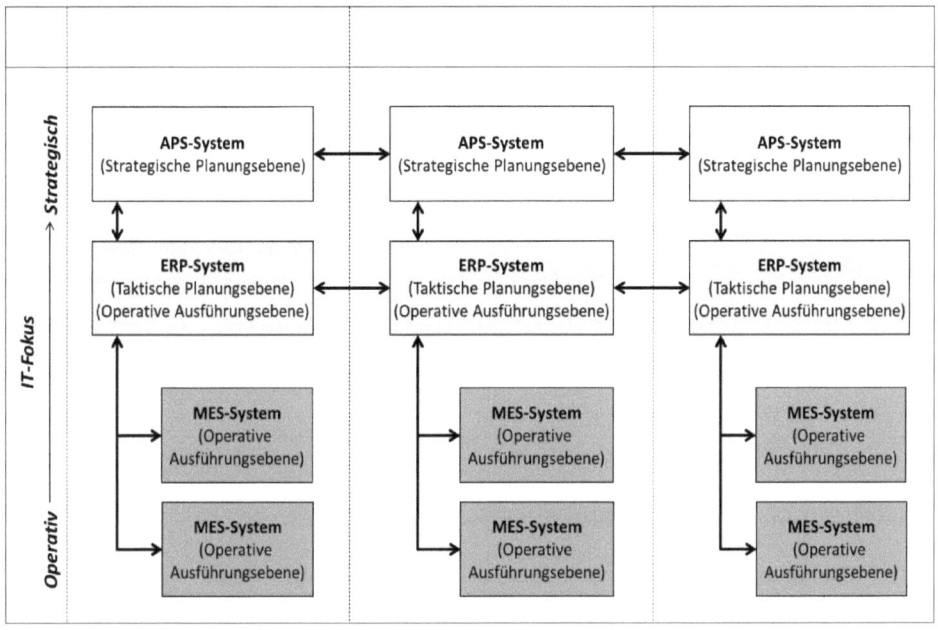

Für den operativen Betrieb des IT-Systems ist eine geeignete Konfiguration der IT-Software und IT-Hardware vorzunehmen. Die Logistikbereiche haben dazu ihre Anforderungen an die Logistik-IT im Sinne eines Lastenheftes zu formulieren. Das hat so zu geschehen, dass mit einem passgenauen IT-Design eine bedarfsgerechte Steuerung und Buchung aller logistikrelevanten Betriebsvorgänge möglich wird. Die technische Umsetzung ist dann eine Aufgabenstellung, die unter Führung der IT-Kollegen weiter voranzutreiben ist. Diese Aufgabenstellung ist nicht Gegenstand dieses Buches. Dafür wird auf die entsprechende Fachliteratur zur Implementierung betrieblicher IT-Systeme verwiesen [151]-[154].

3.4.6 Lösungen: Implementierung des Logistiksystems

Aus dem Zusammenwirken des Standort-, Materialfluss-, Bestands- und IT-Designs ergibt sich ein komplexes Material- und Informationsflusssystem, nämlich das Logistiksystem des Unternehmens (vgl. Abbildung 3.21). Vor der Implementierung sollte die innere Schlüssigkeit des Systemdesigns kritisch hinterfragt werden. Kommt es zu Brüchen oder sind einzelne Gestaltungsfaktoren nicht optimal aufeinander abgestimmt, dann sind Feinjustierungen zur Systemoptimierung durchzuführen – bis das Logistiksystem in sich schlüssig ist und den Anforderungen genügt.

Abbildung 3.21 Logistiksystem des Unternehmens

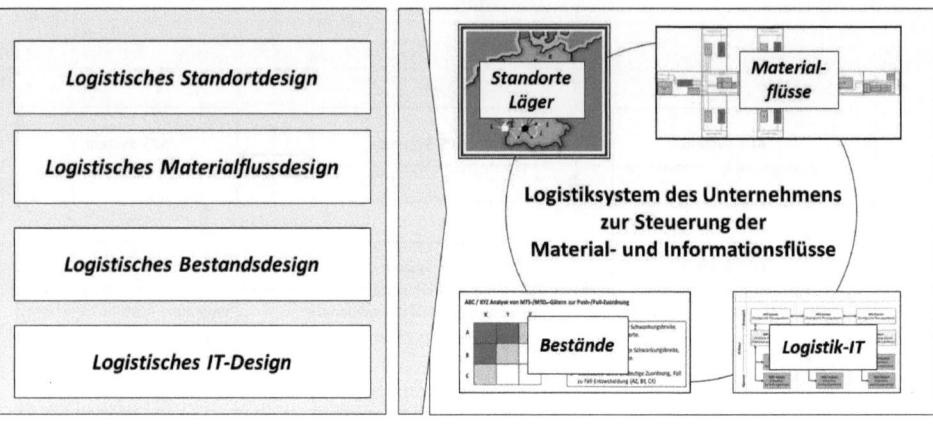

Doch mit welchen Fragen lässt sich die Durchgängigkeit des Logistiksystems eigentlich sinnvoll bewerten? Hier empfehlen sich typische Checkfragen:

- Gibt es im System Engpassstellen mit einer Auslastung > 95%?
- Gibt es im System Weitpassstellen mit einer Auslastung < 70%?
- Gibt es im System Ausfallstellen mit einer Verfügbarkeit < 90%?
- Gibt es im System Redundanzstellen?
- Gibt es im System Verzögerungsstellen?
- Gibt es im System fehlerkritische Stellen?
- Gibt es im System Hauptkostenstellen?
- Sind die Hauptkostenstellen optimal konfiguriert?
- Sind die Logistikabläufe geordnet, gebündelt und abgesichert?
- Existieren im System keine oder nur wenige Sonderabläufe?
- Ist die technische Ausstattung im System überall bedarfsgerecht ausgelegt?

Nach erfolgter Feinjustierung ist das Soll-Design mit dem Ist-Zustand des Logistiksystems abzugleichen. Es entsteht eine Übersicht über die in der Praxis zu schließenden Gaps. Aus dieser Übersicht kann ein konkreter Maßnahmenplan für die erforderlichen Systemanpassungen entwickelt werden. Je Maßnahme sollte klar sein,

- welche Soll-Abweichung im Logistiksystem behoben werden soll,
- welche Aktivitäten zur Behebung führen,
- woran der Erfolg der Maßnahme gemessen wird,
- wer für die Maßnahme verantwortlich ist,
- wer an der Maßnahme mitarbeitet,
- wer die Lösungen freigibt und
- welche Ressourcen für die Maßnahme bereitgestellt werden.

Die einzelnen Maßnahmen sind in einen gemeinsamen Kontext zu bringen, aufeinander abzustimmen und in ein Projekt zur Optimierung des Logistiksystems zu überführen. Zur Detailplanung, Umsetzung und Steuerung eines solchen Projektes greifen die Techniken und Gesetzmäßigkeiten des klassischen Projektmanagements. Sie sind nicht Gegenstand dieses Buches. Daher wird für das Management entsprechender Optimierungsprojekte auf die zugehörige Fachliteratur verwiesen [155]-[159].

3.5 Logistikmanagement

Die richtige Aufstellung und Führung der Logistik-Funktion ist eine wichtige Voraussetzung, um das Logistiksystem wirkungsvoll betreiben zu können. Daher ist für eine schlagkräftige Aufbau- und Ablauforganisation zu sorgen, um durch starke Logistik-Operations eine effiziente Umsetzung aller logistischen Aufgabenstellungen zu ermöglichen.

3.5.1 Ziele im Logistikmanagement

Für einen effizienten Logistikbetrieb reicht die bisher aufgezeigte, strategische Ausrichtung des Logistiksystems allein nicht aus. Sie ist wichtig, aber für eine erfolgreiche Operationalisierung der Material- und Informationsflüsse nicht hinreichend. Vielmehr ist es erforderlich, die im Logistiksystem ablaufenden Arbeitsaufgaben für alle Mitarbeiter einfach und visuell transparent zu machen und durch konkrete bildhafte Prozessbeschreibungen zu organisieren. Ferner braucht es zusätzlich eine klare Ordnung, welche Logistikabläufe vom Unternehmen selbst und welche durch Dienstleister ausgeführt werden sollen. Es muss eindeutig sein, wer wofür zuständig ist. In diesem Kontext ist auch die Zusammenarbeit zwischen internen und externen Logistikkräften zu koordinieren – einschließlich der Auswahl des geeigneten Personals. Im operativen Betrieb sind dann die Arbeitsaufgaben über Logistikziele zu steuern und mit einem systematischen KVP-Prozess zu untersetzen.

Aus den aufgezeigten Zielstellungen lassen sich die Anforderungen an ein professionelles Logistikmanagement schlüssig ableiten:

- **Prozessmanagement:** Zur Absicherung effizienter Prozesse ist eine Identifikation und Prozessbeschreibung aller erforderlichen Aufgabenstellungen zur Gestaltung, zum Betrieb sowie zur Steuerung des Logistiksystems erforderlich.

- **Make-or-Buy-Management:** Für eine kosten- und leistungsoptimale Organisation der logistischen Aufgabenstellungen braucht es eine Aktivierung der jeweils stärksten Kräfte im Logistiksystem – unabhängig von ihrer Herkunft. Daher ist eine systematische Analyse interner und externer Stärken sinnvoll, um eine leistungsorientierte Zuordnung der Logistikprozesse zu Eigen- bzw. Fremdressourcen vorzunehmen. Bei dieser Zuordnung ist über klare Schnittstellen und AKV eine gute Zusammenarbeit der Logistik-Funktion und der externen Logistikdienstleister sicherzustellen.

- **Personalmanagement:** Für die intern umzusetzenden Logistikaufgaben ist eine geeignete Auswahl, Implementierung und Führung des Logistikpersonals sicherzustellen.
- **Dienstleistermanagement:** Damit es im Logistiksystem zu einem erfolgreichen Einsatz externer Logistikkräfte kommt, ist ein professioneller Vergabeprozess erforderlich [115]. Für eine dauerhaft erfolgreiche Zusammenarbeit müssen an die Dienstleisterauswahl systematische Prozesse zur Führung der externen Kräfte angedockt werden.
- **KVP-Management:** Da es sich bei Logistiksystemen um komplexe Strukturen mit komplexen Abläufen handelt, deren Rahmenbedingungen sich ständig über neue Produkte, Lieferanten oder auch Kunden ändern, braucht es jederzeit einen konzentrierten Blick auf Verbesserungspotenziale. Dazu ist ein systematischer KVP-Prozess zur strategischen und operativen Optimierung des Logistiksystems zu implementieren. Die Mitarbeiter müssen verstehen lernen, dass „ein Tag ohne Verbesserung ein verlorener Tag" ist.

3.5.2 Lösungen: Prozessmanagement

Bei der Organisation und Führung komplexer Arbeitsstrukturen ist das Thema Prozessorientierung heute industrieller Standard. Das gilt auch für die Logistik-Funktion. Entsprechend ist im ersten Schritt zu klären, welche logistischen Aufgabenstellungen konkret im Prozessmanagement zu berücksichtigen sind. Sie wurden bereits in Kapitel 2.2 dieses Buches herausgearbeitet:

Tabelle 3.7 Im Prozessmanagement zu berücksichtigende Logistik-Aufgaben

Planning		Operations		Controlling	
Aufgabe	Kap.	Aufgabe	Kap.	Aufgabe	Kap.
Funktionseinordnung	3.1	Materialdisposition	4.1	Operativ	5.1
Produkttypisierung	3.2	Transport-/Tourenplanung	4.2	Strategisch	5.2
Logistikziele	3.3	Kommissionierung	4.3		
Logistiksystemdesign	3.4	Versand	4.4		
Logistikmanagement	3.5	Auslieferung	4.5		
		Warenannahme	4.6		
		Produktionsplanung	4.7		
		Produktionsversorgung	4.8		
		Auftragsmanagement	4.9		
		Liefermanagement	4.10		
		Entsorgungsmanagement	4.11		

Zur Operationalisierung der Logistik-Aufgaben können in einem zweiten Schritt die einzelnen Geschäftsprozesse mit Inputfaktoren, Prozessschritten und Outputfaktoren beschrieben und zu einem Prozessmodell vernetzt werden. Aus den festgelegten Material- und Informationsflüssen kann abgeleitet werden, wer konkret was, wann und wie zu tun hat [136].

Zur Beschreibung der Prozesse kann dann systematisch entlang der folgenden Fragen vorgegangen werden [116]-[123]:

- Aufgabenidentifikation – Was ist zu tun?
- Prozess-Input – Was sind die Eingangsgrößen einer Aufgabenstellung?
- Prozessbeschreibung – Wie wird eine Aufgabenstellung konkret erledigt?
- Prozess-Output – Was ist das Ergebnis des Prozesses bzw. einer Aufgabenstellung?
- Prozessvisualisierung – Bildhafte Dokumentation der Einzelprozesse und Prozessergebnisse.
- Prozessvernetzung – Vernetzung der Einzelprozesse zu einem Prozessmodell.
- Methodenintegration – Vernetzung der Einzelprozesse mit Best-Practice-Standards.

Die Prozesse geben im Ergebnis vor, wie die Aufgaben im Unternehmen praktisch umgesetzt werden sollen – Arbeitsplatz für Arbeitsplatz. Entsprechend sind sie zu visualisieren.

Zur digitalen Aufbereitung bzw. Visualisierung der Prozesse können gängige Prozessmodellierungstools wie z.B.

- ARIS,
- MicrosoftVisio oder
- ProcessModeler

genutzt werden [124]-[127] (vgl. Abbildung 3.22). Weitere Tools sind in der einschlägigen Literatur und der Fachpresse zum Thema Prozessmanagement beschrieben.

Mit der Prozessmodellierung entsteht ein Überblick, wie in einer Logistikaufgabe die erforderlichen Arbeitsschritte der Mitarbeiter konkret ablaufen und ineinandergreifen. Aus der Summe der einzelnen Prozessbeschreibungen entsteht durch Vernetzung ein Prozessmodell, in dem die Ablauforganisation der Logistik-Funktion im Gesamtzusammenhang sichtbar wird.

Abbildung 3.22 Systematik der Prozessvisualisierung

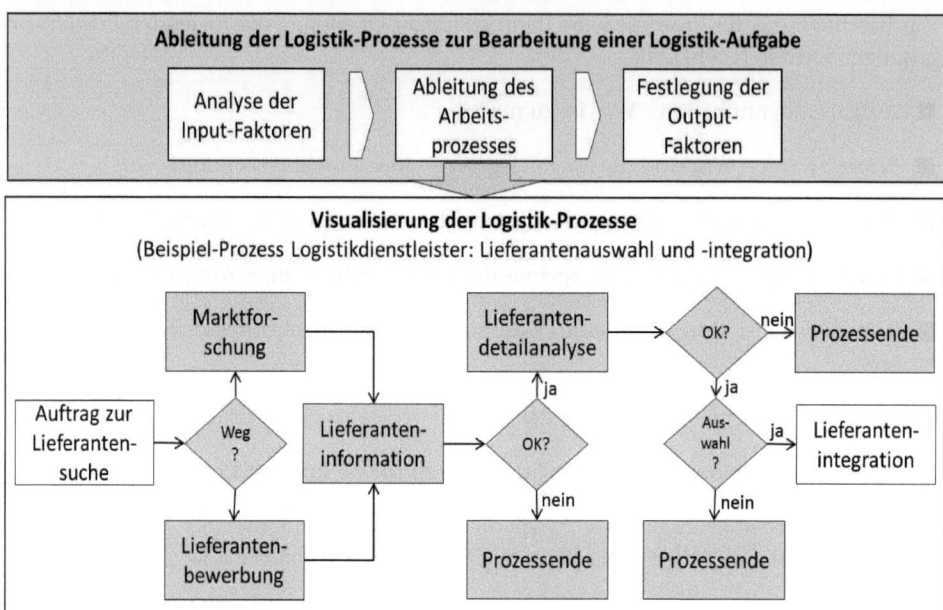

Im dritten Arbeitsschritt können den Prozessbeschreibungen spezifische Vorgaben für die Prozessumsetzung hinterlegt werden. Im Kern dieser Vorgaben steht die Integration von Best-Practice-Standards in die Einzelprozesse. Je nach Arbeitsablauf kommt es z.B. auf effiziente Workflows, strukturierte Arbeitsanweisungen oder auch auf einen bedarfsgerechten Methodeneinsatz an, wie etwa der Auswahl der richtigen Verfahren zur Bestandssteuerung (Push/Pull). Im Rahmen dieses Buches werden ausgewählte, wichtige Instrumente vorgestellt. Das erfolgt integrativ in den Erläuterungen zu den Logistikaufgaben.

Im Logistik-Planning wurden bereits viele Instrumente und ihre Anwendung ausführlich besprochen. Tabelle 3.8 gibt dazu einen zusammenfassenden Überblick.

Tabelle 3.8 Ausgewählte Methoden und Tools im Logistik-Planning

Funktionseinordnung	Methoden/Tools	Kap.
Aufbauorganisation	Funktionale, divisionale, hybride Strukturmodelle	3.12
Ablauforganisation	Management-AKV, Supply-Chain-AKV	3.1.3
Funktionsmanagement	Auswahlfaktoren für das Top-Management	3.1.4

Produkttypisierung	Methoden/Tools	Kap.
Objektidentifizierung	Materialgruppenschlüssel	3.2.2
Produktgruppen	Materialklassifizierung	3.2.3
Produkttypen	CODP-Cluster MTS, MTO$_w$, MTO$_e$, ETO	3.2.4
Produktdaten	Logistische Stammdatensätze	3.2.5
Logistikziele	**Methoden/Tools**	**Kap.**
Zielschwerpunkte	Zielmatrix nach Produkttypen	3.3.2
Lieferservice-Ziele	Tool-Box: Zielgrößen	3.3.3
Logistikkosten-Ziele	Tool-Box: Zielgrößen	3.3.4
Scorecard	Logistik-Scorecard-Prozess	3.3.5
Logistiksystemdesign	**Methoden/Tools**	**Kap.**
Standortdesign	Produktionsnetzwerk, Lagernetzwerk, Lagerkonfiguration	3.4.2
Materialflussdesign	Überbetriebliches Transportnetz, Innerbetriebliches Transportnetz, Transportnetzkonfiguration	3.4.3
Bestandsdesign	Push-/Pull-Steuerung, Sicherheitsmanagement und Eigentumspolitik nach Produkttypen	3.4.4
IT-Design	APS-, ERP-, MES-Systeme	3.4.5
Systemimplementierung	Projektmanagement	3.4.6
Logistikmanagement	**Methoden/Tools**	**Kap.**
Prozessmanagement	Prozessmodell, Best-Practice-Standards	3.5.2
Make-or-buy-Management	Ressourcenmatrix, Prozess-AKV	3.5.3
Personalmanagement	Personalauswahlkriterien und -prozesse	3.5.4
Dienstleistermanagement	Outsourcing-Vergabeverfahren	3.5.5
KVP-Prozesse	Operative und strategische KVP-Regelkreise	3.5.6

Wichtige, in den Logistik-Operations eingesetzte Tools- und Methoden werden in Kapitel 4 erläutert. Tabelle 3.9 gibt hier bereits einen Überblick zu den dort vorgestellten Instrumenten und ihrer Zuordnung zu den Logistik-Aufgaben.

Tabelle 3.9 Ausgewählte Methoden und Tools in den Logistik-Operations

Materialdisposition	Methoden/Tools	Kap.
Disposition ohne Lager / Push	Programmgesteuerte Fertigungsabrufe	4.1.3
Disposition ohne Lager / Pull	KANBAN Regelkreise	4.1.3
Disposition mit Lager / Push	Statische / Dynamische Dispositionsverfahren	4.1.4
Disposition mit Lager / Pull	KANBAN; Bestellpunkt-/-rhythmusverfahren	4.1.4
Transport/Tourenplan.	**Methoden/Tools**	**Kap.**
Transportplanung	Simplex-Algorithmus, Heuristiken	4.2.2
Tourenplanung	Enumeration, Simplex-Algorithmus, Heuristiken	4.2.3
Kommissionierung	**Methoden/Tools**	**Kap.**
Kommissionierungskonzept	Auftrags-/Serienorientierte Kommissionierung	4.3.2
Kommissionierungsprozesse	Manuelle/maschinelle Prozesstandards	4.3.3
Kommissionierungstechnik	Automaten, Roboter, Sorter, MDE-/pbx-/RFID-Tools	4.3.4
Versand	**Methoden/Tools**	**Kap.**
Verpackung	Packmittel, Packhilfsmittel	4.4.2
Ladeeinheiten	Pack- und Beladeschemata, IT-Tools	4.4.3
Güteridentifikation	GS1-Standards, Auto-ID-Systeme	4.4.4
Versanddokumente	Lieferschein, Frachtbrief, Rechnung, Zolldokumente	4.4.5
Auslieferung	**Methoden/Tools**	**Kap.**
Transportsteuerung	Transportdisposition	4.5.2
Güterumschlag	Umschlagpunkte, Cross-Docking-Center	4.5.3
Auftragsverfolgung	Trace- & Trackingsysteme	4.5.4
Warenvereinnahmung	**Methoden/Tools**	**Kap.**
Transportannahme	Zeitfenstersteuerung	4.6.2
Lieferungsidentifikation	I-Punkt Prozesse	4.6.3
Warenvereinnahmung	I-Punkt Prozesse	4.6.4
Qualitätskontrolle	QSV, Stichprobenverfahren, 100%-Prüfung	4.6.5
Einlagerung/Bereitstellung	Prüf-, Lager-, Transportprozesse	4.6.6
Produktionsplanung	**Methoden/Tools**	**Kap.**
Push-Steuerung	Programm-, Losgrößen-, Termin-, Kapazitätsplanung	4.7.2
Pull-Steuerung	KANBAN-Regelkreise, Push-Pull-Integration	4.7.3
Produktionsversorgung	**Methoden/Tools**	**Kap.**
Ladungsverkehre	Staplerverkehre	4.8.2
Sammelguttransporte	Routenzugverkehre	4.8.3

Auftragsmanagement	Methoden/Tools	Kap.
Auftragsannahme	Kundendialog	4.9.2
Auftragsprüfung	Statische und dynamische Verfügbarkeitsprüfung	4.9.3
Auftragsbestätigung	Bestätigungsdatei / Bestätiugungsnachricht	4.9.4
Auftragsverfolgung	Auftragsliste	4.9.5
Reklamationsmanagement	Qualitative / administrative KVP-Aktivitäten	4.9.6
Liefermanagement	**Methoden/Tools**	**Kap.**
Gütertransfer	Referenz auf Methoden LOB2-LOB6	4.10.2
Entsorgungslogistik	**Methoden/Tools**	**Kap.**
Entsorgungsobjekte	Klassifikationen, Stofflisten	4.11.2
Stoffströme	Sankey-Diagramm	4.11.3
Entsorgungsvarianten	Verwendung, Verwertung, Beseitigung	4.11.5
Entsorgungslogistik	Lager- und Transportkonzepte	4.11.5

Die im Logistik-Controlling eingesetzten Tools und Methoden sind Gegenstand der in Kapitel 5 erläuterten Logistik-Aufgaben. Auch für diesen Bereich gibt Tabelle 3.10 einen Überblick über Logistik-Aufgaben und zugeordnete Werkzeuge wieder.

Tabelle 3.10 Ausgewählte Methoden und Tools im Logistik-Controlling

Operatives Controlling	Methoden/Tools	Kap.
Scorecards	Logistik-Scorecard, Dienstleister-Scorecard, Lieferantenmanagement, ERP-Systeme	5.1.3
Audits	Prozessaudits	5.1.4
Benchmarks	Performance-Benchmarks	5.1.5
Operatives KVP-Programm	Maßnahmenprogramm, Maßnahmenmanagement	5.1.6
Strategisches Controlling	**Methoden/Tools**	**Kap.**
Audits	Systemaudits	5.2.3
Benchmarks	System-Benchmarks	5.2.4
Trendanalysen	Trendanalysen im Unternehmen, externe Trendanalysen	5.2.5
Strategisches KVP-Programm	Veränderungsportfolio, Maßnahmenprogramm, Maßnahmenmanagement	5.2.6

Verknüpft man die Tabellen 3.8–3.10, entsteht eine zusammenfassende Aufgaben-Methoden/Tool-Matrix aus der Logistik-Aufgaben und zugeordnete Logistik-Instrumente hervorgehen. Damit entsteht eine Ablauforganisation, in der alle Logistik-Aufgaben zielorientiert durch Best-Practice-Standards für die Umsetzung abgesichert sind. In der Praxis können viele der Methoden/Tools durch MES-Systeme digital untersetzt und in das IT-System der Logistik integriert werden (vgl. Kapitel 3.4.5). Auf entsprechende Möglichkeiten wird in den jeweiligen Detailkapiteln verwiesen. Da sich der Softwaremarkt für MES-Systeme jedoch sehr dynamisch entwickelt, bleibt in der Gestaltung und dem Management des Logistiksystems nur eine ständige, begleitende Beobachtung des Softwaremarktes. Sie erlaubt dann eine bedarfsgerechte Auswahl. Eine konkrete Empfehlung einzelner Tools macht hier keinen Sinn, da die Anforderungen und Implementierungsvoraussetzungen zu individuell sein werden.

3.5.3 Lösungen: Make-or-Buy-Management

Nachdem die Prozesse und Methoden für die logistischen Aufgaben stehen, geht es nun darum, wer die Prozesse ausführt und verantwortet. Dazu ist das Prozessmodell der Logistik-Funktion mit einer geeigneten Aufbauorganisation zu koppeln, aus der die Prozessverantwortlichkeiten hervorgehen. Am Anfang dieser Kopplung steht zunächst die Frage, welche Prozesse in Eigenverantwortung der Logistik-Funktion umgesetzt und welche an Logistikdienstleister fremdvergeben werden sollen. Die Entscheidung zwischen Eigen- oder Fremdleistung kann sinnvollerweise nur dann getroffen werden, wenn die Fragen

- nach der wirtschaftlichen Bedeutung der Logistik-Aufgaben für den Unternehmenserfolg und

- nach den eigenen Kompetenzen bzw. Ressourcen zur Bearbeitung der Logistik-Aufgaben

umfassend reflektiert wurden [160]-[162]. So sollten beispielsweise Unternehmen, deren Geschäftsmodell sowohl qualitativ als auch wirtschaftlich maßgeblich durch die Logistik beeinflusst wird (z.B. der Versandhandel) sicherstellen, den Auslieferungsprozess im Sinne einer "World Class Competence" selbst zu beherrschen. Die Möglichkeit, permanent eingreifen und steuern zu können ist hier unabdingbar. Eine durch Fremdvergabe entstehende Abhängigkeit von Dritten (Logistikdienstleister) wäre strategisch eine tickende Zeitbombe. Ein Outsourcing dieser Aufgabe käme demnach nicht in Frage. Anders sähe es bei Unternehmen aus, deren Marktdifferenzierung nur untergeordnet von den logistischen Fähigkeiten abhängt, wie bei den Herstellern vom Spezialmaschinenbau im ETO-Segment. Hier gibt es ein breites Feld an Outsourcing-Potenzialen.

Zur Bewertung, ob ein Outsourcing sinnvoll ist, sind alle Logistik-Aufgaben eines Unternehmens nach ihrer wirtschaftlichen Bedeutung und im Hinblick auf die zur Verfügung stehenden Logistikkompetenzen bzw. Logistikressourcen zu analysieren. Zur Analyse der Logistik-Aufgaben können etwa die folgenden Leitfragen reflektiert werden [163][164]:

- Bewertung der wirtschaftlichen Bedeutung einer Logistik-Aufgabe
  - Gehört die Logistik-Aufgabe zu einer kundenrelevanten Kernleistung?
  - Stellt die Logistik-Aufgabe einen wichtigen Wettbewerbsvorteil dar?
  - Besteht die Gefahr der Abhängigkeit bei Outsourcing der Logistik-Aufgabe?
  - Sind logistische Standortvorteile wettbewerbsrelevant?
  - Sind logistische Lohnkostenvorteile wettbewerbsrelevant?
  - Sind logistische Transportkostenvorteile wettbewerbsrelevant?
  - Sind logistische Lagerkostenvorteile wettbewerbsrelevant?
  - Sind logistische Steuervorteile wettbewerbsrelevant?

- Bewertung eigener Logistikkompetenzen und -ressourcen für eine Logistik-Aufgabe:
  - Wie stark sind die eigenen Logistik-Kompetenzen einzuschätzen?
  - Wie qualifiziert sind die eigenen Logistik-Mitarbeiter?
  - Wie hoch und variabel sind die eigenen Logistikressourcen?
  - Welche Schwankungsbreite (auch saisonal) wird in der Logistik-Aufgabe erwartet?
  - Wie gut ist die Planungssicherheit über die nächsten 36 Monate?
  - Sind die eigenen Logistikstandorte kostenoptimal strukturiert?
  - Wären eigene Investitionen in der Logistik erforderlich?
  - Ist die eigene Logistik-IT kompatibel mit Dienstleister-Systemen?

Auf Basis der durchgeführten Bewertungen kann ein strukturiertes Make-or-Buy-Portfolio entwickelt werden [138][163][165].

Abbildung 3.23 Logistisches Make-or-buy-Portfolio

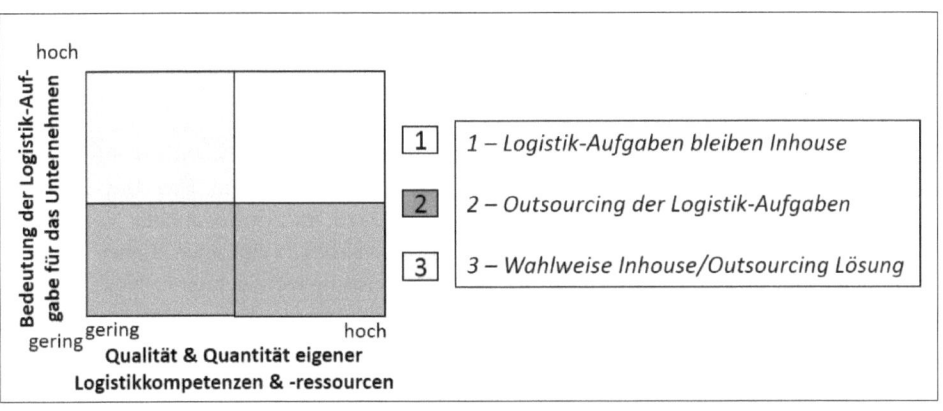

Während die Portfoliofelder „Inhouse" bzw. „Outsourcing" eine klare Handlungsstrategie vorgeben, kommt es im Portfoliofeld „Wahlweise" zu einem schwerwiegenden Problem in der Logistik-Funktion. An dieser Stelle handelt es sich um Aufgaben, die eigentlich auf Grund ihrer Bedeutung „Inhouse" durchgeführt werden sollten, aber eine Entscheidung auch gegen die Inhouse-Umsetzung möglich ist. Dies kann z. B. der Fall sein, wenn die Kompetenz zur alleinigen Umsetzung als nicht ausreichend angesehen wird, um die gesetzten Ziele zu erreichen oder eine Fremdvergabe signifikante Kosteneffekte aufweist. Das bedeutet eine ungewollt vollständige, zumindest aber teilweise Abhängigkeit von Dienstleistern. Hier ist im Einzelfall zu entscheiden, welche Aufgabeninhalte selbst gemacht werden können und welche an Dienstleister gehen müssen. In jedem Fall ist an dieser Stelle ein strategischer KVP-Prozess anzustoßen, um die erforderlichen Kompetenzen für eine tragfähige Inhouse-Lösung aufbauen zu können.

Aus den Entscheidungen zu „Make" oder „Buy" wird deutlich, wer im Logistiksystem grundsätzlich für welche Prozesse verantwortlich zeichnet. Entsprechend ist für die „Make-Prozesse" eine bedarfsgerechte Aufbauorganisation in der Logistik-Funktion zu etablieren.

Abbildung 3.24 Aufbau- und Ablauforganisation der Logistik-Funktion

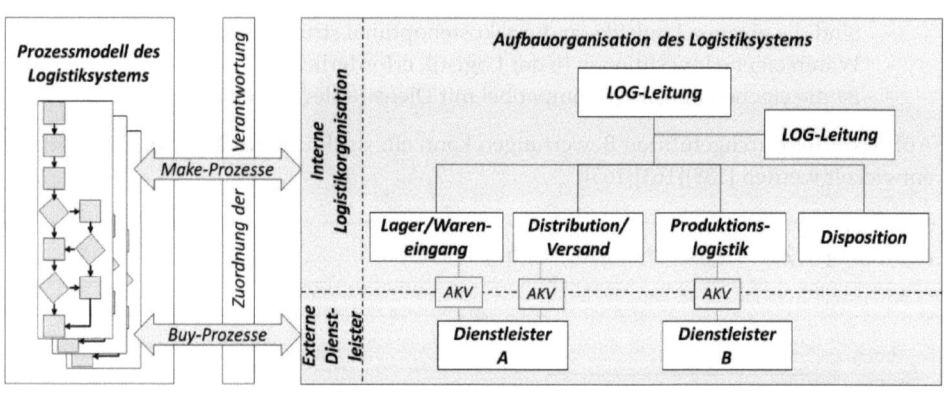

Über eine Kopplung von Organisationseinheiten und Prozessverantwortlichkeiten entsteht ein klares Bild über die internen Zuständigkeiten im Logistiksystem. Die „Buy-Prozesse" gehen in die Verantwortung externer Dienstleister. Dazu sind professionelle Vergabeprozesse erforderlich (vergleiche Kapitel 3.5.5). Die Prozessbeschreibungen dienen dabei als Grundlage zur Ausgestaltung der erforderlichen Leistungsverzeichnisse. Nach erfolgter Vergabe sind die Dienstleister über Schnittstellen an die interne Aufbauorganisation anzubinden, um sie von dort aus über Dienstleister-AKV zu steuern:

- **Dienstleister-Aufgaben:** Umsetzung der in den „Buy-Prozessen" beschriebenen Aufgabenstellungen im Logistiksystem, unter Einhaltung der dort vorgegebenen Ausführungsbestimmungen.

- **Dienstleister-Kompetenzen:** Selbständige Organisation, Führung und Überwachung der Prozessumsetzung unter Management der dafür erforderlichen Ressourcen.

■ **Dienstleister-Verantwortung:** Konformität zu den Prozessvorgaben des Auftraggebers unter Realisierung der gesteckten Logistikziele in Lieferservice und Logistikkosten.

Im operativen Betrieb sollte zwischen den Dienstleistern und dem Auftraggeber eine Regelkommunikation installiert werden, um über den aktuellen Stand der Zusammenarbeit beraten und ggf. Optimierungen anstoßen zu können. Typische Gesprächspunkte zur Steuerung der Zusammenarbeit lassen sich dabei wie folgt zusammenfassen [165]:

- Erreichter Lieferservice
- Anteil der Reklamationen
- Retouren durch Beschädigung oder Falschlieferung
- Auslastung des Dienstleisters
- Kapazitätsabstimmung bei saisonalen Aktionen
- Mengensteigerungen oder Verringerungen auf dem Zeitstrahl
- Bestandssituation
- Inventurdifferenzen (Ursache/Verantwortung)
- Buchungsaktualität
- Erreichbarkeit des DL und des Kunden bei Sonderfällen

Im Ergebnis können über ein strukturiertes Make-or-buy-Management auf Organisationsebene die strukturellen Voraussetzungen für eine geordnete und leistungsoptimierte Operationalisierung der logistischen Prozesse geschaffen werden.

3.5.4 Lösungen: Personalmanagement

Um die Logistikprozesse mit Leben zu füllen, kommt es auf das handelnde Personal an. In diesem Zusammenhang ist ein geeignetes Verfahren zur Rekrutierung des internen Logistikpersonals zu etablieren. Dieser Besetzungsaspekt ist besonders wichtig, da Personalentscheidungen langfristige Wirkungen auf den Erfolg oder Misserfolg der Logistik-Funktion haben. Einfach ausgedrückt, muss die richtige Person an die richtige Stelle.

Um eine bedarfsgerechte Personalauswahl vornehmen zu können, sind zunächst die wesentlichen Einflussfaktoren auf die geforderten Fach-, Methoden-, Sozial- und Selbstkompetenzen der Mitarbeiter unter die Lupe zu nehmen [137]. Basis dafür sind die für sie geplanten Aufgabenstellungen. Aus der Beschreibung der Logistikprozesse lassen sich abgegrenzte Stellenprofile entwickeln und vergütungstechnisch nach Leistungsgesichtspunkten strukturieren. Über die Vielfalt der logistischen Aufgaben entsteht ein Set differenzierter Mitarbeiterprofile. Sie ermöglichen auf den Arbeitsmärkten eine zielgerichtete Personalakquise.

Im konkreten Auswahlverfahren ist es dann wichtig, dass bei den Kandidaten die erforderlichen Fach- und Methodenkompetenzen vorhanden sind, denn ohne sie könnte auch ein sozial starker und selbstbewusster Mitarbeiter nicht erfolgreich arbeiten. Sind diese jedoch vorhanden, geht es um einen Abgleich des Persönlichkeitsprofils des Kandidaten mit den Anforderungen der Stelle. Hier geht es nicht um gut oder schlecht, sondern um passend oder unpassend. Im Ergebnis braucht es eine passgenaue Persönlichkeit, so dass fachliche

Kompetenz, Durchsetzungsstärke und Beziehungsorientierung für die geplanten Aufgaben bedarfsgerecht ausgeprägt sind. Hier sollten nach Möglichkeit keine Kompromisse gemacht werden, denn es geht um den „Erfolgsfaktor Mensch".

Das Thema „Personalmanagement" ist nicht Kern dieses Buches und von der Stellenausschreibung bis hin zur Einstellung umfassend in der einschlägigen HR-Fachliteratur beschrieben. Daher wird aufbauend auf den hier kompakt zusammengefassten Grundlagen für eine tiefergehende Analyse auf die Fachliteratur verwiesen [166]-[170].

3.5.5 Lösungen: Dienstleistermanagement

Hat man sich für das Outsourcing von Logistikleistungen entschieden, dann sind die Dienstleisterauswahl, -integration und -steuerung zentrale Themen im Logistikmanagement. Für eine optimale Dienstleisterauswahl kommt es im ersten Schritt auf einen professionellen Vergabeprozess an. Dazu sind die folgenden Schritte abzuarbeiten:

- **Ausschreibungsdesign:** Generierung einer qualitativ hochwertigen Ausschreibung durch Sicherstellung von eindeutigen Vorgaben für Angebotsinhalte, Preisabgabe und Vertragsbedingungen auf Basis konkreter Logistikprozesse und klarer Logistikziele.

- **Bieterkreisabstimmung:** Auswahl von leistungsstarken Bietern zur Generierung eines attraktiven, wettbewerbsintensiven Marktes für eine dynamische Vergabe.

- **Anfragekoordination:** Präzise Abwicklung des Anfrageprozesses und des dazugehörigen Informationsaustausch mit den Bietern. Konsequente Einhaltung von formalen Vorgaben und Terminen. Sicherstellung einer intensiven, aber bewusst gesteuerten fachlichen Bieterkommunikation. Gewährleistung eines chancengleichen und intensiven Wettbewerbs über den gesamten Vergabeprozess.

- **Angebotsauswertung:** Bereitstellung transparenter Kosten-Nutzen-Angebots-Vergleiche. Übersichtliche Aufbereitung wichtiger Stellhebel zur Fokussierung von Potenzialfeldern in Verhandlungen.

- **Verhandlungsvorbereitung:** Strukturierte Analyse der Interessen- und Machtverhältnisse der Verhandlungspartner. Bestimmung klarer Verhandlungsziele. Ableitung bedarfsgerechter Verhandlungsstrategien. Auswahl richtiger Verhandlungstaktiken. Geeignete Besetzung von Verhandlungsteams. Professionelle organisatorische Vorbereitung von Verhandlungen.

- **Verhandlungsführung:** Situationsgerechter Einstieg in die Verhandlungsgespräche. Konsequente Nutzung der Abtastphase in Verhandlungen. Klare Eröffnung des eigentlichen Interessensausgleichs. Professionelle Gesprächs- und ggf. Konfliktführung im Interessensausgleich. Konsequente Fixierung von Verhandlungsergebnissen.

- **Vergabeentscheidung:** Treffen einer inhaltlich nachvollziehbaren Vergabeentscheidung auf der Basis transparenter Verhandlungsergebnisse.

- **Vertragsmanagement:** Formulierung rechtssicherer Verträge. Sicherstellung eines geregelten Prozesses zur Freigabe von Verträgen. Zuverlässiges Management der Vertragsdokumente und der Vertragsumsetzung.

Die Autoren beschreiben in ihrem Buch „Beschaffungsmanagement" den oben zusammengefassten Prozess im Detail, so dass an dieser Stelle für die Vorbereitung und Umsetzung einer professionellen Vergabe auf dieses Werk verwiesen wird [115].

Nach der Vergabe sind die Dienstleister in einem zweiten Schritt systematisch in die logistischen Prozesse zu integrieren. Dazu sollte nach den klassischen Methoden des Projektmanagements ein „Ramp-up" Projekt aufgesetzt werden, dass den Dienstleister zu einer strukturierten Übernahme seiner Aufgaben führt – Schritt für Schritt, Aufgabe für Aufgabe. Damit dieser Prozess weitgehend reibungslos funktioniert, kommt es auf eine intensive Kommunikation zwischen Auftraggeber und Dienstleister an. Probleme müssen sofort besprochen und ein gemeinsames Verständnis für die Herausforderungen der Praxis geschaffen werden. Mit diesem Dialog wird so von Beginn an für einen fachlichen Abgleich in der Zusammenarbeit gesorgt.

Nach Übernahme der vollen Dienstleistungsumfänge kann dann im dritten Schritt in die Phase der Dienstleistungssteuerung übergegangen werden. Dazu sind die Dienstleister über Logistikziele zu führen, z.B. über eine Scorecard. Dazu können aus der eigenen Logistik-Scorecard (vergleiche Kapitel 3.3.5) Teilziele extrahiert und auf den Logistikdienstleister übertragen werden – nämlich genau der Zielbeitrag, der seinen Prozessumfängen entspricht. Über diese Delegation von Zielen wird der Dienstleister systematisch gefordert und gefördert. Gefordert, weil klar ist, was von ihm erwartet wird. Gefördert, weil die Scorecard mit einem Management-Prozess untersetzt wird, der regelmäßige Reviews zu den erzielten Ergebnissen vorsieht. Ergeben sich Zielabweichungen, können zwischen Auftraggeber und Dienstleister Maßnahmenpakete zur Optimierung der Dienstleistungsperformance vereinbart werden. Das bringt einen gemeinsamen Zug in die Zusammenarbeit und bringt die Logistikpartner auf eine Linie.

Die hier zusammengefassten Techniken zur Auswahl, Integration und Steuerung der Logistikdienstleister sind Standardinstrumente eines modernen Vergabe- und Lieferantenmanagements in der Beschaffung. Daher wird für eine vertiefende Analyse an dieser Stelle auch auf die entsprechende Fachliteratur der Disziplin „Beschaffung" verwiesen [82][128]-[134].

3.5.6 Lösungen: KVP-Prozesse

Ein funktionierendes Logistiksystem, das heute den aktuellen Herausforderungen entspricht, kann morgen bereits nicht mehr die richtige Lösung sein. Die Märkte und das Unternehmen entwickeln sich dynamisch weiter. Damit geht die Notwendigkeit einher, sich stetig den verändernden Aufgabenstellungen anzupassen. Dazu ist ein stringenter KVP-Prozess erforderlich, der einerseits die operative Leistungsfähigkeit des Logistiksystems im Auge behält und andererseits die strategische Weiterentwicklung der Logistik-Funktion forciert.

Um in diesem Sinne systematisch Verbesserungspotenziale identifizieren und realisieren zu können, sollten Optimierungsprozesse strukturiert angegangen werden. Für einen gezielten KVP-Prozess empfehlen sich dabei in der Logistik-Funktion die folgenden Arbeitsschritte, die sich im Grundsatz am PDCA-Deming-Kreis (Plan-Do-Check-Act) orientieren [171][172]:

- Planung der Verbesserung (Plan)

    - **Themenauswahl:** Fokussierung des Arbeitsbereichs, der mit einem KVP-Prozess optimiert werden soll.
    - **Zielsetzung:** Präzisierung der angestrebten Veränderung, z.B. Produktivitätssteigerung oder Qualitätsverbesserung etc.
    - **Problemanalyse:** Auswahl und Einsatz geeigneter Methoden, um Probleme und Problemursachen verstehen zu können, z.B. Ishikawa-Analysen, 5W-Technik etc.
    - **Lösungsansatz:** Erarbeitung einer Problemlösung, die an den Ursachen ansetzt und nicht an den Symptomen des Problems.
    - **Durchführungsplan:** Erarbeitung eines Maßnahmenplans zur Umsetzung der Lösung. Bei komplexen Veränderungen ggf. mit einem eigenen Projektmanagementplan.

- Umsetzung der Verbesserung (Do)

    - **Umsetzung:** Einführung der erarbeiteten Verbesserung im operativen Betrieb, nach Möglichkeit in Form einer abgegrenzten Piloteinführung.

- Bewertung der Wirksamkeit der Lösungen (Check)

    - **Wirksamkeitsbewertung:** Analyse, ob im Pilotbereich die gesteckten Ziele erreicht wurden. Ggf. Rückführung der Verbesserungsmaßnahme in den Bereich Plan, falls Anpassungen erforderlich sind. Bei Zielerreichung grundsätzliche Freigabe des Verbesserungsansatzes.

- Implementierung wirksamer Lösungen über Arbeitsstandards (Act)

    - **Standardisierung:** Überführung der Verbesserungsmaßnahme in Arbeitsstandards des Unternehmens und Roll-out der Standards. Durch den Roll-out erfolgt die Überführung der erarbeiteten Lösungen in die regulären Prozesse.

Der Erfolg von KVP-Prozessen hängt maßgeblich von der Art der Umsetzung der o.a. Arbeitsschritte ab. Dabei ist wichtig, dass es in der Umsetzung nicht primär um die Einführung von Tools geht, sondern um das Problemverständnis und die Problemlösung im Team. Die gemeinsame Teamarbeit soll gleichzeitig Sachlösungen und Verhaltensveränderungen aller Beteiligten nach sich ziehen, generiert durch die Integration der Problembetroffenen als gleichberechtigte Partner in der Lösungsfindung. Funktioniert dieser Prozess, entsteht die Bereitschaft der Mitarbeiter, sich und ihre Arbeitsumwelt kontinuierlich weiterzuentwickeln. Das ist ein großes Potenzial für die Absicherung wirtschaftlich optimaler Arbeitsabläufe. Damit dieser Ansatz dauerhaft trägt, sollten die erzielten Fortschritte im Unternehmen angemessen gewürdigt und durch Motivationsinstrumente (z.B. Incentive-Programme) begleitet werden.

Der Einsatz von KVP-Prozessen eignet sich grundsätzlich für operative wie auch für strategische Arbeitsbereiche, um eine Vielzahl typischer Optimierungsfelder anzugehen:

- Typische strategische Optimierungsfelder:
  - Optimierung der Management AKV in der Logistik-Funktion
  - Optimierung der operativen AKV mit den Supply-Chain-Partnern
  - Optimierung der Struktur der Logistikziele
  - Optimierung des Standort-, Materialfluss-, Bestands- und IT-Designs
- Typische operative Optimierungsfelder
  - Standardisierung und Bündelung von Prozessen
  - Optimierung der Shopfloor-Produktivität (Lean Management, Wertstromanalyse)
  - Optimierung von Schnellrüstkonzepten
  - Optimierung weltweit homogener Werkzeugstandards
  - Optimierung von Verlagerungskonzepten und -fähigkeiten („rapid change")
  - Optimierung der Lagerdichte bzw. -zentralisierung/-dezentralisierung
  - Optimierung von Verpackungen
  - Optimierung von Versandabläufen
  - Optimierung von Bestandsführung und -steuerung
  - Optimierung von Transportvorgängen / Sendungsverfolgung und -steuerung
  - Reduzierung von Suchzeiten am Arbeitsplatz durch Ordnung
  - Optimierung der Versorgungssicherheit
  - Optimierung der globalen Verfügbarkeitsprüfung

Gerade bei den Optimierungsfragen rücken zukünftig die Möglichkeiten der Digitalisierung weiter in den Vordergrund. Existiert ein durchgängiges und gut aufeinander abgestimmtes logistisches IT-System mit konsistenter Datenführung, lassen sich über die Auswertung von Bedarfs-, Bewegungs- und Bestandsdaten systematisch Optimierungspotenziale ermitteln. Hier greifen die Stichworte „Big Data" und „KI-Künstliche Intelligenz". An dieser Stelle können IT gestützt systematische Analysekonzepte zur Unterstützung von KVP im Logistikmanagement integriert werden. Dabei werden folgende Grundansätze unterschieden, die es alle in einem modernen Logistikmanagement der Zukunft braucht:

- **Tools für die deskriptive Analytik:** Bereitstellung von Dashboards/KPI-Cockpits um die aktuelle Performance des Logistiksystems anhand von Soll-Ist-Vergleichen zu den festgelegten Logistikzielen transparent aufzubereiten.

- **Tools für die prädiktive Analytik:** Entwicklung von prädiktiven Modellen und Prognoserechnungen, um aus aktuellen, vergangenheitsbezogenen Logistikdaten Performanceverläufe der Zukunft abzuleiten.

- **Tools für die präskriptive Analytik:** Vernetzung der prädiktiven Analytik mit weiteren mathematischen Modellen, um Lösungs- bzw. Veränderungsszenarien abbilden und im Hinblick auf ihre Ergebniswirkung simulieren und vergleichen zu können.

■ **Tools für die kognitive Analytik:** Entwicklung von trainierten Algorithmen zur ständigen Verbesserung der Bewertung logistischer Daten und abgeleiteter Handlungsmechanismen („Künstliche Intelligenz").

Hat man die oben aufgeführten Optimierungsfelder systematisch aufgearbeitet, können in der Logistik-Funktion strategische und operative KVP-Regelkreise installiert werden. So bleibt die Logistik-Funktion über KVP-Prozesse in Bewegung, ganz im positiven Sinne einer dynamischen Veränderungsfähigkeit – eben auch einem ihrer kritischen Erfolgsfaktoren.

3.6 Logistik-Planning: Zusammenfassung

Reflektiert man die Aufgaben des Logistik-Planning, dann wird sichtbar, dass mit ihnen alle Stärkefaktoren der Logistik-Funktion im Unternehmen, bei den Supply-Chain-Partnern und der Funktion selbst adressiert werden (vgl. Kapitel 2).

Abbildung 3.25 Logistik-Planning im Logistikmanagement

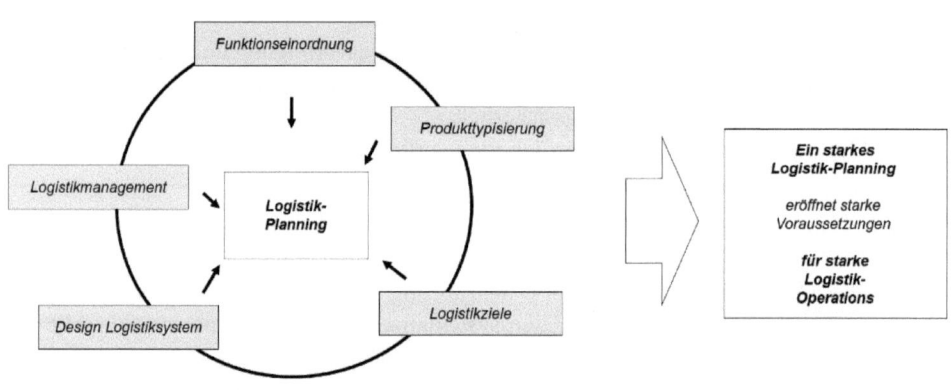

Die Einordnung der Logistik-Funktion im Unternehmen sorgt von Beginn an für eine starke Ausgangsbasis. Mit ihrer Einordung nimmt das Logistikmanagement seinen Platz im Spiel um Macht und Einfluss im Unternehmen ein. Darauf aufbauend werden inhaltlich alle Logistikobjekte systematisch für ein geeignetes Material- und Informationshandling typisiert und mit einem gut ausbalancierten Ziel-Set aus Lieferservice und Logistikkosten hinterlegt. Auf dieser Basis wird ein passgenaues Logistiksystem abgeleitet, im dem Standorte, Materialflüsse, Bestandssteuerung und logistische Datenmanagement schlüssig aufeinander abgestimmt und in ein integriertes Gesamtsystem übertragen werden. Das Logistiksystem wird schließlich mit geeigneten Managementstrukturen der Aufbau- und Ablauforganisation untersetzt und in der richtigen Balance aus make-or-buy führ die strategische wie operative Führung konfiguriert. In Summe entsteht für das Logistikmanagement eine kraftvolle Basis für die operative Arbeit in der Supply-Chain. Diese Stärke gilt es nun in wirkungsvolle

Basis für die operative Arbeit in der Supply-Chain. Diese Stärke gilt es nun in wirkungsvolle Logistik-Operations umzusetzen - von der Materialdisposition bis hin zum Liefermanagement. Ziel ist die erfolgreiche Umsetzung aller logistischen Aktivitäten und die Realisierung der Logistikziele in Lieferservice und Logistikkosten. Es geht um ein erfolgreiches Logistikmanagement, das mit Logistik-Power schnell, schlank und fehlerfrei liefern kann. In guten Zeiten wie auch im Krisenfall.

4 Logistik-Operations: Erfolgspotenziale realisieren

In den Logistik-Operations geht es um die Planung und Durchführung der realen Materialflüsse. Dort werden die strategischen Vorgaben aus dem Logistik-Planning in die Praxis überführt und die Ziele der Logistik-Funktion realisiert. Für erfolgreiche Logistik-Operations sind die folgenden Kernaufgaben auszugestalten (vgl. Kapitel 2.2):

Aufgaben in der Beschaffungslogistik – Materialfluss von den Lieferanten zum Unternehmen

- Materialdisposition
- Transport-/Tourenplanung
- Kommissionierung
- Versand
- Auslieferung
- Warenvereinnahmung

Aufgaben in der Produktionslogistik – Materialfluss innerhalb des Unternehmens

- Produktionsplanung und -steuerung
- Produktionsversorgung

Aufgaben in der Distributionslogistik – Materialfluss vom Unternehmen zu den Kunden

- Auftragsmanagement
- Liefermanagement

Aufgaben in der Entsorgungslogistik

- Entsorgungsmanagement

In den folgenden Kapiteln werden für die oben aufgespannten Themenfelder die zentralen Herausforderungen und Lösungsansätze zur Umsetzung starker Logistik-Operations erläutert.

4.1 Beschaffungslogistik - Materialdisposition

Voraussetzung für eine effiziente Güterversorgung des Unternehmens ist eine bedarfsgerechte Materialdisposition. Dazu sind in der Beschaffungslogistik geeignete Dispositionsverfahren auszuwählen und anzuwenden.

4.1.1 Ziele der Materialdisposition

Zentrale Aufgabenstellung der Disposition ist die operative Planung der termin- und mengengerechten Materialversorgung des Unternehmens [186]. Es sind jederzeit die für die Fertigung geforderten Materialverfügbarkeiten sicherzustellen. Die Beschaffungslogistik leistet damit einen wichtigen Beitrag für einen möglichst perfekten Lieferservice in der Supply-Chain.

Diese Zielstellung korrespondiert mit der Herausforderung einer kostenoptimalen Versorgung. Dazu hat die Disposition neben der Absicherung der Materialverfügbarkeit gleichzeitig für eine effiziente Steuerung der Bestände und der Zulieferfrequenzen zu sorgen, um so Bestands- und Transportkosten zu minimieren [187][188]. Es geht also wieder um die richtige Balance aus Lieferservice und Logistikkosten.

Zur Auswahl geeigneter Dispositionsverfahren sind zunächst die Versorgungscharakteristika der Beschaffungsgüter zu differenzieren. Jeder Sachnummer wurden im Logistik-Planning bereits ein logistischer Produkttyp und eine Steuerungssystematik nach dem Push- bzw. Pull-Prinzip zugeordnet. Auf dieser Basis kann unter gleichzeitiger Abwägung der betrieblichen (Risiko-)Gegebenheiten bestimmt werden, welche Beschaffungsgüter gelagert werden sollen und welche nicht. Im Ergebnis entsteht auf Sachnummernebene eine Kombination aus Push- oder Pull-Steuerung und Lagerhaltung, die eine gezielte Auswahl eines Dispositionsverfahrens zulässt. Im Einzelnen sind zum Management der Materialdisposition die folgenden Aufgaben zu bearbeiten:

- Zuordnung der Sachnummern zu logistischen Produkttypen (vgl. Kapitel 3.2)
- Zuordnung der Sachnummern zur Push- oder Pull-Steuerung (vgl. Kapitel 3.4.4)
- Entscheidung über die Lagerhaltung von Sachnummern (vgl. Kapitel 4.1.2)
- Auswahl geeigneter Dispositionsverfahren (vgl. Kapitel 4.1.2)
- Operationalisierung der Dispositionsverfahren (vgl. Kapitel 4.1.3 – 4.1.4)

Für die richtige Auswahl und Anwendung der Dispositionsverfahren kommt es insbesondere auf die analytischen Fähigkeiten der eingesetzten Mitarbeiter an. Nur wer die logistischen Gesetzmäßigkeiten einer Sachnummer genau erkennt und die richtigen Schlussfolgerungen zieht, kann am Ende eine optimale Materialdisposition sicherstellen.

4.1.2 Lösungen: Auswahl des Dispositionsverfahrens

Entsprechend der in Kapitel 3.4.4 beschriebenen Vorgehensweise wurde den einzelnen Sachnummern auf Grundlage ihrer logistischen Produkttypisierung ETO – MTS eine Push- oder Pull-Steuerungssystematik zugeordnet. Die dabei angewandte Logik fasst Tabelle 4.1 nochmals zusammen und koppelt sie mit der grundsätzlichen Eignung der Produkttypen zur Lagerhaltung (vgl. Kapitel 3.2).

Tabelle 4.1   Steuerungssystematik nach logistischen Produkttypen

Produkttyp	Steuerungssystematik	Lagerhaltung
ETO	Pull	nein
MTO$_e$	Pull	nein
MTO$_w$ (mit ABC$_x$-Gütern)	Pull	nach Möglichkeit nein, bei Bedarf ja
MTS (mit ABC$_x$-Gütern)	Pull	nach Möglichkeit nein, bei Bedarf ja
MTO$_w$ (mit ABC$_y$-Gütern)	Pull (wahlweise zugeordnet)	nach Möglichkeit nein, bei Bedarf ja
MTS (mit ABC$_y$-Gütern)	Pull (wahlweise zugeordnet)	nach Möglichkeit nein, bei Bedarf ja
MTO$_w$ (mit ABC$_y$-Gütern)	Push (wahlweise zugeordnet)	nach Möglichkeit nein, bei Bedarf ja
MTS (mit ABC$_y$-Gütern)	Push (wahlweise zugeordnet)	nach Möglichkeit nein, bei Bedarf ja
MTO$_w$ (mit ABC$_z$-Gütern)	Push	ja
MTS (mit ABC$_z$-Gütern)	Push	ja

Bei den ETO- bzw. MTO$_e$-Gütern ist die Zuordnung in Fragen der Lagerhaltung eindeutig - hier kann keine Lagerhaltung erfolgen, denn der Bedarf ist einmalig und damit nicht lagerfähig. Um dennoch auch im Krisenfall Lieferzusagen einhalten zu können, sind die logistischen Stammdaten für die typischerweise zur Produktion benötigten Güter regelmäßig zu pflegen. Nur so kann sichergestellt werden, dass dem Kunden unter allen Bedingungen realistische Liefertermine genannt werden können.

Bei den MTO$_w$- bzw. MTS-Gütern gibt es in der Frage der Lagerhaltung einen Entscheidungsspielraum. Da die Lagerung von Gütern grundsätzlich mit einer Kapitalbindung und daraus resultierenden Bestandskosten und Liquiditätseffekten verbunden ist, strebt man im Regelfall für werthaltige Güter eine Materialsteuerung ohne Lagerhaltung an. Das gilt insbesondere für die ABC/XY-klassifizierten Güter (vgl. Kapitel 3.4.4), da bei ihnen die aufgezeigten fiskalischen Effekte besonders zum Tragen kommen. Dennoch ist es möglich, dass unter Reflexion der betrieblichen Anforderungen eine Lagerhaltung dieser Güter erforderlich oder sinnvoll ist, etwa wenn branchenabhängig besondere Anforderungen an den Lieferservice bestehen bzw. lange Transportwege zu überproportional hohen Transportkosten führen würden. Ferner gilt es unter dem Aspekt der Risikovorsorge abzuwägen, ob und in welchem Umfang eigentlich überflüssige Bestände für die Versorgungssicherheit aufrechterhalten werden. Insbesondere wenn schnelle Wechsel von Lieferquellen nicht möglich sind, kann sich hier ein Bedarf der Risikovorsorge ergeben. Betrachtet man in diesem Kontext beispielsweise Arzneimittel, so müssten in der Notversorgung alle erforderlichen Präparate auf Lager vorgehalten werden, damit sie im Einsatzfall sofort verfügbar wären. Das kostet Geld, sichert aber den Lieferservice.

Um zu entscheiden, ob eine Lagerhaltung erforderlich bzw. sinnvoll ist, sollte ein Fragenkatalog entwickelt werden, an dem jede MTO$_w$- bzw. MTS-Sachnummer in der Gruppe der ABC/XY-klassifizierten Güter systematisch gespiegelt wird. Typische Checkfragen hierzu wären etwa:

- Gibt es unternehmenspolitische Vorgaben, die eine Lagerhaltung erfordern?
- Macht ein spezifischer Verfügbarkeitsanspruch eine Lagerhaltung erforderlich?
- Machen Lieferantenabhängigkeiten eine Lagerhaltung sinnvoll?
- Machen langwierige Lieferantenwechselprozesse Risikopuffer erforderlich?
- Machen mangelnde Lieferanten-/Standortdiversifikationen Risikopuffer erforderlich?
- Machen Rabattierungen im Einkauf eine Lagerhaltung sinnvoll?
- Erfordern knappe Materialressourcen in den Einkaufsmärkten eine Lagerhaltung?
- Erfordern lange Transportzeiten eine Lagerhaltung?
- Überschreiten die Transportkosten in der Versorgung ohne Lager die korrespondierenden Bestandskosten bei einer potenziellen Lagerhaltung?

Auf Grundlage dieser Überprüfung kann bei Bedarf für ausgewählte ABC/XY-Güter durchaus von der Leitlinie „keine Lagerhaltung" abgewichen werden.

Betrachtet man zum Abschluss die Gruppe der ABC/Z-klassifizierten Güter (vgl. Kapitel 3.4.4), dann ist im Regelfall von einer Lagerhaltung auszugehen, da große Schwankungsbreiten in der Nachfrage einerseits und relativ geringe kumulative Bestandswerte andererseits diese Variante prinzipiell sinnvoll machen. Die Sicherheitsbestände bilden darüber hinaus das Risikobewusstsein des Unternehmens ab.

Entsprechend der Zuordnungen zu Steuerungslogik und Lagerhaltung können im Folgenden die passenden Dispositionsverfahren ausgewählt werden. Abbildung 4.1 gibt einen Überblick zu den gängigen Verfahren.

Abbildung 4.1 Dispositionsverfahren in der Beschaffungslogistik

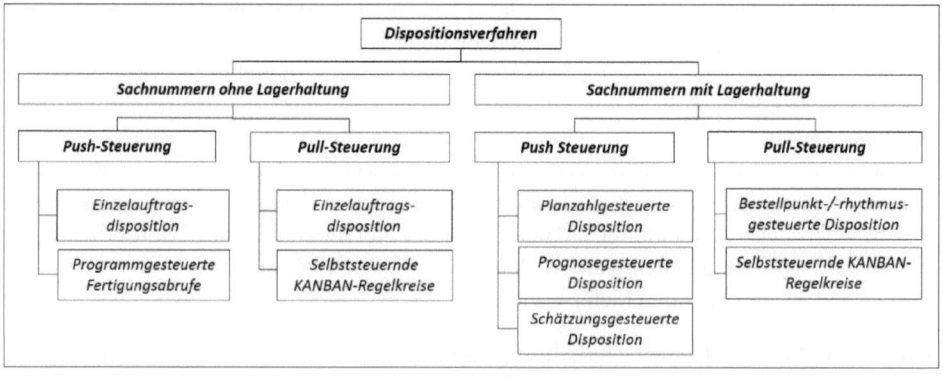

4.1.3 Lösungen: Materialdisposition ohne Lagerhaltung

Bei der Materialdisposition ohne Lagerhaltung geht es um die Planung und Umsetzung einer einsatzsynchronen Bereitstellung von Gütern beim Verbraucher [189]. In der Umsetzung erfolgt die Materialversorgung vor Ort direkt zum Zeitpunkt des Verbrauchs. Damit wird eine Lagerhaltung im eigenen Unternehmen nicht mehr benötigt - außer von kleinen Sicherheitspuffern. Diese Vorgehensweise führt zu effektiven Zulieferprozessen, kleinen Beständen für diese Güter und entsprechend geringen Lagerkosten. Komplementär sind in der Regel höhere Transportkosten, die durch eine verkürzte Transportfrequenz begründet sind. Bei werthaltigen Gütern werden diese Kostensteigerungen aber meist durch die zu erwartenden Bestandskostensenkungen deutlich überkompensiert. Wie Abbildung 4.1 deutlich macht, greifen in der Materialdisposition ohne Lagerhaltung im Wesentlichen drei Verfahren, die im Folgenden erläutert werden:

- Einzelauftragsdisposition in der Push- bzw. Pull-Steuerung
- Programmgesteuerte Fertigungsabrufe in der Push-Steuerung
- Selbststeuernde KANBAN-Regelkreise in der Pull-Steuerung

Einzelauftragsdisposition in der Push- bzw. Pull-Steuerung

In einigen Branchen bzw. bei speziellen Aktionen prägen Einzelaufträge die Güterversorgung. So kann etwa die Beschaffung von ETO- oder MTO$_e$-Gütern im Spezialmaschinenbau auf Basis eines ganz konkreten Kundenauftrags nach dem Pull-System angestoßen werden. Im Rahmen einer Push-Versorgung kann z.B. für die Markteinführung eines neuen MTS-Massenproduktes die Erstausstattung des Retail-Handels durch einen großen Einzelauftrag vom Hersteller ausgehen. Unabhängig ob Push- oder Pull-gesteuert, haben Einzelaufträge unter dem Fokus der Materialversorgung spezielle Charakteristika:

- einmalige Aktion
- klar definierte Güter
- festgelegte Gütermengen
- präzise Liefertermine
- klar bestimmte Lieferorte

In der Einzelauftragsdisposition sind die erforderlichen Liefercharakteristika fehlerfrei und vollständig zu identifizieren sowie in die konkrete Bestellung bzw. Lieferabrufe beim Lieferanten umzuwandeln. Dabei sind sowohl die Fertigungs- und Transportzeiten als auch die für die Auslieferung erforderlichen Kapazitäten bedarfsgerecht zu berücksichtigen. Um diese Einmalaktionen effektiv ausführen zu können, ist für alle benötigten Güter ein gutes und aktuelles Stammdatenmanagement erforderlich, aus dem die Verfügbarkeiten der benötigten Güter klar hervorgehen. So sind auch aktuelle Engpässe systematisch zu identifizieren und in die Gesamtplanung einzubringen.

Bei Verbrauchern von ETO- bzw. MTO$_e$-Gütern sind die oben aufgeführten individuellen Dispositionsvorgänge der Regelablauf. Sie sind wenig effizient, aber durch die Grundcharakteristika des Bedarfs bestimmt. In der Prozessindustrie, bei der es auf die Steuerung von MTO$_w$- bzw. MTS-Gütern ankommt, ist diese Dispositionsform allerdings eher die Ausnahme. Dort findet man sie insbesondere beim Trouble-Shooting in der Krise, wenn kurzfristige Versorgungsengpässe abzufedern sind, die etwa auf Lieferverzögerungen, Qualitätsmängeln oder auch auf Insolvenzen in der Supply-Chain beruhen.

Programmgesteuerte Fertigungsabrufe in der Push-Steuerung

Sind immer wiederkehrende Versorgungsaufgaben umzusetzen, dann greifen Dispositionsverfahren, die auf eine kontinuierliche Versorgung der Verbraucher ausgerichtet sind. Bei einer Push-gesteuerten Materialversorgung arbeitet man mit programmgesteuerten Fertigungsabrufen. Mit diesem Verfahren soll eine jederzeit einsatzsynchrone „Just-in-time" (Jit) bzw. „Just-in-sequence" (Jis) Versorgung sichergestellt werden. Zur Erläuterung der Jit- bzw. Jis-Grundkonzepte wird an dieser Stelle auf Kapitel 3.4.2 verwiesen.

Basis der programmgesteuerten Fertigungsabrufe ist das **Produktionsprogramm** des Unternehmens. Dort wird festgelegt, welche Endprodukte, die sogenannten **Primärbedarfe**, wann und wo zu fertigen sind (vgl. Kapitel 4.7 – Produktionsplanung). Auf Basis dieses Produktionsprogramms kann die Versorgung der Fertigung mit den sogenannten Sekundär- und Tertiärbedarfen geplant werden. **Sekundärbedarfe** sind alle Werkstoffe, Rohstoffe, Baugruppen oder auch Einzelteile, die zur Fertigung eines Primärbedarfs eingesetzt werden. Im Automobilbau wäre etwa ein Sekundärbedarf von vier Rädern erforderlich, um den Primärbedarf eines Autos zu fertigen – vorausgesetzt, es ist kein Ersatzrad vorgesehen. Ergänzt werden die Sekundärbedarfe durch sogenannte **Tertiärbedarfe**. Darunter sind Hilfs- und Betriebsstoffe zu verstehen, wie z.B. Öle oder Fette, die in den Fertigungsprozessen unterstützend eingesetzt werden [190].

Bei der Bestimmung der programmgesteuerten Fertigungsabrufe geht es darum, auf Basis des Produktionsprogramms alle für die Fertigung erforderlichen Sekundär- und Tertiärbedarfe mengen- und termingerecht einzuplanen und für die Fertigung verfügbar zu machen. Zu diesem Zweck werden die folgenden Arbeitsschritte durchlaufen:

- **Schritt 1 – Erstellung einer Mengenstückliste:** Um die konkreten Sekundär- und Tertiärbedarfe zu bestimmen, sind die Endprodukte in ihre Baugruppen und Einzelteile zu zerlegen. Diese Bedarfsstruktur ist in Listenform zu dokumentieren Es entsteht eine komplexe Übersicht mit Daten, was in welcher Stückzahl (Menge) in ein Endprodukt eingeht [192]. Eine solche Mengenstückliste sollte mindestens die folgenden Felder enthalten:
    - ID-Schlüssel
    - Bezeichnung Baugruppe/Einzelteil
    - Stückzahl / Menge je Primärbedarf
    - Kennzeichen Eigenfertigung / Fremdfertigung

- **Schritt 2 – Anwendung des Fertigungsstufenverfahrens:** Nachdem die Bedarfsstrukturen klar sind, ist zu analysieren, wann, wo und in welcher Reihenfolge die Sekundär- bzw. Tertiärbedarfe in der Fertigung eingesetzt werden. Dabei beginnt man die Analyse am Ende der Wertschöpfung, der sogenannten Fertigungsstufe F0. Dort steht das Endprodukt für den Kunden zur Verfügung. Ausgehend vom produzierten Endprodukt werden alle erforderlichen Fertigungsschritte identifiziert und in eine logische Abfolge gebracht (sequentiell und ggf. parallel). Jeder sequentiell ausgeführte Fertigungsschritt stellt eine Fertigungsstufe dar (F1-Fn). Je höher die Fertigungsstufe, desto mehr befindet man sich also am Anfang des Wertschöpfungsprozesses. Laufen Fertigungsschritte in einer Fertigungsstufe parallel ab, können diese entsprechend abgebildet werden (vgl. Abbildung 4.2). Im Ergebnis entstehen komplexe Baumstrukturen, die die Fertigungslogik in ihrem Gesamtzusammenhang aufzeigen [192][193].

Abbildung 4.2   Fertigungsstufenverfahren

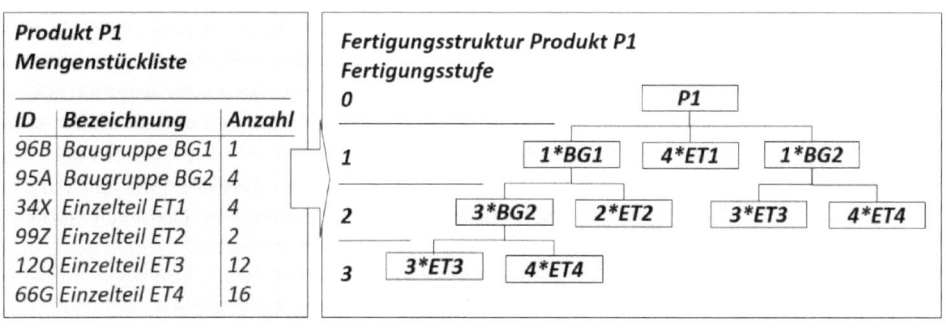

- **Schritt 3 – Anwendung des Dispositionsstufenverfahrens :** Da es häufig vorkommt, dass einzelne Sekundär- bzw. Tertiärbedarfe an verschiedenen Stellen der Wertschöpfung und in verschiedenen Fertigungsstufen benötigt werden, stellt sich die Frage nach dem richtigen Zeitpunkt der Disposition. Zur Vereinfachung der Dispositionsprozesse folgt das Dispositionsstufenverfahren dem Ansatz der „einmaligen Disposition". Dazu wird hinterfragt, zu welchem Zeitpunkt ein Sekundär- bzw. Tertiärbedarf erstmals im Fertigungsprozess benötigt wird. Genau zu diesem Zeitpunkt hat grundsätzlich die Disposition zu erfolgen [192][193].

Abbildung 4.3 Dispositionsstufenverfahren

Fertigungsstruktur Produkt P1	Dispositionsstruktur Produkt P1
Fertigungsstufe	Dispositionsstufe
0 — P1	0 — P1
1 — 1*BG1, 4*ET1, 1*BG2	1 — 1*BG1, 4*ET1
2 — 3*BG2, 2*ET2, 3*ET3, 4*ET4	2 — 3*BG2, 2*ET2, 1*BG2
3 — 3*ET3, 4*ET4	3 — 3*ET3, 4*ET4, 3*ET3, 4*ET4

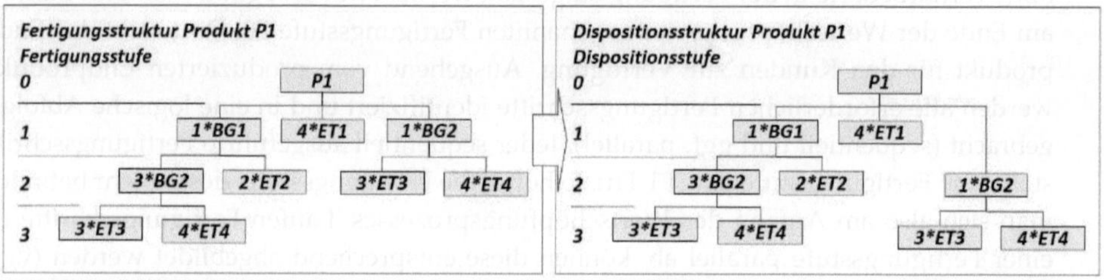

Die Baugruppe BG2 wird erstmals in Fertigungsstufe 2 verwendet. Daher erfolgt im Dispositionsstufenverfahren eine grundsätzliche Verschiebung auf diese Stufe. Gleiches gilt für die vorgelagerten Einzelteile ET3 und ET4.

■ **Schritt 4 – Ermittlung der zeitpunktbezogenen Brutto- und Nettobedarfe:** Aus dem Dispositionsstufenverfahren kann ermittelt werden, welcher Sekundär- und Tertiärbedarf in welcher Menge und zu welchem Zeitpunkt zu disponieren ist. Der **Bruttobedarf** ergibt sich dabei aus der Multiplikation des Primärbedarfs mit den zugeordneten Sekundär- bzw. Tertiärbedarfen der Mengenstückliste, ggf. ergänzt um einen kalkulatorischen Zusatzbedarf für Schwund, Instandsetzungen, Reparaturen usw. Auf dieser Basis sind zur Bestimmung der konkreten Dispositionsmenge, also dem **Nettobedarf**, ggf. vorhandene, reservierte oder bereits bestellte Bestände zu berücksichtigen. Demnach lässt sich der Nettobedarf je Sachnummer wie folgt errechnen [190]:

*Menge des Sachnummern-Sekundärbedarfs pro Primärbedarf * Menge des Primärbedarfs*
+ Zusatzbedarf (ggf. über einen prozentualen Zuschlagsfaktor bestimmt)
= Bruttobedarf je Sachnummer
+ reservierte Bestände
+ Sicherheitsbestände
./. physischer Pufferbestand
./. Bestellbestand
= Nettobedarf je Sachnummer

Würde zwischen Disposition und physischer Materialversorgung kein Zeitverzug entstehen, könnten zum **Zeitpunkt** der Dispositionsstufen die Nettobedarfe geordert werden. In der Praxis braucht es jedoch für die Fertigung und Anlieferung der Güter Zeit. Dieser Zeitverzug ist bei der Terminierung der Disposition zu berücksichtigen. Dazu wird für jeden Sekundär- bzw. Tertiärbedarf der erforderliche Vorlauf bestimmt und der Dispositionszeitpunkt um die erforderliche Anzahl von Fertigungsperioden vorverlegt. Dieses Verfahren wird als **Phasenverschiebung** bezeichnet.

Beschaffungslogistik - Materialdisposition

Abbildung 4.4 zeigt beispielhaft für das in den Abbildungen 4.2 und 4.3 dargestellte Produkt P1 auf, wie die Ermittlung der Dispositionsmenge und des Dispositionszeitpunktes vorgenommen werden kann. Angenommen wird, dass das Produkt P1 zu den Fertigungsperioden t8-t10 genau 7, 10 bzw. 12 Mal produziert werden soll. Zur weiteren Vereinfachung wird davon ausgegangen, dass der Nettobedarf gleich dem Bruttobedarf zu setzen ist, da keine Zusatzbedarfe, reservierte Bestände o.Ä. zu berücksichtigen sind.

Abbildung 4.4 Dispositionszeitpunkt und Dispositionsmengen

							Zeitpunkt der Fertigstellung / Zeitpunkt der Disposition								
					t1	t2	t3	t4	t5	t6	t7	t8	t9	t10
			Primärbedarf (Stk)									7	10	12
Dispositionsstufe	Sachnummer	Bezeichnung												
1	96B	Baugruppe BG1	Sekundärbedarf je Produkt: 1									7	10	12
			Vorlaufverschiebung: 1 Periode								7	10	12	
1	34X	Einzelteil ET1	Sekundärbedarf je Produkt: 4									28	40	48
			Vorlaufverschiebung 1 Perode								28	40	48	
2	95A	Baugruppe BG2	Sekundärbedarf je Produkt: 4									28	40	48
			Vorlaufverschiebung 1 Periode								28	40	48	
2	99Z	Einzelteil ET2	Sekundärbedarf je Produkt: 2									14	20	24
			Vorlaufverschiebung 2 Perioden							14	20	24		
3	12Q	Einzelteil ET3	Sekundärbedarf je Produkt: 12								94	120	144	
			Vorlaufverschiebung 1 Perode							94	120	144		
3	66G	Einzelteil ET4	Sekundärbedarf je Produkt: 16								112	160	192	
			Vorlaufverschiebung							112	160	192		

Aus der Anwendung des Fertigungsstufen- und Dispositionsstufenverfahrens ergeben sich folgende Dispositionszeitpunkte und Dispositionsmengen:

t5:   14ET2; 94 ET3; 112ET4
t6:   28 BG2; 20 ET2; 120 ET3; 160 ET4
t7:   7 BG1; 28 ET1; 40 BG2; 24 ET2; 144 ET3; 192 ET4
t8:   10 BG1; 40 ET1; 48 BG2
t9:   12 BG1; 48 ET1

- **Schritt 5 - Operative Materialdisposition bei den Lieferanten:** Während die Disposition der eigengefertigten Güter in der Produktionsplanung gesteuert wird, sind für die fremdbezogenen Güter die Nettobedarfe bei den Lieferanten zu bestellen. Das geschieht in der Regel auf elektronischem Wege über einen automatisierten Datenaustausch (EDI, WebEDI etc.) [194]. Übermittelt wird in erster Linie ein Fertigungsabruf mit Sachnummer, Nettobedarf und Lieferzeitpunkt. Über die Sachnummer können dann weitere Informationen wie etwa zu Verpackungsanforderungen oder Lieferbedingungen gekoppelt werden, so dass alle erforderlichen Informationen beim Lieferanten vorliegen.

Das Verfahren der programmorientierten Fertigungsabrufe ist ein rollierendes System mit kontinuierlicher Fortschreibung. Seine Qualität und Wirtschaftlichkeit hängt maßgeblich von der zentralen Planungsqualität des Unternehmens ab. Im Krisenfall ist diese Methode unter zwei Gesichtspunkten anfällig. Fallen einzelne Lieferanten aus, z.B. durch eine Insolvenz oder gesperrte Transportrelationen, ist das System von sich aus starr. Der Plan bleibt der gleiche - er wird nur nicht erfüllt. Unterbrechungen, auch einzelner Supply-Chain-

Partner, erfordern sofort eine Überarbeitung der gesamten rollierenden Planung. Dazu gehört auch die Abstimmung mit allen Lieferanten. Der zweite Krisenfaktor ist ein abrupter Abbruch der Nachfrage über Auftragsstornos. Erfolgt hier keine umfassende Überarbeitung der Planung wird auf Halde produziert, ohne das rechtzeitig zu erkennen.

Im Kontext der Digitalisierung kommt es also auf die Implementierung flexibler Planungsinstrumente im ERP-System oder auf MES-Ebene an, um im Shopfloormanagement aktiv und realitätsbewusst die Disposition steuern zu können. Bei abrupten Krisen mit starken Planungsänderungen können zukünftig auch Algorithmen helfen, um in Szenarien die Wirkung von Planungsanpassungen schnell simulieren zu können.

Selbststeuernde KANBAN-Regelkreise in der Pull-Steuerung

Werden kontinuierliche Fertigungsprozesse nach dem Pull-Prinzip gesteuert, entfallen die oben angeführten Planungsaufgaben. Es wird nur das produziert, was der Kunde bestellt – zu dem Zeitpunkt, zu dem er bestellt. Damit ein solches Vorgehen funktioniert, werden selbststeuernde Materialregelkreise installiert, sogenannte KANBAN-Regelkreise [173].

Abbildung 4.5   KANBAN-Regelkreis

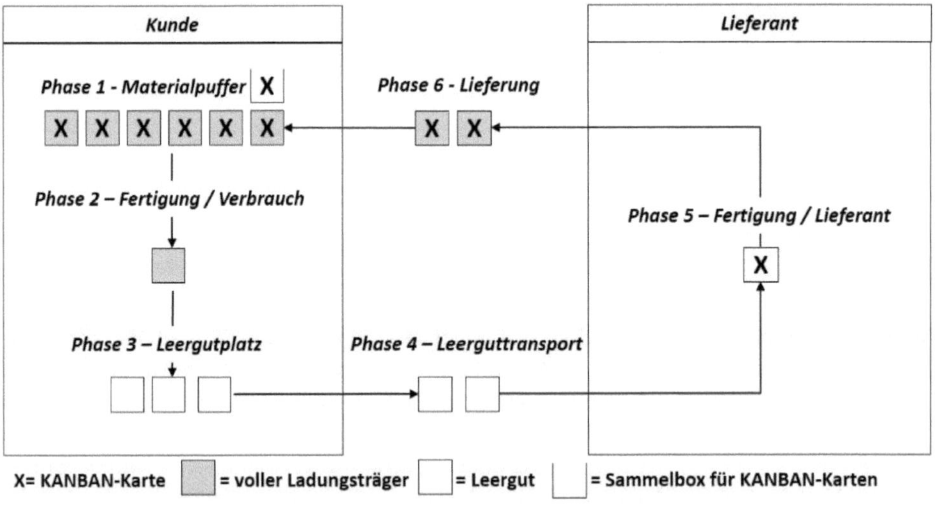

Der KANBAN-Ansatz stammt ursprünglich aus dem Toyota-Produktionssystem TPS und ist ein Herzstück schlanker Produktionskonzepte. Das TPS ist in der einschlägigen Fachliteratur ausführlich beschrieben, worauf an dieser Stelle verwiesen wird [195]-[197]. In der Praxis gibt es viele unterschiedliche Detailausprägungen, um KANBAN-Regelkreise zu implementieren. Sie gehen aber alle auf ein Grundprinzip zurück. Dieses Grundprinzip macht Abbildung 4.5 deutlich und wird im Folgenden ausgehend vom Materialpuffer erläutert.

- **Phase 1 – Materialpuffer:** In kleinen Pufferlägern (vgl. Kapitel 3.4.3) werden unmittelbar am Verbrauchsort kleine Mengen von Gütern in einer definierten Anzahl von Ladungsträgern bereitgestellt, aus denen sich die Fertigung (Phase 2) versorgt. In jedem Ladungsträger befindet sich eine KANBAN-Karte, die den Inhalt, den Standort und den Lieferanten der Güter genau definiert. KANBAN ist ein japanischer Begriff und bedeutet „Karte, Tafel, Beleg" [198]. Eine KANBAN-Karte ist im Prinzip nichts anderes als ein Warennachweis für die Güter, die sich in einem Ladungsträger befinden. Ladungsträger werden in der KANBAN-Nomenklatur auch als Behälter bezeichnet. Beide Begriffe werden daher im Folgenden synonym verwendet.

Abbildung 4.6 Beispiel KANBAN-Karte

Entnimmt die Fertigung einen Ladungsträger aus dem Pufferlager, wird ein KANBAN-Signal gesetzt. Damit wird der Lieferant des Ladungsträgers über den Verbrauch informiert und eine Nachbestellung ausgelöst, unabhängig, ob es sich um einen internen Lieferanten von Eigenfertigungsteilen oder einen externen Lieferanten von Fremdbezugsteilen handelt. Im klassischen Verfahren geschieht diese Meldung über die Einsammlung von KANBAN-Karten: Mit der Warenentnahme legt der Verbraucher die zugehörige KANBAN-Karte in eine Sammelbox. In regelmäßigen Abständen werden die Sammelboxen an den Verbrauchsstellen von der Logistik geleert und entsprechend der dort hinterlegten KANBAN-Karten die Nachversorgung bei den Lieferanten angesteuert. In modernen Logistik-Systemen erfolgt dies heute elektronisch (eKANBAN) [199]. Wird aus dem Materialpuffer Ware entnommen, wird ein elektronisches Signal an den Lieferanten gesendet, das alle Informationen der KANBAN-Karte enthält. Der Lieferant startet mit dieser Information die Fertigung der Nachbestellung.

- **Phase 2 – Verbrauch:** Der Verbraucher setzt die aus dem Pufferlager entnommenen Materialien in der Fertigung ein. Ist das Material verbraucht, stellt er den leeren Ladungsträger auf einen Leergutplatz (Phase 3), der sich ebenfalls unmittelbar neben der Fertigung befindet. Daraufhin entnimmt er einen neuen Ladungsträger aus dem Pufferlager und setzt die Fertigung fort (Phase 1).

■ **Phase 3 – Leergutplatz:** Die ausgebrauchten Ladungsträger werden auf einem Leergutplatz gesammelt. In regelmäßigen Abständen werden die Ladungsträger von der Logistik dort abgeholt und wieder den Lieferanten zugeführt (Phase 4). In gut organisierten KANBAN-Systemen sind die Materialversorgung der Pufferläger (Phase 6) und der Leerguttransport (Phase 4) über Routenzüge miteinander vernetzt, so dass nach dem Prinzip „Vollgut gegen Leergut" gearbeitet wird.

■ **Phase 4 – Leerguttransport:** Die Leergutbehälter werden den Lieferanten wieder zugestellt und dort in die Fertigung eingesteuert. Dabei wird je Transport eine feste Losgröße der zu transportierenden Leergutbehälter befördert.

■ **Phase 5 – Fertigung Lieferant:** Inzwischen hat der Lieferant entsprechend der KANBAN-Bestellung seine Fertigung angestoßen und ggf. bereits beendet. Die wiederaufgefüllten Ladungsträger werden erneut mit einer KANBAN-Karte versehen und für den Versand an den Verbraucher bereitgestellt.

■ **Phase 6 – Lieferung:** Die Lieferung der KANBAN-Nachbestellung wird dem Kunden zugestellt und in das Pufferlager am Verbrauchsort verbracht. Jeder Vollgut-Transport erfolgt mit einer festgelegten Losgröße an Ladungsträgern. Hier schließt sich der Regelkreis der Materialversorgung durch eine Vernetzung mit der Phase 1.

Im Ergebnis entsteht je Verbrauchsort ein geschlossener Materialregelkreis (Vollgut/Leergut), der sich über den tatsächlichen Verbrauch selbst steuert. Damit diese Selbststeuerung in der Praxis funktioniert, ist die Anzahl der Ladungsträger, die im Regelkreis zirkulieren, bedarfsgerecht zu bestimmen. Dazu werden in der weiterführenden Fachliteratur Formeln zur Berechnung von Behälterregelkreisen vorgestellt. An dieser Stelle wird exemplarisch auf eine Regelkreisberechnung nach SCHÖNSLEBEN referenziert [173]:

$$A = \frac{\frac{VP * DLZ}{TP} * (1 + SF) + w * k}{k}$$

- A = Anzahl der KANBAN-Karten, bzw. Anzahl der Behälter im Regelkreis
- VP = Verbrauch während der Verbrauchsperiode
- DLZ = Durchlaufzeit bis zur Wiederbeschaffung
- TP = Länge der Verbrauchsperiode
- SF = Sicherheitsfaktor
- w = Anzahl der Behälter (Ladungsträger) je Transportlos
- k = Anzahl der Teile pro Behälter (Ladungsträger)

Über den Sicherheitsfaktor SF kann bestimmt werden, wie fehler- bzw. krisenrobust ein KANBAN-Regelkreis ausgelegt wird. Ohne Sicherheitsfaktor (SF=0) würde bei einer Störung der Regelkreis sofort zusammenbrechen. Bei einem hohen Sicherheitsfaktor ist die Materialversorgung gesichert, es entstehen jedoch über die Summe der KANBAN-Regelkreise viele kleinere Läger – unsichtbar verteilt im gesamten Unternehmen. Das kann in Summe zu erheblichen Beständen führen und damit die eigentliche Zielsetzung einer schlanken Materialversorgung ad absurdum führen.

Insgesamt ist demnach eine KANBAN-Steuerung mit einem geringen Sicherheitsfaktor anzustreben. Das erfordert „stabile Rahmenbedingungen" [173]:

- Möglichst wenige Zulieferer pro Teil
- Sicherstellung geglätteter Produktionsbedarfe
- Keine Bestellmengen über Bedarf
- Keine Bestellzeitpunktverschiebungen
- Exakte Liefer- und Empfangsvorgaben
- Höchste Lieferzuverlässigkeit in Sachen Qualität und Quantität
- Steuerungshoheit beim Abnehmer
- Rahmenverträge und Abschlüsse für flexible Abrufe
- Informationsintegration der Lieferanten in SCM-Tools

Gelingt eine erfolgreiche KANBAN-Integration, führt das zu schlanken, stabilen und beherrschten Abläufen in der Produktion und in der Logistik. Damit ist die KANBAN-Reife eines Unternehmens auch ein guter Indikator, um seine Fähigkeiten zum Prozessmanagement bewerten zu können. Ein wichtiger Faktor für seine Wettbewerbsfähigkeit. Die Umsetzung kann im Zeitalter der Digitalisierung mit eKANBAN-Systemen erfolgen. Über Buchungen, optische bzw. sensorische Erfassung von Güterbewegungen oder auch mit Hilfe der RFID-Technologie lassen sich vollautomatisierte KANBAN-Kreisläufe realisieren.

Zu beachten ist jedoch auch, dass ein Unternehmen mit schlanken KANBAN-Kreisläufen aber auch extrem krisenanfällig ist. Jede größere Störung hat direkt Auswirkungen auf die Versorgungssicherheit. Abrisse oder Überläufe sind die Folge. Dieser Nachteil ist nur schlecht zu kompensieren und stellt einen bewusst einzugehenden Risikofaktor dar. Wer dieses Risiko akzeptiert, muss sehr gut darauf vorbereitet sein, ganze Lieferketten schnell austauschen zu können. Ein weiteres Instrument der Risikobegrenzung ist die Diversifikation von Lieferanten und Produktionsstätten. Das verhindert im Störungsfall den gleichzeitigen Ausfall gesamter Kapazitäten. Man bleibt auch in der Krise lieferfähig, aber eben auf geringerem Niveau. In jedem Fall gilt auch im Fall der KANBAN-Steuerung: Risiko- und Kosteneffizienz müssen unternehmerisch ins Gleichgewicht gebracht werden. Gerade in KANBAN-Regelkreisen ist die Kluft zwischen maximaler Kosteneffizienz im stabilen Zustand und Totalausfall der Liefer- und Produktionsfähigkeit im Krisenfall enorm. Daher muss KANBAN in ein gutes und flexibles Gesamtmanagement der Wertschöpfung eingebettet sein.

4.1.4 Lösungen: Materialdisposition mit Lagerhaltung

Bei der Materialdisposition mit Lagerhaltung geht es um die Planung und Umsetzung einer optimalen Lagerbewirtschaftung. Alle lagerhaltigen Güter müssen entsprechend des geforderten Lieferservices verfügbar sein und in ihrer Bestandshöhe kostenoptimal geführt werden. Dazu sind Güterbedarfe, Bestellmengen und Bestellzeitpunkte gut aufeinander abzustimmen. Wie Abbildung 4.1 verdeutlicht, können Lagerbestände dabei sowohl nach dem Push-Prinzip als auch nach dem Pull-Prinzip gesteuert werden.

Aufgaben in der Push-gesteuerten Disposition

Im Rahmen der Push-Steuerung greifen im Wesentlichen die Verfahren der planzahl-, prognose- und der schätzungsgesteuerten Disposition. Diese Verfahren basieren jeweils auf den folgenden zwei zentralen Arbeitsschritten:

- Bedarfsermittlung
- Bestimmung der optimalen Bestellmenge und des optimalen Bestellzeitpunktes

In der Umsetzung unterscheiden sie sich im Kern lediglich durch die Art der Bedarfsermittlung. Auf Basis der ermittelten Güterbedarfe werden dann einheitliche Methoden zur Bestimmung der optimalen Bestellmengen und Bestellzeitpunkte angewendet.

Bedarfsermittlung in der Push-gesteuerten Disposition

Voraussetzung für die Push-gesteuerte Lagerdisposition ist eine präzise Vorhersage des zukünftigen Materialbedarfs. Je nach Planungsmethode wird dabei differenziert vorgegangen:

- **Bedarfsermittlung – planzahlgesteuerte Disposition:** In der planzahlgesteuerten Disposition basiert die Bedarfsermittlung auf konkreten Vertriebsplänen für die Primärbedarfe des Unternehmens. Aus den Vertriebsplänen geht hervor, mit welchen Produkten, zu welchem Zeitpunkt und in welchem Markt welcher Absatz geplant wird. In die Erstellung dieser Vertriebspläne fließen Markterfahrungen, Vertriebsziele, Sonderaktionen wie etwa Rabattierungen oder auch Saisongeschäfte ein. Vertriebspläne können dabei auf Prognoserechnungen (s.u.) basieren, deren Ergebnisse unter Berücksichtigung von Aktionen oder besonderen Marktentwicklungen angepasst bzw. geschärft werden. Werden bei dieser Aufgabenstellung professionelle Markt- bzw. Vertriebsexperten eingesetzt, führt dies in der Regel zu sehr präzisen Vorhersagen.

    Hier empfiehlt es sich auch, geeignete Instrumente der Digitalisierung aus dem Vertrieb einzusetzen. Marktbefragungen, Algorithmen zur Analyse des Käuferverhaltens und der Rahmenbedingungen der Absatzmärkte erlauben in vielen Branchen die Erstellung exakte Vertriebspläne mit kurz- bis mittelfristiger Perspektive. Das gilt insbesondere für klassische Konsumgüter aus dem höheren Preissegment, wie etwa in der IT.

    Aus den Vertriebsplänen leitet sich im Folgenden das Produktionsprogramm des Unternehmens ab (vgl. Kapitel 4.7). Entsprechend können die zeitpunktbezogenen Sekundär- bzw. Tertiärbedarfe für die Fertigung bestimmt werden (vgl. Kapitel 4.1.3). Für die einzelnen Sachnummern entsteht eine phasenorientierte Zeitreihe des Güterbedarfs, die kontinuierlich fortgeschrieben wird. Tabelle 4.2 gibt exemplarisch für eine Sachnummer eine entsprechende Bedarfsliste wieder.

Tabelle 4.2   Bedarf auf Basis eines Vertriebsplans/Produktionsprogramms

SNR	Bedarf der SNR 96A zu den Fertigungsperioden t1 – t13												
	t1	t2	t3	t4	t5	t6	t7	t8	t9	t10	t11	t12	t13
96A	110	108	106	103	105	108	112	116	114	112	111	114	118

- **Bedarfsermittlung – prognosegesteuerte Disposition:** Werden keine exakten Vertriebspläne aufgestellt und laufen Produkte wie Sachnummern stabil, kommt die prognosegesteuerte Disposition zum Einsatz. Zur Bedarfsermittlung greift man hier auf die Verbrauchshistorie und entsprechende Daten zurück. Typische Produkte dafür kommen aus dem unteren Preissegment der Fast-Consumer-Goods Industrie. Unter der Stabilitätsvoraussetzung ist dieses Verfahren einfach durchzuführen und stellt eine ausreichend valide Option zur Bestimmung von Planzahlen für Primär-, Sekundär- und Tertiärbedarfe dar [200]. Entsprechend ist zu beachten, dass dieses Verfahren in volatilen Märkten zu einer Reduzierung der Planungsgenauigkeit führt.

Bei der Bedarfsermittlung werden die Zeitreihen der bisherigen Verbräuche analysiert und mit Hilfe von Prognoserechnungen in die Zukunft extrapoliert. Im Unterschied zur planzahlgesteuerten Bedarfsermittlung gehen hier weder geplante Aktionen noch erwartete Verbrauchsveränderungen, wie sie etwa beim Austausch eines Produktes anstehen, in die Ermittlung der Bedarfswerte ein. Zur Umsetzung von Bedarfsprognosen sind zunächst die Verbrauchscharakteristika der analysierten Sachnummern zu betrachten. Dabei werden vier Typen differenziert [200]:

- **Konstanter Verbrauchsverlauf (KONST):** Der Verbrauch ist über die betrachtete Zeitreihe weitgehend konstant, und damit sind keine wesentlichen Bedarfsschwankungen erkennbar.

- **Konstanter Verlauf mit saisonaler Überlagerung (KONST-SAISON):** Konstante Verbrauchsverläufe können durch saisonale Effekte überlagert sein. So finden sich etwa zu Anlässen wie Ostern oder Weihnachten typische Absatzspitzen bei Süßwaren, die ansonsten einen stabilen Absatzverlauf aufweisen. Entsprechende Effekte sind zu identifizieren.

- **Verbrauchsverlauf mit Trend (TREND):** Befindet sich ein Produkt in der Anlauf- oder Auslaufphase seines Lebenszyklus, dann spielen häufig Trendverläufe eine wichtige Rolle. Der Verbrauch steigt kontinuierlich an oder sinkt sukzessive ab.

- **Verbrauchsverlauf mit Trend und saisonaler Überlagerung (TREND-SAISON):** Auch Trendverläufe können saisonal überlagert werden. So können z. B. im Wachstum befindliche Modegetränke auch saisonale Spitzen ausweisen.

Sind die Verbräuche aus der Vergangenheit mit ihren Charakteristika bekannt, können für die Folgeperioden Prognoserechnungen durchgeführt werden. Für die Qualität der Prognosen kommt es auf die Auswahl der richtigen Prognoseverfahren an. Typisch eingesetzte Verfahren gibt Tabelle 4.3 wieder. Da es sich um mathematische Standards handelt, wird an dieser Stelle für die Erläuterung der Rechenvorschriften auf die entsprechende Fachliteratur verwiesen [200][201][202].

Tabelle 4.3 Ausgewählte Prognoseverfahren

Charakteristika	Rechenmodell A	Rechenmodell B
KONST	Gleitender Mittelwert	Exponentielle Glättung 1. Ordnung
KONST-SAISON	Multiple Regression	Exponentielle Glättung nach Winters
TREND	Lineare Regressionsanalyse	Exponentielle Glättung mit Trendkorrektur
TREND-SAISON	Multiple Regression	Exponentielle Glättung nach Winters

Nach der Anwendung von Prognoseverfahren erfolgt eine entsprechende Fortschreibung der Bedarfe. Die Ergebnisse der Prognoserechnungen sollten systematisch an den tatsächlich eingetretenen Verbräuchen gespiegelt werden, um einen möglichen Prognosefehler zu erkennen. Durch die Bewertung von Prognosefehlern kann ein möglicher Korrekturbedarf in Hinblick auf das richtige Prognoseverfahren validiert werden. Ein Verfahrenswechsel kann z.B. erforderlich werden, wenn sich ein bisheriger konstanter Verbrauchsverlauf hin zu einem Trendverlauf verändert.

An dieser Stelle können im Rahmen der Digitalisierung Algorithmen genutzt werden, um jederzeit Verlaufstypen zu testen, Prognosefehler zu analysieren und im Ergebnis dynamisch zu einer automatischen Anpassung der Auswahl einzusetzender Prognoseverfahren zu kommen. Damit kann ein klassischer Schwachpunkt aus der Historie der Logistik gedämpft werden. Wurde einmal ein Verwahren ausgewählt, kam es nur selten zu einer systematischen Überprüfung und Anpassung des gewählten Verfahrens. Oft entsprechen eben die „historisch eingesetzten" Prognoserechnungen nicht mehr den aktuellen Gegebenheiten. Das führt zu Prognosefehlern mit der Folge eines suboptimalen Bestandsmanagements mit Über- oder Unterbeständen im Logistiksystem.

■ **Bedarfsermittlung – schätzungsgesteuerte Disposition:** Liegen weder abgesicherte Vertriebspläne noch konkrete Verbrauchswerte vor, greift in der Bedarfsermittlung die Schätzung. Das kann bei der Markteinführung eines völlig neuen Produktes der Fall sein. Im Rahmen der Schätzung werden zwei Grundmodelle differenziert [193]:

– **Analogschätzung:** Die Analogschätzung findet bei Neu-Produkten Anwendung, die auf bestehenden Produkten aufsetzen bzw. diese substituieren. In diesem Fall können für die Bedarfsplanung Analogien zu Vorgänger- oder Vergleichsprodukten gezogen werden. So ließe sich etwa der Marktverlauf eines auslaufenden Smartphones analysieren und die Verbrauchscharakteristika prinzipiell auf das Folgemodell projizieren. Entsprechend können Primär-, Sekundär- und Tertiärbedarfe für den Produktanlauf geschätzt werden. Im Rahmen der Digitalisierung können auch Algorithmen helfen, geeignete Analogien zu finden oder die richtigen Analogieparameter auszuwählen. Damit kann ein wichtiger Beitrag zur Verbesserung der Qualität der Schätzungen geleistet werden.

- **Intuitivschätzung:** Handelt es sich um völlig neue Produkte, zu denen weder Erfahrungswerte existieren noch Analogien möglich sind, ist eine Intuitivschätzung der Produktmanager nötig. Hier werden in Form eines ersten Business-Modells Markterfahrungen und Erwartungen in Absatzschätzungen überführt. In der Telekommunikation wäre bspw. die Einführung von Tablet-PCs als Schätzprodukt herauszuarbeiten, da im Stadium des Markteintritts keine validen Vergleichsverläufe zu analogen Produkten vorlagen.

Unabhängig davon, ob bei der Bedarfsermittlung planzahl-, prognose- oder schätzungsgesteuert vorgegangen wird, stehen am Ende konkrete Planwerte für die künftigen Materialbedarfe. In Abhängigkeit des eingesetzten Verfahrens unterscheidet sich jedoch die Güte der Planzahlen, wie Abbildung 4.7 deutlich macht. Auf Basis der Planzahlen können im nächsten Schritt die Bestellmengen und -termine in der Push-gesteuerten Disposition bestimmt werden.

Abbildung 4.7   Push-gesteuerte Dispositionsverfahren

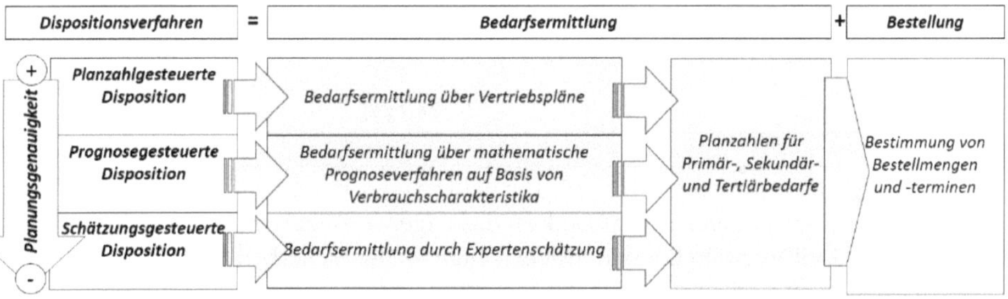

Bestellmengen- und -terminbestimmung in der Push-gesteuerten Disposition

Stehen die Bedarfe fest, stellt sich im Sinne einer bestmöglichen Lagerbewirtschaftung die Frage nach der optimalen Bestellmenge und dem optimalen Bestellzeitpunkt, denn die künftigen Bedarfe könnten für die Lagerhaltung im Paket oder in Tranchen beschafft werden.

Um die Verfahren zur Bestellmengen- und -terminermittlung nachvollziehen zu können, sollten an dieser Stelle zunächst wesentliche Grundlagen der Lagerhaltung vorangestellt werden. Abbildung 4.8 veranschaulicht in diesem Kontext wesentliche Grundzusammenhänge [204]:

- **Menge:** Lagerbestand einer Sachnummer in Stück bzw. Mengeneinheit.
- **Höchstbestand:** Maximaler Lagerbestand einer Sachnummer.

- **Sicherheitsbestand:** Mindestlagerbestand einer Sachnummer (vgl. auch Kapitel 3.4.4).
- **Verbrauch:** Lagerabgang einer Sachnummer je Zeiteinheit.
- **Bestellpunkt:** Bestandsmenge einer Sachnummer bei Auslösung einer Nachbestellung.
- **Bestellmenge:** Menge der Nachbestellung in Stück bzw. Mengeneinheit.
- **Wiederbeschaffungszeit:** Zeit von der Bestellauslösung (t) bis zum Wareneingang (l) einer Nachbestellung.

Abbildung 4.8   Grundlagen der Lagerbewirtschaftung

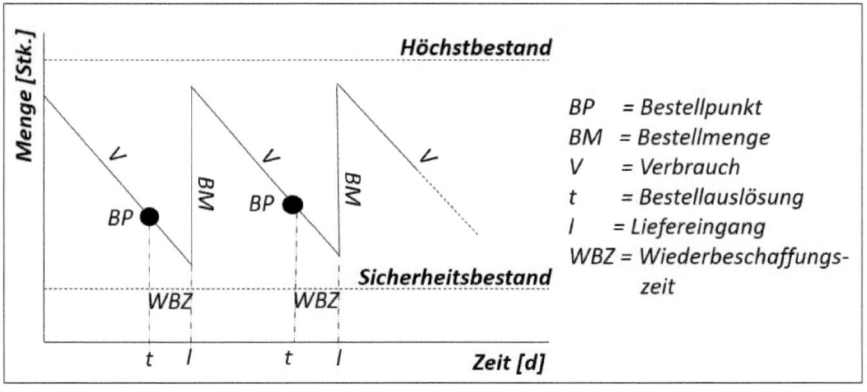

Im Rahmen der oben aufgezeigten Logik ist das Lager so zu bewirtschaften, dass alle Materialbedarfe gedeckt werden können. Dabei sollten weder Sicherheitsbestände berührt noch Höchstbestände im Lager (Überlauf) überschritten werden. In dem sich bildenden Korridor gilt es, eine kostenoptimale Bewirtschaftungsvariante zu finden. Dazu sind die Kosten der Lagerhaltung zu optimieren. Sie lassen sich wie folgt kompakt zusammenfassen [204]:

- **Materialkosten**, die sich aus der Bestellmenge und dem Preis je Bestelleinheit ergeben.
- **Bestellfixe Kosten**, die durch die Administration eines Bestellvorgangs entstehen.
- **Lagerhaltungskosten**, die für den operativen Lagerbetrieb erforderlich sind.
- **Zinskosten**, die für die Kapitalbindung der eingelagerten Güter entstehen.

Die Wechselwirkungen aus Beständen und Kosten haben zur Entwicklung unterschiedlichster Verfahren geführt, um optimale Bestellmengen und Bestellzeitpunkte zu bestimmen. Dabei werden statische und dynamische Verfahren unterschieden. Statische Verfahren kommen zum Einsatz, wenn der Verbrauch lagerhaltiger Güter konstant ist. Bei Bedarfsschwankungen greifen die dynamischen Verfahren.

- **Statische Verfahren - Andler:** Das bekannteste statische Verfahren zur Ermittlung der optimalen Bestellmenge ist das Verfahren nach ANDLER [205]. Es geht davon aus, dass sich die Kostenfunktion der Lagerbewirtschaftung aus einer Addition von Materialkosten, Bestellkosten sowie Lagerhaltungs- und Kapitalbindungskosten ergibt. Unter den Voraussetzungen einer Bedarfsplanung für ein Jahr mit genau bekannten Bedarfen, ohne temporäre Bedarfsschwankungen, ohne vereinbarte Staffel- oder Rabattpreise, ohne Teillieferungen und einer unendlich hohen Liefergeschwindigkeit sowie stabilen Kosten für Kapital und Lagerhaltung, greift die in Abbildung 4.9 dargestellte Kostenfunktion K, um in Abhängigkeit der Bestellmenge m die Gesamtkosten der Beschaffung zu berechnen. Das Minimum dieser Kostenfunktion repräsentiert die optimale Bestellmenge m_o. Da die Materialkosten unter den gegebenen Prämissen konstant sind, befindet sich das Optimum an der Stelle, wo sich die Teilfunktionen der Bestellkosten und der Lager- bzw. Zinskosten schneiden. Das ermöglicht eine grafische Ermittlung der optimalen Bestellmenge.

Abbildung 4.9 Kostenfunktion zur Bestimmung der optimalen Bestellmenge

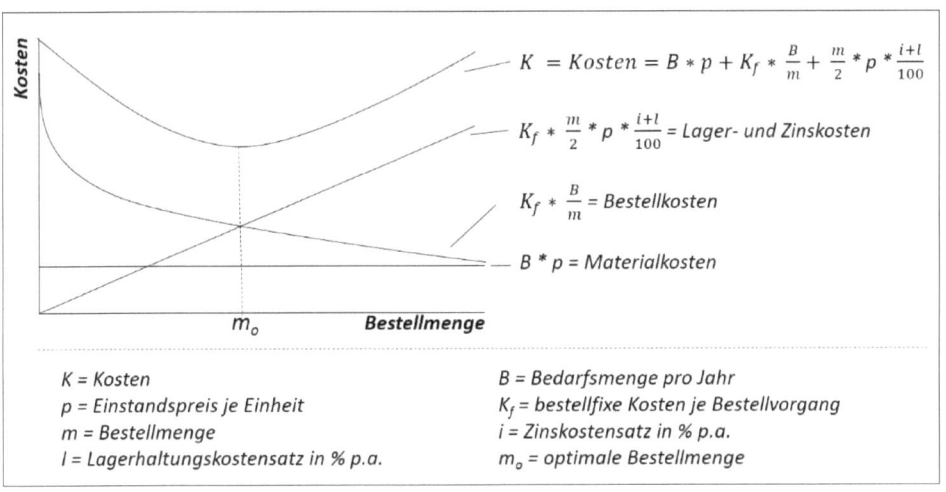

Die optimale Bestellmenge kann auch durch die Ableitung der Kostenfunktion und gleichzeitiger Setzung von $dK/dm = 0$ ermittelt werden. Aus diesem Vorgang ergibt sich die ANDLER-Formel [205]:

$$m_{opt} = \sqrt{\frac{2 * B * K_f * 100}{p * (i + l)}}$$

Teilt man B/m_{opt}, ergibt sich die Bestellfrequenz pro Jahr, aus der sich wiederum unter Berücksichtigung der Wiederbeschaffungszeiten die optimalen Bestellzeitpunkte ermitteln lassen.

Zentraler Kritikpunkt an diesem Verfahren ist, dass die ANDLER-Prämissen in der Realität nicht eingehalten werden, wie z.B. eine „unendlich hohe Liefergeschwindigkeit". Dennoch ergibt die ANDLER-Formel für lineare Bedarfsverläufe im Ergebnis „robuste" Richtwerte, wenn diese auch nicht wirklich exakt sind [205]. Die wesentliche Stärke der Methode ist durch den in der Regel flachen Verlauf der Kostenfunktion im Umfeld des Bestelloptimums zu erklären. Daher findet dieser Ansatz häufig auch als „Praktiker-Ansatz" Anwendung, mit dem pragmatisch eine „sinnvolle" Bestellmenge ermittelt wird. Zu beachten ist, dass die Kritik an den Prämissen der ANDLER-Formel im Ergebnis auch für die im Folgenden erläuterten dynamischen Verfahren gilt, da sie auf vergleichbaren Annahmen beruhen.

Dynamische Verfahren kommen in den Fällen zum Einsatz, in denen sich Verbräuche verändern, also über die Zeit temporär zunehmen oder abnehmen. Sie basieren im Wesentlichen auf Heuristiken, die mit pragmatischen Lösungsansätzen zu optimalen Losgrößen bzw. Bestellmengen führen. Tabelle 4.4 gibt kompakt eine Übersicht zu ausgewählten Verfahren wieder.

Tabelle 4.4 Dynamische Verfahren der Losgrößen-/Bestellmengenermittlung

Verfahren		
Gleitende Bestellmenge	Kostenausgleichsverfahren	Silver-Meal-Verfahren
Groff-Verfahren	Wagner/Within-Verfahren	Part-Period-Verfahren
SELIM-Algorithmus	Gaither-Verfahren	PartPeriodMaximumGain
Wemmerlöv-Verfahren	Chand-Verfahren	Silver/Miltenburg
Bookbinder/Tan-Verfahren	Tsado-Verfahren	Dynamische Planungsrech.

Um die „heuristische Vorgehensweise" bei den dynamischen Verfahren zu verdeutlichen, werden an dieser Stelle das Verfahren der gleitenden Bestellmenge und das Kostenausgleichsverfahren exemplarisch vorgestellt.

■ **Verfahren der gleitenden Bestellmenge:** Das Verfahren der gleitenden Bestellmenge basiert bei ANDLER grundsätzlich auf einer Optimierung der Bestell- und Lagerkosten. Dabei werden die anfallenden bestellfixen Kosten sowie die Kosten für Lagerhaltung und Zinsen zunächst als Stückkosten je Bestelleinheit heruntergebrochen [206]. Werden etwa in Periode 1 von einer Sachnummer 120 Stück zu je 1 EUR bestellt, bis zum Verbrauch durchschnittlich 0,5 Perioden gelagert und mit einen Kostensatz von 15% für Lagerhaltung und Zinsen bewertet, so entsteht bei bestellfixen Kosten von 90 EUR ein Kostenfaktor von

$$\frac{(120\ Stück * 1\ EUR * 0{,}5\ Perioden * 0{,}15\%) + 90\ EUR}{120\ Stück} = 0{,}83\ EUR$$

je Stück. Im weiteren Vorgehen werden die Bedarfe der Folgeperioden so lange zu einer Bestellung kumuliert, bis die sich daraus ergebenden Stückkosten für Bestellung und

Lagerhaltung nicht mehr sinken. An diesem Punkt ergeben sich die genäherte optimale Bestellmenge und der optimale Bestellzeitpunkt [206].

- **Kostenausgleichsverfahren:** Beim Kostenausgleichsverfahren werden für eine Bestellung die Bedarfsperioden so lange kumuliert, bis die bestellfixen Kosten den Kosten für Lagerhaltung und Zinsen entsprechen. Bevor die bestellfixen Kosten durch die Kosten für Lagerhaltung und Zinsen überschritten werden, wird die kumulierte Menge bestellt. Daraus ergeben sich eine genäherte optimale Bestellmenge und der optimale Bestellzeitpunkt [206].

Vom Grundsatz her bauen auch die exemplarisch vorgestellten dynamischen Verfahren auf dem Grundgedanken nach ANDLER auf. Jedoch wird hier nicht durch Rechnung eine diskrete Lösung der optimalen Bestellmenge ermittelt, die ggf. auch zu einer Teilung von Verbrauchsperioden führt. Vielmehr steht der Periodenbedarf insgesamt im Fokus, für den heuristisch eine näherungsweise optimale Periodenabgrenzung ermittelt wird. Zur weiteren Vertiefung der dynamischen Verfahren und ihrer Prämissen wird auf die spezielle Fachliteratur zum Thema Disposition und Losgrößenermittlung verwiesen. Dort werden die Anwendung und auch die unterschiedlichen Auffassungen zur Ergebnisqualität der Verfahren im Detail diskutiert. Auch an dieser Stelle kann die Digitalisierung weiter helfen. So ließe sich etwa algorithmisch testen, für welche Rechenmethode die jeweils zugrundeliegenden Faktoren am besten erfüllt werden. Im Ergebnis kann es auch hier zu einer dynamischen Steuerung der Verfahrensauswahl kommen.

Zusammenfassend kann herausgestellt werden, dass es bei der Push-gesteuerten Materialdisposition zunächst darauf ankommt, planzahl-, prognose- oder schätzungsgesteuert zu einer belastbaren Vorhersage des Materialbedarfs zu kommen. Auf Basis des Materialbedarfs können dann entsprechend der Verbrauchscharakteristika systematisch statische bzw. dynamische Verfahren zur Bestimmung konkreter Bestellmengen und Bestellzeitpunkte eingesetzt werden. Bei der Operationalisierung der Bestellungen ist im Folgenden darauf zu achten, dass eine Synchronisation von Bedarfszeitpunkten und Sachnummernverfügbarkeit mit den Lieferanten sichergestellt wird. Das ist in der Praxis häufig eine Problemstelle, da die geforderten Losgrößen der Abnehmer nicht unbedingt in das Losgrößenmanagement der Lieferanten passen muss. Daher ist an dieser Stelle eine gute Abstimmung erforderlich, so dass es nicht zu Fehl- oder Übermengen kommt.

Aufgaben in der Pull-gesteuerten Disposition

In der Pull-gesteuerten Disposition mit Lagerhaltung wird die Versorgung der Läger direkt durch den realen Güterverbrauch gesteuert. Es erfolgt also keine Vorab-Ermittlung von Planbedarfen, vielmehr wird das Lager entsprechend der getätigten Materialabrufe bewirtschaftet. Dabei können zwei grundsätzlich unterschiedliche Verfahren eingesetzt werden:

- Bestellpunkt-/-rhythmusgesteuerte Disposition
- Selbststeuernde KANBAN-Regelkreise

Bestellpunkt-/Bestellrhythmusverfahren in der Pull-gesteuerten Disposition

Bei der durch den Bestellpunkt- bzw. den Bestellrhythmus gesteuerten Disposition wird die Nachbevorratung des Lagers über die Bestandshöhe oder über den Verbrauchszyklus ausgelöst. Im Detail greifen dabei die folgenden Handlungsmuster:

- **Disposition nach dem Bestellpunktverfahren:** Zur Umsetzung des Bestellpunktverfahrens, das auch s-Verfahren genannt wird, werden für jede Sachnummer im Lager die Bestellpunkt-Bestände definiert. Wird dieser Bestand im Verbrauch erreicht, erfolgt die Auslösung einer Nachbestellung. Dieses Verfahren eignet sich sowohl für stabile als auch für volatile Verbrauchsverläufe und ist universell einsetzbar. Für eine zuverlässige Lagerbewirtschaftung kommt es im ersten Schritt darauf an, den Bestellpunkt geeignet festzulegen. D.h., unter Berücksichtigung der üblichen Verbräuche und der Wiederbeschaffungszeiten muss der Bestellpunkt so gelegt werden, dass die Sicherheitsbestände im Lager nicht berührt werden. Dazu bedarf es bei volatil laufenden Gütern einer regelmäßigen Überprüfung des Bestellpunktes. ERP-Systme ermöglichen eine laufende Inventur. Ist der Bestellpunkt definiert, erfolgt im zweiten Schritt bei jeder Auslagerung eine Überprüfung der Bestände, so dass bei Erreichen des Bestellpunktes im dritten Schritt eine Nachbestellung nach der s,q-Politik oder der s,S-Politik ausgelöst werden kann [204]:

    - **s,q-Politik:** In der s,q-Politik bestimmt sich die Bestellmenge nach der optimalen Bestellmenge. Dabei greifen die gleichen statischen bzw. dynamischen Verfahren, die bereits oben erläutert wurden. Der Fokus dieser Politik liegt im Rahmen des Bestellpunktverfahrens auf einer kostenoptimalen Lagerbewirtschaftung.

    - **s,S-Politik:** In der s,S-Politik bestimmt sich die Bestellmenge nach dem zulässigen Höchstbestand einer Sachnummer. Unter Berücksichtigung der laufenden Verbräuche und der Wiederbeschaffungszeit ist die Bestellmenge so zu dimensionieren, dass der Höchstbestand exakt getroffen wird. Der Fokus dieser Politik liegt auf einer Ausnutzung der Lagerressourcen und einer Reduzierung der Bestellhäufigkeit.

    In Abhängigkeit der Verbrauchsverläufe und der Werthaltigkeit der Güter sollte individuell entschieden werden, welche Variante die sinnvollere ist. Bei werthaltigen Gütern geht die Tendenz wegen der Bedeutung der Kapitalbindung eher zur s,q-Politik, bei einfachen Standardgütern mit hohem Durchsatz eher zur s,S-Politik. Insgesamt eignet sich das Bestellpunktverfahren sowohl für stabile als auch für volatile Verbrauchsverläufe. In der Umsetzung des Bestellpunktverfahrens hilft erneut die Digitalisierung. Sind die logistischen Stammdaten der Lagermaterialien zu Lieferanten, Sicherheitsbeständen und Wiederbeschaffungszeiten gepflegt, lässt sich der Bestellpunkt automatisiert bestimmen, sein eintritt automatisch erfassen und die Bestellmenge algorithmisch bestimmen.

- **Disposition nach dem Bestellrhythmusverfahren:** Zur Umsetzung des Bestellrhythmusverfahrens, das auch t-Verfahren genannt wird, erfolgt für jede Sachnummer die Definition eines Bestellrhythmus - also wiederkehrende Zeitpunkte, an denen eine Nachbestellung ausgelöst wird. Für eine zuverlässige Lagerbewirtschaftung kommt es im ersten Schritt darauf an, den Bestellrhythmus geeignet festzulegen. D.h. unter Berücksichtigung der üblichen Verbräuche und der Wiederbeschaffungszeiten, müssen die Bestellzeitpunkte so gelegt werden, dass die Sicherheitsbestände im Lager nicht berührt werden. Werden im operativen Lagerbetrieb die Bestellzeitpunkte erreicht, erfolgt jeweils eine Bestimmung der aktuellen Bestände und eine Nachbestellung. Ein Bestandscontrolling zwischen den Bestellzeitpunkten ist nicht erforderlich. Das macht dieses Verfahren administrativ schlank. Zur Ausgestaltung der Nachbestellung greifen hier die t,q-Politik bzw. die t,S-Politik [204]:

- **t,q-Politik:** In der t,q-Politik bestimmt sich die Bestellmenge nach der optimalen Bestellmenge. Das Vorgehen und die Wirkung ist analog zur s,q-Politik zu bewerten.
- **t,S-Politik:** In der t,S-Politik bestimmt sich die Bestellmenge nach dem zulässigen Höchstbestand einer Sachnummer im Lager. Auch hier ist das Vorgehen und die Wirkung analog zur s,S-Politik zu bewerten.

Das Bestellrhythmusverfahren eignet sich insbesondere für Güter, deren Verbrauch als sehr konstant zu bezeichnen ist. Dort hat es gegenüber dem Bestellpunktverfahren den Vorteil der schlanken Administration. Bei volatilen Gütern ist dieses Verfahren jedoch mit hohen Risiken verbunden.

Das Bestellrhythmusverfahren gehört zu den klassischen Dispositionsverfahren, die auch heute beherrscht werden müssen. Die Digitalisierung führt jedoch dazu, dass auch auf klassisch nach diesem Verfahren bestellten Gütern heute zumeist das Bestellpunktverfahren als Regelverfahren angewandt wird. Die entsprechenden Güter werden so besser in eine digitale Gesamtlösung integriert. Auch die Kontrolle der Lagerbestände und ihre Steuerung sind insgesamt besser zu überwachen. Das angeführte Argument der schlanken Administration beim Bestellrhythmusverfahren kommt aus der Zeit vor der Digitalisierung. Dort war die laufende Bestandsermittlung mit enorm viel Aufwand verbunden. Diese Zeiten sind heute vorbei. Eine gut aufgestellte Logistik führt die Lagerbestände heute vollständig digitalisiert.

Betrachtet man das Methodenportfolio kann in Abhängigkeit der Verbrauchsverläufe und der Wertigkeit der Güter in der Pull-gesteuerten Materialdisposition mit Lagerhaltung demnach bedarfsgerecht zwischen den Varianten

- Bestellpunktverfahren mit s,q-Politik
- Bestellpunktverfahren mit s,S-Politik
- Bestellrhythmusverfahren mit t,q-Politik
- Bestellrhythmusverfahren mit t,S-Politik

entschieden werden. Die Grundcharakteristika dieser Steuerungsmodelle werden mit Ihren spezifischen Anwendungsschwerpunkten nochmals in Abbildung 4.10 zusammengefasst.

Abbildung 4.10 Übersicht Bestellpunkt-/Bestellrhythmusverfahren

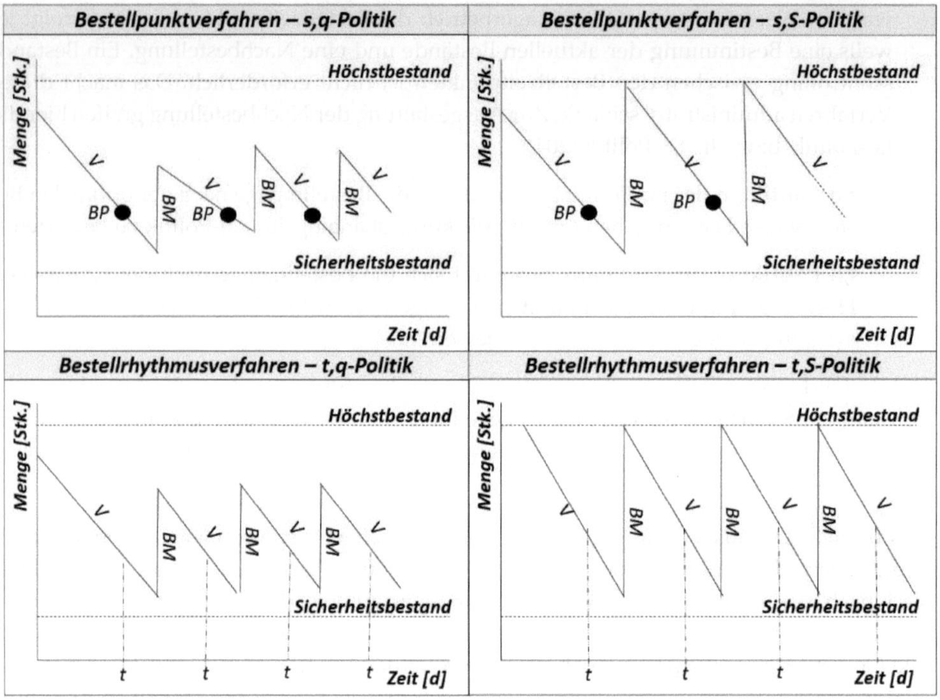

Selbststeuernde KANBAN-Regelkreise in der Pull-gesteuerten Disposition

Einen Sonderfall der Pull-gesteuerten Materialdisposition mit Lagerhaltung bilden die selbststeuernden KANBAN-Regelkreise. Für die Lagerbewirtschaftung größerer Läger wird diese Variante noch eher selten genutzt. Sie nimmt aber kontinuierlich an Bedeutung zu. Bei dieser Methodik wird das Lager analog zu Kapitel 4.1.2 als Verbraucher interpretiert. Mit den Zulieferern werden jetzt KANBAN-Regelkreise zur Lagerversorgung installiert. Das geschieht 1:1 nach dem in Kapitel 4.1.2 beschriebenen Verfahren.

Anzumerken ist hier, dass diese Methode nur bei Sachnummern zum Tragen kommen kann, die einen stabilen, kontinuierlichen Verbrauch aufweisen, da sonst die Grundvoraussetzungen für eine KANBAN-Steuerung nicht gegeben wären. Die Krisenanfälligkeit bleibt ebenfalls anzumerken, die auch im Falle einer KANBAN-Lagerhaltung prinzipiell greift, aber durch die höheren Bestände in ihrer Wirkung deutlich gedämpft wird.

4.2 Beschaffungslogistik – Transport- und Tourenplanung

Sind die erforderlichen Materialbedarfe disponiert, ist dafür zu sorgen, dass die Materiallieferungen mit Hilfe optimaler Versorgungsrelationen von den Lieferanten zum Unternehmen durchgeführt werden. Diese Aufgabenstellung wird in der Regel von den für die Transportdurchführung zuständigen Logistikdienstleistern wahrgenommen.

4.2.1 Ziele in der Transport- und Tourenplanung

Anspruchsvolle Kundenwünsche, wie etwa flexible Just-in-time Belieferungen oder kostengünstige Lagerversorgungen, sind nur zu realisieren, wenn in der Praxis die Transportrelationen zuverlässig und wirtschaftlich konzeptioniert werden. Da Transportvorgänge selbst keine Wertschöpfungsprozesse im engeren Sinn der Güterfertigung sind, kommt es an dieser Stelle insbesondere auf eine geschickte Bündelung der notwendigen Güterströme an. Betrachtet man in diesem Kontext generelle Rahmenbedingungen, beispielsweise steigende Energiepreise, zunehmende Mautbelastungen oder auch die Anforderungen in Sachen Umweltschutz (CO_2), wird die Bedeutung effizienter Transport- und Tourenplanung für das Logistiksystem sichtbar [219].

Um im beschriebenen Sinne die Belieferung des Unternehmens mit den disponierten Gütern zu planen, stellen sich zwei Fragen:

- **Transportproblem-Frage:** Aus welchen Güterquellen sollen welche Gütersenken beliefert werden, um eine kostenoptimale Versorgung zu ermöglichen? Diese Frage wird auch als das klassische Transportproblem (TPP) bezeichnet [220][221].

- **Tourenproblem-Frage:** In welcher Reihenfolge sollen die Güterquellen angefahren werden, um über eine optimale Route die Transportkosten einer Versorgungstour zu minimieren? Diese Frage leitet sich aus dem klassischen Traveling-Salesman-Problem (TSP) ab, bei dem es um die Planung streckenoptimierter Vertriebstouren geht [222].

Diese beiden Fragen adressieren logistische Grundprobleme, die mit den Ansätzen der Linearen Programmierung (LP) zu lösen sind. Die Lineare Programmierung beschäftigt sich mit der Optimierung linearer Zielfunktionen, die durch lineare Gleichungen und Ungleichungen eingeschränkt werden [223]. Da zur exakten Lösung sehr komplexe Rechenmethoden erforderlich sind, greifen hier oft auch pragmatische Heuristiken, die in der Praxis ohne großen Aufwand zu robusten Näherungslösungen führen. In der Transport- und Tourenplanung ist daher systematisch zu analysieren, an welchen Stellen die oben angeführten Grundfragen eine Rolle spielen und mit welchen Ansätzen eine wirkungsvolle Bündelung von Güterströmen erzeugt werden kann.

4.2.2 Lösungen: Transportplanung

Das logistische Transportproblem greift immer dann, wenn zur Versorgung der Güternachfrage nicht eine 1:1 Quellen-Senken-Relation existiert, sondern die Versorgung wahlweise aus einem n:m Quellen-Senken-Netzwerk organisiert werden muss. Im Kern geht es bei diesem Arbeitsschritt darum, die Güterströme so zwischen den Quellen und Senken aufzuteilen, dass über den richtigen Transportmix die Transportkosten minimiert werden. Dabei müssen Nebenbedingungen eingehalten werden. Bei der Beschreibung des allgemeinen Transportproblems wird etwa gefordert, dass das Angebot an jedem Angebotsort komplett abgerufen wird, die Nachfrage an jedem Nachfrageort befriedigt wird und die Transportmengen nicht negativ sind [183].

Abbildung 4.11 Formale Beschreibung des allgemeinen Transportproblems [183]

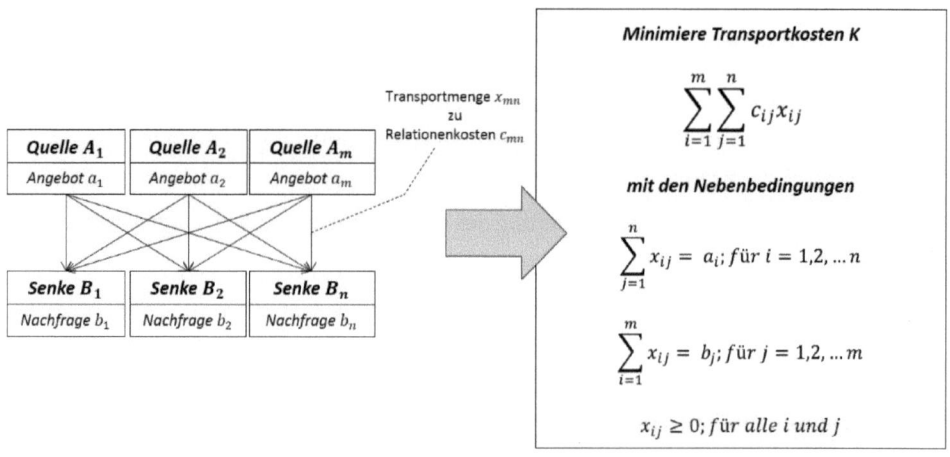

Das in Abbildung 4.11 aufgezeigte allgemeine Transportproblem kann durch zusätzliche Einschränkungen variiert werden. So wären etwa Restriktionen für Routen oder Transportkapazitäten denkbar. Genauso könnten Angebot und Nachfrage im Logistiksystem in ein Ungleichungssystem umgestellt werden. Als Folge entstehen vom allgemeinen Transportproblem abgewandelte lineare Gleichungssysteme.

Exakte Lösung des Transportproblems

Die exakte Lösung linearer Gleichungssysteme kann in Abhängigkeit der zu berücksichtigenden Variablen sehr komplex und rechenintensiv sein. In der Praxis ist zur Bestimmung einer exakten Lösung der Simplex-Algorithmus eine häufig eingesetzte Methode. Der ursprüngliche Algorithmus wurde 1947 von DANTZIG entwickelt [224]. Er setzt auf die Annahme, dass die zu erfüllenden Nebenbedingungen einer Zielfunktion als geometrisch interpretierter Lösungsraum ein konvexes Polytop aufspannen, einen sogenannten Simplex.

Die Grundidee des Algorithmus besteht darin, so lange von einer Ecke des Polytops zu einer benachbarten Ecke mit besserem Zielfunktionswert zu laufen, bis dies nicht mehr möglich ist. Der Wert berechnet sich durch das Einsetzen der Ecke als Lösung in die Zielfunktion. Der Algorithmus terminiert, wenn er ein lokales Maximum findet, d. h. keine benachbarte Ecke einen besseren Zielwert aufweist. Dieses Maximum ist wegen der Konvexität des Polytops und der Linearität der Zielfunktion global [174]. Für die genaue Erläuterung des Simplex-Algorithmus wird an dieser Stelle auf die Fachliteratur zur Linearen Programmierung verwiesen [225]-[227].

In den folgenden Ausführungen geht es um die Anwendung des Simplex-Algorithmus, der heute als Lösungstool in klassischen Tabellenkalkulationen wie Excel hinterlegt ist. Abbildung 4.12 gibt beispielhaft in enger Anlehnung an DINGERKUS ein Transporttableau wider, aus dem eine optimale Transportmatrix zu entwickeln ist [279]. Aus dieser geht dann hervor, was von einem bestimmten Ort zu einem anderen definierten Ort geliefert werden soll. Dabei sind 10 Senken aus 7 Quellen zu bedienen [182]. Die Nachfragemenge der Senken ist einzuhalten. Mehrmengen sind erlaubt. Die Angebotsmengen der Quellen dürfen nicht überschritten werden. Unterschreitungen sind erlaubt. Die spezifischen Kosten der Quellen-Senken-Relationen je Mengeneinheit sind in den Matrixfeldern des Transporttableaus aufgeführt. In der Praxis existieren bei solchen Aufgabenstellungen ggf. mehrere Transporttableaus, etwa wenn alternativ verschiedene Transportmittel mit unterschiedlichen Kostensätzen zur Verfügung stehen. Diese Tableaus können dann jeweils auf die beste Lösung optimiert und untereinander verglichen werden.

Abbildung 4.12 Transporttableau-Beispiel

	Transporttableaus										
	Angebot Quellen	Senke1	Senke2	Senke3	Senke4	Senke5	Senke6	Senke7	Senke8	Senke9	Senke10
Quelle1	6000	7	2	4	5	6	6	6	11	6	4
Quelle2	9000	4	6	4	7	4	4	5	5	7	8
Quelle3	12000	8	7	3	6	5	8	7	13	8	6
Quelle4	8000	3	8	8	5	6	4	8	15	9	4
Quelle5	12000	8	9	2	5	4	6	9	3	6	12
Quelle6	7000	6	5	4	6	5	4	9	12	9	7
Quelle7	8000	7	8	4	5	2	7	9	10	7	6
Nachfrage Senken		4000	8000	10000	6000	4000	5000	3000	9000	5000	8000

Mit dem Simplex-Algorithmus kann, wie Abbildung 4.13 darstellt, über die folgenden Schritte via Excel eine kostenoptimierte Transportmatrix ermittelt werden:

- Gestaltung der Transportmatrix-Grundstruktur in Excel (Quellen, Senken, Nachfragemengen der Senken, Kapazitäten der Quellen, Einrichtung von Summenfeldern)
- Setzung aller Transportmengen in der Transportmatrix auf „0"
- Einfügen einer Zeilensummen-Funktion für „Liefermengen aus Quelle"
- Einfügen einer Zeilensummen-Funktion für „Liefermenge an Senke"
- Gestaltung der Transportkostenmatrix-Grundstruktur analog zur Transportmatrix
- Integration einer Transportkostenformel je Matrixfeld mit Transportkosten = Transportmenge * zugehörigen Transportkosten aus dem Transporttableau
- Einfügen einer Spaltensummen-Funktion für die Transportkosten je Senke

- Einfügen einer Zeilensummen-Funktion für die Gesamtkosten der Transporte
- Aufruf des Excel Add-In „Solver"
- Auswahl der „Gesamtkosten" als Optimierungsfeld mit der Methode „Minimum"
- Setzung von Liefermenge an Senken ≥ Mindestbedarf als Nebenbedingung 1
- Setzung von Liefermenge aus Quellen ≤ Kapazität als Nebenbedingung 2
- Auswahl und Start des Simplex-Verfahrens als Lösungsalgorithmus

Für das in Abbildung 4.12 dargestellte Beispiel variiert der Simplex-Algorithmus die Transportmengen in der Transportmatrix so lange, bis das Optimum der Transportkosten erreicht ist. Im Ergebnis entsteht im Beispiel eine Transportmatrix mit 234.000 EUR Transportkosten.

Abbildung 4.13 Anwendung des Simplex-Algorithmus

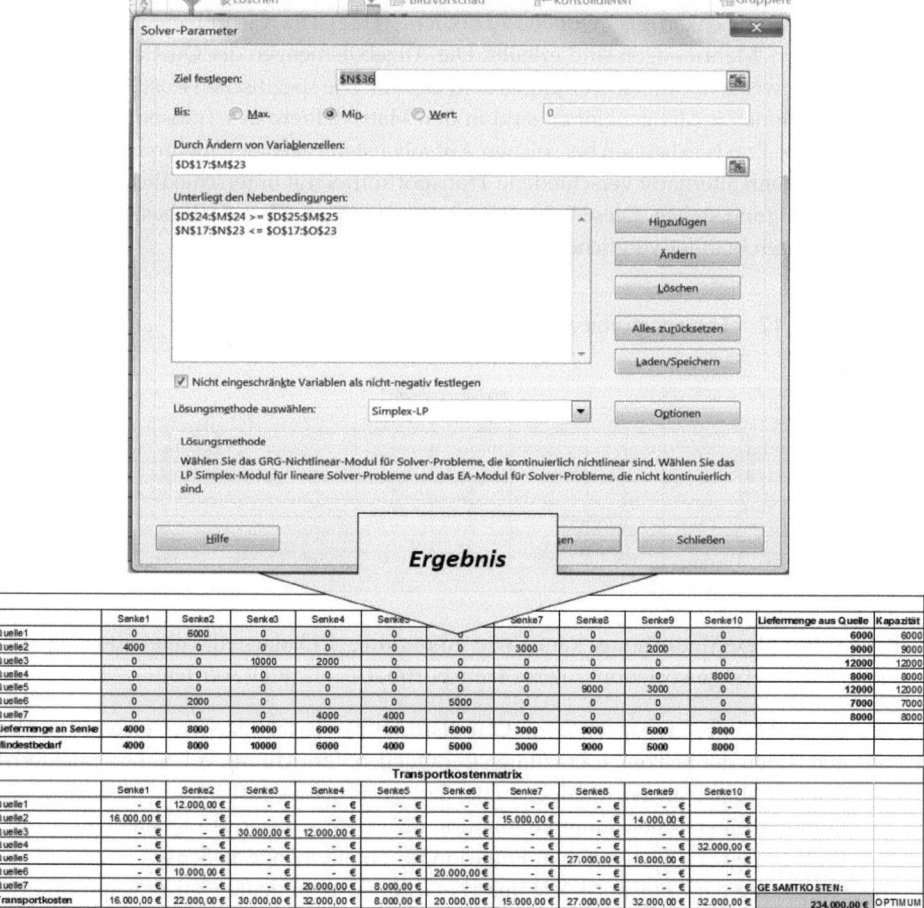

Die Bedeutung des Transportproblems wird sichtbar, wenn man den Algorithmus in Excel auf die Maximum-Methode umschaltet, also auf die schlechteste der möglichen Kombinationen. Dann ergeben sich für das Beispiel Kosten in Höhe von 556.000 EUR. Es wird die Bedeutung optimaler Transport- und Tourenplanung deutlich, denn das Unternehmen würde Gewinne von 322.000 EUR verschenken. Sichtbar wird die Bedeutung einer systematischen Vorgehensweise in der operativen Tourenplanung. Die Lineare Programmierung bietet dazu mit dem Simplex-Algorithmus ein geeignetes Instrument.

Kommt es im Krisenfall zu einem Ausfall von Quellen oder Senken, können schnell neue optimale Lösungen simuliert und ausgearbeitet werden. Darüber hinaus wird deutlich, welche zusätzlichen Kosten entstehen, wenn schnell umdisponiert werden muss. Damit werden die Folgen schnell vorgenommener Umplanungen für alle Beteiligten greifbar.

Heuristische Lösung des Transportproblems

Neben dem beschriebenen Vorgehen zur exakten Lösung des Transportproblems können auch Näherungslösungen mit Heuristiken generiert werden. Bei den Heuristiken werden grundsätzlich Eröffnungs- und Optimierungsverfahren unterschieden. Eröffnungsverfahren sollen eine schnelle erste zulässige Basislösung bereitstellen, auf die in einem zweiten Schritt Optimierungsverfahren angewendet werden können [228].

Als typische Eröffnungsverfahren können die Nord-West-Eckenregel, die Spaltenminimummethode und die Vogel'sche Approximation aufgeführt werden (vgl. Abbildung 4.14):

- **Nord-West-Eckenregel (NWE):** Diese Heuristik setzt auf dem Feld A_1B_1 der Transportmatrix auf. Von dort aus beginnend, wird die Nachfrage der Senken der Reihe nach, von links oben (Nord-West) nach rechts unten zufriedengestellt. Es wird zunächst für B_1 die volle Kapazität von A_1 ausgeschöpft, bevor die Quellen A_2-A_i Restnachfragen bedienen. Ist der Bedarf von B_1 gedeckt, erfolgt das gleiche Vorgehen iterativ bei den Senken B_2 bis B_j, ausgehend von den Restkapazitäten A_1 bis A_i. Durch die Iteration ergibt sich eine zulässige Lösung der Transportaufteilung [175]. Da dieses Verfahren aber die Transportkosten außer Acht lässt, entsteht in der Regel eine qualitativ schlechte Ausgangslösung. Im Beispiel der Abbildung 4.14 werden für diese Lösung 690 Geldeinheiten (GE) benötigt [220][229].

- **Spaltenminimummethode (SMM):** Die Spaltenminimummethode berücksichtigt die Transportkosten zwischen den Quellen und Senken. Dabei werden innerhalb der Spalten der Transportmatrix die kostengünstigsten Quellen aus dem Transporttableau mit den erforderlichen Transportmengen zugeordnet. Man beginnt bei der Spalte B_1. Dort werden die kostengünstigsten Transportmengen der Quellen A_1 bis A_i identifiziert und der Spalte B_1 zugeordnet - bis der dortige Bedarf gedeckt ist. Die verbleibenden Restkapazitäten der Quellen A_1 bis A_i bleiben für die Folgespalten B_2 bis B_j erhalten. Nach der Spalte B_1 erfolgt das gleiche Vorgehen iterativ für die restlichen Spalten B_2 bis B_j [175]. Es entsteht eine zulässige Transportaufteilung. Durch die Einbeziehung der Transportkosten ergibt sich in der Regel jedoch eine qualitativ wesentlich bessere Näherungslösung als bei der Anwendung der Nord-West-Eckenregel – hier in Höhe von 370 GE [220][230].

■ **Vogel`sche Approximationsmethode (VAM):** Bei dieser Heuristik erfolgt zunächst die Bildung einer Kostenwertdifferenz aus den Zeilen und Spalten des Transporttableaus. Dabei wird die Differenz der günstigsten zur zweitgünstigsten Belieferung aus einer Quelle (Zeile) heraus bzw. in eine Senke (Spalte) hinein ermittelt. Zur Dokumentation der Ergebnisse wird die Transportmatrix je Spalte und Zeile um ein Feld „Kostenwertdifferenz" d_{sj} bzw. d_{zi} (vgl. Abbildung 4.14) erweitert. Dort sind die ermittelten Differenzwerte einzutragen. Aus allen Kostenwertdifferenzen wird nun der höchste Wert ermittelt und aus der zugehörigen Zeile bzw. Spalte das Feld mit den minimalen Kosten identifiziert. Für diese Transportrelation erfolgt eine Zuordnung der maximal möglichen Transportmenge. Ist nach der Zuordnung der Bedarf einer Senke gedeckt bzw. die Kapazität einer Quelle erschöpft, wird diese Zeile bzw. Spalte in der Transportmatrix markiert und das gesamte Verfahren iterativ mit allen nicht-markierten Zeilen und Spalten erneut durchlaufen. Das geschieht so lange, bis alle Bedarfe gedeckt sind. Im Ergebnis entsteht eine zulässige Transportaufteilung mit einer in der Regel sehr guten Kostenlösung, in diesem Fall ebenfalls 370 GE [175][220][231].

Auf die mit den beschriebenen Heuristiken ermittelten Basislösungen können weitere Optimierungsverfahren zu Ermittlung eines Kostenoptimums angewendet werden. Eines der bekanntesten Verfahren ist die Stepping-Stone-Methode. Dabei wird geprüft, ob es durch den Einsatz ungenutzter Transportrelationen über eine Verschiebung von Transportmengen zu einer Verbesserung der Transportkosten kommt. Zur Umsetzung der Stepping-Stone-Methode greifen in enger Anlehnung an HEINRICH die folgenden Arbeitsschritte [176]:

- **Schritt 1:** Identifizierung der leeren Felder in der Transportmatrix der Ausgangslösung.
- **Schritt 2:** Auswahl eines freien Feldes und dortiger Setzung genau einer Mengeneinheit für den Transport.
- **Schritt 3:** Korrektur der Basisvariablen in der Ausgangslösung, so dass alle Spalten- und Zeilensummen in der Transportmatrix unverändert bleiben.
- **Schritt 4:** Berechnung der durch die Mengenverschiebung verursachten Kostenveränderung.

Abbildung 4.15 macht das Vorgehen beispielhaft für das Feld A_1B_1 der Ausgangslösung der Spaltenminimummethode aus Abbildung 4.14 deutlich.

Die Schritte 2 bis 4 müssen für alle leeren Felder der Ausgangslösung durchlaufen werden. Ergibt sich mindestens ein Feld mit einer Kostenreduzierung, so kann das Ausgangsmodell optimiert werden. Das geschieht in der Regel durch eine Variation der zu verschiebenden Transportmengen, bis keine weiteren Optimierungen mehr erreicht werden können.

Für die in Kapitel 4.2 vorgestellten Verfahren wird insbesondere auch auf SCHWARZE verwiesen, der in seinem Buch „Mathematik für Wirtschaftswissenschaftler" den Leser mit einfachen Beispielen systematisch zur Anwendung von Lösungsprozeduren führt [325].

Beschaffungslogistik – Transport- und Tourenplanung

Abbildung 4.14 Heuristiken in der Tranportplanung [175]

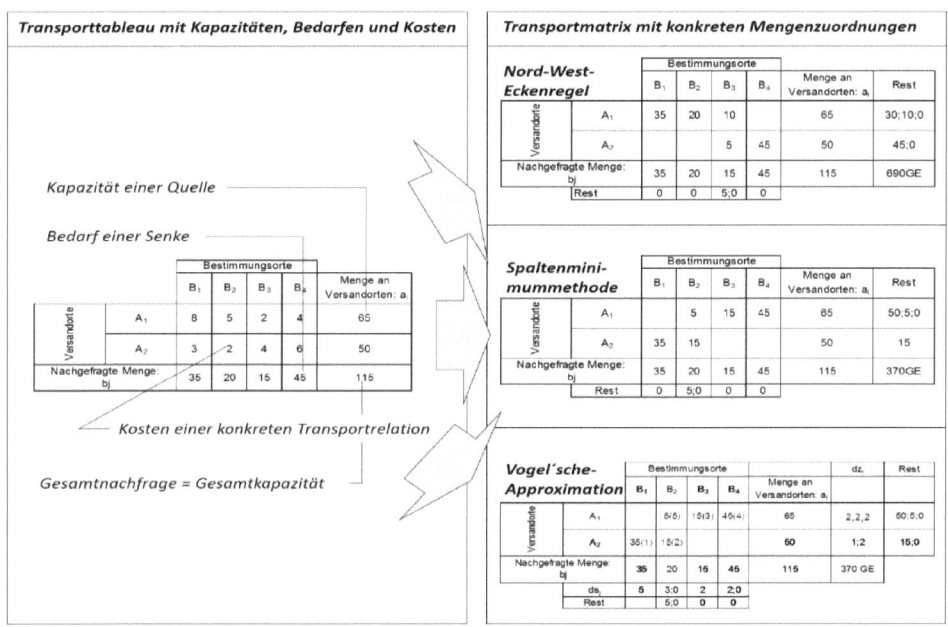

Abbildung 4.15 Stepping-Stone-Methode

		Bestimmungsorte				Menge an Versandorten: a_i	Rest
		B_1	B_2	B_3	B_4		
Versandorte	A_1	0→1	5→4	15	45	65	50;5;0
	A_2	35→34	15→16			50	15
Nachgefragte Menge: b_j		35	20	15	45	115	370GE
	Rest	0	5;0	0	0		

Feld A_1B_1 → Alt = 0; Neu = 1 → Kostenveränderung aus Transporttableau: +8 GE
  (im Transporttableau entsprechen die Kosten für 1 ME von A1 nach B1 genau 8 GE;
  Altkosten = 0 GE für 0 ME; Neukosten = 8 GE für 1 ME; Kostenveränderung =+8 GE)
Feld A_1B_2 → Korrektur von 5 auf 4;   Kostenveränderung aus Transporttableau: -5 GE
Feld A_2B_2 → Korrektur von 15 auf 16; Kostenveränderung aus Transporttableau: +2 GE
Feld A_2B_1 → Korrektur von 35 auf 34; Kostenveränderung aus Transporttableau: -3 GE

Kostenveränderung: K = +8-5+2-3 = 2 >= 0, keine Verbesserung

Generell ist an dieser Stelle anzumerken, dass es für Logistiker wichtig ist, die Funktionswiese der Optimierungsansätze prinzipiell zu verstehen. Das ermöglicht das kostenoptimale Ergebnis bei der Auswahl geeigneter Tools. Die Anwendung selber sollte immer digital unterstützt durchgeführt werden. Das sichert korrekte Ergebnisse ab und gibt in der Umsetzung Geschwindigkeit. Das wiederum ermöglicht die Gestaltung und Bewertung von Szenarien. Gerade in der Gestaltung neuer Logistik(teil)systeme oder auch bei Störungen in der Krise, kommt es auf Kompetenz in diesem Gestaltungsfeld an. Hier differenziert sich dann die Professionalität im Logistikmanagement.

4.2.3 Lösungen: Tourenplanung

Wenn klar ist, welche Abnehmer von welchen Lieferanten mit welchen Gütern zu versorgen sind, können die Liefertouren geplant werden. Dabei sollen, sofern keine 1:1 Ladungsverkehre sinnvoll sind, durch eine geschickte Kombination von Lieferaufträgen die eingesetzten Transportkapazitäten durch Sammelgutverkehre bestmöglich ausgelastet werden (vgl. Kapitel 3.4.3). Zur konkreten Ausgestaltung der Touren stellt sich dabei die Frage, in welcher Reihenfolge die Lieferanten angefahren werden sollen, um die Transportaufgabe kostenoptimal zu lösen. Geht man dabei von einer Proportionalität zwischen Transportweg und Transportkosten aus, ist der minimale Transportweg einer Tour zu ermitteln. Diese Aufgabe kann entsprechend dem klassischen Traveling-Salesman-Problem (TSP) gelöst werden.

Das TSP beschäftigt sich mit dem klassischen Rundreiseproblem eines Handelsreisenden. Es wird die optimale Rundreise, beginnend und endend an einem Punkt (Depot) gesucht. Auf dieser Rundreise/Tour wird eine bestimmte, bekannte Anzahl von Kunden besucht [222]. Gesucht wird die Rundreise mit der geringsten Streckendistanz. Abbildung 4.16 beschreibt dieses Problem in Anlehnung an SCHMITT und KOSTINA formal [177][178].

Wie aus der formalen TSP-Beschreibung deutlich wird, handelt es sich hier prinzipiell um eine analoge Herausforderung wie bei der Gestaltung von Zulieferströmen an einen Anlieferort, nämlich um eine Streckenoptimierung mit lediglich umgekehrter Materialflussrichtung. Daher können wie in der Distributionslogistik auch in der Beschaffungs- und Produktionslogistik die entsprechenden TSP-Lösungsverfahren zum Einsatz kommen.

Bei der Lösung des TSP könnte man alternativ zur kürzesten Strecke auch direkt die optimalen Kosten bzw. Fahrzeiten mit der gleichen Methodik ermitteln, wenn diese Parameter für die einzelnen Transportrelationen bekannt sind. Die im Verfahren eingesetzten Parameter sind demnach austauschbar.

Auch bei der Aufgabenstellung der Tourenplanung kann wiederum zwischen exakten und heuristischen Lösungsansätzen unterschieden werden. Die prinzipiellen Vorgehensweisen werden im Folgenden erläutert. Die Umsetzung sollte auch hier digital untersetzt erfolgen.

Abbildung 4.16 Formale Beschreibung des Traveling-Salesman-Problems

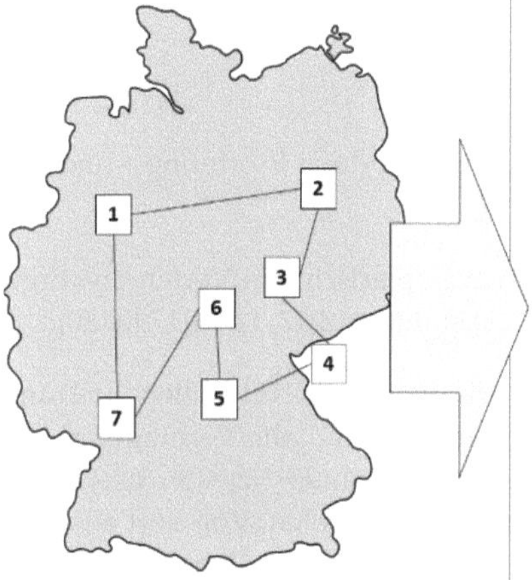

Gegeben:
Anzahl der Orte: N = {1,...,n}
Distanz zwischen den Orten i und j: $w_{ij} \geq 0$
Distanzsymmetrie der Hin- und Rückwege: $w_{ij} = w_{ji}$

Beschreibung des Traveling-Salesman-Problems:
Betrachtet man w_{ij} mit $i < j$, dann definiert sich der Vektor

$$x = (x_{ij}) \in B^k, \ k = \frac{n(n-1)}{2}, \ i < j \ mit$$

$$x_{ij} = \begin{cases} 0, & \text{der Weg zwischen } i \text{ und } j \text{ wird nicht benutzt} \\ 1, & \text{der Weg zwischen } i \text{ und } j \text{ wird benutzt} \end{cases}$$

Die optimale Route ergibt sich aus

$$\min \sum_{i,j=1}^{n} w_{ij} x_{ij}$$

unter Einhaltung der Nebenbedingungen (1) und (2):

(1) Zu jedem Ort werden genau zwei Wege benutzt.

$$\sum_{j<i} x_{ji} + \sum_{j>i} x_{ij} = 2 \quad \forall 1 \leq i \leq n$$

(2) Es bilden sich keine Teiltouren, bei denen in einer Teilmenge von $U \supseteq N$ Orten ein in sich geschlossener Kreis entsteht.

$$\sum_{i \in U, j \notin U} x_{ij} \geq 2 \quad \forall U \subset \{1, ..., n\}, 1 \leq |U| \leq n - 1$$

Exakte Lösung der Tourenplanung

Für eine überschaubare Anzahl anzufahrender Orte n kann die optimale Tour durch einfache Enumeration aller Lösungsmöglichkeiten bestimmt werden. Da es aber bei jedem Tourenproblem grundsätzlich

$$K = (n-1)!$$

Lösungskombinationen gibt, sind dieser Vorgehensweise in der Praxis enge Grenzen gesetzt. Bei fünf anzufahrenden Orten sind es bereits 24 mögliche Kombinationen. Bei sechs Orten ergeben sich 120 und bei 10 Orten bereits 362.880 Kombinationen, die es im Hinblick auf die beste Lösung zu bewerten gilt [177].

Da es sich beim TSP gemäß Abbildung 4.16 um ein boolesches lineares Programm handelt, können die Lösungen theoretisch auch mit den Algorithmen der linearen Programmierung gelöst werden (z.B. Simplex Algorithmus oder verwandte Verfahren, vgl. Kapitel 4.2.2). Da die Anzahl der Gleichungen und der zu berücksichtigenden Nebenbedingungen jedoch enorm hoch sind, muss auch diese Aussage – nicht zuletzt wegen der erforderlichen

Rechenleistungen – entsprechend eingegrenzt werden. So ist es etwa in einem Netzwerk von 110 Prozessoren der Rice University und der Princeton University 2001 gelungen, das TSP für 15.112 Städte in der Bundesrepublik Deutschland zu lösen. Bezogen auf einen Compaq EV6 Alpha Prozessor mit 500 Mhz erforderte dies jedoch eine Rechenzeit von 22,6 Jahren [179]! Alleine dieses Beispiel macht deutlich, dass auch die klassischen Lösungsverfahren der linearen Programmierung für das TSP nur beschränkt nutzbar sind. Daher machen an dieser Stelle häufig Heuristiken Sinn.

Heuristische Lösung der Tourenplanung

Analog zur Transportplanung können auch hier zur Lösungsfindung Eröffnungs- und Optimierungsverfahren unterschieden werden.

Aus der Vielzahl möglicher Eröffnungsverfahren seien exemplarisch drei Verfahren vorgestellt, die häufig in der Praxis Anwendung finden (vgl. Abbildung 4.17) [175][179][180]:

- **Nearest-Neighbor-Heuristic (NNH):** Bei der Anwendung der NNH stellen im Transportnetz alle Orte (Depot, Kunden) einen Knotenpunkt dar und alle Verbindungsstrecken zwischen den Orten jeweils eine Kante mit definierter Kanten- bzw. Streckenlänge. Begonnen wird die NNH bei einem beliebig wählbaren Startknoten. Von dort aus wird dieser mit dem Knoten verbunden, der mit der kürzesten aller Kantenlängen erreichbar ist. Ein Endpunkt dieser Kante ist fix. Von dort aus wiederholt sich das Verfahren solange, bis alle Knoten zu einer geschlossenen Tour miteinander verbunden sind. Jeder Knoten darf dabei nur einmal an- und abgefahren werden [232].

- **Greedy-Heuristic (GH):** Die GH funktioniert ähnlich wie die NNH. Zum Start wird jedoch anstatt eines Knotens die kürzeste aller möglichen Kanten als Startkante ausgewählt. In jedem Folgeschritt wird die kürzest mögliche Folgekante hinzugefügt. Diese Vorgehensweise wird solange wiederholt, bis die Tour komplett ist [232].

- **Saving-Heuristic (SH):** Bei der SH, die auch Saving-Verfahren genannt wird, bilden Pendeltouren zwischen Depot und Kunden (Depot-Kunde-Depot) die Basislösung im Transportnetz. Durch eine geschickte Kombination von Einzeltouren erfolgt dann eine Minimierung der Gesamtstrecke. Dazu sind die folgenden Arbeitsschritte zu durchlaufen [233]:

  - **Schritt 1 – Festlegung der Pendeltouren:** Zwischen dem Depot als Ausgangspunkt der Tour und allen Knoten (Kunden) i (1, ..., n) werden bilaterale Pendeltouren eingerichtet. Die zu bereisende Gesamtstrecke ergibt sich aus der Summe der Einzelstrecken aller Pendeltouren, mit d_i als einfacher Distanz zwischen dem Depot und einem Knoten i. Die Gesamtstrecke bildet die Basislösung der Heuristik mit

$$D = \sum_{i=1}^{n} 2 * d_i$$

ab. Zur Ermittlung der Basislösung ist eine Streckenmatrix erforderlich, aus der alle Distanzen zwischen dem Depot und den Knoten (Kunden) des Transportnetzes hervorgehen.

- **Schritt 2 – Ermittlung der Savingwerte:** Der Saving-Algorithmus beruht darauf, paarweise vom Depot ausgehende Pendeltouren zu den Konten i und j (Touren Ti und Tj) zu einer Tour T* zu verknüpfen, wenn dadurch die Fahrtstrecke minimiert werden kann. Das realisierbare Einsparpotenzial einer Tourenverknüpfung ist der Savingwert s_{ij} eines Pendeltour-Paares und ermittelt sich wie folgt:

$$s_{ij} = d_i + d_j - d_{ij},$$

mit d_{ij} als Distanz der direkten Verbindung zwischen den Knoten i und j. Entsprechend sind für alle Knotenpaare i und j die Savingwerte s_{ij} zu berechnen.

- **Schritt 3 – Ordnung der Savingwerte:** Die Savingwerte sind mit ihrem zugehörigen Knotenpaar entsprechend ihres Einsparpotenzials in absteigender Reihenfolge zu sortieren.

- **Schritt 4 – Tourenstartkante:** Die Tour beginnt bei der Kante zwischen dem Knotenpaar mit dem höchsten Savingwert.

- **Schritt 5 – Tourenerweiterung:** Die Route wird an ihren Enden mit den Kanten erweitert, die den bestmöglichen Folge-Savingwert aufweisen. Jeder Knoten darf nur einmal an- und abgefahren werden.

- **Schritt 6 – Tourenergänzung:** Kann die Tour nicht weiter an ihren Enden erweitert werden, beginnt ergänzend eine neue Strecke mit dem bestmöglichen freien Savingwert.

- **Schritt 7 – Iteration:** Die Schritte 5 und 6 werden so lange wiederholt, bis keine Touren mehr kombiniert werden können. Am Ende besteht die Möglichkeit, dass einige Kunden einzeln angefahren werden müssen, da sie nicht mehr in bestehende Routen integriert werden können.

- **Schritt 8 – Ergebnis:** Die Gesamtstrecke der kombinierten Tour berechnet sich aus der Summe der Kantenlängen entlang der Route. Alternativ kann die Gesamtstrecke auch als die Differenz aus der Basislösung und der Summe der Savingwerte aus den durchgeführten Streckenverknüpfungen ermittelt werden.

In der Praxis findet insbesondere die SH häufig Anwendung. Sie gilt als das älteste Tourenplanungssystem und eignet sich aufgrund des geringen Rechenaufwandes sehr gut als Eröffnungsverfahren [234]. Ferner sind ohne viel Aufwand Restriktionen in das Lösungsschema integrierbar. Dazu kann die SH einfach um Restriktionen, wie etwa beschränkte Ladekapazitäten, ergänzt werden. Die Verknüpfungstouren (T*) müssen die jeweiligen Restriktionsprüfungen bestehen, ansonsten finden sie in der Lösung als ungültige Touren keine Anwendung.

Die drei vorgestellten Heuristiken werden in Abbildung 4.17 anhand eines Beispiels weiter veranschaulicht. Auch wenn das SH-Verfahren das am häufigsten eingesetzte ist, muss es nicht unbedingt immer die beste Lösung ergeben.

Abbildung 4.17 Einfache TSP-Heuristiken im Vergleich

Streckenmatrix Transportnetz							
	Depot	A1	A2	A3	A4	A5	A6
Depot	X	5	8	7	4	3	10
A1		X	2	4	5	6	7
A2			X	3	4	5	6
A3				X	2	3	8
A4					X	6	8
A5						X	1
A6							X

Nearest-Neighbor-Heuristic:
Startpunkt: Depot
Kante 1: Depot - A5   Strecke 3
Kante 2: A5 - A6   Strecke 1
Kante 3: A6 – A2   Strecke 6
Kante 4: A2 – A1   Strecke 2
Kante 5: A1 – A3   Strecke 4
Kante 6: A3 – A4   Strecke 2
Kante 7 A4 – Depot   Strecke 4
Gesamtstrecke: 22

Greedy-Heuristic:
Startkante: A5 – A6   Strecke 1
Kante 2: A5 – A3   Strecke 3
Kante 2: A3 – A4   Strecke 2
Kante 3: A4 – A2   Strecke 4
Kante 4: A2 – A1   Strecke 2
Kante 5: A1 – Depot   Strecke 5
Kante 6: Depot – A6   Strecke 10
Gesamtstrecke: 20

Saving-Heuristic:
Basislösung der Pendeltouren: 74
Saving 12   Tourenpaar A_{23}
Saving 12   Tourenpaar A_{26}
Saving 12   Tourenpaar A_{65}
Saving 9   Tourenpaar A_{34}
Saving 4   Tourenpaar A_{41}
Tour: Depot -> A5 -> A6 -> A2 -> A3 -> A4 - A1 - Depot
Gesamtstrecke: 25 = 74 - 49

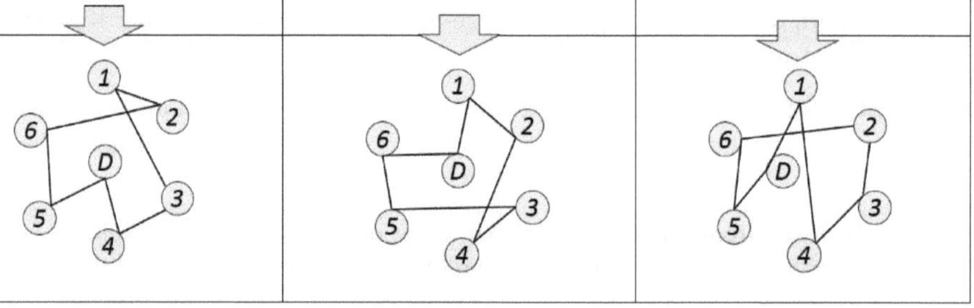

Wie auch bei der Lösung des Transportproblems können in der Tourenplanung auf die heuristisch ermittelte Startlösung Optimierungsverfahren angewendet werden. Typische Optimierungsverfahren im TSP sind die sogenannten r-optimalen Verfahren (r-opt Verfahren). Dabei werden genau r Kanten der Ausgangslösung durch r andere Kanten ausgetauscht, so dass eine neue, geschlossene Tour entsteht. Die Streckenlängen der Ausgangs- und der Tauschlösung werden verglichen. Die kürzere beider Touren wird im Verfahren als die aktuell beste Tour weiter verwendet. Auf sie erfolgt erneut ein Austausch von r Kanten. Das Verfahren terminiert, wenn alle möglichen Vertauschungen vorgenommen worden sind und keine Verbesserungen mehr zu erreichen sind [181].

Aus der Beschreibung des Optimierungsprinzips wird schnell deutlich, dass die Chance, eine Verbesserung zu erzielen, mit der Anzahl der Tauschkanten r zunimmt, ebenso wie der Rechenaufwand – und zwar exponentiell. Daher wird in der Praxis oft zunächst mit 2 bzw.

3 Tauschkanten operiert. Diese Verfahren nennt man dann auch 2-opt bzw. 3-opt Verfahren. Im Folgenden wird exemplarisch die Anwendung des 2-opt Verfahrens veranschaulicht [181][229].

- **Schritt 1:** In der Tour wird ein Startknoten i festgelegt.
- **Schritt 2:** Die Kanten zwischen den Knoten i und den danach anzufahrenden Knoten i+1 sowie zwischen den Knoten μ und μ + 1 werden entfernt, wobei μ als μ = i+2 definiert wird.
- **Schritt 3:** Die eliminierten Kanten werden ersetzt durch Kanten zwischen den Knoten i und μ sowie zwischen den Knoten i+1 und μ +1.
- **Schritt 4:** Ist die neu entstandene Tour kürzer als die Ausgangstour, wird diese nun zur Ausgangstour. Stellt sich keine Streckenverkürzung ein, erfolgt eine Erhöhung von μ mit μ_{neu} = i+3 und der Kantentausch wird erneut durchlaufen.
- **Schritt 5:** Nach vollständiger Prüfung aller Verbindungen der Werte i = 1 und μ (i+2 $\leq \mu \leq$ n-1) folgt die Erhöhung von i um den Wert 1 (i$\leq n - 2$). Die Iteration beginnt von neuem.

Die hier aufgezeigte Überprüfung endet, wenn sich keine Verbesserung mehr einstellt und alle Tauschkanten berücksichtigt wurden. Abbildung 4.18 verdeutlicht das Prinzip des Kantentauschs. Das opt-3 Verfahren kann analog mit 3 Tauschkanten ausgestaltet werden:

Abbildung 4.18 Anwendung 2-opt Verfahren auf Beispiel Abbildung 4.17

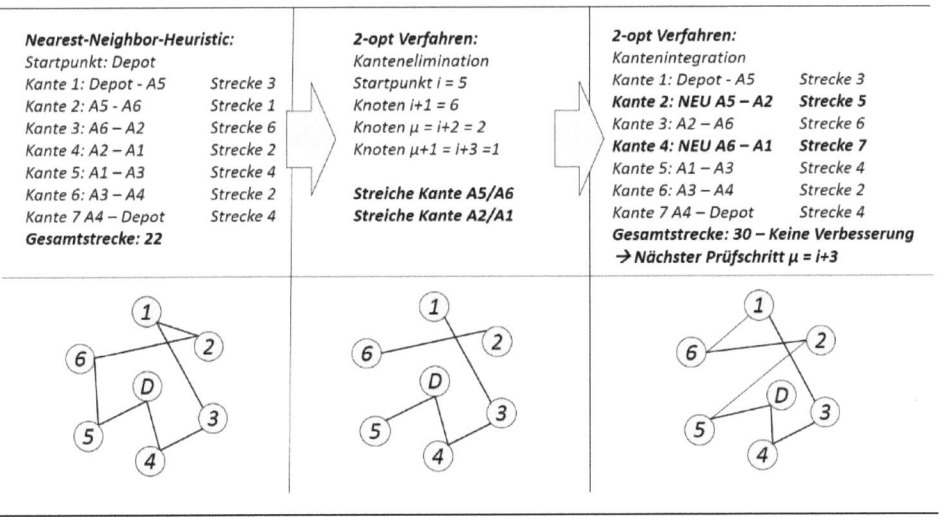

Nach NEUMANN und MORLOCK können bereits mit der sequentiellen Anwendung des 2-opt und 3-opt Verfahrens auf eine Ausgangslösung sehr gute Verbesserungen erzielt werden, die in der Praxis nur selten mehr als 2 % bis 3 % vom Optimum abweichen [181]. Werden jedoch noch genauere Näherungslösungen erforderlich, greifen komplexere Algorithmen, wie etwa das Verfahren nach LIN/KERNIGHAN, das auch als variables r-opt Verfahren bezeichnet wird.

Für die Beschreibung und Anwendung komplexerer Lösungsverfahren sei an dieser Stelle auf die einschlägige Fachliteratur der linearen Programmierung bzw. des Operations Research verwiesen [230][235]. Sie greifen die Fragenstellungen der Optimierung als Kernherausforderung auf und vertiefen das Thema: Gleiches gilt für alle in diesem Kapitel 4.2 vorgestellten Lösungsverfahren. Aufgrund des Managementfokus dieses Buches wird hier der Fokus primär auf das Verständnis der Grundprobleme und die Auswahl und Anwendung praxisrelevanter Lösungsmechanismen gerichtet. In der praktischen Umsetzung sollten dann IT-Tools genutzt werden, die Optimierungsansätze digital zuverlässig und schnell operationalisieren.

4.3 Beschaffungslogistik - Kommissionierung

Nachdem in der Beschaffungslogistik die Materialdisposition abgeschlossen wurde, haben die Lieferanten alle Güter auftragskonform zu fertigen und für den Versand zu kommissionieren.

4.3.1 Ziele in der Kommissionierung

Die korrekte und schnelle Zusammenstellung von Lieferaufträgen ist in der Logistik ein wichtiges Schlüsselelement für einen hohen Lieferservice. Eine korrekte Lieferung fordert, dass genau die Güter kommissioniert werden, die auch bestellt wurden. Die Definition in der Richtlinie VDI 3590 ist entsprechend: Kommissionieren ist das Zusammenstellen von bestimmten Teilmengen (Artikeln) aus einer bereitgestellten Gesamtmenge (Sortiment) aufgrund von Basisinformationen (Aufträgen) [184]. Im Sinne dieser Definition können die nachgefragten Güter entweder direkt aus einer Just-in-time bzw. Just-in-sequence-Produktion oder aus einem Lager mit Fertigteilen für die Kommissionierung bereitgestellt werden. Für die operative Zusammenführung der Güter sind ihre Standorte zu identifizieren, die beauftragten Mengen aus dem Lager bzw. der Produktion zu entnehmen und die Warenentnahme zu verbuchen. Abschließend sind die kommissionierten Güter dem Versand zuzuführen.

Für einen hohen Lieferservice kommt es aber nicht nur darauf an, korrekt zu liefern, sondern auch so schnell, wie der Kunde es fordert. Daher spielt die für die Kommissionierung erforderliche Zeit, die sich im Wesentlichen aus Vorbereitungs-, Wege-, Greif-, Verteil- und Wartezeiten zusammensetzt, für die Lieferperformance eine wichtige Rolle. Hier ist die richtige Balance aus Geschwindigkeit und Kosten zu finden.

Um die Ziele einer effizienten Kommissionierung zu erreichen, ist ein passendes Kommissionierungskonzept erforderlich. Ganz in diesem Sinne sind dafür die folgenden drei Aufgabenstellungen von zentraler Bedeutung:

- **Aufgabe 1 – Kommissionierung / Grundkonzept:** Um Kommissionierungsprozesse und -technik passgenau aufeinander abzustimmen, sind zunächst die Rahmenbedingungen der Kommissionierung zu analysieren. Hier kommt es insbesondere auf die Vielfalt des Sortiments, die Charakteristika der Kommissionierungsaufträge und die Investitionsbereitschaft des Unternehmens an. Entsprechend können grundsätzlich auftragsorientierte und serienorientierte Kommissionierungskonzepte mit je unterschiedlichem Automatisierungsgrad differenziert werden.

- **Aufgabe 2 – Kommissionierung / Prozesse:** Dem Grundkonzept folgend sind die Kommissionierungsprozesse zu beherrschen. Je nach gewähltem Konzept werden die Abläufe dazu eher automatisiert oder manuell ausgelegt. Im weiteren Prozessdesign sind dann die typischen Knackpunkte der Arbeitsabläufe zu identifizieren und durch geeignete Maßnahmen der Prozesssteuerung zu beherrschen.

- **Aufgabe 3 – Kommissionierung / Technik:** Auf Basis der Kommissionierungsprozesse kann dann eine geeignete Kommissionierungstechnik ausgewählt werden. Technik und Prozesse müssen hier schlüssig zusammenpassen und den Leistungs- wie Kostenanforderungen entsprechen.

4.3.2 Lösungen: Grundkonzept der Kommissionierung

Zur Ausgestaltung eines Kommissionierungskonzeptes lassen sich im ersten Schritt drei Grundvarianten differenzieren. Sie unterscheiden sich im Wesentlichen durch die Organisation der Kommissionierungsaufgaben Identifikation, Entnahme, Verbuchung und Übergabe von Gütern an den Versand:

- **Variante 1 – Auftragsorientierte Kommissionierung (sequentiell):** Bei der sequentiellen, auftragsorientierten Kommissionierung, die in der Literatur auch als „einstufige Kommissionierung" bezeichnet wird, werden die einzelnen Lieferaufträge jeweils als geschlossene Einheiten in einem Arbeitsgang bearbeitet. In der Umsetzung nehmen die Kommissionierer in der Regel die Lieferaufträge in der Reihenfolge ihres Eingangs auf, analysieren die zu kommissionierenden Positionen und arbeiten diese ab. Sind dabei in größeren Lägern Positionen aus unterschiedlichen Lagerzonen zu kommissionieren, kann der Kommissionierungsauftrag zur schrittweisen Bearbeitung von Lagerzone zu Lagerzone übergeben werden [236][238]. Typischerweise findet diese Variante in kleineren Unternehmen mit wenig Kommissionierungsaufträgen und einer heterogenen Auftragscharakteristik Anwendung. Beispielhaft genannt seien mittelständische Maschinenbauer, die ihre Kunden mit Ersatzteilen versorgen.

  Pro: leicht anwendbar, geringe Einarbeitungszeit für Kommissionierer, klare Verantwortlichkeiten, geringer organisatorischer Aufwand.

Contra: lange Wege, lange Auftragsdurchlaufzeiten, ggf. problematische Auftragsübergabe, wenn für einen Auftrag in mehreren Lagerzonen kommissioniert werden muss.

- **Variante 2 – Auftragsorientierte Kommissionierung (parallel):** Die parallele, auftragsorientierte Kommissionierung, die in der Literatur auch als mehrstufige Kommissionierung bezeichnet wird, basiert ebenfalls auf dem einzelnen Lieferauftrag als zentraler Arbeitsgrundlage. Vor dem Start der Kommissionierung wird der Einzelauftrag allerdings dahingehend analysiert, ob Positionen aus verschiedenen Lagerzonen zu kommissionieren sind. In diesem Fall wird der Einzelauftrag nach Lagerzonen in Teilaufträge gesplittet. In den Lagerzonen werden dann die Teilaufträge jeweils für sich kommissioniert und anschließend wieder zum Gesamtauftrag zusammengeführt [236][238]. Diese Variante nutzen meist größere Unternehmen, in denen es auf eine schnelle Lieferung ankommt und häufiger Großsendungen mit einem breiten Artikelspektrum zusammengestellt werden müssen. Dies trifft beispielsweise für Versandhändler zu.

Pro: kurze Auftragsdurchlaufzeiten, kurze Wege.

Contra: hoher Organisationsaufwand für Auftragsteilung und -zusammenführung, höhere Fehleranfälligkeit, ungleiche Belastung einzelner Lager- bzw. Kommissionierungsbereiche.

- **Variante 3 – Serienorientierte Kommissionierung (parallel):** In der serienorientierten Kommissionierung, die in der Literatur auch als „artikelweise Kommissionierung" bezeichnet wird, ist der primäre Bezugspunkt der Kommissionierung nicht der Auftrag, sondern die Artikelnummer. Dazu wird zunächst eine ganze Serie von Einzelaufträgen gesammelt, zusammengeführt und die einzelnen Positionen nach Artikeln sortiert. Es entsteht eine Artikelliste (Pickliste). Aus dieser geht hervor, welche Sachnummer insgesamt wie oft benötigt wird. Diese Artikelliste wird entsprechend der betroffenen Lagerzonen aufgeteilt und dort abgearbeitet. Die kommissionierten Artikel werden dann am Ende wieder den einzelnen Aufträgen zugeordnet und auftragsbezogen zusammengestellt [236][238]. Diese Variante findet in Unternehmen mit einem hohen Lagerumschlag Anwendung. Dort kommt es insbesondere auf die Weg- und Zeitoptimierung bei der Warenentnahme an, wie etwa bei großen Komponentenlieferanten. Die „Pick-" und Sortierumfänge können dabei sehr umfangreich und arbeitsintensiv werden.

Pro: Sachnummern-Lagerplätze werden nur einmal je Auftragsserie angelaufen.

Contra: hoher Organisationsaufwand für Auftragsteilung und -zusammenführung, mehrfaches picken(anfassen) der Güter, hohe Komplexität der Abläufe.

Im Unternehmen vor Ort kann man sich je nach den Rahmenbedingungen der Kommissionierung für eine der geschilderten Grundvarianten entscheiden oder aber auch im Sinne hybrider Konzepte Mischlösungen vorsehen. Ist klar, welche Grundvariante wo greift, ist dem Kommissionierungskonzept im zweiten Schritt das zugehörige Materialflusssystem zuzuordnen. Dabei steht die Frage im Vordergrund, wie Ware und Kommissionierer zusammenkommen. In diesem Kontext werden zwei Flusssysteme differenziert:

- **Mann-zur-Ware-Systeme (MZWS):** Bei Mann-zur-Ware-Systemen werden die zu kommissionierenden Positionen statisch bereitgestellt, d.h. sie haben einen eindeutigen Lagerplatz, an dem sie fest liegen und zu dem der Kommissionierer „geht", um die Ware dort zu entnehmen. Aufgrund der statischen Warenbereitstellung wird diese Systematik in der Fachliteratur auch als „statische Kommissionierung" bezeichnet [237]. In der Regel ist die statische Kommissionierung durch einen geringen Automatisierungsgrad gekennzeichnet. Die Arbeitsschritte werden vorwiegend manuell ausgeführt, ggf. mit mechanischer Unterstützung (Stapler etc.) und gelenkt durch IT-Hilfsmittel (MDE, Pick-by-light-Systeme etc.).

  Pro: geringer Investitionsbedarf, sehr flexibel, leicht umsetzbar.

  Contra: langsam, fehleranfällig bei schlecht organisierten Prozessen, personalintensiv.

- **Ware-zum-Mann-Systeme (WZMS):** In Ware-zum-Mann-Systemen werden die zu kommissionierenden Positionen dynamisch bereitgestellt. D.h., dass sie mittels Fördertechnik (automatisch) aus ihren Lagerpositionen entnommen und zum Kommissionierer verbracht werden, der an einem definierten Punkt auf die Ware wartet. Durch den Fluss der Waren zur Person wird diese Systematik in der Fachliteratur auch als dynamische Kommissionierung bezeichnet [237]. In der Regel weisen dynamische Kommissionierungssysteme einen sehr hohen Automatisierungsgrad auf, gesteuert durch intelligente IT mit den Kommissionierern am Back-End als „Empfangsstation". Im Zuge der Digitalisierung kommen hier insbesondere Kommissionierroboter zum Einsatz. Vernetzt mit Optimierungsalgorithmen analysieren sie den zu kommissionierenden Bedarf, planen zeit- und wegeoptimiert die erforderlichen Kommissioniervorgänge und führen diese dann vollautomatisch aus. Die erforderlichen Warenbuchungen können ebenfalls direkt automatisch ausgeführt werden. Durch den Einsatz künstlicher Intelligenz können insbesondere im Serien- und Massengütergeschäft Verbrauchsverläufe analysiert und zukünftige vorab bestimmt werden (predictive ordering). Entsprechend können Kommissionierroboter bereits in auftragsschwachen Phasen Vorkommissionierungen vornehmen, die dann nur noch überprüft und ggf. korrigiert werden müssen. Lernende Algorithmen ermöglichen dabei mit der Zeit ein immer zuverlässigeres Management der Vorkommissionierungen.

  Pro: schnell, präzise, fehlerfrei, personalextensiv.

  Contra: teuer, technisch ggf. anfällig, schwierig erweiterbar, komplex, bei schlechter Auslastung hohe Fixkosten, hohe Anforderungen an das know-how des Bedien- bzw. Steuerungspersonal, hoher Platzbedarf.

Bei der Bewertung der Gestaltungsalternativen gilt generell der Grundsatz, dass in auftragsorientierten, sequentiellen Kommissionierungskonzepten vorwiegend Mann-zur-Ware-Systeme angewendet werden, da hier in der Regel weder Quantität noch Komplexität der Kommissionierungsaufgaben die hohen Investitionen einer automatisierten Lösung rechtfertigen. Die serienorientierte Kommissionierung wird im Wesentlichen nur im Massengeschäft eingesetzt, wo auch die wirtschaftlichen Voraussetzungen für einen hohen Automatisierungsgrad der Ware-zum-Mann-System gegeben sind. Bei der parallelen, auftragsorientierten Kommissionierung ist für die Bestimmung eines sinnvollen Automatisierungsgrades im Einzelfall eine detaillierte Analyse der Wirtschaftlichkeit erforderlich. Oft ist aber an dieser Stelle auch die Finanzkraft der Unternehmen ein wesentlicher Entscheidungsgrund für oder gegen ein spezifisches Materialflusssystem, da dynamische Ware-zum-Mann-Systeme durch ein hohes finanzielles Investitionserfordernis geprägt sind. Abbildung 4.19 macht die Logik gängiger Grundkonzepte der Kommissionierung deutlich.

Abbildung 4.19 Grundkonzepte der Kommissionierung

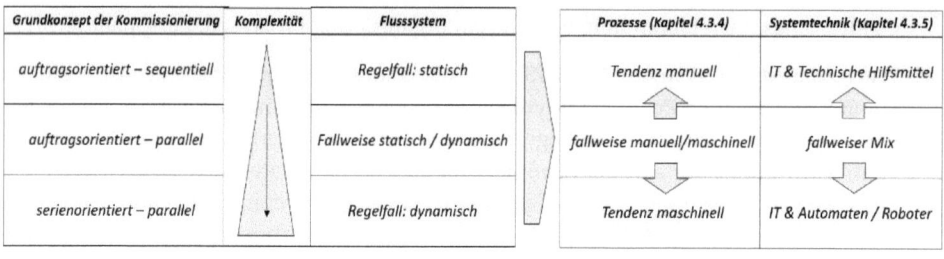

4.3.3 Lösungen: Prozesse in der Kommissionierung

Zur Ausgestaltung der Kommissionierungsprozesse sind die erforderlichen Arbeitsaufgaben zu strukturieren und in ihren Abläufen präzise zu beschreiben. Dabei sind jeweils die folgenden Arbeitspakete zu berücksichtigen [238]:

■ **Vorbereitung der Kommissionierung**

- Auftragsabruf
- Auftragszusammenstellung
- Auftragsanalyse

■ **Durchführung der Kommissionierung**

- Identifikation der Güter
- Entnahme der Güter
- Überprüfung der Güter (wiegen, zählen etc.)
- Verbuchung der Güter
- Zusammenstellung der Güter
- Verbringung der kommissionierten Güter zum Versand

■ **Nachbereitung der Kommissionierung**

-    Bestandsüberprüfungen

Bei der Ausarbeitung und Dokumentation der Arbeitsabläufe greifen die klassischen Methoden des Prozessmanagements, auf die an dieser Stelle verwiesen wird [239][240]. Im Folgenden soll lediglich auf kommissionierungsspezifische Besonderheiten eingegangen werden, die zur Prozessbeherrschung im Design der Abläufe zu berücksichtigen sind.

Besonderheiten im Design maschineller Kommissionierungsprozesse

Beim Design maschineller Kommissionierungsprozesse ist darauf zu achten, dass durchgängig Standardprozesse entwickelt werden, denn nur sie ermöglichen eine Automatisierung. Sonderprozesse, die nicht im Standard laufen und manuell abgewickelt werden müssen, würden das gesamte System ausbremsen. Das hätte schwerwiegende Folgen für die Leistungsfähigkeit des Gesamtsystems und seine Wirtschaftlichkeit. Eine durchgängige Standardisierung ist eine zentrale Voraussetzung für die Implementierung digitaler Lösungen.

Im Detaildesign sind die Prozesse eng mit den Lagerverwaltungs- und Materialflusssystemen der Logistik-IT zu vernetzen. So ist etwa zu berücksichtigen, dass bereits bei der Einlagerung von Gütern durch eine richtige Lagerplatzzuweisung kurze Pick- und Wegezeiten sichergestellt werden. Kommen in der Materialbewegung neben Stetigförderern auch Unstetigförderer zum Einsatz, ist in der Materialflusssteuerung für optimale Touren und Wegezeiten zu sorgen. Die in Kapitel 4.2 dargestellten Verfahren der Transport- und Tourenplanung greifen auch an dieser Stelle beim Management betriebsinterner Logistikaufgaben.

Ferner ist es von Bedeutung, die Kommissionierungsprozesse mit validen Planungsdaten für die Materialumsätze zu hinterlegen. Nur wenn an dieser Stelle klar ist, wann welche Güter in welchen Mengen zu kommissionieren sind, können die technischen Lager-, Förder- und Sortiereinrichtungen passgenau ausgelegt werden. Da es sich später um kapitalintensive voll- oder teilautomatische Einrichtungen handelt, ist dies für die Wirtschaftlichkeit ein besonders kritischer Punkt. Werden die Kapazitäten zu groß ausgelegt, kann nur selten eine gute Wirtschaftlichkeit erreicht werden. Bei zu engen Kapazitäten funktioniert das Gesamtsystem nicht mehr. Im Übrigen würden Erweiterungen oder Anpassungen mit enormen Folgekosten verbunden sein. Zur Betrachtung der Wirtschaftlichkeit sei an dieser Stelle auch auf GUDEHUS verwiesen, der folgende Faustformeln für die Automatisierung logistischer Einrichtungen aufgestellt hat [185]:

- Je höher der Mechanisierungs- und Automatisierungsgrad, umso notwendiger ist eine intensive, dauerhafte und möglichst gleichmäßige Nutzung der Anlagen und Systeme.
- Transportmittel, die mit einer hohen Investition verbunden sind, erfordern einen ausgelasteten Betrieb, möglichst 24/7.
- Innerbetriebliche Hochleistungssysteme, z.B. automatische Sortier- und Kommissionierungssysteme, sind in der Regel nur wirtschaftlich, wenn sie mindestens an 250 Tagen im Jahr mehrschichtig genutzt werden und die Grundlast konstant sehr hoch ist.
- Hochinvestive Lagersysteme, z.B. Hochregalläger, erfordern über das ganze Jahr eine hohe Belegung der Platzkapazität.

Sind Prozess- und Kapazitätsanforderungen klar, kann die technische Auslegung der Kommissionierungseinrichtungen erfolgen. Kapitel 4.3.4 geht kompakt auf die Ausprägung der technischen Einrichtungen ein.

Besonderheiten beim Design manueller Kommissionierungsprozesse

Sind manuelle Kommissionierungsprozesse zu gestalten, kommt es darauf an, dass später alle Aufgaben für alle Beteiligten durch Vorgabedokumente eindeutig beschrieben und verständlich über Bilder aufbereitet sind. Gut funktionierende Arbeitsstandards sind die Basis für gut funktionierende Prozesse. Für die richtige Beschreibung von SOPs (Standard Operation Procedure) wird auf die entsprechende Fachliteratur des Lean Management verwiesen, die diese Aufgabenstellung zum Gegenstand haben [241][242][243].

Für eine gute und effiziente Umsetzung manueller Kommissionierungsprozesse kommt es jedoch - wie bei der maschinellen Kommissionierung auch - auf eine gute Anbindung der Abläufe an die Lagerverwaltungs- und Materialflusssysteme an. Eine richtige Vergabe von Lagerplätzen und eine richtige Tourenplanung im Lager spielen auch bei manuellen Abläufen für die Wirtschaftlichkeit eine wichtige Rolle. Je höher der Durchdringungsgrad intelligenter Lagerführungssysteme ist, umso besser sind auch die Voraussetzungen für eine wirtschaftliche manuelle Kommissionierung.

Damit in den Prozessen effizient gearbeitet werden kann, empfiehlt sich zur Absicherung kritischer Abläufe, die Einführung technischer Hilfsmittel zu prüfen. Gerade bei der Ansteuerung von Lagerplätzen, der Warenentnahme oder auch der Verbuchung können schnell Fehler passieren - insb. wenn das Personal nicht ausreichend qualifiziert ist. Zur Absicherung kritischer Prozessstellen eignen sich insbesondere die folgenden Hilfsmittel:

- **Basislösung – Kommissionierung mit Papieraufträgen:** In der Basislösung wird den Kommissionierern ein Kommissionierungsauftrag in Papierform zur Verfügung gestellt. Diese arbeiten die Pickliste chronologisch ab und markieren handschriftlich die ordnungsgemäße Kommissionierung der Güter. Am Ende müssen die zugehörigen Materialbuchungen per Hand in den IT-Systemen nachgetragen werden. Diese Vorgehensweise ist einfach, aber auch langsam und fehleranfällig. Im Kontext der Digitalisierung sollte sie Schritt für Schritt aus dem betrieblichen Alltag verschwinden. In der Realität von heute spielt sie aber noch eine zentrale Rolle. Daher ist sie hier zu erwähnen.

- **Kommissionierung mit MDE-Unterstützung:** Alternativ können den Kommissionierern die Aufträge auch auf ein MDE (Mobiles Datenerfassungsgerät) aufgespielt werden, z.B. auf ein Handheld, Smartphone, Tablet oder ein Terminal im Stapler (Staplerleitsystem) [244]. Das MDE leitet die Kommissionierer Position für Position durch den Auftrag. Über Barcode-Scanner bzw. Quittierungsdialoge können die durchgeführten Warenentnahmen quittiert und verbucht werden. Dieses Verfahren ist kostengünstig, einfach einzuführen, flexibel erweiterbar und verringert die Fehlerquote. Bei dieser Variante handelt es sich um den einfachsten Entwicklungsgrad der digital untersetzten Kommissionierung. Für viele Unternehmen ist die aber ein guter Einstieg in die Automatisierung.

- **Kommissionierung mit pick-by-signal Unterstützung:** Anstelle von MDE können auch signalgesteuerte Instrumente zur Führung der Kommissionierer eingesetzt werden. So kann etwa ein Kommissionierer per Sprachsteuerung (pick-by-voice) durch eine Tour geführt werden. Hier werden die Auftragsdaten mit allen notwendigen Informationen (z.B. Lagerzone, Lagerplatz, Artikel, Sachnummer, Anzahl) über eine Sprachsoftware per Headset übermittelt. Güterentnahmen können über Sprache per Mikrophon quittiert werden. Alternativ können Lagerplätze mit leuchtenden LED-Ziffernfeldern (pick-by-light) versehen werden. Beginnt der Kommissionierer seine Tour, blinken alle anzufahrenden Lagerplätze. Dort werden die für die Entnahme wichtigen Informationen auf einem Display hinterlegt. Die Güterentnahme kann anschließend einfach per Knopfdruck am Lagerplatz quittiert und verbucht werden. Innovative Verfahren ermöglichen bereits die Führung der Kommissionierung über optische Datenbrillen (pick-by-vision) [244]. Augmented Reality und mit intelligenter Ausführung von Buchungen wird an dieser Stelle den Lageralltag sukzessive verändern.

- **Kommissionierung mit RFID Unterstützung:** Die beschriebenen MDE- und pick-by-signal-Verfahren können mit Hilfe der RFID-Technik (Radio-Frequency-Identification, vgl. Kapitel 4.4) weiter vernetzt und automatisiert werden. Durch die Verwendung von RFID-Labeln zur Güterkennzeichnung lassen sich etwa Warenbewegungen per Funk steuern und verfolgen sowie verbuchen. Das unterstützt weiter eine fehlerfreie Kommissionierung [245][246]. Die Mitarbeiter können mit RFID-Lesegeräten und Transpondern ausgestattet werden. Angekoppelt an eine gute digitale WiFi-Infrastruktur und direkter Kopplung von Systemen zur Bestandsführung kann die Güterverfolgung und -buchung komplett automatisiert durchgeführt werden.

Die aufgezeigten Hilfsmittel verlangen jedoch in aufsteigender Reihenfolge bereits ein deutliches Investment. Bei der Erweiterung oder der Anpassung installierter Systeme greifen auch hier prinzipiell die bereits beschriebenen Kostenherausforderungen automatisierter Systeme, wenn auch auf einem niedrigeren Niveau. Daher sollte vor einer Verwendung die Wirtschaftlichkeit der Hilfsmittel kritisch überprüft werden. Geht es beispielsweise um die Kommissionierung sehr hochwertiger Güter, wie etwa von Kabelbäumen in der Automobilindustrie, kann sich der Einsatz von RFID lohnen, da der Zusatzaufwand im Vergleich zum Produktwert gering ist. Bei einfachen Standardgütern, wie z.B. Briefpapier, kann die Entscheidung auf eine reine MDE-Unterstützung fallen.

4.3.4 Lösungen: Technik in der Kommissionierung

Die in der Kommissionierung eingesetzte Technik basiert im Wesentlichen auf den in Kapitel 3.4 vorgestellten Systemen der Lager- und Fördertechnik. Je nach Art der Kommissionierung werden die logistischen Einrichtungen jedoch um Spezialkomponenten erweitert.

Automatisierungstechnik in der maschinellen Kommissionierung

In der maschinellen Kommissionierung können dazu spezielle Automatisierungseinrichtungen in die herkömmliche Lager- und Fördertechnik integriert werden:

- **Kommissionierungsautomaten:** Kommissionierungsautomaten sind Spezialmaschinen zur Vereinzelung vorsortiert bereitgestellter Güter, insbesondere für Schnelldreher. Dabei werden einzelne Sachnummern in Schächten geordnet vorgehalten. Die Schächte sind mit einer Auswurfvorrichtung versehen, die über IT angesteuert werden kann, um eine automatisierte Güterausgabe zu veranlassen. Zur Be- und Entladung können die Automaten mit Stetigförderern vernetzt und über MES-Systeme digital gesteuert werden [245][247].

- **Kommissionierungsroboter:** Kommissionierungsroboter können zur Entnahme von Gütern aus definierten Lagerplätzen frei programmiert werden. Dadurch sind sie flexibler als Kommissionierungsautomaten, aber auch langsamer. Ferner ist ihre Installation und Steuerung hochkomplex, da die zu programmierenden Pack- und Greifmuster sehr unterschiedlich ausgeprägt sein können. Anpassungen sind entsprechend schwierig. Kommissionierungsroboter können mit optischen Einheiten sowie Stetigförderern vernetzt werden [245][247]. Im Kontext der Digitalisierung werden sie aber an Bedeutung gewinnen. Die Erhöhung ihrer Geschwindigkeit, die Vereinfachung von MES-Systemen zu ihrer Steuerung und die Kosten für Investition, Wartung und Betrieb werden sich in Zukunft weiter reduzieren. Damit steigt ihre Bedeutung durch einen veränderten Break-Even.

- **Automatisierte Sorter:** Zur Sortierung und Verteilung von Gütern können automatisierte Sorter eingesetzt werden. Im Eingangsbereich der Sorter wird ein Güterstrom eingespeist. Dann erfolgt eine Vereinzelung, Ausrichtung und Identifikation der Güter. Entsprechend der Identifikation erfolgt im Ausgangsbereich eine automatische Ausschleusung der Güter zu ihrem Ziel. Das geschieht oft über Querarm-, Kanal- oder Dreharmvorrichtungen. Sorter werden in der Regel an Stetigförderer angeschlossen und bilden eine wichtige Schnittstellenfunktion in komplexen Kommissionierungssystemen [245][247]. Zur Steuerung müssen sie schlüssig in die MES-Systeme der Materialflusssteuerung integriert werden.

Durch die Kombination konventioneller Lager- und Fördertechniken, spezieller Automatisierungseinrichtungen und spezifischer Logistik-IT entstehen automatisierte Lagerbereiche, wie etwa automatische Hochregalläger (HRL) oder automatische Kleinteilläger (AKL). Natürlich sind je nach Prozess- und Kostenanforderungen auch Teilautomatisierungen möglich.

Im Krisenfall können bei hoch automatisierten Kommissionierungssystemen schnell Prioritäten einzelner Lieferungen neu gesetzt werden. Algorithmisch werden die Arbeitsprozeduren entsprechend angepasst.

Technische Hilfsmittel in der manuellen Kommissionierung

Zur Unterstützung der manuellen Kommissionierung können ebenfalls technische Hilfsmittel eingesetzt werden. Die Funktionsweise der Instrumente wurde bereits in Kapitel 4.3.2 erläutert. An dieser Stelle geht es um die wesentlichen daraus resultierenden technischen Konsequenzen für das Logistiksystem:

- **MDE:** Bei den typischerweise im Logistikbetrieb eingesetzten MDE handelt es sich um klassische, handelsübliche Bildschirm-Staplerterminals und Handheld Barcodescanner, für die es ein breites Anbieterspektrum gibt. In die Geräte ist in der Regel eine Software integriert, mit der die Kommissionierungsaufgaben, wie etwa Routen oder Buchungen, abgearbeitet werden können. Damit sie reibungslos funktionieren und ein fehlerfreier Datenaustausch mit dem Logistiksystem sichergestellt wird, sind sie an das übergelagerte IT-System der Logistik anzubinden. Das ist üblicherweise problemlos über Schnittstellen möglich.

- **Pick-by-signal-Systeme:** Pick-by-signal-Systeme werden von logistischen Spezialanbietern zur Verfügung gestellt. Während sich pick-by-voice- oder pick-by-vision-Systeme analog zur MDE-Unterstützung alleine durch eine Softwareanbindung an die Logistik-IT integrieren lassen, ist bei optischen Systemen, die nach dem pick-by-light Prinzip funktionieren, eine Anpassung der Lagerinfrastruktur erforderlich. Dazu sind die physischen Lagerplätze mit Informationseinheiten (LED-Lampen, Displays etc.) auszustatten und an das IT-System der Logistik anzubinden. Durch die direkte Hardwareintegration wird die technische Bereitstellung dieser Systeme aufwändiger und damit auch anfälliger gegenüber Systemanpassungen.

- **RFID:** Für die Verwendung von RFID ist eine komplette Infrastruktur für den funkgesteuerten Datenaustausch aufzubauen. Es braucht RFID-Chips zur Identifikation der Güter, sowie Schreib- und Leseeinrichtungen. Das gesamte RFID-System ist schließlich über eine Schnittstelle mit dem Logistik IT-System zu vernetzen. Das RFID-Konzept gehört heute noch zu den kostenintensivsten Unterstützungseinrichtungen manueller Kommissionierungssysteme (vgl. Kapitel 4.4.5).

Auch in der manuellen Kommissionierung können über die Dispositionsdaten im Krisenfall Prioritäten neu gesetzt und den Mitarbeitern zur Verfügung gestellt werden. Dieser Vorgang ist aber fehleranfälliger als in automatisierten Systemen, da eine Vielzahl planerischer Anpassung zeitlich koordiniert in allen Unterstützungssystemen vorgenommen werden müssen, damit diese zeitgleich und inhaltlich konsistent bei den Mitarbeitern ankommen.

Operationalisierung der Kommissionierung

Die gestalterischen Elemente des hier vorgestellten „Spezialthemas" der Kommissionierungsprozesse und -technik sollten in das Logistiksystemdesign integriert werden (vgl. Kapitel 3.4). In den Logistik-Operations werden die in Kapitel 4.3.3 vorgestellten Arbeitsabläufe dann mit der dargestellten technischen Unterstützung (vgl. Kapitel 4.3.4) betrieben.

4.4 Beschaffungslogistik - Versand

Nach Kommissionierung der bestellten Waren sind beim Lieferanten die Güter für den Versand bereit zu stellen und dem Frachtführer zu übergeben. Es handelt sich im Versand um die letzte Schnittstelle zwischen dem Lieferanten und dem Besteller. Danach erfolgt durch die Frachtführer der eigentliche Transport der Ware.

4.4.1 Ziele im Versandbereich

Der korrekte Versand von Gütern hat für die Lieferanten eine große Auswirkung auf ihren Lieferservice. Denn nur, wenn am Warenausgang dafür gesorgt wird, dass den Frachtführern die Lieferungen korrekt für den Transport übergeben werden, kann der Kundenauftrag wie geplant zu Ende gebracht werden.

Dazu ist in der Versandvorbereitung mit der richtigen Verpackung die Unversehrtheit der Güter abzusichern und durch geeignete Pack- und Beladungsschemata eine kostenoptimale Auslastung der Verpackungs- und Transportressourcen zu gewährleisten. Ferner ist mit klaren Güter-Identifikationsmerkmalen und eindeutigen Versanddokumenten ein nachvollziehbarer Informationsfluss zwischen Lieferant, Frachtführer und Kunde zu ermöglichen.

Entsprechend der aufgezeigten Zielstellungen sind im Warenausgang der Lieferanten sechs Kernaufgaben zu organisieren:

- **Verpackung von Gütern:** Die auszuliefernden Güter sind mit geeigneten Pack- und Packhilfsmitteln für den Transport aufzubereiten.

- **Bildung von Ladeeinheiten:** Um die Transportkapazitäten optimal auszunutzen, sind einzelne Verpackungseinheiten (Packstücke / Ladungsträger) über Pack- bzw. Beladeschemata zu ressourcenoptimierenden Ladeeinheiten zusammenzufassen.

- **Zusammenstellung einer Lieferung:** Alle in einem Auftrag zu berücksichtigenden Ladeeinheiten und ggf. einzelne Packstücke sind zu einer Lieferung zusammenzuführen und für den Versand bereitzustellen.

- **Identifikation der Güter:** Artikel, Verpackungen und Ladeeinheiten sind durch eindeutige Merkmale zu identifizieren und mit den für den Versand erforderlichen Daten zu verknüpfen. Dabei ist die Lieferung insbesondere mit den vereinbarten INCOTERMS®, die auf standardisierte Art die Aufteilung von Lieferverantwortung und -kosten zwischen Kunden und Lieferant festlegt, zu hinterlegen.

- **Management der Versanddokumente:** Für den operativen Versand sind die Lieferungen mit den erforderlichen Dokumenten auszustatten.

- **Übergabe der Güter und Dokumente:** Zum Abschluss des Versandprozesses sind die Lieferungen mit allen erforderlichen Versanddokumenten an die Frachtführer zu übergeben und die Transportmittel zu beladen.

Die in diesem Kapitel beschriebene Teilaufgabe „Verpackung von Gütern" kann theoretisch auch in der Kommissionierung (vgl. Kapitel 4.3) angesiedelt werden, wenn etwa nach Warenentnahme die Ablage der Güter direkt in den Versandbehältern erfolgt.

Abbildung 4.20 Aufgaben im Versand der Lieferanten

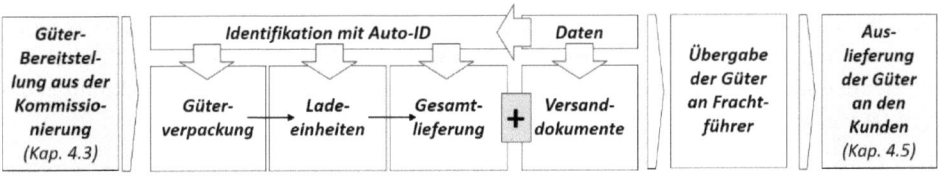

4.4.2 Lösungen: Güterverpackung

Für den Transport zum Kunden sind die bereitgestellten Güter bedarfsgerecht zu verpacken. In diesem Kontext werden diese Güter auch als Packgut bezeichnet. Die Verpackung erfolgt mit Packmitteln und Packhilfsmitteln. Das Packgut wird dabei direkt mit dem Packmittel verbunden. Packmittel können insbesondere nach ihrer Formstabilität klassifiziert werden [249].

■ **Typische forminstabile Packmittel**

- Säcke
- Tüten
- Beutel
- Schläuche
- Packpapier
- Luftpolsterfolien

■ **Typische formstabile Packmittel**

- Industrielle Standard-Ladungsträger (z.B. Paletten, Container etc.)
- Kartons
- Kästen
- Dosen
- Fässer
- Kanister
- Flaschen

Im operativen Betrieb können die aufgeführten Packmittel grundsätzlich im Einweg- oder Mehrwegverfahren eingesetzt werden. Einwegverpackungen sind dadurch gekennzeichnet, dass die Packmittel nach einmaligem Gebrauch recycelt oder beseitigt werden. Ein Großteil der Einwegverpackungen besteht aus Wellpappe, z.B. Kartonagen. Im Mehrwegverfahren können die Packmittel nach Gebrauch ohne wesentliche Veränderung für den gleichen Zweck wiederverwendet werden. Hierzu zählen insbesondere die industriellen Standard-Ladungsträger. Dem Vorteil der Wiederverwendbarkeit steht jedoch die Organisation des Packmittelrücklaufs und ggf. der Reinigung gegenüber. Dazu sind entsprechende Leergutregelkreise im Logistiksystem zu installieren. Im Rahmen der Digitalisierung lassen sich die

Packmittel direkt in die logistische Informationskette integrieren. Über eine eindeutige Identifikation können die Packmittel „intelligent" gemacht werden. Im Einwegbereich kann dies über den Aufdruck bzw. die Applikation von Labels mit Barcode bzw. QR-Codes geschehen. Im Mehrwegbereich kann neben diesen Instrumenten auch die RFID-Techn8ik eingesetzt werden. Die klassischen Instrumente der Güteridentifikation werden in Kapitel 4.4.5 im Detail erläutert und können im Bedarfsfall auch direkt auf bzw. an der Packmitteln eingesetzt werden.

Im komplexen B2B Geschäft können weitere Reifegrade der Digitalisierung in Packmitteln zum Einsatz kommen. Das gilt insbesondere dann, wenn zwischen Kunde und Lieferant Serviceleistungen vereinbart werden, um im Vendor-Management direkt die Nachbefüllung zu organisieren. Typische Lösungsansätze hier sind etwa System wie der iBin von Würth im Bereich der Ladungsträger. So können Ladungsträger nicht nur mit RFID sondern auch mit Kamera, Waagen oder anderer Sensorik ausgestattet werden. Angeschlossen an entsprechende MES-Systeme lässt sich etwa der Füllstand oder auch der Zustand eingelagerter Güter überwachen. Algorithmisch können über Warnsignale Aktivitäten des zuständigen Personals aktiviert und mit Informationen hinterlegt werden. Z.B. wenn in einem Packmittel die zulässige Temperatur überschritten wird. Klassisches Anwendungsfeld intelligenter Packmittel ist aber die Integration in Dispositionsmodelle. Im Ergebnis werden die vollautomatische Güterführung, der Bedarfsabgleich und das automatische Bestellwesen (Procure-to-Pay) möglich.

Für die Durchführung der Verpackung sind je nach Packgut geeignete Packmittel auszuwählen und ggf. miteinander zu kombinieren. Im industriellen B2B-Geschäft dienen insbesondere die Standard-Ladungsträger als bevorzugtes Packmittel. Sie dienen einem umfassenden Schutz des Packgutes, einer optimalen Ausnutzung von Raumressourcen und einem leichten Handling der Verpackungseinheiten. Kommen Standard-Ladungsträger zum Einsatz, kann das Packgut direkt in die Ladungsträger gelegt werden oder auch vorher mit anderen Packmitteln, wie etwa Packpapier oder Kartons, (vor)verpackt worden sein. Wegen ihrer hohen Bedeutung im industriellen Güteraustausch werden an dieser Stelle typische Standard-Ladungsträger weiter ausdifferenziert [248][250]:

■ **Tragende Standard-Ladungsträger (Flächengrundmaße)**
- Paletten (800 mm x 1200 mm)
- Werkstückträger auf Basis Palettengröße (800 mm x 1200 mm)

■ **Umschließende Standard-Ladungsträger (Flächengrundmaße)**
- Kleinladungsträger (KLT), (diverse Größen, abgeleitet aus dem Grundmaß der Paletten: 800 mm x 1200 mm / x)
- Paletten mit faltbarem Aufsetzrahmen (800 mm x 1200 mm)
- Gitterboxpaletten (800 mm x 1200 mm)
- Vollwandboxpaletten (800 mm x 1200 mm)
- Rungenpaletten (800 mm x 1200 mm)
- Rungen-Flats (20 Fuß – 6085 mm x 2438 mm)
- Individuelle Sonderladungsträger auf Basis Palettengröße (800 mm x 1200 mm / x)

- **Abschließende Standard-Ladungsträger (Flächengrundmaße)**
    - Tankpaletten (800 mm x 1200 mm)
    - Binnencontainer (20 Fuß)
    - ISO-Container (20 Fuß / 40 Fuß)
    - Wechselpritschen (20 Fuß)

Maße und Ausgestaltung der Standard-Ladungsträger sind genormt und können den einschlägigen Regelwerken, wie etwa DIN- und ISO-Normen, entnommen werden.

Neben den Standardladungsträgern haben sich speziell in der Automotive Branche kundenspezifische Verpackungen durchgesetzt, welche sich im Bereich der Kleinladungsträger zwar an den gängigen DIN – oder Iso – Normen orientieren, sich aber in Farbe und Funktion deutlich voneinander abgrenzen (BMW Magenta, Porsche Grau, etc.). Diese gehören dem Kunden, sind mehrfach verwendbar und werden dem Lieferanten in einer definierten Anzahl zur Verfügung gestellt. Hierüber wird beidseitig ein „Palettenkonto" gepflegt, welches in festen Rhythmen synchronisiert werden muss. Dies ist im Hinblick auf Losgrößenfertigung beim Lieferanten wichtig, da hier ggfs. durch asynchrone Losgrößenfertigung die spezifischen Ladungsträger (über)Bestandsmäßig blockiert werden und so für den Realkundenbedarf nicht mehr zur Verfügung stehen. Dies führt in der Folge zu hohem logistischen Umpackaufwand oder zu aufwändigen Suchaktionen nach freien kundenspezifischen Behältern.

Eine weiteres Packspezifika, das häufig in der Automobilindustrie Anwendung findet, sind die individuellen Sonderladungsträger. Diese werden zwischen dem Kunden und dem Lieferanten für spezifische Güter ausgestaltet und sind oft bereits Teil der Produktentwicklung (Design-to-Logistics). So können etwa für die Produktion und Lieferung von Abgaskrümmern produktspezifische Ladungsträger entwickelt werden. Sie basieren in der Regel auf den Flächengrundmaßen von Standardpaletten, verfügen aber in ihrer Konstruktion über komplexe Vorrichtungen zur Güteraufnahme, die eine raumoptimale Stauung der Produkte ermöglichen. Sonderladungsträger werden für diese Produkte dann als Standard-Packmittel im Güteraustausch eingesetzt. Dabei ist darauf zu achten, dass dem Lieferanten immer genügend Sonderladungsträger zur Auslieferung zur Verfügung stehen.

Neben den Packmitteln können bei der Verpackung zusätzlich Packhilfsmittel erforderlich werden. Dabei handelt es sich um Klebebänder, Folien, Steckverbindungen, Luftpolsterfolien und ähnliches, um das Packgut in der Verpackung vor Beschädigung zu schützen oder um Verpackungen zu verschließen, zu arretieren oder anderweitig abzusichern [249]. Abgeschlossen wird die Verpackung durch eine Identifizierung mittels Auto-ID-Systemen, wie etwa Barcode-Labeln oder RFID-Chips. Mit der Identifikation sind alle für den Gütertransfer erforderlichen Informationen mit der Verpackung verknüpft. Die Systematik der Auto-ID-Systeme wird gesondert in Kapitel 4.4.5 erläutert. Am Ende sollten die eingesetzten Verpackungen die folgenden Logistikfunktionen für das Güterhandling erfüllen [250]:

- **Schutzfunktion:** Schutz des Packgutes nach innen vor Beschädigung und Schutz der Umwelt vor Beeinträchtigungen durch das Packgut nach außen, z.B. Gefahrstoffe.

- **Lagerfunktion:** Verbesserung der Lagerfähigkeit des Packgutes, z.B. durch die Auswahl stapelfähiger und stabiler Packmittel.

- **Transportfunktion:** Verbesserung der Transportfähigkeit des Packgutes, durch Verwendung standardisierter Packmittel.

- **Bündelungsfunktion:** Zusammenfassung einzelner Güter zu Verpackungseinheiten (Packstücken), um das Handling der Güter in den Lager- und Transportprozessen zu vereinfachen (vgl. Kapitel 4.4.3 und 4.4.4).

- **Informationsfunktion:** Eindeutige Identifikation von Gütern durch eine geeignete Kennzeichnung von Verpackungen und Ladeeinheiten (vgl. Kapitel 4.4.5).

Zur Absicherung zuverlässiger Verpackungsprozesse werden in der Praxis zwischen Lieferant und Kunden häufig sogenannte Verpackungsvorschriften vereinbart, aus denen für spezifische Güter klar hervorgeht, wie eine Verpackung zu erfolgen hat. Dabei werden die Anzahl der Güter je Verpackungseinheit und die einzusetzenden Pack- wie auch Packhilfsmittel definiert.

4.4.3 Lösungen: Ladeeinheiten

Um die eingesetzten Transportressourcen optimal auszulasten und den Aufwand für das Handling von Gütern zu reduzieren, werden einzelne Verpackungseinheiten nach Möglichkeit zu größeren Ladeeinheiten zusammengefasst [251]. Sie können später direkt zu ihrem Bestimmungsort verbracht oder über Cross-Docking-Center (vgl. Kapitel 4.5) ohne großen Aufwand während des Transportvorgangs umgeschlagen werden. Damit entfällt entlang der gesamten Transportkette ein arbeitsintensiver Umschlag einzelner Güter.

Grundlage für die Bildung von Ladeeinheiten sind in der Regel standardisierte Basis-Ladungsträger, wie etwa Paletten. Sie können mit anderen Packmitteln, z.B. Kartons, bestückt werden. Daher spricht man hier auch von modularen Verpackungen [207]. Kommen zur Bestückung ausschließlich Standard-Ladungsträger zum Einsatz, ist eine effiziente Kapazitätsauslastung (Packungsgrad) einer Ladeeinheit möglich, da Standard-Ladungsträger untereinander in ihren Abmessungen aufwärts- bzw. abwärtskompatibel sind.

Zur Bestückung von Basis-Ladungsträgern sind Packschemata zu entwickeln. Dabei sind in der Regel die folgenden Restriktionen zu beachten [208]:

- Ganzzahligkeit der zusammenzufassenden Packmittel/Ladungsträger
- Gewichtsbeschränkungen
- Maßbegrenzungen
- Stapelrestriktionen
- Anordnungsrestriktionen
- Sicherheitsanforderungen

In der Umsetzung können Packschemata intuitiv oder systematisch entwickelt werden. Die intuitive Vorgehensweise führt bereits meist zu guten Ergebnissen, wenn es um die Kombination einheitlicher Verpackungen geht und nur wenige Restriktionen von Bedeutung sind. In diesem Kontext stellt GUDEHUS typische Packstrategien vor, die hier in ihrer prinzipiellen Funktionsweise zusammengefasst werden [208]:

- **Packschema A – Parallelpackung mit fester Seitenausrichtung:** Die zu kombinierenden Verpackungen werden beginnend in einer Ecke der Ladeeinheit mit ihren Seitenflächen in einer vorgegeben Ausrichtung parallel zu den Innenflächen der Ladeeinheit lückenlos nebeneinander, hintereinander und übereinander angeordnet [208].

- **Packschema B – Parallelpackung mit höhenbeschränkter Seitenpermutation:** Ist nur eine Höhenbegrenzung gegeben und die Anordnung der Längs- und Breitenrichtung frei, ergeben sich für Packschema B zwei Varianten. Es wird die Variante ausgewählt, die den besseren Packungsgrad aufweist, also die Kapazität der Ladeeinheit besser auslastet [208].

Für den Fall, dass die Maße der Ladeeinheit durch die vorstehend genannten Packschemata nicht ausgenutzt werden, greifen weitere Packschemata zur Nutzung dieser Restkapazitäten. Für die genaue Beschreibung und Berechnung der folgenden Zusammenfassung wird erneut auf GUDEHUS verwiesen [208]:

- **Packschema C – Parallelpackung mit Restraumnutzung bei fester Höhenausrichtung:** Wenn die Restlänge der Ladeeinheit und die Verpackungsmaße es zulassen, wird nach der Durchführung der Parallelpackstrategie in Längsrichtung ein neuer Stapel errichtet, in dem Länge und Breite der Verpackungen vertauscht sind [208].

- **Packschema D – Parallelpackung mit Restraumnutzung bei freier Höhenausrichtung:** Wenn die Restlänge der Ladeeinheit und die Verpackungsmaße es zulassen, wird nach der Durchführung der Parallelpackstrategie in Längsrichtung ein neuer Stapel errichtet, in dem Länge und Breite oder Länge und Höhe der Verpackungen vertauscht sind. Wenn die Restbreite es zulässt, erfolgt gleiches in Querrichtung mit einer Vertauschung von Breite und Höhe oder Breite und Länge der Verpackungen. Bei zulässiger Resthöhe wird in Höhenrichtung ein neuer Stapel erzeugt, mit einer Vertauschung der Höhe und Breite oder Höhe und Länge der Verpackungen [208].

Die Packschemata C und D können darüber hinaus mit dem Packschema B kombiniert werden. Die so wie oben beschrieben erzeugten Packanordnungen lassen sich so lange weiter durch drehen einzelner oder mehrerer Schichten bzw. Stapel optimieren, bis ein optimaler Packgrad erreicht ist [208].

Komplexer wird die Entwicklung von Packschemata, wenn Verpackungen mit unterschiedlichen Größen zu einer Ladeeinheit kombiniert werden sollen. Bei einer geringen Anzahl von Packstücken kann das optimale Packschema dann z.B. durch Enumeration aller möglichen Packkombinationen ermittelt werden (vgl. Kapitel 4.2). Mit der Kapazität der Ladeeinheit nimmt jedoch auch die Vielfalt der möglichen Kombinationen zu, so dass die Durchführung einer Enumeration dann nicht mehr sinnvoll ist. In diesem Fall sind komplexere

Lösungsansätze erforderlich. Dazu kann die Gestaltung eines Packschemas mathematisch erneut als ein klassisches Optimierungsproblem verstanden werden. Das Problem lässt sich dann aus der Sicht einer

- **Output-Maximierung** zur Generierung einer maximalen Anzahl von Verpackungen in einer Ladeeinheit

    oder einer

- **Input-Minimierung,** als minimaler Anzahl benötigter Ladeeinheiten zur Kombination einer vorgegebenen Anzahl von Verpackungen

angehen [211]. Im Grundsatz kann die Problembeschreibung analog zur Transport- und Tourenplanung als lineares Programm formuliert werden (vgl. Kapitel 4.2). Dabei ist jedoch zu beachten, dass in der Lösung die Forderung nach Ganzzahligkeit einzuhalten ist, d.h. dass nur ganze Verpackungen in einer Ladeeinheit berücksichtigt werden können. Daher ist das Packproblem als ganzzahliges lineares Programm zu klassifizieren, was erneut zu einer hohen Komplexität in der Lösungsfindung führt.

Aufgrund dieser Komplexität werden zur Bearbeitung des Problems Algorithmen und Heuristiken eingesetzt. Dabei greifen die klassischen Algorithmen zur Lösung ganzzahliger linearer Programme (vgl. Kapitel 4.2). Ferner existieren spezielle Lösungsansätze, wie etwa der rekursive Aufteilungsalgorithmus für 2D- oder die dreidimensionale 9-fach Aufteilungsheuristik für 3D-Packprobleme [211]. Für die Details zu den Algorithmen bzw. Heuristiken sei an dieser Stelle auf die zugehörige Fachliteratur des Operations Research verwiesen [221][227][228][252]. In der Logistikpraxis spielen zur Lösungsfindung dieser komplexen Packprobleme heute IT-Planungstools im Kontext der Digitalisierung eine wichtige Rolle. Sie operationalisieren die mathematischen Lösungsansätze für den Anwender unsichtbar mit leicht verständlichen Bedienoberflächen und geben als Ergebnis optimierte und grafisch visualisierte Packmuster aus. Auf dem Softwaremarkt steht dafür heute ein breites Spektrum von Programmen zur Verfügung. Beispielhaft genannt seien die Tools des Fraunhofer IML, wie etwa die PUZZLE-Produktfamilie des Fraunhofer IML [209][210].

Die zusammengestellten Ladeeinheiten werden – analog zu den Einzelverpackungen – abschließend mit Hilfe von Auto-ID-Systemen eindeutig identifiziert (vgl. Kapitel 4.4.5) und mit allen für den Transport erforderlichen Informationen verknüpft. Für das weitere Güterhandling werden die Ladeeinheiten jetzt auch als Packstücke oder Versandeinheiten bezeichnet. Packstücke bzw. Versandeinheiten „ …kennzeichnen die kleinste physische Einheit von Waren und Gütern, die mit anderen nicht fest verbunden ist und in der Transportkette vom Sender und Empfänger einzeln behandelt wird oder werden kann" [214]. Treten neben den Ladeeinheiten auch einzelne Verpackungen für den Versand hinzu, so sind diese ebenfalls als Packstücke bzw. Versandeinheiten zu behandeln. Im Folgenden wird nur der Begriff Versandeinheiten verwendet.

4.4.4 Lösungen: Lieferungen

Für die Vorbereitung einer Lieferung sind alle benötigten Versandeinheiten zu selektieren und zusammenzuführen. Datentechnisch ist dazu eine Liste der Ladepositionen zu erzeugen und die Anfertigung der für den Versand erforderlichen Dokumente anzustoßen (Lieferschein, Frachtbrief etc. – vgl. Kapitel 4.4.6).

Die konkrete Zuordnung von Versandeinheiten zu einer Lieferung erfolgt dabei über die bei der Verpackung eingesetzten Auto-ID-Systeme, z.B. Barcode-Label oder RFID-Chips (vgl. Kapitel 4.4.5). Mit der Zuordnung wird häufig auch die buchungstechnische Auslagerung der Güter aus den Beständen verbunden. In der Versandzone geschieht das am sogenannten K-Punkt (Kontrollpunkt) durch scannen der Verpackungslabel oder auch durch das Auslesen von RFID-Chips (vgl. Abb. 4.21). In der Praxis wird der K-Punkt alternativ auch als A-Punkt (Auslagerungspunkt) bezeichnet.

Nach der Zuordnung sind die Versandeinheiten im Warenausgang für die Beladung anzuordnen. Dafür eignet sich die Einrichtung „virtueller Trucks". Auf der Lagerfläche werden vor den LKW-Docks farblich Zonen abgeteilt, die räumlich den Ladeflächen der Transportmittel entsprechen. Dort erfolgt eine Anordnung der Versandeinheiten in der Reihenfolge und Position ihrer Beladung. Das ermöglicht später fehlerfreie und schnelle Beladungsprozesse.

Wird der Versand mit eigenen LKW durchgeführt oder existiert zwischen Frachtführer und Versender eine sehr enge Zusammenarbeit, können analog zur Generierung von Packschemata über IT-Tools auch optimale Beladungsschemata für Transportmittel entwickelt werden. Auch hierbei können Planungstools aus der Digitalisierung zum Tragen kommen [253]-[255]. So kann etwa ausgehend von der Tourenplanung und der Entladesituation beim Empfänger die Lieferung so vorbereitet werden, dass die späteren Entladevorgänge mit möglichst geringen Aufwand in „Pics" und Transportwegen möglich wird. Das sorgt für Geschwindigkeit und reduziert die Fehleranfälligkeit.

Im Krisenfall ist es wichtig, bei der Planung und Aufbereitung von Lieferungen Prioritäten neu planen und flexibel umsetzen zu können. Die Reihenfolge der Lieferungen kann digital unterstützt flexibel neu geplant werden. Geschieht dies, verlangt das aber auch eine Information und Koordination aller betroffenen Frachtführer und Empfänger. Das ist in der Regel mit extrem viel Aufwand für alle Supply-Chain-Partner verbunden. Daher sollten hier Änderungen ganz strikt auf echte Ausnahmensituationen beschränkt werden. Hier kommt es auf Disziplin und Führung an, sonst wird die ständige Umplanung zum neuen Standard. Das geht auf Kosten einer effizienten Logistik und sollte vermieden werden.

Abbildung 4.21 Schematische Organisation der Versandzone im Warenausgang

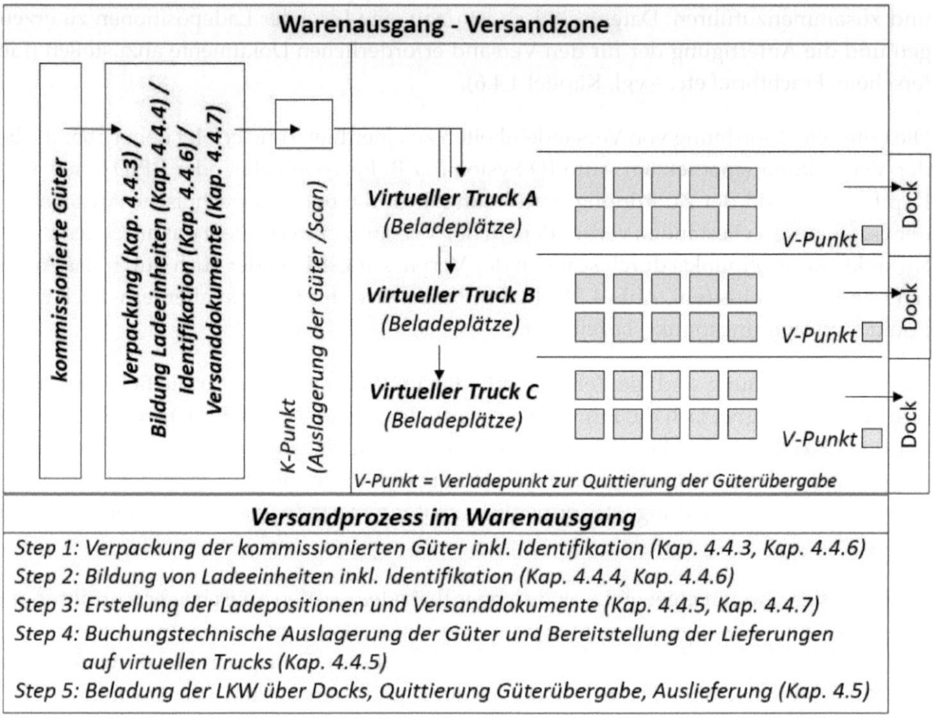

Warenausgang - Versandzone

- kommissionierte Güter
- Verpackung (Kap. 4.4.3) / Bildung Ladeeinheiten (Kap. 4.4.4) / Identifikation (Kap. 4.4.6) / Versanddokumente (Kap. 4.4.7)
- K-Punkt (Auslagerung der Güter /Scan)

Virtueller Truck A (Beladeplätze) — V-Punkt — Dock
Virtueller Truck B (Beladeplätze) — V-Punkt — Dock
Virtueller Truck C (Beladeplätze) — V-Punkt — Dock

V-Punkt = Verladepunkt zur Quittierung der Güterübergabe

Versandprozess im Warenausgang

Step 1: Verpackung der kommissionierten Güter inkl. Identifikation (Kap. 4.4.3, Kap. 4.4.6)
Step 2: Bildung von Ladeeinheiten inkl. Identifikation (Kap. 4.4.4, Kap. 4.4.6)
Step 3: Erstellung der Ladepositionen und Versanddokumente (Kap. 4.4.5, Kap. 4.4.7)
Step 4: Buchungstechnische Auslagerung der Güter und Bereitstellung der Lieferungen auf virtuellen Trucks (Kap. 4.4.5)
Step 5: Beladung der LKW über Docks, Quittierung Güterübergabe, Auslieferung (Kap. 4.5)

4.4.5 Lösungen: Güteridentifikation

Um den Güteraustausch zwischen Kunden und Lieferanten störungsfrei umsetzen zu können, muss der Materialfluss direkt mit dem güterspezifischen Informationsfluss vernetzt werden. Material und Informationen bilden in der Logistik eine Einheit (vgl. Abb. 4.20).

Die Vielzahl der am Materialfluss beteiligten Supply-Chain-Partner und das Volumen des Güteraustauschs machen in diesem Kontext deutlich, dass für eine erfolgreiche Zusammenarbeit eine weitgehende Standardisierung von Informations- und Kommunikationsstrukturen erforderlich ist. Dazu sind in der Wirtschaft branchenübergreifende und branchenspezifische Standards entwickelt worden. Identifikationsstandards sorgen für eine einheitliche Codierung logistischer Basisinformationen, insbesondere zur Unternehmens- und Güteridentifikation. Auto-ID-Systeme ermöglichen darauf aufbauend eine zuverlässige Operationalisierung dieser Informationen. Standardisierte Kommunikationsverfahren (vgl. Kapitel 4.4.6) stellen schließlich einen reibungslosen Datenaustausch zwischen den am Gütertransfer beteiligten Unternehmen sicher.

Ausgewählte Identifikationsstandards

Als wichtige Standards zur Identifikation von Gütern und Lieferungen gelten die Standards der GS1 (Global Standard One), die in Deutschland unter GS1 Germany firmieren. Wichtige Identifikationsstandards der GS1 sind die GLN, GTIN, SSCE/NVE und die EPC:

- **GLN – Global Location Number**: Die GLN identifiziert Unternehmen. Sie besteht aus 13 Ziffern und kennzeichnet einen Standort. Mit der GLN kann z.B. festgelegt werden, wohin eine Versandeinheit verschickt werden soll. Sie dient jedoch nicht der Kennzeichnung der Versandeinheit selbst oder der Identifikation einzelner Güter. Die Codierung der GLN erfolgt numerisch mit den Ziffern 0-9 und wird von links nach rechts gelesen. Der Code hat vom Aufbau her folgende Grundstruktur [212]:
    - **GS1-Basisnummer des Unternehmens** (Stellen 1 - 7/8/9). Die Basisnummer setzt sich zusammen aus dem Länderpräfix der GS1-Mitgliedsgesellschaft (für GS1 Germany: 40, 41, 42, 43 oder 440 – 2 oder 3 Stellen) und einer Unternehmenskennziffer, die sich dem Länderpräfix bis zu den Stellen 7, 8 oder 9 anschließt.
    - Der GS1-Basisnummer folgt ein **individueller Nummernteil des Unternehmens**, z.B. zur Kennzeichnung von einzelnen Unternehmenseinheiten (Stellen 8/9/10 - 12).
    - Die GLN schließt an Stelle 13 mit einer **Prüfziffer** ab.

Je umfassender die GS1-Basisnummer gewählt wird, desto weniger Möglichkeiten gibt es später, individuelle Unternehmenseinheiten oder Artikel (vgl. GTIN) einem Unternehmen zuzuordnen. Tabelle 4.5 zeigt die GLN-Codestruktur kompakt auf.

Tabelle 4.5   Nummernsystematik GLN [212]

Basisnummer (Länderpräfix + Unternehmensident)								Individueller Nummernteil des Unternehmens					Prüfziffer
4	0	1	2	3	4	5		0	0	0	0	0	9
4	2	1	2	3	4	5	6		0	0	0	0	5
4	2	1	2	3	4	5	6	7	0	0	0		5

Beispiel GLN-Nummer: 40 12345 00000 9 (13 numerische Ziffern)

- **GTIN – Global Trade Item Number:** Die GTIN - Global Trade Item Number identifiziert Artikelnummern, nicht jedoch Versandeinheiten (vgl. SSCC/NVE). Sie geht 1:1 aus dem bekannten EAN-Standard (European Article Number) hervor und ist heute in der Warenwirtschaft der am weitesten verbreitete Identifizierungsstandard. Er wurde 1976 entwickelt und stellt eine kompatible Weiterentwicklung des 1973 in den USA eingeführten

UPC Standards (Universal Product Code) dar [212][216]. Seit 2009 wird der EAN auch GTIN genannt. Der GTIN besteht in der Regel aus 13 Ziffern. Die Codierung erfolgt numerisch mit den Ziffern 0-9 und wird von links nach rechts gelesen. Der Code weist analog zum GLN folgende Grundstruktur auf [212][216]:

- GS1-Basisnummer des Unternehmens (Stellen 1-7/8/9)
- Artikelnummer (Stellen 7/8/9-12)
- Prüfziffer

Über die GS1-Basisnummer kann mit der GTIN ein Artikel konkret einem Unternehmen zugeordnet werden. In Verbindung mit der Artikelnummer (Sachnummer) lassen sich in betriebsinternen oder betriebsexternen Datenbanken weitere Artikeldaten, wie etwa die Artikelbezeichnung oder auch technische Informationen, verknüpfen. Alle Güter im Unternehmen sollten eindeutig identifiziert und mit ihren logistischen Stammdaten vernetzt sein (vgl. Kapitel 3.3).

Alternativ existiert auch eine GTIN-Kurznummer mit 8 Stellen. Diese Kurznummer besteht aus dem Länderpräfix und der Artikelnummer. Es entfallen also die Unternehmensinformationen. Beim GTIN lassen sich demnach analog zur früheren EAN-13 und EAN-8 Codierung der GTIN-13 und der GTIN-8 differenzieren.

■ **SSCC – Serial Shipping Container Code:** Der SSCC identifiziert Versandeinheiten. Im deutschen Sprachgebrauch ist hier jedoch die nationale Bezeichnung „NVE – Nummer der Versandeinheit" gängig und wird daher im Folgenden auch weiter verwendet. Zur Identifikation einer Versandeinheit nutzt der SSCC/NVE-Code 18 Ziffern. Die Codierung erfolgt numerisch mit den Ziffern 0-9 und wird von links nach rechts gelesen. Der Code weist folgende Grundstruktur auf [214]:

- Der SSCC/NVE-Code beginnt mit einer **Reserveziffer**, die frei zwischen 0 und 9 gewählt werden kann. Ursprünglich war vorgesehen, mit dieser Ziffer die Art der Verpackung zu kennzeichnen. Da diese Klassifizierung jedoch hier nicht zwingend erfolgt, kann durch eine freie Wahl der Reserveziffer der NVE-Ziffernkreis heute um den Faktor 10 vergrößert werden.
- Der Reserveziffer folgt die **GS1-Basisnummer** aus der GLN auf den Stellen 2 bis 8/9/10. Damit wird der Versender eindeutig identifiziert.
- Zur Kennzeichnung der Versandeinheit erfolgt dann eine **fortlaufende Nummer** auf den Stellen 9/10/11 bis 17. Damit können 1 Milliarde, 100 Millionen bzw. 10 Millionen Versandeinheiten eines Versenders eindeutig unterschieden werden. Durch den Einsatz der Reserveziffer erhöht sich diese Bezeichnungskapazität nochmals um den Faktor 10.
- An Stelle 18 des SSCC/NVE folgt die **Prüfziffer**.

Über die GLN-, GTIN- und SSCC/NVE-Nummernsystematik kann die in diesem Kapitel beschriebene Aufgabe der Versandvorbereitung effizient gesteuert werden. So lassen sich beispielsweise die Lieferaufträge über die GLN kundenspezifisch sortieren. Je Lieferauftrag ist über die GTIN eine zuverlässige Zusammenstellung, Verpackung und Identifikation der bestellten Artikel möglich. Mit Hilfe der SSCC/NVE-Codes sind die für den Transport gebildeten Versandeinheiten eindeutig zu identifizieren und mit einer Lieferung zu verknüpfen.

- **EPC – Electronic Product Code:** Werden im Logistiksystem RFID-Systeme zur Güteridentifikation eingesetzt (RFID – Radio-Frequency-Identification, vgl. in diesem Kapitel Abschnitt Auto-ID-Systeme / RFID), greift als weiterer Identifikationsstandard zusätzlich der EPC – Electronic Product Code. Der EPC wurde speziell für den vollautomatischen Datentransfer über Funk ausgelegt und kann sowohl an Stelle, als auch ergänzend zu den oben angeführten GS1-Standards eingesetzt werden. D.h., aus jedem EPC kann etwa auf Unternehmens- oder Artikelebene eine GLN, GTIN oder SSCC/NVE abgeleitet werden. Der EPC ermöglicht jedoch im Gegensatz zum GTIN auf Artikelebene die zusätzliche Identifikation einzelner Güter oder Chargen, da nicht nur Hersteller und Artikelnummer codiert werden können, sondern auch die Seriennummer eines spezifischen Gutes.

Neben den oben aufgeführten Identifikationsstandards existieren noch zahlreiche weitere GS1-Codierungen. So lassen sich etwa mit dem GDTI (Global Document Type Identifier) Logistikdokumente identifizieren. Der GRAI (Global Returnable Asset Identifier) Code ermöglicht die Identifizierung von Mehrwegverpackungen und ist eine wichtige Basis zur Installierung von Leergutregelkreisen [256].

Grundsätzlich werden Identifikationsstandards wie z.B. GLN, GTIN, SSCE/NVE oder der EPC auch als Zugriffsschlüssel bezeichnet. Ihr eigentlicher Informationsgehalt ist gering. Sie können aber mit weiteren logistischen Informationen vernetzt werden, z.B. den logistischen Stammdaten (vgl. Kapitel 3.3). Identifikationsstandards dienen dabei als ID für eine eindeutige Zuordnung der artikelspezifischen Daten in relationalen Datenbanken. Damit entstehen komplexe n : m Datenstrukturen, die einen zielgerichteten Zugriff auf alle Detailinformationen erlauben.

Da hier lediglich die Bedeutung und Systematik der logistischen Codierung im Gütertransfer veranschaulicht werden soll, wird für weitere Details auf die Veröffentlichungen und Angebote der Standardisierungsagenturen verwiesen. Neben der GS1 existieren in diesem Kontext zahlreiche weitere Standardisierungsgesellschaften. Als bedeutende Organisationen können insbesondere die ODETTE International für die Automobilindustrie oder auch die EDIFICE für die Elektronikindustrie genannt werden. Branchenspezifisch lassen sich die für Codierung zuständigen Organisationen über das Internet recherchieren [257][258].

Konzeptionell soll an dieser Stelle betont werden, dass die hier für Versandartikel vorgestellte Grundsystematik der Identifikationsstandards auch für die anderen logistischen Teilsysteme wichtig ist (vgl. Kapitel 3.3). Auch wenn für Zukaufteile Sachnummern und für Fertigungsaufträge Fertigungsnummern ggf. gesondert und auf Basis anderer Verschlüsselungen vergeben werden, ist dort eine eindeutige Güteridentifikation sicherzustellen. Entlang der gesamten Supply-Chain sind die durch das System fließenden Güter über Identifikationsstandards (Schlüssel) eindeutig zu bestimmen und mit den zugehörigen logistischen Stammdaten zu vernetzen. Nur unter dieser Voraussetzung können die Materialflüsse vom Anfang bis zum Ende der Supply-Chain zuverlässig geplant und gesteuert werden.

Auto-ID-Systeme / Barcodes / QR-Codes

Um Identifikationsstandards in der Unternehmenspraxis zu nutzen, braucht es technische Hilfsmittel. Im Logistikbetrieb müssen die erläuterten Codes mit ihren Informationen zuverlässig an die Güter gebracht sowie schnell geschrieben, gelesen und verarbeitet werden. Dazu setzt man Auto-ID-Systeme ein. Im Front-End ermöglichen sie über Barcode- oder RFID-Systeme ein rationelles Erfassen und Verarbeiten von Güterdaten. Gleichzeitig stellen sie im Back-End die Anbindung der Datenflüsse an die IT-Systeme der Logistik sicher.

Für diese Aufgabe basieren Auto-ID-Systeme grundsätzlich auf der Logik, dass alle Artikel, Verpackungen oder auch Versandeinheiten über physische, maschinenlesbare Informationsträger mit allen erforderlichen Logistikinformationen versehen sind. Dieser Ansatz führt im Logistiksystem zu einer stringenten Kopplung und Synchronisation der Material- und Informationsflüsse. Abbildung 4.22 fasst diese Grundlogik kompakt zusammen.

Abbildung 4.22 Logik von Auto-ID-Systemen

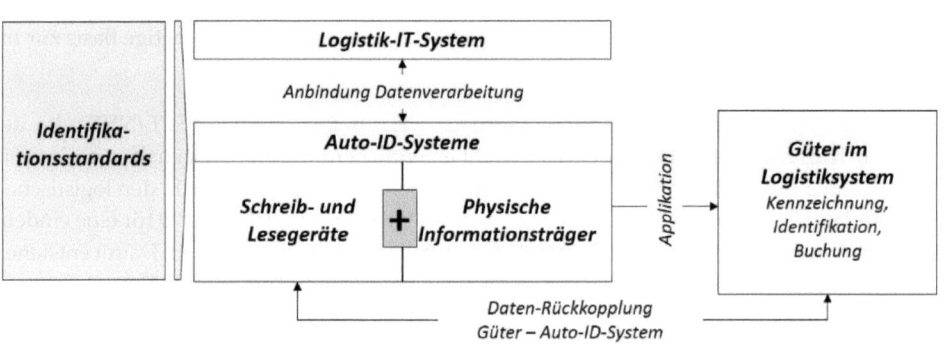

Die wichtigsten in der Logistik angewendeten Auto-ID-Systeme sind **Barcodesysteme**. Über Schreib- und Lesegeräte können Barcodes generiert und optisch ausgelesen werden. Mit der Ausgabe oder der Auslesung von Barcodes werden logistische Aufgaben begleitet und die mit ihnen verbundenen Datenverarbeitungsschritte vernetzt. So können etwa durch das Erzeugen von Barcodes Artikelnummern angelegt und Güter mit einer physischen Identifikation versehen werden. Über die Auslesung von Barcodes lassen sich durch die IT-Anbindung materialspezifische Statusänderungen oder auch Ein-, Um- und Ausbuchungen in Echtzeit über die Logistik-IT quittieren. Typische Barcodes sind:

- **1-D-Barcodes:** Eindimensionale Barcodes bestehen aus einer senkrecht stehenden Balkenkombination. Der Informationsgehalt der Barcodes hängt von der Anzahl der im Strichcode konvertierten (alpha)numerischen Code-Ziffern ab. So existieren z.B. standardisierte Barcodeformate zur Abbildung der GTIN-8/EAN-8, GTIN-13/EAN-13 oder auch des NVE-Codes. Darüber hinaus findet in der Logistikpraxis das GTIN-128-Barcodeformat Anwendungen. Mit diesem Format können neben dem NVE-Code noch zusätzliche

Informationen, wie etwa die Chargennummer und das Produktionsdatum eines Artikels in einem gemeinsamen Strichcode abgebildet werden. Abbildung 4.23 zeigt beispielhaft verschiedene 1D-Barcodes auf [256].

- **Mehrdimensionale 2-D/3-D/4-D-Barcodes:** Mehrdimensionale Barcodes werden sowohl horizontal als auch vertikal codiert. Damit erhalten sie eine wesentlich höhere Informationsdichte als 1-D-Barcodes. 2-D-Barcodes existieren in vielen verschiedenen Formen und bestehen in der Regel aus gestapelten 1-D-Barcodes oder aus einer Matrix. Sie werden auch QR-codes genannt und prägen in der Praxis wesentlich die güteridentifikation. Die 3-D-Barcodes besitzen einen ähnlichen Aufbau wie die 2-D-Codes, jedoch werden über die Verwendung von verschiedenen Farbtönen zusätzliche Möglichkeiten der Datenspeicherung geschaffen. Bei den 4-D-Codes handelt es sich um eine experimentell animierte Codeform. 4-D-Codes nutzen die Zeit als zusätzlichen Faktor bei der Codierung. Auf diese Weise ist es möglich, nochmals größere Datenmengen in einem Code zu hinterlegen [259].

Für die technische Ausgestaltung der Barcodes sind zahlreiche Standardformate zum Design der Strich- bzw. Bit-Muster entwickelt worden. Gleiches gilt für die zugehörige Hardware - in der Regel stationäre bzw. mobile Barcodedrucker und Handhelds bzw. Terminals zur Barcodeauslesung. Da diese technischen Ausprägungen nicht zum Kern dieses Buches gehören, sei auf die entsprechende Fachliteratur verwiesen. Grundsätzlich festzuhalten bleibt jedoch, dass zur Kommunikation von Barcodedaten immer eine optische Auslesung erfolgen muss. D.h., der Barcode und das Lesegerät müssen physisch in Kontakt bzw. in unmittelbare Nähe zueinander gebracht werden. Das ist bei der Gestaltung der Logistikprozesse zu berücksichtigen und erzeugt in der Systemanwendung klare Handlingsrestriktionen.

Im operativen Logistikbetrieb können über Barcodes im Prinzip alle alphanumerisch abgespeicherten Zeichen- und Informationsfolgen dargestellt und verarbeitet werden. Dazu gehören insbesondere die oben aufgeführten GLN-, GTIN- und SSCC/NVE-Codes, aber auch andere für die Logistik wichtige Informationen, wie etwa Datumsangaben, Preise, Lieferaufträge, Adressen oder interne Sachnummern. Die Anwendung der Barcodes erfolgt auf Güterebene über selbstklebende Label bzw. über Begleitkarten, die direkt mit einem Artikel, einer Verpackung oder auch einer Versandeinheit verbunden sind. Sie enthalten in Form von Barcodes alle für das logistische Handling erforderlichen Informationen – oft ergänzt durch einen zusätzlichen Ausdruck der Informationen in Klartext. Für die optische Label-Gestaltung existieren wiederum branchenübergreifende und branchenspezifische Standards, wie Abbildung 4.23 beispielhaft aufzeigt [217][218]:

Abbildung 4.23 Barcode - Beispielanwendungen

Beispiel: GS1 Transportetikett
Quelle: GS1 Infografik, GS1-Homepage

Beispiel Warenanhänger/Label Daimler AG
Quelle: DFÜ-Handbuch Daimler AG – Stand 08/2013

Auto-ID-Systeme / RFID

Ein weiteres wichtiges Auto-ID-System stellen in der Logistik die **RFID-Systeme** dar (RFID – Radio-Frequency-Identification). Sie nutzen zur Übertragung der logistischen Informationen Funksignale. Sie bestehen aus Transpondern, Schreib- und Lesegeräten sowie nachgelagerter IT-Peripherie. Die Transponder sind fix auf den Gütern, Verpackungen oder Versandeinheiten appliziert und technisch in der Lage, Daten zu speichern, zu senden und zu empfangen. Sie sind mehrfach beschreibbar und wiederverwendbar. Mit den Lese- und Schreibgeräten werden die Transponder berührungslos und über größere Entfernungen via Funksignal zum Beschreiben bzw. Auslesen angesteuert. In der IT-Peripherie sind Server zur weiteren Datenverarbeitung nötig, um die im Logistikbetrieb kommunizierten RFID-Daten auszuwerten und an das IT-System der Logistik weiterzuleiten [215]. Im Vergleich zu den optischen Barcodesystemen weisen die funkbasierten RFID-Systeme durch ihre höhere räumliche Reichweite ein weitaus höheres Automatisierungspotenzial für die Gestaltung logistischer Prozesse auf und sind weniger anfällig für Fehler, die z.B. durch eine Verschmutzung oder Beschädigung von Barcodes ausgelöst werden können.

Für die RFID-Operationalisierung ist eine komplexe Infrastruktur erforderlich, mit den RFID-Transpondern und den RFID-Schreib- und Lesegeräten als Kernelemente. Die wesentlichen technischen Grundeigenschaften der RFID-Hardware sind im Detail in der zugehörigen Fachliteratur beschrieben, auf die an dieser Stelle verwiesen wird. Hier erfolgt daraus eine kompakte Zusammenfassung, um das System in seiner Funktionsweise zu veranschaulichen [215][246][260]:

- **RFID-Transponder:** Der Transponder dient zur Identifikation markierter Güter, Verpackungen oder Versandeinheiten. Er besteht aus einer Antenne, einem Halbleiter, einem

Modem und einer Speichereinheit. Diese Komponenten sind maßgeblich für die Leistungsfähigkeit der Transponder. Eventuell können auch Sensoren für weitere Funktionen, wie das Messen der Umgebungstemperatur oder von Beschleunigungswerten auf dem Transponder integriert sein.

Das Gehäuse des Transponders wird direkt auf einem Artikel, einer Verpackung oder einer Versandeinheit appliziert und kann aus unterschiedlichen Materialien bestehen, so wie es anwendungsspezifisch am geeignetsten ist. Dazu gibt es Transponder aus Metall, Glas, Kunststoff oder auch aus Papier, die auf einem sogenannten Smart-Label aufgebracht werden. Smart-Label werden wie Barcode-Label auf das Zielobjekt geklebt. Bei der Verwendung eines Smart-Labels können RFID-Systeme und Barcodesysteme miteinander kombiniert werden. Das ist z.B. sinnvoll, wenn im Versand das eigene Unternehmen mit RFID arbeitet, der Empfänger aber nicht. Das Smart-Label enthält dann den RFID-Transponder und gleichzeitig einen Barcodeaufdruck.

Zur Datenkommunikation mit den Schreib- und Lesegeräten können im Transponder verschiedene Verfahren zum Einsatz kommen. Sie unterscheiden sich in der Art der Stromversorgung des Transponders, der Speicherart, dem Übertragungsverfahren und der genutzten Übertragungsfrequenz. Je nach Auslegung der Parameter kann die Leistungsfähigkeit des RFID-Systems stark variieren – aber auch die Kosten [260].

- **RFID-Schreib-/Lesegeräte:** Das RFID-Lesegerät besteht aus einem Digitalteil, das Daten bearbeitet und auswertet sowie einem Analogteil für den Datenaustausch mit dem Transponder. Dazu erzeugt es mit einem Sendesignal ein elektromagnetisches Wechselfeld, um mit dem Transponder zu kommunizieren. Zwischen dem Lesegerät und dem Transponder herrscht stets das Master-Slave-Prinzip. Dies bedeutet, dass alle Aktionen, die vom Transponder ausgehen, durch Befehle des Lesegeräts ausgelöst werden. Im Ergebnis ermöglichen die Schreib- und Lesegeräte eine automatische Kommunikation zwischen Sender und Empfänger und eine automatische Datenverarbeitung durch die RFID-Anbindung an das IT-System der Logistik [260].

Betrachtet man die technischen Voraussetzungen eines RFID-Systems, wird schnell klar, dass mit diesem technologischen Ansatz eine Vielzahl von Daten schnell und störungsfrei übermittelt werden können. Eine besondere Eigenschaft der RFID-Technologie, die sie anderen Auto-ID-Systemen voraus hat, ist dabei die Fähigkeit zur Pulkerfassung. Im RFID-Betrieb können mehrere Transponder gleichzeitig im Pulk angesprochen werden. Das System kann die Antworten der Transponder ordnen und die Transponder abschalten, so dass diese nur einmal antworten [215]. Die Pulkerfassung ermöglicht im Ergebnis sehr schnelle Schreib- und Leseprozesse.

Den geschilderten Stärken stehen jedoch auch relativ hohe Kosten im Vergleich zu Barcodesystemen gegenüber. Das betrifft insbesondere die erforderliche Infrastruktur. Daher hat sich die RFID-Technologie noch nicht in der Breite durchgesetzt, wohl aber in Logistiksystemen mit einem extrem hohen Umschlag an hochwertigen Gütern, wie etwa beim Handling vormontierter Kabelbäume in der Automobilindustrie.

Ein weiterer Vorteil liegt in der möglichen Kopplung der RFID-Informationen mit Daten logistischer Sensorik. Im Zuge der Digitalisierung können optische Daten, Temperaturen, Feuchtigkeit oder auch Gewicht beispielsweise bei Lagerung bzw. Transport sensorisch erfasst und mit RFID gesteuerten Packmitteln, Ladeeinheiten oder Lieferungen vernetzt werden. Das ermöglicht eine „mehrdimensionale" Überwachung und Steuerung aller Güter in der Supply-Chain. Je nach Verlauf sensorischer Parameter können algorithmisch Aktivitäten eingeleitet werden, um die Güterlagerung bzw. den -transport bedarfsgerecht zu steuern. Intelligent ausgelegt und in Echtzeit durchgeführt.

4.4.6 Lösungen: Versanddokumente

Die für den Versand aufbereiteten Lieferungen sind mit den erforderlichen Versanddokumenten auszustatten. Zu den wichtigsten Versanddokumenten gehören der Lieferschein, der Speditionsauftrag bzw. Frachtbrief, die Faktura bzw. Rechnung sowie bei Bedarf die Zollunterlagen. Ferner sind die vereinbarten INCOTERMS® wichtig, da sie die Kostenaufteilung und die Verantwortung für den Transport zwischen Lieferant und Abnehmer regeln. Zur Vereinfachung der Kommunikation kommen auch im Bereich der Versanddokumente standardisierte Vorlagen und elektronische Übermittlungsverfahren zum Einsatz.

Daten zu vereinbarten INCOTERMS®

Um nicht jedes Mal wieder neu die Lieferbedingungen individuell aushandeln zu müssen, wurden dazu global anerkannte Standardbedingungen formuliert, die so genannten INCOTERMS®. Die INCOTERMS® werden von der internationalen Handelskammer (ICC) herausgegeben und stellen verschiedene Mustervarianten zur Aufteilung von Rechten und Pflichten zwischen den Vertragspartnern bereit. Im Zentrum dieser Regelungen steht die Geschäftsabwicklung, insbesondere Regelungen zum Übergang von Transportkosten, Transportrisiken und Geschäftsabwicklungspflichten, z.B. der Beschaffung von Warendokumenten oder auch der Verzollung von Gütern. So legt zum Beispiel die INCOTERM®-Klausel EXW (Ex Works) sinngemäß fest, dass der Lieferant seine Ware „ab Werk" zur Verfügung stellt. Die Verantwortung und Kosten für den Transport liegen vollumfänglich beim Warenempfänger. Nach der Klausel DDP (Delivery Duty Paid) verantwortet der Auftragnehmer die Lieferung, bis er die Ware auf dem ankommenden Beförderungsmittel entladebereit am Bestimmungsort zur Verfügung stellt. Insgesamt sind in den INCOTERMS® elf Klauseln definiert worden. Sie können auf der Homepage des ICC unter www.icc-deutschland.de tagesaktuell und im Detail eingesehen werden. Anbei ein Überblick zu den aktuellem INCOTERMS®:

- ■ INCOTERM®-Klauseln für alle Transportarten
    - EXW   - Ab Werk
    - FCA   - Frei Frachtführer
    - CPT   - Frachtfrei
    - CIP   - Frachtfrei versichert
    - DAP   - geliefert benannter Ort

- DPU - geliefert benannter Ort entladen
- DDP - geliefert verzollt

■ INCOTERM®-Klauseln für den See- und binnenschiffahrtstransport

- FAS - frei Längsseite Schiff
- FOB - Frei an Bord
- CFR - Kosten und Fracht
- CIF - Kosten Versicherung und Fracht

Die INCOTERM®-Klauseln werden in der Regel zwischen Beschaffung und Vertrieb ausgehandelt und sind in den Lieferverträgen dokumentiert. Was hier in der Regel klar klingt kann auch mit Tücken behaftet sein. Z.B. bei der Preisstellung DDP, die logistisch erstmal bequem und sorgenfrei klingt, darf nicht vergessen werden, daß diese aus Lieferantensicht auch der Produkt-Preisverschleierung dienen kann, da der Preis mit Transport kalkuliert und angeboten wird. Wenn nun der Einkauf den Nettopreis ohne ausgewiesene Transportkosten nachvollziehen und verhandeln will, wird es schwierig. Wer kann hier den ehemaligen Logistikkostenanteil exakt bestimmen? Das bietet dem Lieferanten die Möglichkeit eines „elastischen" Cost-Break-Downs, um seine Verhandlungsposition zu stärken. Bei der auswahl der logistischen INCOTERMS® ist also immer auch auf die Gesamtwirkung der gewählten Vereinbarung zu achten.

Zur auftragskonformen Umsetzung der logistischen Aufgaben ist die Transparenz dieser Vereinbarung jedoch von Bedeutung. Daher ist die festgelegte INCOTERM®-Klausel auch in den logistischen Stammdaten zu führen und für die Versandabwicklung bereitzustellen.

Lieferschein

Der Lieferschein begleitet die Ware und hat den Zweck, die wesentlichen Sendungsinformationen kompakt zusammenzufassen. Im Detail umfasst der Lieferschein die folgenden Angaben [261]:

- Ort und Tag der Ausstellung
- Name und Anschrift des Absenders
- Name und Anschrift des Empfängers und eine etwaige Meldeadresse
- Bezeichnung der Art des Gutes in Klarschrift
- Artikelnummer
- Art der Verpackung; bei gefährlichen Gütern ihre nach den Gefahrgutvorschriften vorgesehene, sonst ihre allgemein anerkannte Bezeichnung
- Anzahl, Zeichen und Nummern der Frachtstücke (Kolli)
- Die Menge und ggf. das Gewicht
- Betrag einer bei Ablieferung des Gutes ggf. per Nachnahme einzuziehenden Summe
- Weisungen für die Zoll- und sonstige amtliche Behandlung des Gutes
- sonstige Hinweise, z.B. neuer Liefertermin bei fehlenden Produkten etc.

Der Lieferschein begleitet die Ware klassischerweise in Papierform. In vielen Branchen setzt sich jedoch zunehmend der elektronische Lieferschein durch, der auch Lieferavis genannt wird. Beim elektronischen Lieferschein werden die Daten unmittelbar nach dem Versand der Ware per elektronischem Datenaustausch dem Empfänger übermittelt. Damit dieser bereits über die Sendung informiert, bevor der Frachtführer seinen Wareneingang erreicht hat.

Für die technische Abwicklung des elektronischen Datenaustauschs haben sich industrielle Standards durchgesetzt. Im Wesentlichen werden dabei die Verfahren

- EDI – Electronic Data Interchange über eine bilaterale EDI-Verbindung
- WebEDI – Webbasiertes EDI über ein Internet-Portal

eingesetzt [262]. EDI bzw. WebEDI stellen elektronische Datenschnittstellen zwischen Unternehmen dar, über die standardisierte Datensätze im Push-Verfahren vom Versender transferiert und vom Empfänger gelesen werden können.

Für den Datentransfer wurde mit EDIFACT von der Wirtschaftskommission der Vereinten Nationen ein wichtiger Standard für Nachrichtenformate initiiert, mit dem u.a. für folgende Nachrichtentypen Formatvorgaben für EDI-Konzepte bereitgestellt werden [262][263]:

- **Handel/Industrie:** Anfrage, Angebot, Bestellung, Bestellbestätigung, Feinabruf, Lieferabruf, Liefermeldung etc.
- **Transport:** Ankunftsmeldung, Sammelladeliste, Transport-/Speditionsauftrag, Statusmeldungen etc.
- **Zoll:** Zollabgabebescheid, Zollanmeldung, Zollerklärung, Zollmitteilung

Die EDIFACT Datenformate werden kontinuierlich weiterentwickelt. Daneben gibt es noch zahlreiche branchenspezifische Nachrichtenformate, die auf EDIFACT aufsetzen und dieses Format im Detail weiter ausprägen. Wichtige Formatstandards sind:

- ENACOM für die Konsumgüterindustrie
- ODETTE, VDA für die Automobilindustrie
- EDIFICE für die High-Tech-Industrie
- EDILEKTRO für die Elektroindustrie
- EDITEX für die Textilindustrie
- EDIS für die Telekommunikationsbranche

Speditionsauftrag (Frachtbrief)

Den Speditionsauftrag (Frachtbrief) hat der Frachtführer während des Transports der Güter mit sich zu führen. Im Original weist er den Frachtführer als Besitzer und im Duplikat den Eigentümer des Transportgutes auf. Der Frachtbrief kann auch auf elektronischem Weg ausgestellt werden. Die wichtigsten Informationen eines Frachtbriefes sind [264]:

- Ort und Tag der Ausstellung
- Name und Anschrift des Absenders
- Name und Anschrift des Frachtführers
- Stelle und Tag der Übernahme des Gutes sowie die für die Ablieferung vorgesehene Stelle
- Name und Anschrift des Empfängers und eine etwaige Meldeadresse

- Bezeichnung des Gutes
- Art der Verpackung; bei gefährlichen Gütern ihre nach den Gefahrgutvorschriften vorgesehene, sonst ihre allgemein anerkannte Bezeichnung
- Anzahl, Zeichen und Nummern der Frachtstücke (Kolli)
- Rohgewicht oder die anders angegebene Menge des Gutes
- Beschreibung der vereinbarten Fracht
- Bis zur Ablieferung anfallende Kosten sowie einen Vermerk über die Frachtzahlung
- Betrag einer bei Ablieferung des Gutes ggf. per Nachnahme einzuziehenden Summe
- Weisungen für die Zoll- und sonstige amtliche Behandlung des Gutes, z.B. Luftfrachtsicherheit
- ggf. eine Vereinbarung über die Beförderung in einem offenem, nicht mit Planen gedecktem Fahrzeug oder auf Deck eines Schiffes

Faktura (Rechnung)

Die Faktura bzw. Rechnung kann unabhängig vom Transport, also getrennt als Brief oder ggf. elektronisch übermittelt werden. Für die Abwicklung der logistischen Aufgaben spielt sie insbesondere dann eine Rolle, wenn eine Lieferung unfrei und/oder per Nachnahme zugestellt wird. Die Inhalte einer ordnungsgemäßen Rechnung sind in Deutschland gesetzlich geregelt. Daher wird an dieser Stelle auf diese Regelungen verwiesen [265]. Aus der logistischen Perspektive sind insbesondere die folgenden Rechnungsinformationen von Interesse:

- Rechnungsadresse
- Versandanschrift
- Artikelbezeichnung
- Bestellnummer und –menge
- Einzel- und Gesamtpreis
- Zahlungsart - und Bedingungen

Zolldokumente

Im grenz- bzw. binnenmarktüberschreitenden Versand sind ferner alle für den Transport erforderlichen Zollpapiere der Lieferung beizufügen. Sie betreffen ggf. die Einfuhr, Durchfuhr und Ausfuhr von Gütern in und aus einem oder mehreren Ländern. Ausgewählte Zolldokumente sind:

- Warenverkehrsbescheinigung
- Ausfuhranmeldung
- Carnet (Carnet TIR, Carnet ATA usw.)
- Zollanmeldung
- Versandanmeldung
- Handelsrechnung
- Lieferantenerklärung
- Überwachungsdokument
- Ursprungszeugnis

- Direktbeförderungsnachweise
- Einfuhrgenehmigungen
- etc.

Das Thema Zoll ist ein Spezialthema und äußerst komplex. Da dieser Fokus nicht Gegenstand dieses Buches ist, wird hierzu auf die gültige Gesetzeslage und die zugehörige Fachliteratur verwiesen [266]-[268]. In der Logistikpraxis werden häufig (externe) Zollspezialisten eingesetzt, die bei der Bearbeitung dieser Aufgabenstellung fachkundig unterstützen.

Im Kontext der Digitalisierung greifen neben den o.a. elektronischen Schnittstellen zum Datentransfer auch weitere Initiativen zur Digitalisierung der Dokumente selbst. Beispielhaft genannt sei der elektronische Frachtbrief. Die Umsetzung ist jedoch Branchenabhängig unterschiedlich weit voran geschritten. Während in der Luftfahrtindustrie die E-Freight bereits weit verbreitet ist, kommt im klassischen Straßengüterverkehr der elektronische Frachtbrief nur rudimentär zum Einsatz. Die Unterschiedlichkeit der Durchdringung lässt sich zum einen durch die jeweilige Vielzahl der Teilnehmer am Verkehrssystem, der globalen Standardisierung der Branchen und der Kostensensitivität der Verkehrssystem erklären. Bis zu einer durchgängigen Digitalisierung aller Dokumente ist es noch ein weiter weg, wenn auch die Corona-Krise aus dem Jahr 2020 weiteren Schwung in die Digitalisierung bringen wird - auch und insbesondere in der Logistik.

4.4.7 Lösungen: Güterübergabe

Der Versand endet mit der Übergabe der Güter und der Versandpapiere an den Frachtführer. Steht das Transportmittel am Warenausgang des Lieferanten zur Verfügung, erfolgt dessen Beladung. Die Güter werden dazu vom Bereitstellungsplatz physisch in das Transportmittel verbracht. Die Beladung erfolgt in der Regel über Rampen bzw. Docks, die die Ladezone des Lagers direkt mit dem LKW verbinden oder über die Nutzung von Gabelstaplern in einem für die Beladung vorgesehenen Bereich. Alternativ können auch automatisierte Beladevorrichtungen eingesetzt werden. Diese sind jedoch sehr teuer und rechnen sich nur bei einem sehr hohen Güterumschlag. Während der Beladung sind die Güter sachgerecht für den Transport zu sichern (Ladungssicherung), z.B. über den Einsatz von Zurrgurten. Buchungstechnisch ist die Übergabe der Ware schließlich am Verladepunkt (vgl. V-Punkt in Abb. 4.21) zu quittieren. Nach Abschluss dieser Aufgabenstellung und der Übergabe der Versanddokumente an den Frachtführer kann die operative Güterauslieferung an den Adressaten beginnen.

4.5 Beschaffungslogistik - Auslieferung

Nach Übergabe der Güter an den Frachtführer sind die disponierten Materialien vom Warenausgang des Lieferanten an den Wareneingang des Abnehmers zu verbringen. Diese Auslieferungsaufgabe wird in der Regel durch Logistikdienstleister übernommen und von diesen geplant und umgesetzt.

4.5.1 Ziele in der Güterauslieferung

Für eine effiziente Auslieferung sind die im Transportnetz des Logistiksystems geplanten Touren (vgl. Kapitel 3.4 und 4.2) präzise zu operationalisieren. Der Transport hat dazu auf den festgelegten Strecken, in den vorgegebenen Zeitfenstern und ohne Beeinträchtigung des Frachtgutes zu erfolgen. Ferner ist für eine umfassende Datentransparenz zu sorgen, so dass jederzeit nachvollzogen werden kann, wo sich welches Frachtgut im Transportprozess befindet.

Zur Umsetzung zuverlässiger Transporte sind auf Seiten der Logistikdienstleister drei wesentliche Aufgaben von Bedeutung:

- Steuerung der Transporte
- Güterumschlag im Transport
- Auftragsverfolgung

4.5.2 Lösungen: Transportsteuerung

Grundlage der Transportsteuerung ist eine zuverlässige Disposition der Transportmittel. Dazu sind entsprechend der Tourenplanung die erforderlichen Transportmittel, Fahrer und Transportdaten bereitzustellen und ihr Einsatz zu überwachen. Diese Aufgabenstellungen können mit den Methoden der klassischen Arbeitsorganisation im Speditionsgewerbe operationalisiert werden.

Während der Transportdurchführung ist es dann wichtig, in der Leitstelle jederzeit über die Position der Transportmittel Bescheid zu wissen. Das kann z.B. über eine GPS- oder GSM-gestützte Fahrzeugortung geschehen [269]. In Verbindung mit der aktuellen Verkehrslage sind die aktuellen Routen auf ihr Optimum zu prüfen und ggf. dynamisch anzupassen. Gleichfalls sollte bei Defekten, Unfällen oder anderen unvorhergesehen Zwischenfällen ein Austausch oder eine Neukombination von Transportmitteln und Touren erfolgen. Im Sammelgutverkehr lassen sich ferner ggf. kurzfristige Teilladungen flexibel in einen laufenden Transport integrieren, wenn freie Kapazitäten dies zulassen. Im Kontext der Digitalisierung sind dabei die Tools der Telematik zum Management der Fahrzeugflotte einzusetzen. Sie ermöglichen eine umfassende Überwachung der eingesetzten Fahrzeuge und eine dynamische Disposition. Mit den Fahrzeugführern kann via App über Smartphones kommuniziert werde. Das ermöglicht eine jederzeit flexible Anpassung der Fahrervorgaben im operativen Geschäft.

Ist trotz aller Planungs- und Steuerungseingriffe eine Transportverspätung nicht zu vermeiden, ist der Wareneingang beim Abnehmer frühzeitig darüber zu informieren. Das hilft dort bei der Vermeidung größerer Prozessstörungen, da die Reihenfolge der Wareneingänge rechtzeitig angepasst werden kann. Die Korrektur von Lieferavisen via WebEDI ermöglicht auch hier durch digitale Vernetzung eine automatische und intelligente Durchführung, wenn etwa kritische Zeit- und Lageparameter überschritten werden.

Kommt es in der just-in-time Belieferung absehbar zu Verzögerungen ist eine frühzeitige Einbindung der Kunden umso wichtiger. Nur so können diese mit den neuen Daten frühzeitig eingreifen und durch Umplanungen den Schaden dämpfen und Lieferkrisen vermeiden. Auch hier ermöglicht die Digitalisierung eine höhere Reaktionsfähigkeit in der Supply-Chain und hilft damit, Krisen zu vermeiden oder auf Krisen schnell zu reagieren.

4.5.3 Lösungen: Güterumschlag

Betrachtet man in der Auslieferung klassische Ladungsverkehre, bei denen Lieferanten und Abnehmer in 1:1 Relationen direkt miteinander verbunden werden, dann sind dort keine weiteren Güterumschläge erforderlich (vgl. Kapitel 3.4.2). Die Güter gehen direkt über einen sogenannten ungebrochenen Transport vom Lieferanten zum Abnehmer [270]. Je nach Ausgestaltung des Transportnetzes und der Touren kann es in anderen Lieferkonzepten aber durchaus zu einem Güterumschlag kommen. Das betrifft insbesondere die Sammelgutverkehre, wenn es z.B. im Konzept der Gebietsspediteure oder im Bereich der KEP-Dienste zu gebrochenen bzw. intermodalen Transportketten kommt (vgl. Kapitel 3.4.3). Unter gebrochenen Transportketten versteht man Auslieferungsprozesse, bei denen im Gütertransport unterschiedliche Verkehrsmittel eines Verkehrsträgers zum Einsatz kommen [270]. Schließt sich etwa in einem Speditionsgebiet an die Sammlung einzelner Güter mit Kleintransporten die Auslieferung des kompletten Sammelgutes an den Kunden mit einem LKW an, so ist der Transportprozess gebrochen. Das bedeutet, dass an mindestens einer Stelle auch ein Güterumschlag von Transportmittel zu Transportmittel erfolgen muss. Werden in gebrochenen Transportketten mindestens zwei verschiedene Verkehrsträger eingesetzt, z.B. LKW und Bahn, spricht man von intermodalen Transportketten [271]. Intermodale Transportketten findet man insbesondere in Langdistanzverkehren, und sie sind in der Regel mit komplexen Umschlagaktivitäten verbunden.

Werden Güterumschläge erforderlich, haben die Logistikdienstleiter Umschlagpunkte zu installieren, an denen sie diese Aufgabe durchführen [272]. In intermodalen Transportketten finden sich solche Umschlagpunkte häufig an Häfen, Güterbahnhöfen oder auch Flughäfen. Für gebrochene Transportketten im Straßenverkehr installieren Logistikdienstleister ebenfalls eigene Umschlagpunkte, die häufig in Güterverteilzentren (GVZ) an verkehrsgünstigen Positionen angesiedelt werden.

Zur Organisation von Umschlagpunkten sind schlüssige Prozesse des Wareneingangs, der Lagerung und des Warenausgangs zu installieren. Eine effiziente Methode der Ausgestaltung des Güterumschlags stellen die CDC (Cross-Docking-Center) dar. Bei einem CDC werden von einem Lieferanten vorkommissionierte Versandeinheiten angeliefert. Um die Transportressourcen optimal auszuschöpfen, können bei den Lieferanten jeweils Versandeinheiten für verschiedene Empfänger geladen und an das CDC verbracht werden. Im CDC erfolgt dann eine adressatenspezifische Umsortierung der eingehenden Güter. Die vorkommissionierte Ware wird im CDC auf die verschiedenen Empfänger aufgeteilt. Geschieht dies gleichzeitig für den CDC-Wareneingang mehrerer Lieferanten, entstehen wieder „volle Ladungen" am Warenausgang des CDC für die einzelnen Empfänger [273].

Werden an dieser Stelle moderne digitale Techniken wie RFID eingesetzt, kann die Aufteilung der Güter effizient umgesetzt werden. Durch intelligente Systeme der Güteridentifikation, Kommissionierungstechniken und automatisierte Pick- und Fördersysteme sind komplett automatisierte Lösungen grundsätzlich möglich. Durch die hohen Investitionen und Personalkosten auf Mindestlohnniveau lohnen sich solche Vollautomatisierungen aber nur bei extrem hohen Umschlagsmengen, etwa im Handel. Im klassischen Industriegeschäft werden die erforderlichen Mengen nur selten erreicht. Hier können dann aber App-Unterstützungen der Kommissionierer die Fehleranfälligkeit reduzieren und die Geschwindigkeit erhöhen.

Beim Management eines CDC ist darauf zu achten, dass man auch an dieser Stelle im Logistiksystem immer in der Lage ist, schnell auf Krisen zu reagieren. Dazu gehört die Fähigkeit, die Priorisierung von Lieferungen bei Bedarf zu verändern und die sich daraus ergebenden Anpassungen mit allen Supply-Chain-Partnern zu koordinieren. Ein schneller, digitaler Datenaustausch ist hier wieder ein Schlüsselfaktor für ein robustes Krisenmanagement.

Abbildung 4.24 Prinzipielle Funktionsweise eines Cross-Docking-Center (CDC)

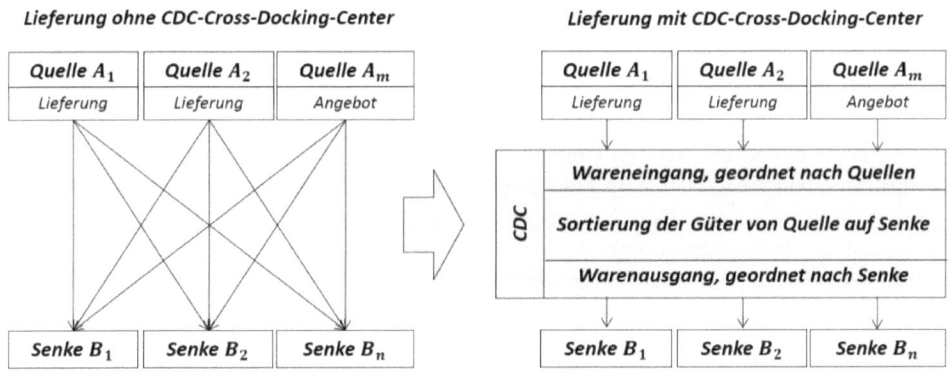

4.5.4 Lösungen: Auftragsverfolgung

Ein weiterer wichtiger Punkt in der Güterauslieferung ist eine lückenlose Auftragsverfolgung vom Lieferanten bis hin zum Abnehmer. Es muss jederzeit klar sein, welche Ware sich wo zu welchem Zeitpunkt befindet (Tracking). Kommt es später zu Reklamationen, ist es darüber hinaus wichtig, diese Verlaufsinformation und damit den Transportweg der einzelnen Güter nachvollziehen zu können (Tracing). Dazu setzen Logistikdienstleister heute sogenannte Trace- & Trackingsysteme ein [274][275]. Auch für den Krisenfall ist es wichtig, diese Informationen jederzeit verfügbar zu haben, sonst sind durchgängige Neuplanungen nicht möglich.

Bei der Umsetzung von Tracking- und Tracingsystemen können diskrete und stetige Verfahren unterschieden werden. Bei den diskreten Verfahren wird der Status eines Frachtgutes an einem bestimmten Punkt des Prozesses geändert, z.B. an wichtigen Durchgangspunkten der Transportkette [275]:

- Bei der Bereitstellung des Frachtgutes zum Versand
- Beim Beladen des Transportfahrzeugs
- Bei der Ankunft im Warenverteilzentrum / CDC
- Bei der Abfahrt aus dem Warenverteilzentrum / CDC
- Bei der Übergabe des Frachtgutes an den Kunden

An diesen Durchlaufpunkten können die Versandeinheiten über die SSCC/NVE durch Barcode- oder RFID-Auslesung identifiziert und der Transportstatus bei erfolgreicher Übergabe an diesen Prozesspunkten verändert und abgespeichert werden. In den Datenbanken des Logistik-Systems wird dann die Sendungshistorie mit den gewünschten logistischen Informationen wie etwa SSCC/NVE, Datum, Uhrzeit, Ort und Status abgespeichert. Das ermöglicht im Transport ein diskretes Statustracking und im Nachgang ein diskretes Statustracing.

Für höhere Ansprüche der Auftragsverfolgung, etwa beim Transport von Gefahrgut, können stetige Methoden zum Einsatz kommen. Dabei wird die Position des Frachtguts kontinuierlich über GPS- oder GSM-Systeme bestimmt. Die zur Ortung erforderlichen technischen Einrichtungen können entweder an der Versandeinheit selbst oder am Transportmittel angebracht werden. Werden Transportmittel geortet, lässt sich über eine DV-technische Zuordnung von SSCC/NVE zum Transportmittel eine 1:1 Relation zum Frachtgut herstellen und die aktuelle Position jeder Versandeinheit präzise nachvollziehen. Wird das Frachtgut während des Transportes umgeschlagen, erfolgt eine Statusbuchung der SSCC/NVE über Barcode bzw. RFID am Umschlagpunkt, so dass auch dann der aktuelle Standort über die Position des zugeordneten Lagerplatzes genau zu bestimmen ist. Die stetige Auftragsverfolgung ermöglicht durch eine höhere Informationsdichte ein lückenloses Tracking- & Tracing des Frachtguts, das auch über Software auf Karten visualisiert werden kann. Dieser höheren Informationsdichte stehen aber höhere Kosten entgegen, so dass diese Form der Auftragsverfolgung gezielt eingesetzt werden sollte. Beispielhaft seien hier Sicherheitstransporte genannt, die stetig nachvollzogen werden sollten. Oft reicht jedoch eine diskrete Auftragsverfolgung aus, so dass im Einzelfall bewertet werden sollte, ob die teurere, stetige Auftragsverfolgung wirklich sinnvoll und geboten ist.

Trace & Tracking Systeme sind heute in der Regel integrale Bestandteile der Telematikanwendungen zur Transportsteuerung (vgl. Kapitel 4.5.2). An dieser Stelle macht es wenig Sinn diese Systeme voneinander zu trennen, da es sich im Kern um ein geschlossenes Aufgabenpaket handelt. In der Umsetzung ist hier in jedem Fall auf die Aktualität der Daten zu achten. Ohne aktuellen Datenstatus haben solche Systeme keinen Wert.

4.6 Beschaffungslogistik - Wareneingang

Mit der Vereinnahmung der gelieferten Güter schließt die Beschaffungslogistik ab. Der Wareneingang stellt im Logistiksystem dabei die Schnittstelle zwischen den Teilsystemen der Beschaffungs- und Produktionslogistik dar. An dieser Stelle werden im Unternehmen die betriebsübergreifenden mit den betriebsinternen Materialflüssen verzahnt.

4.6.1 Ziele im Wareneingang

Wesentliches Ziel der Warenvereinnahmung ist es, die disponierten und gelieferten Güter kontrolliert in die betriebsinternen Material- und Informationsflüsse zu integrieren. Dazu bedarf es eines systematischen Abgleichs der Lieferungen mit den ausgelösten Lieferaufträgen, einer Aktivierung der Güter in den Materialbeständen, einer Lokalisierung der Bestimmungsorte und den Transport der Güter dorthin. Gelingt es, den Wareneingang zuverlässig zu organisieren und die Beschaffungs- sowie Produktionslogistik des Unternehmens zu vernetzen, wird eine durchgängige und unterbrechungsfreie Logistikkette zwischen den Supply-Chain-Partnern möglich. Zur Umsetzung eines reibungslosen Betriebsübergangs von Gütern sind im Wareneingang die folgenden fünf Aufgaben zu operationalisieren:

- Annahme der Transporte (z.B. durch LKW) am Wareneingang
- Identifikation der Lieferungen (Lieferschein/Lieferavis, Frachtbrief)
- Warenvereinnahmung
- Qualitätskontrolle (optional)
- Güterbereitstellung

4.6.2 Lösungen: Transportannahme

Für die Annahme der Transporte steht im Wareneingang in der Regel ein durch Docks oder Laderampen kapazitiv begrenzter Bereich zur Verfügung. Daher muss für eine möglichst gleichmäßige Auslastung der Entladestellen gesorgt werden. Gelingt das nicht, entstehen durch Lieferspitzen Wartezeiten bei der Entladung, die insbesondere in der Just-in-time-Anlieferung zu Risiken in der Verbraucherversorgung führen. Den Lieferspitzen stehen häufig auch auslastungsschwache Zeiten gegenüber. Trotz einer geringen Auslastung werden dann jedoch die technischen und personellen Ressourcen der Spitzenzeiten weiter vorgehalten. Letztere bestimmen demnach wesentlich den Ressourceneinsatz und die Kosten im Wareneingang mit.

Um eine gleichmäßige Auslastung des Wareneingangs zu ermöglichen, ist die Reihenfolge der Anlieferungen präzise zu planen. Auf Basis der erwarteten Lieferungen ist eine schlüssige Reihenfolge der Wareneingänge festzulegen und terminlich mit den Frachtführern abzustimmen. In der Praxis werden dazu Zeitfenster mit den Kern-Frachtführern vereinbart.

Für sie werden zu festen Zeiten spezifische Entladestellen reserviert. Dadurch lassen sich für einen großen Anteil der Materialflüsse feste Fahrpläne erzeugen und der Wareneingangsstrom steuern. Für alle sporadischen Lieferbeziehungen, die nicht unter die Zeitsteuerung fallen, bleiben Restkapazitäten für die Entladung bestehen. Sie werden nach Zeit- bzw. Prioritätsreihenfolge bearbeitet.

Unterstützt werden kann dieser Prozess auch digital. Über Geo-Fencing kann die Lieferung avisiert und ein Quick-Check-in über den zeitnahen Austausch von Position, erwartetem Ankunftszeitpunkt und den zum Wareneingang erforderlichen lieferrelevanten Daten vorbereitet werden. Das reduziert bei der Transportannahme die erforderlichen Bearbeitungszeiten und kann auch in den darauf folgenden Arbeitsschritten der Warenannahme die Bearbeitungszeiten zumindest deutlich verkürzen, da bereits alle Daten zur Verfügung stehen.

Grundsätzlich ermöglicht dieses Vorgehen auch die Erstellung dynamischer, sich regelmäßig anpassender Fahrpläne. Damit diese in der Praxis aber auch funktionieren, müssen sich die Veränderungen jeweils durch die gesamte Supply-Chain ziehen. Alle Betroffenen müssen ihre Planungen entsprechend koordiniert anpassen. Das ist enorm aufwändig und sorgt in der Praxis für Planungschaos - auch in der digital vernetzten Welt. Daher sollte im Regelfall auf dynamische Fahrpläne verzichtet werden. Stabile Systeme sind hier von Vorteil, die digital untersetzt effizient ausgestaltet sind.

4.6.3 Lösungen: Identifikation der Lieferungen

Zur Annahme einer Lieferung erfolgt zunächst die Identifizierung des Transportes. Dazu können Lieferschein, Frachtbrief und Lieferaufträge miteinander abgeglichen werden. Wird durch den Abgleich klar, welche Güter von welchem Lieferanten zur Vereinnahmung anstehen. Liegen die Daten digitalisiert vor, kann diese Aufgabe automatisiert werden. Handelt es sich z.B. um eine Falschlieferung, wie einen falschen Lieferort oder eine ungeplante Lieferung, kann diese ggf. abgewiesen werden. Eine Entscheidung wird hierzu im Einzelfall getroffen. Unterstützt werden kann dieser Prozess auch digital (vgl. Kapitel 4.6.2).

4.6.4 Lösungen: Warenvereinnahmung

Zur eigentlichen Warenvereinnahmung werden die Güter entladen und in einer festgelegten Zone des Wareneingangsbereichs bereitgestellt. Dort erfolgt am sogenannten Identifikationspunkt (I-Punkt) die Erfassung der Güter im Warenwirtschaftssystem mit Lieferantennummer, Bestellnummer, Sachnummern, Füllmengen und Ladungsträgern. Bei Einsatz der RFID-Technologie kann dieser Schritt der Erfassung automatisiert werden. Auf die Erfassung erfolgt eine Wareneingangsprüfung [273]. Dabei handelt es sich um eine (erste) Mängelprüfung mit den folgenden Inhalten:

- Mengenabweichung zum Lieferauftrag
- Mengenabweichungen zum Lieferschein / Lieferavis
- Korrekte Verpackungen / Ladungsträger

- Korrekte Mengen
- Transportschäden
- Offensichtliche Qualitätsmängel
- Korrekte Rechnungen, falls mitgeliefert

Werden Mängel sichtbar, erfolgt eine Mängelrüge und es ist über das weitere Vorgehen zu entscheiden. Bei Mängeln können Lieferungen ganz oder teilweise abgelehnt werden. Ggf. können über Sensorik einzelne dieser Aufgaben automatisiert werden. Optische Erkennungssysteme, automatisierte Wagen, etc. ermöglichen einen automatischen Datenabgleich mit Solldaten.

Nach der Wareneingangsprüfung erfolgt die mengen- und wertmäßige Einbuchung der korrekt angelieferten Güter in die Bestände des Unternehmens sowie die Quittierung des Wareneingangs gegenüber dem Frachtführer. Bei RFID-gestützten Systemen greift auch hier wieder die digitale Automatisierung. Üblich sind hier aber immer noch halbautomatisierte Systeme, die auf dem Scan von Labeln basieren. Mit der Buchung werden auch die für die Rechnungsstellung, Rechnungsprüfung und Vergütung erforderlichen Abläufe angestoßen. Das geschieht über die IT-Schnittstellen der Logistik, insbesondere zu den Bereichen Rechnungswesen und Controlling. Kommt es bei der Wareneingangsprüfung zu einer Rückweisung oder einer Korrektur von Lieferungen, sind diese bei der Verbuchung der Wareneingänge zu berücksichtigen. Wareneingang, Lieferbelege und Rechnungen müssen im Ergebnis übereinstimmen.

4.6.5 Lösungen: Qualitätskontrolle

Nach erfolgter Vereinnahmung der Güter ist zu entscheiden, ob eine tiefergehende Qualitätskontrolle der Ware erforderlich ist. Das ist z.B. der Fall, wenn die technische Beschaffenheit der Güter im Detail überprüft werden soll. Detailprüfungen werden typischerweise vorgenommen, wenn mit den Lieferanten keine expliziten Endprüfungen über sogenannte Qualitätssicherungsvereinbarungen (QSV) ausgehandelt wurden, wenn Qualitätsprobleme in der Produktion auftreten, es um sicherheitsrelevante Bauteile geht oder die Wirksamkeit einer QSV selbst überprüft werden soll. Ob eine Sachnummer einer Prüfung unterzogen werden muss, ist mit dem Prüfplan in den jeweiligen Logistik-Stammdaten der Sachnummern zu hinterlegen. Entsprechende Prüfungen können dabei als Stichproben oder 100%-Prüfungen ausgelegt werden. Für die konkrete Ausgestaltung von Prüfprozeduren wird auf die Literatur des Qualitätsmanagements verwiesen.

Damit ergibt sich zwischen Warenvereinnahmung und Gütereinlagerung bzw. Produktionsbereitstellung der in Abbildung 4.25 dargestellte optionale Prozess der Qualitätskontrolle.

Abbildung 4.25 Einlagerungs- und Bereitstellungsprozess

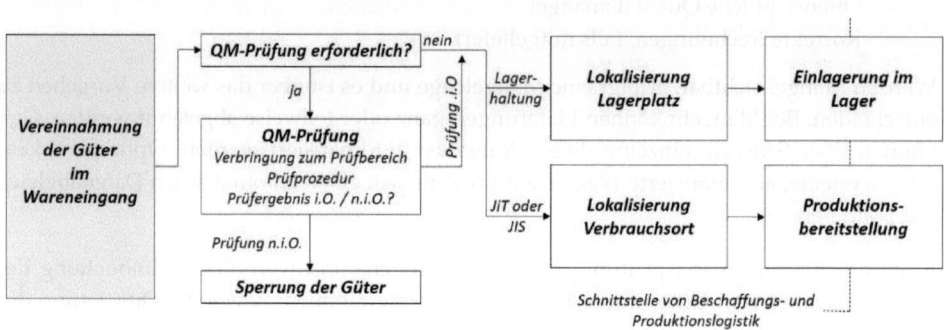

Erfolgt in der Praxis eine Qualitätskontrolle, so sind die Güter in den Prüfbereich des Wareneingangs zu transportieren und eine entsprechende Statusbuchung im Warenbestand vorzunehmen. Das für die Prüfung zuständige Personal im Qualitätsmanagement ist zu informieren. Räumlich stellt der Prüfbereich eine abgetrennte Zone im Wareneingang dar, so dass alle sich dort befindlichen Güter außerhalb der regulären Materialflüsse sind und eine Verwechslung ausgeschlossen ist. Vor Ort erfolgt dann die Abarbeitung der festgelegten Prüfprozeduren der Qualitätskontrolle [276].

Ist das Prüfergebnis in Ordnung, kann die Ware zur Einlagerung bzw. zur Produktionsbereitstellung freigegeben und mit dem entsprechendem Status im Bestand verbucht werden (vgl. Kapitel 4.6.6). Bei einem negativen Prüfergebnis sind die Güter im Bestand zu sperren und in ein Sperrlager zu verbringen [277]. Dort müssen sie eindeutig gekennzeichnet und von allen anderen Gütern getrennt gelagert werden. Nach der Sperrung der Güter kann über folgende Aktionen entschieden werden:

- Ausbuchung und Rückabrechnung der Güter
- Nacharbeit zur Korrektur der Güter
- Schadensregulierung
- Regelung der Folgekosten bei Nacharbeit etc.
  Verschrottung der Güter

4.6.6 Lösungen: Güterbereitstellung

Nach erfolgter Vereinnahmung und ggf. durchgeführter Prüfung sind die freigegebenen Güter an ihren Bestimmungsort zu transportieren. In der Regel ist das ein spezifischer Lagerplatz oder in der einsatzsynchronen Beschaffung der Verbrauchsort.

Einlagerung lagerhaltiger Güter

Für die Einlagerung von Gütern sind im ersten Schritt die zugehörigen Lagerplätze zu bestimmen. Diese Lokalisierung kann mit Hilfe von Lagerverwaltungssystemen vorgenommen werden, die als MES-Systeme ein wichtiger Bestandteil der Logistik-IT sind (vgl. Kapitel 3.4.5). Anhand der logistischen Stammdaten können die spezifischen Lageranforderungen analysiert und eine passgenaue Zuordnung und Reservierung eines Lagerplatzes bestimmt werden. Diese Zuordnung erfolgt grundsätzlich nach zwei Grundprinzipien [278]:

- **Feste Lagerplatzzuordnung:** Bei der festen Lagerplatzzuordnung werden für jeden Artikel bzw. jede Sachnummer feste Lagerplätze vorreserviert. Wareneingänge werden dann dort platziert. Die einzelnen Lagerplätze sind sortenrein miteinander verbunden, so dass geschlossene Lagerzonen entstehen. Bei der Festlegung der Lagerzonen werden Restriktionen, wie etwa Temperaturbereiche, Feuchtigkeit, Gewicht, Licht oder auch Zusammenlagerungsverbote bei Gefahrgut, strikt berücksichtigt. Der Vorteil dieser Zuordnung liegt in der Ordnung der Lagerhaltung. Kommt es zu schwankenden Verbräuchen, greift als Nachteil, dass reservierte Lagerplätze leer bleiben und die vorhandenen Kapazitäten nicht ausgeschöpft werden. Das führt in der Regel zu höheren Lagerkosten, da technische Ressourcen über Bedarf bereitgehalten werden.

- **Dynamische Lagerplatzzuordnung:** Bei der dynamischen Lagerplatzzuordnung erfolgt die Einlagerung der Güter flexibel an einem beliebigen, zugelassenen freien Platz – unter Berücksichtigung der relevanten Lagerrestriktionen. Damit werden die Güter „durcheinander" gelagert. Aus diesem Grund wird diese Zuordnung auch als chaotische Lagerplatzverwaltung bezeichnet. Ihr großer Vorteil liegt in der Auslastung bzw. Beschränkung der eingesetzten Lagerkapazitäten, was sich positiv auf die Lagerkosten auswirkt. Ein weiterer Vorteil ist, dass etwa bei einer Störung der Lager-Hardware in einem Lagerbereich die Ein- bzw. Auslagerung gleicher Güter in einem anderen Lagerbereich unberührt bleibt. Der Nachteil der dynamischen Lagerplatzzuordnung liegt jedoch darin, dass die Übersichtlichkeit der Läger verloren geht und man komplett auf das „Gedächtnis" der IT angewiesen ist. Kommt es hier zu Softwarestörungen, können ganze Lagerbereiche lahmgelegt oder die Lokalisation der eingelagerten Güter komplett verloren gehen.

Unabhängig von einer festen oder dynamischen Lagerplatzzuordnung können neben den Lagerrestriktionen auch die Verbrauchsmuster der einzelnen Güter digital analysiert werden. Wenn klar ist, was wo und in welcher Kombination regelmäßig aus dem Lager abgerufen wird, können Lagerplätze so angeordnet werden, dass sich z.B. optimierte Materialflusswege oder Kommissionierungsaufwände ergeben. Die bereits geschilderten Methoden der linearen Optimierung greifen demnach auch hier.

Sind die Lagerplätze für die vereinnahmten Güter bestimmt, ist im zweiten Schritt der Transport zum Lagerplatz zu planen und umzusetzen. Dabei können direkte 1:1 Staplerverkehre zwischen Wareneingang und Lagerplatz oder auch Milk-Run-Verkehre zwischen Wareneingang und Lagerbereichen unterschieden werden. Im innerbetrieblichen Transport werden Milk-Run-Verkehre auch als Routenzüge bezeichnet, die nach einem festen Fahrplan im Unternehmen kreisförmig zirkulieren.

Für die Gütereinlagerungen sind die innerbetrieblichen Transporte und Touren entsprechend des Wareneingangs zu planen und umzusetzen. Hier gelten im Grundsatz die gleichen Anforderungen und Lösungsansätze, wie bei der in Kapitel 4.2. geschilderten Transport- und Tourenplanung – eben nur auf innerbetrieblicher Ebene unter den Prämissen kurzer Distanzen und hoher Lieferfrequenzen. Die entsprechenden Touren werden dazu in der Praxis digital mit IT-Tools konzipiert und über das IT-Logistiksystem gesteuert. Bei der Durchführung der Transporte ist zur Aufnahme der Güter und zur konkreten Einlagerung der Bestandsstatus anzupassen. Dazu kommen die in Kapitel 4.4 beschriebenen digitalen Auto-ID-Systeme zum Einsatz.

Produktionsbereitstellung einsatzsynchroner Güter

Werden Güter nach der Warenvereinnahmung Just-in-time bzw. Just-in-Sequenz am Verbrauchsort bereitgestellt, entfällt der Prozess der Einlagerung. An dieser Stelle ist der Bereitstellungsort in der Produktion zu lokalisieren und der Transport in die Versorgungszyklen der Fertigung zu integrieren. Dieses Verfahren wird auch ship-to-line genannt. Entsprechend erfolgt dann in der Regel eine getaktete Produktionsversorgung über Routenzüge. Die Planung der Versorgungstransporte erfolgt im IT-System der Logistik unter den bekannten Planungsprämissen. Mit Ausführung der Transporte sind über den Einsatz von Auto-ID-Systemen die entsprechenden Statusbuchungen zur Bestandsführung vorzunehmen.

4.7 Produktionslogistik - Produktionsplanung und -steuerung

Der in Kapitel 4.1 bis 4.6 erläuterten Beschaffungslogistik schließt sich in Wertstromrichtung die Aufgabenstellung der Produktionslogistik an. In dieser geht es um das Management der Material- und Informationsflüsse zur Versorgung der innerbetrieblichen Wertschöpfungskette. Durch ihren Betriebsbezug ist die Produktionslogistik auf der physischen Seite durch typische Rahmenbedingungen wie kurze Wege, kleine Transportmengen und hohe Transportfrequenzen geprägt. Da weder Lieferanten noch Kunden direkt in die innerbetrieblichen Materialflüsse eingebunden sind, lassen sich hier alle Aufgabenstellungen eigenständig beherrschen. Daher sprechen wir in der Produktionslogistik auch von einer hohen Durchführungsautonomie im Unternehmen. In der Operationalisierung stehen insbesondere eine effektive Produktionsplanung und -steuerung (vgl. Kapitel 4.7) sowie eine zuverlässige Produktionsversorgung (vgl. Kapitel 4.8) für den logistischen Erfolg.

4.7.1 Ziele in der Produktionsplanung und -steuerung

Hauptziel der Produktionslogistik ist die Versorgung der Fertigung mit den benötigten Gütern. Dazu sind alle Produktionsmaterialien schnell, schlank und fehlerfrei durch die Produktionsprozesse zu schleusen und die Produktionskapazitäten kostenoptimal auszulasten.

Damit das gelingt, ist in der Produktionsplanung über das Produktionsprogramm festzulegen, was wann und wo zu welchem Zeitpunkt produziert werden soll. Durch die richtige Planung von Losgrößen, Kapazitäten und Fertigungsterminen soll der Mix aus den Bedarfsterminen der Kunden, der Maschinenauslastung und der Rüstzeiten in der Fertigung optimal aufeinander abgestimmt werden. Im Ergebnis geht es also um eine geglättete Produktion für stabile Fertigungsprozesse, unabhängig, ob diese nach dem Push- oder Pull-Prinzip gesteuert werden. Ohne Glättung würden Kapazitätsspitzen in der Produktion zu Überlastung und gleichzeitig zu hohen Ressourcenanforderungen führen, was die Fertigung teuer macht. In Niedriglastphasen wären diese Ressourcen dann gleichzeitig als totes Kapital ungenutzt und würden auch dort die Kosteneffizienz belasten.

Abbildung 4.26 Produktionsglättung mittels Produktionsplanung und -steuerung

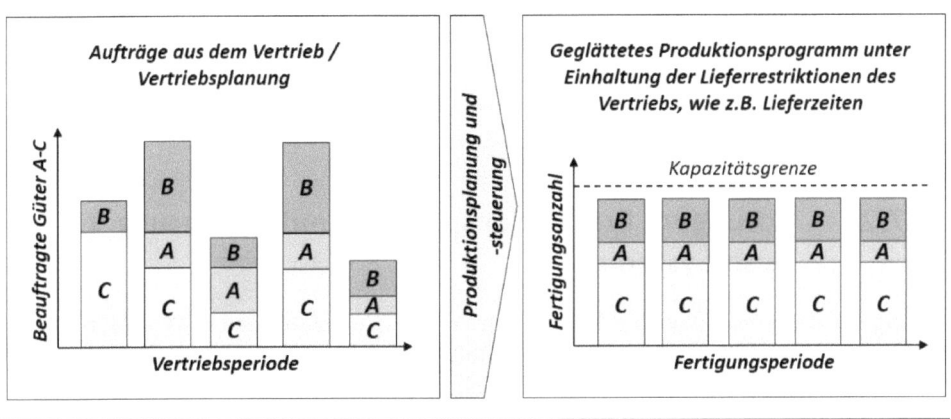

Auf Basis der Produktionsplanung ist schließlich in der Produktionssteuerung dafür zu sorgen, dass durch eine reibungslose Auftragsfreigabe und -überwachung die Planungsvorgaben umgesetzt werden. Auftretende Sonderereignisse, wie etwa Fehlteile, Maschinenausfälle, Lieferstörungen oder Belastungsspitzen im Krisenfall sind dabei im operativen Tagesgeschäft störungsfrei zu beherrschen.

Um die Zielstellungen der Produktionsplanung und -steuerung zu erreichen, geht es in der Operationalisierung um die Auswahl und den Einsatz der richtigen logistischen Methoden, insbesondere zur Bearbeitung der folgenden Aufgabenstellungen:

- Bestimmung des Produktionsprogramms
- Ermittlung optimaler Losgrößen
- Planung der Fertigungskapazitäten
- Planung der Produktionsreihenfolge und (Fein-)Termine
- Erteilen von Auftragsfreigaben
- Management der Auftragsüberwachung

Für den Einsatz der richtigen Methoden kommt es maßgeblich auf die Steuerung des Logistiksystems an. Je nach angewandter Systematik (Push-, Pull- oder Push-Pull-Prinzip) sind die Produktionsplanung und -steuerung geeignet auszulegen und zu einem Gesamtsystem zu vernetzen. Da die Steuerungsprinzipien in komplexen Logistiksystemen häufig auch lokal unterschiedlich ausgeprägt sind, ergeben sich zur Ausgestaltung und Operationalisierung eines integrierten PPS-Systems drei zentrale Aufgabenstellungen:

- Gestaltung der Produktionsplanung und -steuerung in Push-Systemen
- Gestaltung der Produktionsplanung und -steuerung in Pull-Systemen
- Management der Produktionsplanung und -steuerung in Push-Pull-Systemen

Für die Bearbeitung dieser Aufgaben braucht es in erster Linie Mitarbeiter mit einem ausgeprägten analytischen Verständnis. Sie müssen die Fähigkeit besitzen, komplexe Datenstrukturen zu überblicken und digital unterstützt Planungsentscheidungen im Hinblick auf ihre Wechselwirkungen zu bewerten. Neben der Analytik brauchen sie ferner ein gutes Verständnis für die praktischen Herausforderungen im Fertigungsalltag, um insbesondere in Krisensituationen bisherige Planungsvorgaben schnell und praxistauglich anpassen zu können.

4.7.2 Lösungen: Produktionsplanung und -steuerung in Push-Systemen

Erfolgt die Güterproduktion nach dem Push-Prinzip (Güterzuordnung ETO – MTS vgl. Tabelle 4.1), werden die einzelnen Fertigungsaufträge in Form eines deterministischen „Top-Down-Prozesses" aus der Vertriebsplanung abgeleitet. Darauf aufbauend wird ihre Umsetzung terminiert und die Fertigung gesteuert. Da diese Planungs- und Steuerungsaufgaben sehr komplex sind, werden sie in der betrieblichen Praxis durch Softwaresysteme (PPS-Systeme) unterstützt. Ein typisches PPS-System ist z.B. SAP PP / SAP APO (Advanced Planning and Organizer) [295]-[297]. Der Systemeinsatz erlaubt eine effiziente und komfortable Operationalisierung der Produktionsplanung und -steuerung, schafft Transparenz und stattet den Planer insbesondere bei kurzfristigen Anpassungen mit einer hohen Planungsflexibilität aus. In den kommenden Abschnitten werden die umzusetzenden Planungsaufgaben inhaltlich aufgearbeitet.

Schritt 1 - Planung des Produktionsprogramms

Die Produktionsplanung und -steuerung beginnt, basierend auf dem Vertriebsplan des Unternehmens, mit der Festlegung des Produktionsprogramms. Während die Vertriebsplanung marktorientiert ist und beschreibt, welche Kunden wo, was und in welcher Anzahl bestellen, erfolgt mit dem Produktionsprogramm eine werksbezogene Planung. Das Produktionsprogramm legt dabei fest, was, an welchem Standort, wann und in welcher Anzahl gefertigt werden soll [298]. Gibt es nur einen Produktionsstandort, kann eine direkte Umsetzung des Vertriebsplanes unter Glättung von Störfaktoren, wie etwa saisonalen

Schwankungen oder Urlaubsphasen, in ein Produktionsprogramm erfolgen. Dazu werden die bereits in Kapitel 4.1.3 vorgestellten Verfahren zur Bedarfsermittlung eingesetzt:

- Bedarfsermittlung – planzahlgesteuerte Disposition
- Bedarfsermittlung – prognosegesteuerte Disposition
- Bedarfsermittlung – schätzungsgesteuerte Disposition

Der Einfluss von Krisenszenarien auf die Disposition wurde bereits im Kapitel 4.1 behandelt und gilt auch an dieser Stelle. Aus diesen Verfahren lässt sich ein geglättetes Produktionsprogramm ableiten, das als fixe Vorgabe für alle weiteren Feinplanungen dient. Je nach eingesetztem Dispositionsverfahren variiert dabei die Präzision des Produktionsprogramms in Hinblick auf die später in den Märkten real zu befriedigenden Bedarfe (vgl. Kapitel 4.1).

Werden Produkte an mehreren Standorten gefertigt, ist eine Aufteilung des Produktionsprogramms auf die einzelnen Standorte vorzunehmen. Hier greifen strategische, an den Marktforderungen orientierte Logistikvorgaben, in denen etwa grundsätzlich festgelegt wird, welche Märkte mit welchen Kapazitäten aus welchen Fertigungsstandorten beliefert werden sollen. Das Ergebnis sind dann geglättete, werksbezogene Produktionsprogramme, die standortspezifisch in die weiteren Feinplanungen eingehen. Im Krisenfall können die Standortdiversifikationen für den Ausgleich fehlender bzw. überlasteter Standorte sorgen. Voraussetzung dafür ist aber eine voll integrierte Logistik-IT, die über alle Standorte mit zuverlässiger Datenführung in Sachen Bedarf, Bestand und Kapazitäten arbeitet.

Schritt 2 - Planung der Losgrößen

Das Produktionsprogramm stellt standortbezogen die Rahmendaten für die Fertigung einer Planungsphase bereit. Damit ist jedoch noch nicht bestimmt, auf welcher Maschine welches Produkt zu welchem Zeitpunkt genau laufen soll. Zur Feinplanung greifen daher weitere Überlegungen für eine kostenoptimale Organisation der Fertigungsaufträge. Die Vielzahl einzelner Fertigungsaufträge wird zu Losen kumuliert. Wichtig ist hier, optimale Losgrößen zu erreichen, die in der innerbetrieblichen Logistik weder Materialüberschüsse noch Produktionsschwierigkeiten provozieren. Mit dieser Bündelung ist die Summe der entstehenden Produktions-, Lagerhaltungs-, Rüst- und Reinigungskosten zu minimieren. Um eine passende Losgröße zu bestimmen, werden die in Kapitel 4.1.4 beschriebenen Verfahren zur Bestimmung einer optimalen Bestellmenge analog für die Berechnung optimaler Losgrößen angewendet [299]:

- Statische Verfahren (nach Andler)
- Dynamische Verfahren (z.B. nach Tabelle 4.4)

Die bereits erläuterten Krisenmechanismen greifen hier analog. Beim Einsatz dieser Verfahren wird lediglich der Kostenbegriff ausgehend von der Lagerhaltung auf alle in der Fertigung zu berücksichtigenden Kostenfaktoren erweitert. Kritisch anzumerken bleibt, dass die beschriebenen Verfahren auf Prämissen basieren, die nicht immer den realen Gegebenheiten entsprechen und somit auch mit Unsicherheit bzw. Unschärfe behaftet sind. Dennoch stellen die Ergebnisse in der Regel robuste Orientierungsgrößen für die Praxis zur Verfügung (vgl. Kapitel 4.1.4).

Generell ist zu berücksichtigen, dass die optimale Losgröße nicht immer in der Praxis realisierbar ist, da z.B. freie Fertigungskapazitäten nicht ausreichen. In diesem Fall müssen die geplanten Losgrößen ggf. weiter gesplittet oder anderweitig neu zusammengestellt werden. Daher ist die Planung der Losgrößen eng mit der im dritten Schritt beschriebenen Kapazitäts- und Terminplanung zu koppeln.

Schritt 3 - Planung der Termine und Kapazitäten

Auf Basis der Lose kann mit der Planung der Fertigungstermine begonnen werden. Mittels der sogenannten Durchlaufterminierung werden früheste und späteste Termine für die Produktion als sogenannte Ecktermine festgelegt:

- Eck-Starttermin der Fertigung (frühester möglicher Fertigungsbeginn)
- Eck-Endtermin der Fertigung (spätester möglicher Fertigstellungstermin)

Diese Ecktermine bilden den Rahmenkorridor für die eigentliche Terminplanung. Innerhalb des nun definierten Korridors können die erforderlichen Fertigungsschritte mit den zugehörigen Fertigungszeiten positioniert und miteinander vernetzt werden. Abbildung 4.27 zeigt systematisch auf, wie sich damit ein Gerüst aus Eck-, Start-, und Endterminen sowie Vorgriffs-, Fertigungs-, Warte- und Sicherheitszeiten ergibt [300].

Abbildung 4.27   Durchlaufterminierung

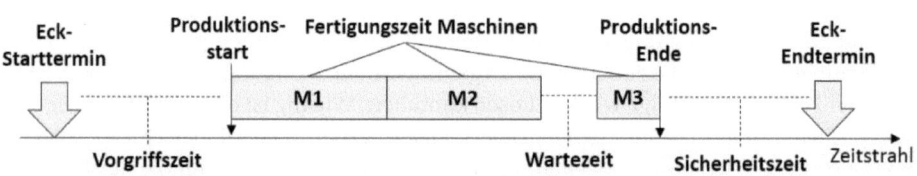

Anschließend ist zu prüfen, ob die erforderlichen Kapazitäten (Mensch, Material, Maschine) zu den Planterminen verfügbar sind. Bei Kapazitätsengpässen müssen ggf. ganze Lose bzw. Teillose in andere Zeiträume verschoben werden, was unter Umständen zu Lager- oder Fehlmengen führen kann. In Summe muss am Ende dieses Planungsschritts eine schlüssige und kapazitiv gedeckte Durchlaufterminierung der Produktionsabläufe stehen. Im Krisenfall müssen hier in der Regel verschiedene Szenarien durchgespielt werden, um die beste mögliche Reaktion vorzubereiten. Hier hilft wieder die Digitalisierung. Szenarienbildung und Folgeabschätzung gelingen dann am besten, wenn alle erforderlichen Planungsdaten konsistent vorliegen und Planungsalternativen schnell und flexibel über IT-Tools durchgespielt werden können. Am besten algorithmisch untersetzt mit Hilfe künstlicher Intelligenz, in dem z.B. typische Krisenmuster mit ihrer logistischen Implikation (Mengendifferenzen, Zeitdifferenzen, Distanzdifferenzen, beteiligte Supply-Chain-Partner, etc.) identifiziert und bewertet werden.

Schritt 4 - Reihenfolgeplanung und Feinterminierung

Nach der Durchlaufterminierung werden die Lose mit konkreten Fertigungsaufträgen auf die einzelnen Fertigungseinrichtungen zugeordnet [301]. Bei der Nutzung homogener Maschinengruppen oder in der klassischen Fließfertigung, bei der alle Fertigungseinrichtungen und Arbeitsprozesse fix miteinander verkoppelt sind, ist diese Zuordnung bereits technisch festgelegt bzw. vorgegeben. Kann allerdings bei der Fertigung auf verschiedene Maschinen zugegriffen werden, ist zu entscheiden, welche Maschinenkapazität für welchen Fertigungsauftrag eingesetzt wird. Das ist z.B. regelmäßig in Fertigungsorganisationen der Fall, die dem Werkstatt- bzw. Kompetenzcenter-Prinzip folgen [302]. Dort ist der Mix der Fertigungsaufträge insbesondere unter dem Fokus der Rüstzeiten zu analysieren. Dabei ergeben sich etwa durch den Austausch von Werkzeugen oder durch die erforderlichen Maschineneinrichtungen ggf. längere oder kürzere Rüstzeiten. Sie sind jeweils von den individuellen Spezifika der Produkte abhängig. Daher ist zu überprüfen, welche Fertigungsaufträge an welchen Fertigungseinrichtungen in welcher Reihenfolge kombiniert werden sollen, um die Rüstzeiten zu minimieren. Bei einem breiten Produktmix kann mit der richtigen Rüstreihenfolge ein wesentlicher Beitrag zur Produktivitätsoptimierung der Fertigungskapazitäten geleistet werden. Daher sei an dieser Stelle insbesondere auch auf die Fachliteratur zum Thema Rüstzeitoptimierung, insbesondere nach dem SMED-Verfahren (Single Minute Exchange of Die), verwiesen [303]. Die Fähigkeit schnell zu rüsten erlaubt auch im Krisenfall eine größere Flexibilität und ist damit für eine robuste Supply-Chain ein ganz wesentlicher Erfolgsfaktor.

Das Ergebnis der Reihenfolgeplanung und Feinterminierung sind Maschinenbelegungspläne, Betriebsmittelzuordnungen von Vorrichtungen, Werkzeugen, CNC-Programmen und Zuordnungen von Mitarbeitern [304]. Damit ist die Fertigung präzise durchgeplant.

Kritisch zu beachten ist, dass es für die Qualität der Feinplanungen sehr auf die in den PPS-Systemen eingepflegten Basisdaten zu Kapazitäten, Produktionszeiten und Rüstvorgängen ankommt. Ist beispielsweise das Umrüsten einer Maschine mit 2 Stunden im System hinterlegt, obwohl der Vorgang aufgrund von Werkzeugproblemen tatsächlich 4 Stunden dauert, kann der geplante Produktionsstarttermin nicht eingehalten werden. Die Termine der nachfolgenden Kette verschieben sich entsprechend. Treten solche Sonderereignisse auf, greifen die in Schritt fünf beschriebenen Verfahren der Planungsanpassung. Generell sollte aber durch eine gute Stammdatenpflege eine hohe Planungsqualität im PPS-System abgesichert werden.

Schritt 5 - Steuerung von Sonderereignissen und Krisen

Im Logistikbetrieb kann es vorkommen, dass sich geplante Losgrößen, Termine oder auch Produktionsreihenfolgen kurzfristig ändern. So können etwa Kunden ihre Aufträge ad hoc terminlich und mengenmäßig anpassen, Maschinendefekte auftreten oder auch

Qualitätsprobleme bei Zulieferteilen sichtbar werden. Auch ist es möglich, dass Lieferketten abrupt unterbrochen werden, etwa durch Naturereignisse oder terroristische bzw. kriegerische Vorgänge. Diese Sonderereignisse machen eine kurzfristige Anpassung der Planungen erforderlich.

Kommen solche Anpassungserfordernisse vor und werden diese oft abseits der PPS-Systeme in Form von „Feuerwehraktionen" gelöst. Dabei kommen meistens aus den PPS-Systemen extrahierte Excel-Listen zum Einsatz, aus denen die Plandaten ersichtlich sind (Mengen, Termine etc.). Diese Listen werden dann durch die Fertigungsbereiche vor Ort so angepasst, dass die kurzfristigen Kundenaufträge erfüllt werden können. In der Regel erfolgt dazu eine Verschiebung von Terminen, Zuordnungen und Prioritäten. Dass dies vor Ort geschieht, ist sinnvoll, da dort der Überblick über die Varianten zur Flexibilisierung besteht und schnell wirksam entschieden werden kann. Zur Absicherung einer durchgängigen Planungslandschaft ist es jedoch erforderlich, dass diese individuellen Anpassungen auch an das übergreifende PPS-System zurückgemeldet werden. Nur das gewährleistet transparente und aktuelle Daten im gesamten Unternehmen. Gleichfalls muss mit dieser Rückmeldung auch eine rollierende Anpassung der Folgeplanungen angestoßen werden, so dass die mittel- und langfristigen Plandaten wieder passen. In diesem Kontext sind klare Spiel- und Dokumentationsregeln wichtig. Es muss verhindert werden, dass die Individualplanung vor Ort zur Standardplanung wird. Gelingt hier die richtige Balance aus Flexibilität und Disziplin, kann eine präzise Planungsgrundlage geschaffen werden.

Besser ist es, wenn diese ad hoc Anpassungen mit IT-Tools simuliert, geplant und umgesetzt werden. Inhaltich sollten diese Instrumente Möglichkeiten der intelligenten Szenarienbildung und -bewertung erlauben. Technisch sollten diese (Krisen-Planungstools) quasi als MES-Planungssysteme direkt an die PPS-Systeme auf ERP-Basis angedockt sein. Gut definierte Datenschnittstellen erlauben dann das gezielte Herausziehen und Zurückspielen von Planungsdaten. Das stellt auch im Krisenfall jederzeit eine konsistente Datenführung und Information aller beteiligten Stellen sicher.

Schritt 6 - Auftragsfreigabe

Nach Abschluss der Feinplanung ist die Fertigung durch die Freigabe der Fertigungsaufträge anzustoßen. Das erfolgt durch eine Bereitstellung der erforderlichen Arbeitsbelege für den Betrieb, etwa aus den PPS-Systemen heraus über Papieraufträge oder über Terminals zur Betriebsdatenerfassung (BDE-Terminals). Den Fertigungseinrichtungen werden dabei die freigegebenen Fertigungsaufträge mit allen dazugehörigen Daten (Termin, Menge, Sachnummer etc.) in der geplanten Reihenfolge übermittelt. Auf dieser Basis kann dann vor Ort mit der Produktion begonnen werden, sobald dort Kapazitäten frei sind (belastungsorientierte Freigabe) [298].

Schritt 7 - Auftragsüberwachung

Zur Überwachung der Fertigungsaufträge werden aus der Produktion heraus Statusmeldungen zum Fertigungsfortschritt an das PPS-System zurückgemeldet. Das erfolgt entweder über direkte Eingaben an BDE-Terminals, über Quittierungen per Papier, mittels RFID-Technologie oder produktionsintegrierter Sensorik. Diese Rückmeldungen enthalten eine Start- bzw. Fertigstellungsmeldung der einzelnen Fertigungsaufträge mit allen erforderlichen Daten. Damit kann jederzeit nachvollzogen werden, welche Aufträge sich in Wartestellung oder Produktion befinden und welche bereits abgeschlossen sind [298].

4.7.3 Lösungen: Produktionsplanung und -steuerung in Pull-Systemen

Bei einer Güterproduktion nach dem Pull-Prinzip wird die Fertigung durch die konkrete Nachfrage der Abnehmer ausgelöst und das Material durch die Wertschöpfung gezogen. Diese Vorgehensweise erfordert eine spezifische Vorgehensweise.

Schritt 1 - Planung des Produktionsprogramms

Die Produktionsplanung und -steuerung nach dem Pull-Prinzip beginnt, analog zum Push-Prinzip, mit der Erstellung eines Produktionsprogramms. Im Unterschied zur Push-Steuerung hat das Produktionsprogramm hier jedoch nur einen Informationscharakter, da daraus keine konkreten Aufträge ausgelöst werden. Vielmehr geht es darum, jederzeit einen groben Überblick über die aktuellen und zukünftigen Bedarfe der Kunden zu haben. Für die Pull-gesteuerten MTO_w- und MTS-Güter können dann auf Basis dieser Informationen KANBAN-Regelkreise installiert werden. In diesem Kontext ist es wichtig, frühzeitig aus dem Produktionsprogramm zu erkennen, ob sich die Voraussetzung für die KANBAN-Regelkreise der Fertigung verändern oder ob sie stabil bleiben. Geglättete Produktionsbedarfe wurden bereits in Kapitel 4.1.3 als wichtige Voraussetzungen für selbststeuernde Regelkreise herausgearbeitet [305]. Bei den ETO- oder MTO_e-Gütern, die nicht für KANBAN-Regelkreise geeignet sind, aber dennoch Pull-gesteuert werden, ist es ebenfalls wichtig, die Vertriebsplanungen frühzeitig zu kennen. Auf dieser Basis werden dann in Anlehnung an die bereits geschilderten Push-Planungsschritte Auftrags- und Kapazitätsplanungen vorgenommen.

Schritt 2 - Gestaltung der KANBAN-Regelkreise für MTO_w- und MTS-Güter

Zur Gestaltung der selbststeuernden KANBAN-Regelkreise sind zunächst die Primärbedarfe der MTO_w- und MTS-Güter zu glätten. Das bedeutet, aus dem Produktionsprogramm ersichtliche Bedarfsspitzen eines Produktes müssen in Abstimmung mit dem Kunden für die Fertigung in einen konstanten Durchschnittswert überführt werden. Das macht insbesondere die Anfälligkeit dieser Steuerungssystematik durch Krisen deutlich, die durch extreme Bedarfs-/Kapazitätsschwankungen gekennzeichnet sind. Im Krisenfall sind häufig ausreichende Glättungen nicht mehr zeitnah möglich. Die erforderliche stringente Glättung funktioniert aber nur dann, wenn der Produktbedarf in Summe auch nur mäßig schwankt. Ansonsten wären die Grundvoraussetzungen für eine Pull-Fertigung nicht mehr gegeben und dieser Steuerungsmechanismus bricht zusammen.

Abbildung 4.28 Prinzip der Bedarfsglättung

Die geforderte Glättung ist für alle MTOw- und MTS-Güter mit entsprechender Stringenz durchzuführen. Im Ergebnis steht ein geglätteter Bedarf je Produkt. Diese Form der Glättung wird im Toyota-Produktionssystem auch als Heijunka-Prinzip bezeichnet [306]. Auf Basis der geglätteten Bedarfe können dann entlang des Fertigungsprozesses produktspezifisch vernetzte KANBAN-Regelkreise zwischen den Arbeitsstationen, zum Kunden und zu den Quellen der Sekundärbedarfe installiert werden. Abbildung 4.29 zeigt einen KANBAN gesteuerten Fertigungsprozess beispielhaft auf:

Abbildung 4.29 KANBAN gesteuerter Fertigungsprozess

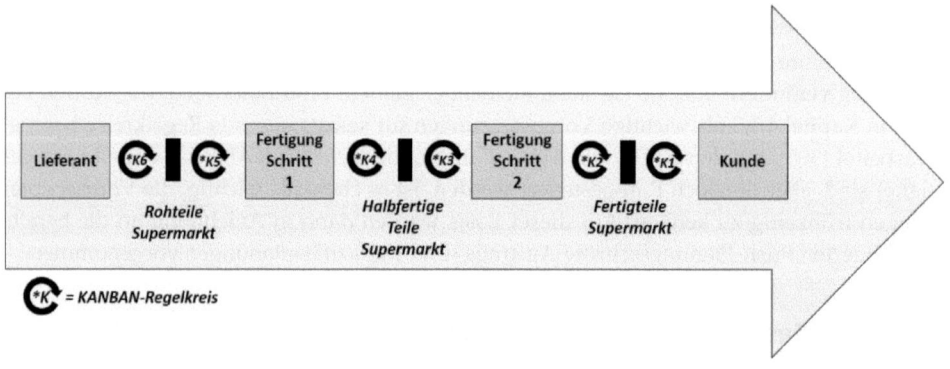

Die einzelnen KANBAN-Regelkreise im Fertigungsprozess lassen sich - wie in Kapitel 4.1.3 beschrieben - berechnen und aufeinander abstimmen. Im Ergebnis ergeben sich für die Fertigung der Produkte und Halbfertigteile fixe Losgrößen, die dem Inhalt eines Behälters im jeweiligen KANBAN-Regelkreis entsprechen. Ferner wird die Anzahl der für den Regelkreis erforderlichen KANBAN-Karten ermittelt, damit der Fertigungszyklus störungsfrei läuft. Dieses Verfahren der KANBAN gesteuerten Pull-Fertigung eignet sich für alle klassischen MTS- und MTOw-Güter mit ABC_x-Charakteristika sowie für ausgewählte Güter mit ABC_y-Charakteristika (vgl. Tabelle 4.1). Um Vorsorge für die Krisenresilienz zu schaffen, sind geeignete Sicherheitspuffer in den Regelkreisen einzubauen. Hier macht die Dosis das Gift. Schnell entstehen versteckte Läger über Puffer, die dann nichts mehr mit einer schlanken

Fertigung zu tun haben, aber nicht direkt sichtbar sind. Hier ist das Logistikmanagement gefragt, die richtige Balance aus Krisenrobustheit und effizienter Materialversorgung zu finden.

Schritt 3 - Kapazitätsplanung geglätteter KANBAN-Regelkreise

Zur gleichmäßigen Auslastung der Fertigungskapazitäten können die mit KANBAN gesteuerten Produkte für eine integrierte Fertigung kombiniert werden. Vereinfacht bedeutet dies, dass jeden Tag unterschiedliche KANBAN-Produkte mit einer festen Anzahl an Fertigungslosen (Behältern) sequentiell hintereinander geschaltet werden, um jeweils die täglichen Sollmengen zu produzieren. Nach der Produktion eines Produktes erfolgt dabei eine Umrüstung der Fertigungseinrichtungen auf das Folgeprodukt mit KANBAN-Steuerung.

Der Vorteil dieses Ansatzes besteht darin, dass man mit jedem Produkt täglich lieferfähig ist und gleichzeitig die Fertigung flexibel anpassen kann. Der wesentliche Nachteil besteht in den erforderlichen Aufwendungen für die Rüstvorgänge zur Umstellung der KANBAN-Fertigungsprozesse. Daher ist hier, analog zur Push-Steuerung, bei der Kombination der KANBAN-Produkte eine Optimierung der Rüstzeiten zu beachten, z.B. durch Anwendung des SMED-Verfahrens. Über eine rüstzeitoptimierte Produktkombination entsteht eine stabile und kostenoptimale Anordnung der KANBAN-gesteuerten Fertigungsprozesse. Die Bedeutung dieser Fähigkeit für den Krisenfall ist selbstredend und schließt an die bisherigen Ausführungen dazu an.

Abbildung 4.30 Kapazitätsplanung durch Kombination von KANBAN-Produkten

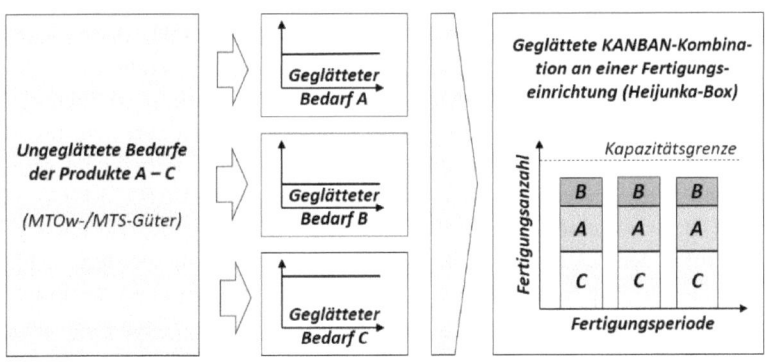

Schritt 4 - Planungsintegration Pull-gesteuerter ETO- und MTO$_e$-Güter

Werden innerhalb einer Produktfamilie neben den MTO$_w$- und MTS-Gütern auch ETO- und MTO$_e$-Güter gefertigt, ist zu berücksichtigen, dass für diese Güter häufig gleiche Fertigungseinrichtungen und Gleichteile eingesetzt werden, aber die Voraussetzungen für klassische KANBAN-Regelkreise dort in der Regel nicht erfüllt sind. Dennoch sind sie von ihrer Logik her in die Pull-Steuerung zu integrieren, da ihre Fertigung direkt durch Kundenaufträge ausgelöst wird. Dazu werden analog zur Push-Steuerung die geplanten Bedarfe bestimmt, Losgrößen zur Fertigung festgelegt und in die KANBAN-Fertigungsplanung integriert.

Für die MTO_e- und ETO-Güter werden dazu fixe Losgrößen festgelegt, die sich aus den im Produktionsprogramm eingeplanten Kundenaufträgen 1:1 ergeben. Die Plandaten werden dabei rollierend durch die echten Auftragsdaten der Kunden präzisiert. Da es aufgrund von Fertigungsproblemen zu Ausschüssen kommen kann, müssen diese fixen Losgrößen mit einem Korrekturfaktor in Höhe der Ausschussquote angepasst werden. Diese Quote ist jedoch in der Praxis nicht immer konstant, so dass es zu Über- oder Unterdeckungen von Lieferaufträgen kommen kann. Entsprechend müssen ggf. kurzfristige Plananpassungen vorgenommen werden.

Nach Festlegung der Losgrößen greifen im Folgenden mit der Durchlaufterminierung sowie der Reihenfolgenplanung und Feinterminierung die gleichen Planungsschritte, wie sie bereits in der Push-Steuerung erläutert wurden. Es handelt sich hier also um eine analoge Vorgehensweise. Daher werden diese Güter in der Praxis der Fertigungsplanung auch häufig den Push-Gütern zugeordnet (Dummy-Sachnummern), obwohl sie nach der Definition der Steuerungssystematiken klar dem Pull-Prinzip zuzurechnen sind.

Die Problematik besteht nun darin, die Fertigungsaufträge der ETO- und MTO_e-Güter in die Kapazitäts- und Auftragsplanungen der klassischen KANBAN-Regelkreise zu integrieren (vgl. Abbildung 4.30, Heijunka-Box). Das ist exakt das gleiche Problem, wie es auch bei der Fertigungskombination klassischer Push-Güter mit klassischen Pull-Gütern der KANBAN-Steuerung auf einer gemeinsamen Fertigungseinrichtung auftritt (Push-Pull-Mix).

Zur Lösung dieses Problems werden die Plandaten der ETO- und MTO_e-Güter (bzw. der klassischen Push-Güter) in die freien Kapazitätsfelder der KANBAN-Planungen eingebaut. Kommt es bei dieser Planungsintegration zu Kapazitätsengpässen oder Überschneidungen gilt die Faustformel, dass die KANBAN-Regelkreise in der Fertigungsreihenfolge Priorität haben, da dort in der Regel nur mit sehr geringen Beständen operiert wird und die geglätteten Kundenaufträge zuverlässig bedient werden müssen. Das bedeutet grundsätzlich, dass bei einem Fertigungsmix aus KANBAN-Regelkreisen und ETO-, MTO_e- oder klassischen Push-Gütern auf einer Fertigungseinrichtung entsprechende Prioritätsregeln in den Planungsschritten der Push-Systematik zu verankern sind. Damit werden die Planungsansätze der Push- und Pull-Systematik an dieser Stelle unter dem Lead der Pull-Systematik integriert. Gelingt diese Vernetzung, können beide Steuerungssysteme auf gemeinsamen Fertigungseinrichtungen störungsfrei im Mix geplant und betrieben werden. Erneut greift hier wieder die Bedeutung der Digitalisierung, die gerade solche schwierigen Integrationsprozesse sinnvoll unterstützen kann.

Abbildung 4.31 Push-Pull-Mix in Fertigungseinrichtungen

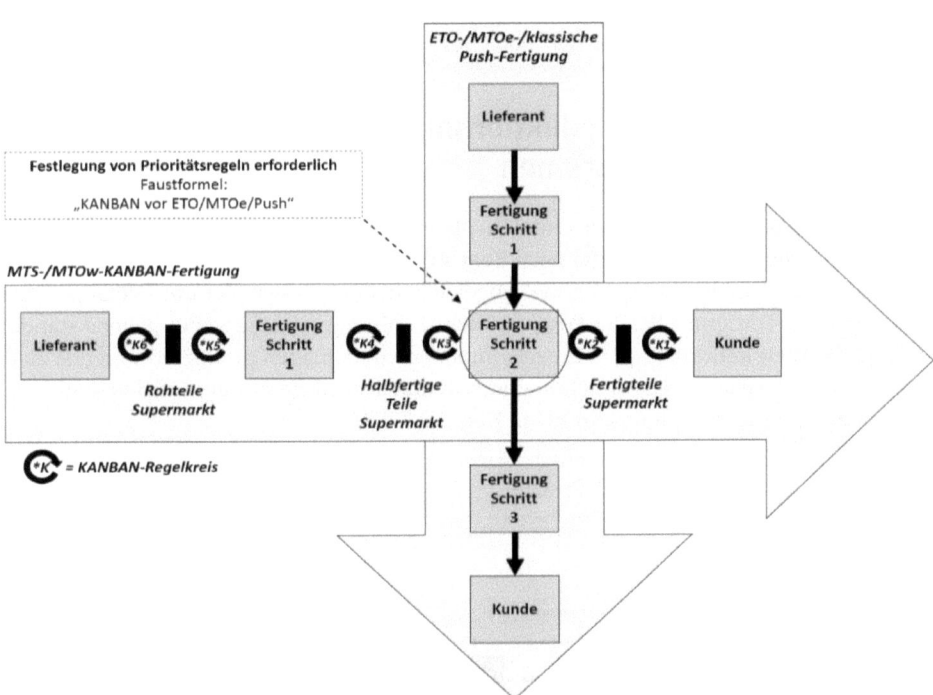

Für den Fall der Fertigung von ETO- oder MTOe-Gütern, die völlig unabhängig von den Fertigungseinrichtungen der KANBAN-Produkte zu produzieren sind, ist die Produktionsplanung und -steuerung einfacher. Hier muss keine Integration im Sinne des beschriebenen Push-Pull-Mix erfolgen. Unter diesen Voraussetzungen können Losgrößen, Durchlaufterminierungen, Produktionsreihenfolgen und Feinterminierung analog zum Push-Prinzip isoliert durchgeführt werden. Die Aufträge werden im Unterschied zum klassischen Push-Prinzip dann nicht durch das Produktionsprogramm determiniert ausgelöst, sondern durch einen konkreten Kundenauftrag. Existiert gleichzeitig eine klassische Push-Fertigung im Unternehmen, bietet sich durch die enge Übereinstimmung der Planungsverfahren eine Zusammenführung der Push- und Pull-Planungen für diese ETO/MTOe-Güter an. Spezielle Tools zur Bewertung von Planungsszenarien sind hier eigentlich nicht erforderlich.

Schritt 5 - Auftragsfreigabe und Überwachung

In der KANBAN-Steuerung startet die Auftragsfreigabe mit der Aktivierung eines KANBAN-Regelkreises. Wie bereits in Kapitel 4.1.4 beschrieben wurde, entfallen dort weitere Steuerungsaufgaben, da diese Regelkreise selbstregulierend sind. Das macht diese Variante der Produktionsplanung und -steuerung in der Umsetzung schlank.

Bei der Pull-Fertigung von ETO- und MTOe-Gütern erfolgt die Aktivierung der Fertigung durch einen Kundenauftrag in den dafür vorgesehenen Kapazitätsfenstern. Für die Auftragsfreigabe und Auftragsüberwachung greifen dann die gleichen Instrumente wie sie bei der Push-Steuerung erläutert wurden, eben nur kundenseitig ausgelöst.

4.7.4 Lösungen: Produktionsplanung und -steuerung in Push-Pull-Systemen

Ein weiterer Sonderfall in der Produktionsplanung und -steuerung sind die integrierten Push-Pull-Fertigungskonzepte, die nach dem sogenannten Postponement-Prinzip funktionieren. Aus dem englischen „postpone" abgeleitet, handelt es sich hier um „Verzögerungsstrategien" der Fertigung. Bei der Postponement-Fertigung soll eine weitestgehend standardisierte Produktplattform (ggf. in Einzelkomponenten) homogen produziert und erst zu einem möglichst späten Zeitpunkt kundenindividuell ausdifferenziert werden (vgl. auch „Kundenauftragsentkopplungspunkt" in Kap. 3.2.3) [307].

Abbildung 4.32 Postponement-Prinzip

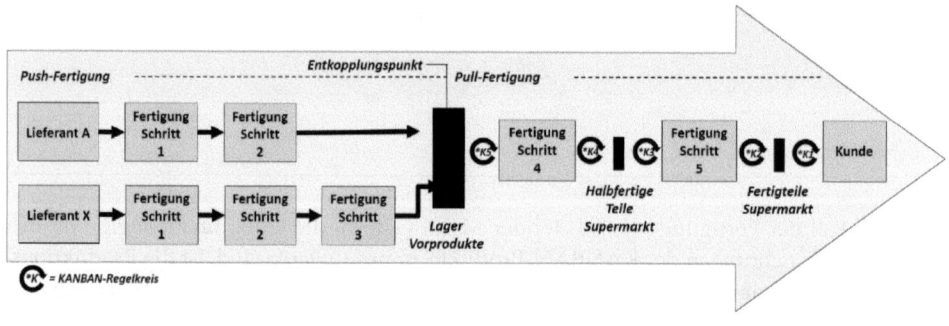

Ein typisches Beispiel sind Waschmaschinen. Diese können in einem Serienmodell homogen gefertigt werden. Erst am Ende der Fertigung erfolgt eine Zuordnung und Montage eines für das Abnehmerland spezifischen Netzteils oder auch einer kundenspezifischen farblichen Blende für die Verkleidung. Dieses Konzept hat den Vorteil, dass im Fertigungsprozess lange mit übergreifenden Standardkomponenten gearbeitet wird. So lassen sich etwa auf Basis von marktübergreifenden Absatzprognosen standardisierte Komponenten nach dem Push-Prinzip kostengünstig in Massenfertigung produzieren und kurzfristig auf Lager nehmen. Mit Eingang der spezifischen Kundenaufträge werden dann die zugehörigen, vorproduzierten Komponenten individuell kommissioniert und nach dem Pull-Prinzip in der Endmontage zu auftragsspezifischen Produktvarianten zusammengebaut. Das spart gegenüber einer durchgängigen Pull-Fertigung Zeit, und man kann schneller liefern. Gleichfalls können bei einer gut geplanten Vorproduktion der Standardkomponenten Skaleneffekte realisiert werden, ohne dass exorbitant hohe Lagerkosten entstehen. Würde man alternativ direkt die Einzelvarianten komplett in Push-Fertigung herstellen, bräuchte man sehr exakte

Prognosen für jede Einzelkonfiguration und jeden Einzelmarkt. Das ist nur sehr schwer möglich und mit viel höheren Risiken verbunden, als bei der Prognose vielfach verwendbarer Einzelkomponenten. Für viele Produkte ergeben sich durch diese Push-Pull-Integration durch einen hohen Lieferservice sowie geringe Produktions- und Logistikkosten erhebliche Marktvorteile [307].

Im Sinne einer effektiven Produktionsplanung und -steuerung geht es in Postponement-Konzepten darum, die sequentielle Schnittstelle der Push- und Pull-Fertigung geschickt zu koordinieren. In den Push- bzw. Pull-Bereichen selbst greifen jeweils die bereits beschriebenen Planungs- und Steuerungsmethoden. An der direkten Schnittstelle – dem Ort des Systemwechsels - kommt es auf die Regulierung des Übergangs an. Das geschieht meist über Läger. Dabei empfiehlt es sich, umfassende Bedarfssimulationen durchzuführen, um die Lagerdimensionierung für beide Seiten richtig auszulegen. Am Ende besteht hier immer das Risiko von Über- oder Unterbeständen. Dieses Risiko lässt sich nicht vollständig vermeiden, aber über zuverlässige Prognosen, Bedarfssimulationen und eine transparente Verbrauchsüberwachung dämpfen. Dafür ist in der Produktionsplanung und -steuerung zu sorgen. Digitalisierung ist auch hier wieder das Stichwort für eine effektive Simulation.

4.8 Produktionslogistik - Produktionsversorgung

An die Produktionsplanung und -steuerung schließt sich mit der Produktionsversorgung die Durchführung der innerbetrieblichen Materialflüsse an. Dabei handelt es sich um eine klassische Umsetzungsaufgabe, die für die Sicherstellung fließender Fertigungsabläufe von wesentlicher Bedeutung ist. Ohne eine funktionierende Produktionsversorgung kann keine leistungsfähige Fertigung organisiert werden.

4.8.1 Ziele in der Produktionsversorgung

Hauptziel der Produktionsversorgung ist der reibungslose Materialfluss entlang der Fertigung, so wie er durch die Produktionsplanung und -steuerung vorgesehen ist. Nur, wenn der Nachschub an Gütern wie geplant erfolgt und die fertiggestellten Güter an ihren Zielort gelangen, kann die Produktion störungsfrei laufen. Eine störungsfreie Produktion ist zentrale Voraussetzung für die termin- und qualitätsgerechte Versorgung der Kunden mit den gewünschten Produkten. Im Kern geht es an dieser Stelle um die innerbetriebliche Umsetzung der „7R" der Logistik: Das (1) richtige Produkt wird in der (2) richtigen Menge, in der (3) richtigen Qualität, am (4) richtigen Ort, zur (5) richtigen Zeit, zu den (6) richtigen Kosten, für den (7) richtigen Verbraucher bereitgestellt [19]. Damit ist die Produktionsversorgung ein wichtiger Treiber für einen hohen Lieferservice und adressiert wichtige Stärkefaktoren der Logistik-Funktion:

Zur Umsetzung der Materialflüsse in der Fertigung kommt es auf eine bedarfsgerechte Operationalisierung der Versorgungsströme an. Grundsätzlich können dabei zwei Grundvarianten zum Tragen kommen:

- **Staplerverkehre** zur individuellen Ver- und Entsorgung von spezifischen Verbraucher- bzw. Erzeugerstellen.

- **Routen- bzw. Milk-Run-Verkehre** zur Umsetzung standardisierter Ver- und Entsorgungsketten mehrerer Verbraucher- bzw. Erzeugerstellen.

In beiden Grundvarianten nehmen die Mitarbeiter der Produktionsversorgung die Planungsdaten aus der Produktionsplanung und -steuerung als Transportvorgaben auf, sorgen für eine Bereitstellung der Versorgungsgüter im Wareneingang (Jit/Jis-Versorgung) bzw. in den Lagerbereichen, setzen den Transport an die Verbrauchsorte um und verbuchen die umgesetzten Materialflüsse im Logistiksystem. Gleichzeitig sorgen sie für einen Rücklauf der Leergutbehälter und verbringen fertiggestellte Güter an ihren Zielort, z.B. den Warenausgang oder in die Fertigwarenläger.

Insgesamt handelt es sich an dieser Stelle um Durchführungsaufgaben auf Anweisung und nicht um einen kreativen Handlungsraum. Entsprechend sind die Anforderungen an das Personal zu definieren. Erforderlich sind zuverlässige Kräfte, die Vorgaben zielsicher umsetzen können und ein ausgesprochenes Qualitätsbewusstsein haben. Es geht um Personen, die „machen" und gleichzeitig auch aufmerksam „hinschauen", um Versorgungslücken und -engpässe zu erkennen und zu beheben. Dazu sollten sie die Grundlagen der logistischen Methoden und Prozesse verstehen, insbesondere zu Buchungssystemen, den eingesetzten Förder- und Lagertechniken sowie den Materialflusssystemen, wie etwa der KANBAN-Methodik. Eine gute Schulung der Mitarbeiter ist an dieser Stelle wichtig, um typische Umsetzungsfehler, wie die falsche Zuordnung von Lagerplätzen oder Verbrauchsstellen, Fehlbuchungen oder auch Zählfehler zu vermeiden. Ferner ist der sichere Umgang mit Fördertechnik wie Staplern oder Routenzügen für die Produktionsversorgung erforderlich. Gelingt eine gute Qualifizierung und wird eine hohe Motivation der Mitarbeiter sichergestellt, werden sie im betrieblichen Alltag wichtige Impulse für weitere Optimierungen geben. Sie sind direkt vor Ort und können durch hinschauen Überkapazitäten, Belastungsspitzen oder Verschwendung erkennen und in die KVP-Diskussionen einbringen.

4.8.2 Lösungen: Staplerverkehre

Bei den Staplerverkehren handelt es sich um direkte 1:1 Transportrelationen zwischen dem Bereitsteller und dem Verbraucher von Gütern. Mit einem Gabelstapler werden dabei abgerufene Einzelteile bzw. einzelne Ladungsträger transportiert. Entsprechend handelt es sich, wie in Kapitel 3.4.3 dargestellt, konzeptionell um Ladungsverkehre im innerbetrieblichen Transport. Ihr Vorteil ist, dass sie sehr flexibel geplant und schnell umgesetzt werden können. In der betrieblichen Praxis bedeutet dies eine hohe Frequenz von Transportvorgängen mit kleinen Transportmengen, ohne dabei einer fest getakteten Vorgabe von Transportrelationen zu folgen. Mit diesem Flexibilitätsvorteil sind jedoch auch wesentliche Nachteile dieser Gestaltungsalternative verknüpft. Bei Staplerverkehren lassen sich nur sehr schwer optimale Auslastungsgrade der Fördermittel planen, da die Transportaufträge in der Regel individuell und unregelmäßig ausgelöst werden, typischerweise etwa bei klassischen ETO- oder MTOe-Gütern. Das führt durch viele Leerfahrten zu relativ hohen Kosten in der innerbetrieblichen

Versorgung. Darüber hinaus sind Stapler wartungsintensiv und im Vergleich zu anderen Transportalternativen unfallanfällig. Das sind wichtige Aspekte, die im Hinblick auf Versorgungssicherheit und Versorgungskosten als kritisch zu betrachten sind [308].

Im Regelfall sollten Staplerverkehre daher nur dann zum Einsatz kommen, wenn spezifische Güter nicht in regelmäßige Versorgungsströme integriert werden können oder die Güterbeschaffenheit keine andere Transportmöglichkeit zulässt. Beispielhaft genannt werden kann etwa der innerbetriebliche Transport kompletter Stahl-Coils, bei dem nur ein Individualtransport wirklich sinnvoll ist. Ferner können Staplerverkehre bei Störungen im Routenverkehr (vgl. Kapitel 4.8.3) oder zur Abfederung temporärer Bedarfsspitzen eingesetzt werden.

Die Organisation der Staplerverkehre erfolgt im Wesentlichen nach den im Folgenden für die Materialversorgung aufgeführten Arbeitsschritten:

- **Schritt 1 – Versorgungsaufträge abfragen:** Aus der Produktionsplanung und -steuerung können etwa in der Push-Steuerung die Materialbedarfe der Verbraucher über die Fertigungsaufträge exakt bestimmt werden. In der Pull-Steuerung ist dies über KANBAN-Karten möglich.

- **Schritt 2 – Bereitstellung der Versorgungsgüter:** Im Rahmen der Just-in-time bzw. Just-in-Sequence Versorgung stellt der Wareneingang die Schnittstelle zur Produktionsversorgung dar. Die einsatzsynchron angelieferten Güter werden dort für den direkten Weitertransport zum Verbraucher bereitgestellt (vgl. Kapitel 4-6: ship-to-line). Bei lagerhaltigen Gütern erfolgt am Lager eine zeitnahe Auslagerung, Kommissionierung, Buchung und Bereitstellung der Güter. Auch hier gelten grundsätzlich die bereits in den Kapiteln 4.3 und 4.4 aufgezeigten Aufgabenstellungen - angepasst und reduziert auf die spezifischen Anforderungen der innerbetrieblichen Versorgung.

- **Schritt 3 – Transportausführung und Quittierung:** Entsprechend der einzelnen Lieferaufträge werden die bereitgestellten Güter zum Verbrauchsort verbracht, der Fertigung zugeführt und die Auslieferung quittiert. Bei KANBAN-Regelkreisen erfolgt die Buchung über den Kartentausch bzw. elektronisch über eine Verbuchung per e-KANBAN.

- **Schritt 4 – Leerguttransport:** Am Verbrauchsort wird in der Regel im Verfahren „voll gegen leer" Leergut aufgenommen, an einen Leergutsammelplatz geführt und dort verbucht. In der Pull-Steuerung kann dies ebenfalls über sogenannte Leergut-KANBAN-Regelkreise umgesetzt werden.

Die hier vorgestellten Arbeitsschritte für die Versorgung können analog für die Entsorgung der Fertigteile eingesetzt werden. Hier sind die Schritte lediglich auf die Fertigungseinrichtungen als Güterquellen und den Warenausgang bzw. die Warenläger als Gütersenken umzustellen. Aus der Versorgungs- wird so die Entsorgungsaufgabe. In der Praxis werden beide Aufgabentypen auch häufig miteinander kombiniert. Das ist insbesondere dann der Fall, wenn die Ver- und Entsorgungsverkehre mit einem geschlossenen IT-System geplant und gesteuert werden können. Digitalisierung hilft an dieser Stelle bei einem effizienten Ressourceneinsatz. Auf der Shopfloor Ebene können ferner weitere Instrumente der

Digitalisierung eingesetzt werden. So können Fahrer mit Terminals, Apps, Augmented Reality Brillen oder akustischen Call-System ausgestattet werden, damit sie digital intelligent geleitet von Auftrag zu Auftrag geroutet werden. In der höchsten Stufe der digitalen Integration können robotergesteuerte, selbstfahrende Flurförderzeuge direkt an die Planungsinstrumente angeschlossen werden und die Touren, vernetzt mit ein und Auslagerungssystemen, komplett führerlos ausführen. Diese Art der digitalen Integration erfordert aber eine enorme hohe Auslastung, um die hohen Investitionen zu rechtfertigen. Daher sind sie heute noch in der Regel eher die Ausnahme.

4.8.3 Lösungen: Routenverkehre

Bei den Routenverkehren, die in der Praxis auch Milk-Run-Verkehre, Routenzüge oder auch Milk-Run-Züge genannt werden, handelt es sich im Sinn von Kapitel 3.4.4 um Sammelgutverkehre. Einzelne Versorgungsaufträge werden hier zu gemeinsamen Lieferungen kombiniert. Die Versorgung erfolgt dann auf Basis standardisierter Routen mit festen Fahrplänen und definierten Haltestellen an den Verbrauchsorten. Dieses Verfahren ermöglicht es, Routen und Touren optimal im Hinblick auf Lieferstellen, Lieferfrequenzen und Liefermengen auszugestalten – stabile Verbrauchsverläufe vorausgesetzt [309]. Die folgende Abbildung 4.33 macht das Prinzip deutlich.

Abbildung 4.33   Grundprinzip Routenverkehre

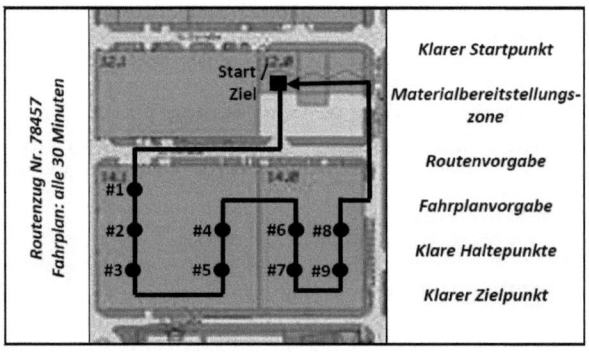

Beim Design der Routen und Touren können, wie bereits in Kapitel 4.2 beschrieben, die Verfahren der linearen Optimierung zur Lösung des TPP-Transportproblems und des TSP-Traveling-Salesman-Problems auf innerbetrieblicher Ebene analog genutzt werden. Das ergibt optimale Transportrelationen und wirtschaftliche Routen. So können Leerfahrten fast zu hundert Prozent vermieden und die eingesetzten Fördermittel, in der Regel Elektrokarren mit angekoppelten Rollwagen, optimal ausgelastet werden.

Für die Umsetzung der Routenverkehre gelten die in Kapitel 4.8.2 aufgezeigten Durchführungsschritte, nur eben auf Sammellieferungen und nicht für Einzellieferungen ausgelegt.

Dazu werden in der Praxis die durch die Produktion abgerufenen Materialien den Routen zugeordnet und an den Materialbereitstellungspunkten im Wareneingang (JiT-/JiS-Versorgung) bzw. an den Lägern entsprechend bereitgestellt und verbucht. Der Fahrer belädt den Routenzug mit den Gütern und fährt nach Fahrplan die Route mit den immer gleichen Haltepunkten ab, sofern von dort für die jeweilige Tour ein Materialabruf erfolgte. Am Haltepunkt tauscht er jeweils Voll- und Leergut 1:1 aus und quittiert die Übergabe. Dieser Austausch erfolgt immer am selben Platz. Das gilt sowohl für die Position der Güter am Verbrauchsort als auch auf dem Fördermittel. Die Konsequenz sind stabile, regelmäßige Prozesse und eine geringe Fehleranfälligkeit. Das führt zu zufriedenen Kunden. Jeder weiß, dass, wenn ein Materialabruf bzw. Transport verpasst wurde, in einem definierten Zyklus von z.B. einer Viertelstunde der nächste Transport automatisch kommt und der Abruf immer noch rechtzeitig mit einer Belieferung bedient wird. Der hier geschilderte Ablauf für die Versorgung kann auch für die Entsorgung der Erzeugerstellen von Fertiggütern installiert werden.

In Summe werden über Routenverkehre die Transportkapazitäten der Logistik gut ausgelastet und eine gleichzeitig hohe Versorgungssicherheit gewährleistet. Das Ergebnis dieses Konzeptes sind niedrige Transportkosten und ein hoher Lieferservice im innerbetrieblichen Transport. Die in Kapitel 4.8.2 dargestellten Möglichkeiten der digitalen Integration greifen an dieser Stelle entsprechend.

Da Routenzüge grundsätzlich stabile Bedarfsverläufe als Voraussetzung benötigen, empfiehlt sich ihr Einsatz in der Regel besonders für MTO_w- und MTS-Güter. Es können aber auch ETO und MTO_e-Güter mit integriert werden. Dann ist die Routen- und Kapazitätsplanung jedoch wesentlich schwieriger.

4.9 Distributionslogistik - Auftragsmanagement

In Wertstromrichtung schließt sich der Produktionslogistik die Distributionslogistik an. Sie regelt die operative Belieferung der Kunden mit den bestellten Gütern. Damit dieser Prozess reibungslos funktioniert, bedarf es bereits in der Auftragsannahme einer engen Abstimmung zwischen Distribution, Fertigung und Einkauf. Schon im Bereich des Bestellvorgangs der Kunden ist sicherzustellen, dass Produktionsmöglichkeiten und Lieferanforderungen systematisch abgeglichen und in Deckung gebracht werden und damit der für die Produktion auch tatsächlich erreichbare Lieferzeitpunkt definiert wird. Das ist die zentrale Aufgabenstellung im Auftragsmanagement. Auf dieser Basis kann auftragskonform gefertigt (vgl. Kap. 4.7 und 4.8) und ausgeliefert werden (vgl. Kap. 4.10).

4.9.1 Ziele im Auftragsmanagement

Im Umfeld standardisierter Produkte und Geschäftsprozesse ist das operative Auftragsmanagement in weiten Bereichen von Industrie und Handel vom Vertrieb in die logistischen Bereiche übergegangen. Insbesondere bei MTS- und MTO_w-Gütern werden von den Kunden

Bestellungen digital über Internetschnittstellen abgerufen, per Fax übermittelt oder direkt telefonisch gehandelt. Diese Bestellwege funktionieren, da die spezifischen Produkte mit ihren Rahmenbedingungen und Preisen oft bereits klar geregelt sind, z.B. über Kataloge oder Rahmenverträge. Im Auftragsmanagement geht es dann darum, Bestellungen mit Liefermengen, Lieferterminen und Versandart den Kundenwünschen entsprechend zu erfassen, auf Umsetzbarkeit zu prüfen, dem Kunden zu bestätigen und in die Produktionslogistik einzusteuern. Werden in diesem Kontext Unstimmigkeiten zwischen Fertigungsmöglichkeiten und Lieferanforderungen sichtbar, ist mit den Kunden eine Lösung zu suchen, die von beiden Seiten akzeptiert wird. In der Umsetzung des Auftrags sollte das Auftragsmanagement alle Lieferdaten wie etwa Lieferscheine und Frachtbriefe aktuell und transparent haben, um dem Kunden jederzeit den Status der Auftragsbearbeitung mitteilen zu können.

In der Distribution von ETO- oder MTO_e-Gütern, ist am Anfang des Auftragsmanagements eine intensive Einbindung des Vertriebs erforderlich. Er hat in der Regel den Lead zur Abstimmung von Güterspezifika, Preisen und Vertragsbestimmungen. Für die Prüfung und Bestätigung von Umsetzungsdetails, wie etwa den Fertigungsmöglichkeiten und den Versandalternativen kommt die Logistik ins Spiel. Sind hier alle Fakten des Auftrags klar, übernimmt die Logistik den Lead für die Operationalisierung der Lieferung – so wie vorstehend beschrieben.

Um im Auftragsmanagement die Zusammenarbeit mit den Kunden effektiv steuern zu können, kommt es in erster Linie auf einen systematischen und stringenten Auftragsprozess an. Im Einzelnen sind dazu die folgenden Teilaufgaben des Auftragsmanagements zu strukturieren und aufeinander abzustimmen:

- Anfragenannahme
- Verfügbarkeitsprüfung und Lieferterminermittlung
- Auftragsbestätigung
- Auftragsverfolgung
- Reklamationsmanagement

Zur Umsetzung dieser Aufgaben werden analytische und gleichzeitig kommunikativ starke Persönlichkeiten benötigt. Kommunikation ist wichtig, um die Bedürfnisse der Kunden klar zu erkennen und zu erfassen. Das gilt auch, wenn es darauf ankommt tragfähige Lösungen mit den Kunden zu erarbeiten, wenn z.B. Kundenwunsch und Liefermöglichkeiten nicht sofort zusammenpassen.

4.9.2 Lösungen: Anfragenannahme

Am Beginn des Auftragsmanagements stehen die Auftragsanfragen der Kunden. Sie können telefonisch, schriftlich, per Fax, über E-Mail bzw. Onlineportale oder andere digitale Schnittstellen im Unternehmen eingehen. Inhaltlich geht es dabei in der Regel um die Abfrage von Preisen und Lieferzeiten für spezifische Güter. Das gilt insbesondere für Standardprodukte aus der Gruppe der MTS- und MTO$_w$-Güter. Bei ETO- oder MTO$_e$-Gütern erfolgt zusätzlich eine komplexere inhaltliche Klärung des Bedarfs in enger Zusammenarbeit mit der Vertriebsfunktion. Im Kontext dieser Klärung sind auch die speziellen Kundenwünsche im Hinblick auf Liefertermin, Versandart, Verpackung etc. zu erfassen. Im Ergebnis muss klar sein, was der Kunde konkret zu welchen Rahmenbedingungen wünscht. In der Umsetzung dieser Aufgabenstellung können strukturierte Kundendialoge helfen. Dies gilt insbesondere auch, wenn für die Auftragsannahme externe Call-Center eingebunden werden. Parallel zum oder auch nach Abschluss des Anfragedialogs können die zugehörigen Anfragedaten in den IT-Systemen des Unternehmens erfasst und für die weitere Bearbeitung gespeichert werden [310].

Besondere Aufmerksamkeit müssen in dem geschilderten Prozess die Wunschtermine und die bevorzugten Versandvarianten der Kunden in Bezug auf Komplett- oder Teillieferungen gewidmet werden. Diese Punkte führen in der Praxis durch unklare Kommunikation häufig zu Missverständnissen und in Folge zu unzufriedenen Kunden. Daher ist hier explizit auf Klarheit und ein einheitliches Verständnis zu achten. In diesem Sinne können den Kunden auch direkt standardisierte Lieferklassen angeboten werden. So wäre etwa im Versandgeschäft für alle MTS oder MTO$_w$-Güter eine Standardlieferklasse mit einer Lieferzeit von zwei Tagen und einer Preisstellung ab Werk eine mögliche Lösung. Bei MTO$_e$-Gütern könnten die Lieferklassen mit den produktspezifischen Fertigungszeiten zuzüglich eines Sicherheitspuffers harmonisiert werden. Wünscht der Kunde dennoch eine schnellere Lieferung als im Standard angeboten, kann er dies verlangen und bekommt sie auch, jedoch gegen Aufpreis. Der Aufpreis spiegelt dann die Aufwände für eine von den Standardlieferklassen abweichende Sonderlösung wider. Werden für das gesamte Produktspektrum realistische Lieferklassen angeboten, reichen diese häufig im Kundendialog aus und es kommt nur selten zu Anpassungen bzw. werden individuelle Lösungen erforderlich. Das unterstützt eine stabile Auftragsbearbeitung mit stabilen Prozessen und einer kostengünstigen Abwicklung. Geschieht der Kundendialog digital untersetzt, hilft das Fehler zu vermeiden und sorgt von Anfang an für eine konsistente Datenerfassung.

4.9.3 Lösungen: Verfügbarkeitsprüfung und Lieferterminermittlung

Auf Basis der Anfragedaten ist zu prüfen, ob der Kundenwunsch auch wirklich wie gefordert bedient werden kann oder ob eine alternative Lösung vorgeschlagen werden muss. Bei dieser Prüfung können generell die statische und dynamische Verfügbarkeitsprüfung unterschieden werden.

Statische Verfügbarkeitsprüfung

Die statische Verfügbarkeitsprüfung greift vorzugsweise bei den nicht lagerhaltigen ETO- und MTO$_e$-Gütern, also dort, wo ohne wesentliche Bestände gearbeitet wird. Im IT-System der Logistik wird dazu eine fixe Lieferzeit für die Produkte digital hinterlegt, die von der Fertigung in Abhängigkeit der aktuellen Kapazitätssituation fortlaufend aktualisiert wird.

Wenn sich der Kundenwunschtermin mit dem möglichen Liefertermin der Fertigung deckt, kann der Termin bestätigt werden. Ist das nicht der Fall, sind alternative Terminvorschläge mit den Kunden abzustimmen. Da es sich bei der Produktionsplanung und -steuerung um eine rollierende Aufgabe mit sich dynamisch verändernden Ergebnissen handelt, ist darauf zu achten, dass die Machbarkeit der zugesagten Kundentermine permanent sichergestellt wird. Im Grunde ist diese Vorgehensweise einfach, verlangt aber einen kontinuierlichen Blick auf das Auftragsset [311]. Nur in digital unterlegten Auftragsmanagementsystemen kann am Ende eine tagesaktuelle und fehlerfreie Datenführung sichergestellt werden.

Die hier aufgezeigte Prüf- und Bestätigungslogik kann grundsätzlich auch für MTS- und MTO_w-Güter eingesetzt werden. Solange Güter auf Lager vorrätig sind, kann sofort abverkauft werden. Ist der Lagerbestand verbraucht, greift die vorstehend erläuterte Logik der statischen Lieferzeit. Wird im Unternehmen jedoch mit komplexen ERP-Systemen gearbeitet, die wie SAP ein systematisches Bestandsmanagement ermöglichen, empfiehlt sich für schnelldrehende Güter die Anwendung der dynamischen Verfügbarkeitsprüfung, da mit dieser Methodik eine noch präzisere Auftrags- bzw. Lieferterminplanung ermöglicht wird.

Dynamische Verfügbarkeitsprüfung

Bei lagerhaltigen MTS- und MTO_w-Gütern, bei denen ERP-gestützt mit laufenden Beständen bzw. Bestandsveränderungen gearbeitet wird, greift die Methodik der dynamischen Verfügbarkeitsprüfung. Auch bei diesem Verfahren wird zum Kundenwunschtermin die angefragte Liefermenge mit den Beständen im Unternehmen abgeglichen. Jedoch ist dieser Abgleich hier etwas komplizierter, da die Bewegungsdynamik im Lager berücksichtigt werden muss. Dazu kann im ersten Schritt der disponible Bestand zum Kundenwunschtermin unter Berücksichtigung der bereits eingeplanten Lagerabgänge und Lagerzugänge bestimmt werden. In diesem Sinn lässt sich der disponible Lagerbestand etwa wie folgt bestimmen [312]:

    aktueller physischer Lagerbestand
    + Bestellbestände (Lagerzugang bis zum Wunschtermin)
    - Reservierte Bestände (Lagerabgänge bis zum Wunschtermin)
    <u>- Sicherheitsbestände</u>
    disponibler Bestand zum Wunschtermin

Voraussetzung für eine korrekte Ermittlung des disponiblen Bestands ist allerdings, dass für die geplanten Lagerabgänge und -zugänge alle Termine im System aktuell gepflegt sind (ATP – Availabe to promise).

Ist zum Kundenwunschtermin t_1 die angefragte Liefermenge kleiner oder gleich dem disponiblen Lagerbestand, kann im zweiten Schritt die angefragte Menge reserviert und zum Wunschtermin t_1 ausgeliefert werden. Bei der Berechnung des Wunschtermins sind die für den Transport erforderlichen Zeiten additiv mit zu berücksichtigen. Das gilt natürlich immer, unabhängig von der statischen oder dynamischen Verfügbarkeitsprüfung.

Im Fall, dass die disponiblen Bestände nicht ausreichen, um die Anfrage zum Wunschtermin t_1 vollständig zu bedienen, kann im zweiten Schritt zunächst der disponible Restbestand zum Zeitpunkt t₁ reserviert und die Fehlmenge als Rückstand gebucht werden. Daraufhin ist zu bestimmen, zu welchem Zeitpunkt t₂ die noch verbleibende Fehlmenge im Lager eingeht. Genau zu diesem Zeitpunkt kann die Fehlmenge bzw. der Rückstand vom erwarteten Lagerzugang für den Kunden reserviert werden. Zum Zeitpunkt der Nachlieferung (t₂) würde also die Nachfrage in Gänze bedient werden können. Wünscht der Kunde eine Komplettlieferung, wäre der Zeitpunkt t₂ demnach auch der früheste mögliche Liefertermin. Ist der Kunde jedoch auch mit Teillieferungen einverstanden, könnte der disponible Bestand zum Wunschtermin t₁ als Teillieferung ausgeliefert werden, der zum Zeitpunkt t₂ über eine Nachlieferung des Rückstands komplettiert würde. An dieser Stelle braucht es eine klare Kommunikation und Einigung mit dem Kunden, um Missverständnisse zu vermeiden. Diese Kommunikation muss auch mit einer eindeutigen Dokumentation der Vereinbarungen und der Warenbewegungen im Lager gekoppelt werden, damit die getroffenen Vereinbarungen eingehalten werden können. Das verlangt eine exakte Lager- bzw. Bestandsführung im Unternehmen. Auch hier greift wieder die Digitalisierung mit konsistenter Datenführung als Schlüssel zum Erfolg.

4.9.4 Lösungen: Auftragsbestätigung

Nach Durchführung der Verfügbarkeitsprüfung und finaler Abstimmung der Liefertermine mit den Kunden, kann der Auftrag formell bestätigt werden. Dabei sollten Bestellnummer, Lieferobjekt, Liefermenge, Preis, Liefertermin und Versandart klar fixiert werden. Häufig kann diese Bestätigung automatisch über IT-Systeme erzeugt und an die Kunden versendet werden. Mit dieser Bestätigung kann die Einigung über die Lieferung nachvollziehbar dokumentiert werden [313].

4.9.5 Lösungen: Auftragsverfolgung

Die bestätigten Aufträge sind in der Logistik in eine Auftragsliste mit allen erforderlichen Umsetzungsdaten zu überführen und abzuarbeiten. In dieser Liste kann auch der aktuelle Status der Auftragsbearbeitung mitgeführt werden. Das ermöglicht eine kontinuierliche Beobachtung, ob sich alle Aufträge wie geplant in der Umsetzung befinden. Kommt es z.B. aufgrund unvorhersehbarer Ereignisse, wie etwa Maschinenausfällen oder Qualitätsproblemen, zu Störungen, kann frühzeitig mit dem Kunden Kontakt aufgenommen werden. Das sollte geschehen, wenn klar ist, dass der Zieltermin nicht gehalten werden kann. Je früher dann eine solche Information erfolgt, desto besser können Ausweichmöglichkeiten mit dem Kunden abgestimmt und vereinbart werden. Diese Abstimmung ist ein wichtiges Instrument im Management der Kundenbeziehungen. Es zeigt dem Kunden, dass er ernst genommen wird und man auch in schwierigen Situationen eine Lösung in seinem Sinn sucht. Eine „Überraschung" der Kunden mit einem Lieferausfall kann dementgegen die Geschäftsbeziehung nachhaltig belasten. Auch an dieser Stelle wird deutlich, dass es auf eine durchgängige Verzahnung der Informations- und Datenkette über die gesamte Supply-Chain ankommt. Nur so können Veränderungen und Störungen in der gesamten Kette transparentgemacht, Lösungsansätze konzipiert und koordiniert abgestimmt werden. Diese

Durchgängigkeit ist aber heute, im Zeitalter der Digitalisierung, immer noch ein zentraler Schwachpunkt in der Logistik. Daher ist es im Logistikmanagement von zentraler Bedeutung ein starkes Gewicht auf die digitale Vernetzung im Unternehmen, zu den Lieferanten und zu den Kunden zu sorgen. Auch wenn das zunächst einmal Geld kostet. Am Ende wird es aber Geld sparen und die Wettbewerbsfähigkeit des eigenen Unternehmens steigern. Lieferservice und Logistikkosten können nur dann effektiv gesteuert werden, wenn die logistische Datenkette durchgängig ist - vom Kunden bis hin zu den Lieferanten. Auch im Krisenfall ermöglicht das eine schnelle und gute Kommunikation mit dem Kunden - ohne das Chaos einer Notsituation noch weiter zu verstärken. Inzwischen werden dazu auch Ansätze für spezielle KMU-Kollaborationsplattformen entwickelt, um das Anwendungsspektrum digitaler logistischer Planungs- und Steuerungsinstrumente sukzessive weiter auszubauen. Beispielhaft genannt dazu ist das IGF-Projekt „KoDeMat" - Befähigung von KMU zur kollaborativen Planung und Entwicklung heterogener, dezentral gesteuerter Materialflusssysteme".

4.9.6 Lösungen: Reklamationsmanagement

Kommt es trotz eines stringenten Auftragsmanagements zu Lieferstörungen, greift das Reklamationsmanagement. Hier kann zwischen qualitativen und administrativen Problemen differenziert werden. Bei Qualitätsproblemen am Produkt selbst sind die innerbetrieblichen Prozesse zur Gewährleistung und Schadensregulierung zu aktivieren. Kommt es jedoch zu administrativen Logistikfehlern, wie falschen Artikeln, falschen Mengen, falschen Lieferzeiten etc., ist aus dem Logistikbereich heraus eine Korrektur und Regulierung der Fehler anzustoßen. Hier geht es insbesondere um die prioritäre Organisation von Nachlieferungen, von Gutschriften und ggf. um die Regulierung berechtigter Schadenersatzansprüche. Intern sind die administrativen Fehler systematisch zu erfassen, zu analysieren und in einen KVP-Prozess zur Weiterentwicklung und Stabilisierung der betrieblichen Logistikabläufe zu integrieren. Dies ist ein wichtiger Aspekt, da administrative Fehler direkt kundenwirksam werden und einen erheblichen Einfluss auf die Wahrnehmung des Lieferservices haben, einem der wichtigen Merkmale für die Wettbewerbsfähigkeit des Unternehmens [279].

Damit im Reklamationsfall schnell und konsistent gehandelt werden kann, sind gute CRM-Systeme erforderlich, die mit den logistischen Daten vernetzt werden können.

4.10 Distributionslogistik - Liefermanagement

Im Liefermanagement geht es um den operativen Transfer bestellter Güter zu den Kunden. Das ist eine zur Beschaffungslogistik grundsätzlich analoge Aufgabenstellung. Nur fließen an dieser Stelle die Güter nicht von den Lieferanten in das eigene Unternehmen, sondern fertige Produkte aus dem eigenen Unternehmen zu den Kunden. Unter dem Gesichtspunkt der Warenstromanalyse kommt es in der Beschaffungslogistik demnach zu einer Konsolidierung verteilter Güter hin zu einem (oder wenigen) Verbrauchspunkt(en). Im Liefermanagement der Distributionslogistik steht dementgegen die Verteilung größerer Mengen an

Fertiggütern hin zu vielen verschiedenen Abnehmerpunkten. Abbildung 4.34 macht dieses grundsätzliche Konsolidierungs- bzw. Verteilungsprinzip in der Supply-Chain deutlich.

Abbildung 4.34 Warenstromcharakteristika in der Logistik

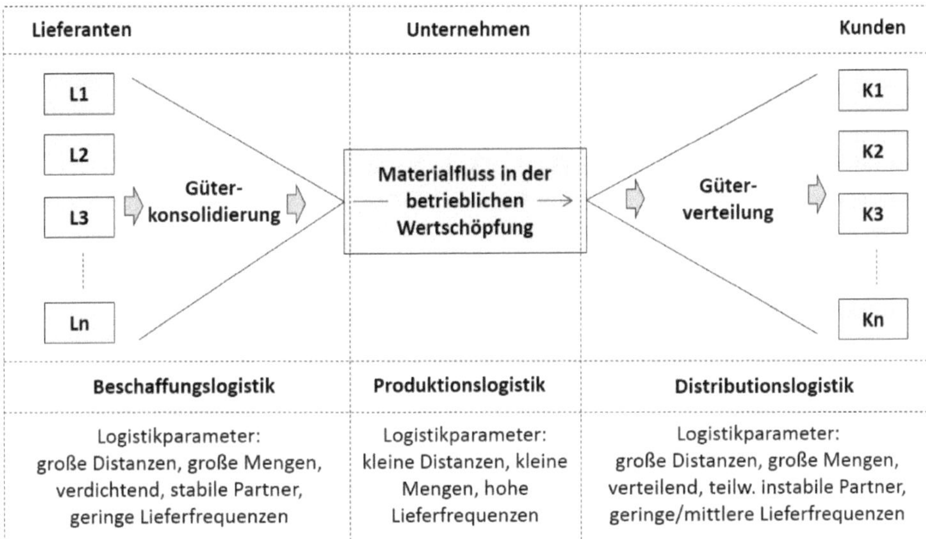

Lieferanten	Unternehmen	Kunden
L1, L2, L3, ... Ln Güterkonsolidierung	Materialfluss in der betrieblichen Wertschöpfung	Güterverteilung K1, K2, K3, ... Kn
Beschaffungslogistik	**Produktionslogistik**	**Distributionslogistik**
Logistikparameter: große Distanzen, große Mengen, verdichtend, stabile Partner, geringe Lieferfrequenzen	Logistikparameter: kleine Distanzen, kleine Mengen, hohe Lieferfrequenzen	Logistikparameter: große Distanzen, große Mengen, verteilend, teilw. instabile Partner, geringe/mittlere Lieferfrequenzen

4.10.1 Ziele im Liefermanagement

Auch wenn es im Liefermanagement um die Verteilung und den Transfer von Fertiggütern zu den Kunden geht, greifen dort dennoch prinzipiell die gleichen Zielstellungen wie in der Beschaffungslogistik: Es geht um die auftragskonforme Bereitstellung und Verbringung bestellter Güter vom Versender zum Abnehmer – ganz im Sinne der 7R der Logistik. Gelingt in der Distributionslogistik ein zuverlässiger Gütertransfer zum Kunden, werden die entsprechenden Zielstellungen der Logistik-Funktion adressiert:

Bei der Ausgestaltung der Auslieferprozesse sind also grundsätzlich die gleichen Hauptherausforderungen wie in der Beschaffungslogistik anzugehen – nur aus der Perspektive der Güterverteilung. Operativ greifen dabei analoge Kernaufgaben:

- Planung von Transporten und Touren
- Kommissionierung von Gütern
- Versandbereitstellung von Gütern
- Auslieferung von Gütern
- Übergabe von Gütern

Die wesentlichen Bestandteile und Lösungsansätze dieser Aufgabenstellungen wurden bereits in den Kapiteln 4.2 bis 4.6 erörtert und müssen nicht nochmals entwickelt werden. Im folgenden Kapitel „Gütertransfer zum Kunden" werden daher vielmehr die abweichenden Besonderheiten bzw. „Knackpunkte" herausgearbeitet, die sich in den verschiedenen Aufgabenstellungen speziell in der Güterverteilung ergeben.

4.10.2 Lösungen: Gütertransfer zum Kunden

Unter der zusammenfassenden Bezeichnung „Gütertransfer zum Kunden" werden in diesem Kapitel alle dafür erforderlichen Aktivitäten der Distributionslogistik betrachtet, also auch die planerischen und vorbereitenden Aufgabenstellungen. Sie gehen zwar über den eigentlichen Transport der Güter zum Kunden hinaus, sind aber für einen reibungslosen Auslieferungsprozess wichtig.

Besonderheiten in der Transport- und Tourenplanung

Basis der Transport- und Tourenplanung sind die Auslieferdaten aus dem Auftragsmanagement. Aus diesen Daten geht hervor, welcher Kunde wann und unter welchen Rahmenbedingungen mit welchen Gütern zu versorgen ist. Grundsätzlich können hier die gleichen Methoden der linearen Optimierung eingesetzt werden wie in der Beschaffungslogistik. So lassen sich etwa das Transportproblem und das Traveling-Salesman-Problem analog angehen. Allerdings ist das in der Regel hier nur eingeschränkt möglich bzw. sinnvoll. Oft bestimmen und organisieren die Kunden über ihre Beschaffungslogistik selbst die Lieferorganisation, z.B. über von ihnen beauftragte Spediteure. Das greift insbesondere im industriellen Zuliefergeschäft mit mittleren und großen Kunden. Dort sind Lieferbedingungen ab Werk üblich, da die Kunden die Kosten für ihre Zulieferströme eigenverantwortlich steuern und optimieren.

Weitere Einschränkungen greifen im klassischen Versandgeschäft, wenn überwiegend mit Einzelbestellungen in volatilen Kundenstrukturen gearbeitet wird, so dass keine kontinuierlichen Lieferströme mit der Preisstellung frei Haus entstehen. An dieser Stelle kommen KEP-Dienstleister zum Einsatz, um deren Distributionsstrukturen für eine individuelle Spot-Buy-Versorgung der Kunden zu nutzen. Für einzelne Großlieferungen werden individuelle Speditionsaufträge platziert. Auch hier entfallen jeweils die klassischen Planungsaufgaben der Transport- und Tourenplanung mit ihrem Optimierungspotenzial. Im Kontext der Digitalisierung könnten im Endconsumer-Bereich mit kleinen Mengen und Gewichten auch ganz neue Tourenplanungen zum Einsatz kommen. Wenn Bereitstellungs- und Bedarfsdaten vorliegen können via App dynamisch Crowd-Shipping-Ansätze implementiert werden. Hier können sowohl Spediteure als auch Privatleute online Lieferbedarfe mit ihren geplanten Fahrtstrecken und den ihnen zur Verfügung stehenden Ressourcen abgleichen. Bei Deckung buchen sich die Teilnehmer gegen Vermittlungsgebühr und Transportentgelt als „Spot-Supplier" für die Lieferung ein. Die Crowd-Shipper übernehmen damit die Routenplanung selbst - Lieferung für Lieferung. Damit können Lieferzeiten reduziert, die Kapazitätsauslastung gesteigert und so Lieferkosten reduziert werden. Nur die Restbestände, die nicht dynamisch verteilt werden können, würden den klassischen KEP-dienstleister Weg gehen. Im Krisenfall kann Crowd-Shipping auch eingesetzt werden, um plötzlich auftretende Transportengpässe auszugleichen bzw. zumindest zu dämpfen.

Bleiben noch die Auslieferströme, die auf Basis kontinuierlicher Lieferbeziehungen existieren und dennoch mit Preisstellungen ab Werk vereinbart sind. Für diese Umfänge greifen die Planungsaufgaben analog Kap. 4.2.

Am Ende sind die optimierten und individuellen frei Haus Lieferaufträge sowie die vom Kunden organisierten Lieferungen ab Werk in eine gemeinsame Übersicht zu bringen, damit Prozesse und Kapazitäten für die Kommissionierung und Versandbereitstellung der Güter geplant werden können.

Abbildung 4.35 Struktur der Transport- und Tourenplanung in der Distributionspolitik

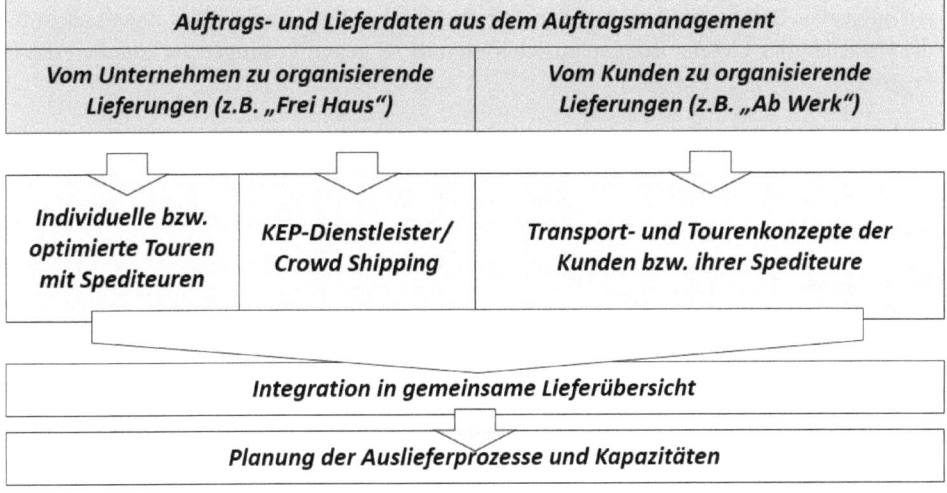

Kommissionierung

In der Kommissionierung können die Konzepte und einzelnen Aufgabenstellungen sehr gut analog zu den in Kapitel 4.3 aufgezeigten Grundsätzen gestaltet und operationalisiert werden, ohne bedeutende Abweichungen. Schließlich wurden hier aus der Sicht der Beschaffungslogistik die Aufgaben der Lieferanten in ihrer Distributionslogistik geschildert. Diese sind im Wesentlichen deckungsgleich zu den eigenen Aufgabenstellungen in diesem Logistikbereich.

Versand

Gleiches gilt für den Versand. Auch hier greifen im eigenen Versand die gleichen Konzepte und Lösungen, wie sie in Kapitel 4.4 für die Versandbereiche der Lieferanten erörtert wurden.

Güterauslieferung

Auch in der Güterauslieferung kann 1:1 auf die in Kapitel 4.5 geschilderten Lösungen referenziert werden. Jedoch ist an dieser Stelle anzumerken, dass über die Verteilung großer Gütermengen an volatile Empfängerstrukturen Umsetzungsrisiken greifen können. Diese werden noch dadurch verstärkt, dass ggf. Kunden über die Lieferbedingungen ab Werk die Warenströme selbst organisieren. Genau hier liegt die Gefahr, dass Kunden im Zuge der Kostenoptimierung ausschließlich auf billigste Transportlösungen setzen. Oft geht das zu Lasten der Prozess- und Umsetzungsqualität durch die beauftragten Spediteure, da die eigentlich erforderliche Qualitätssicherung in den Abläufen nicht ausfinanziert ist. Suboptimales Equipment, billige, aber gering qualifizierte Arbeitskräfte, unzureichende Informationssysteme und andere Faktoren können zu Fehlern in den Auslieferprozessen führen. Werden diese Fehler wirksam und kommt es zu einem Lieferausfall, wird die Verantwortung dafür häufig dem Lieferanten zugeschrieben, obwohl diese beim durch den Kunden selbst beauftragen Spediteur liegt. Im Ergebnis leidet der Lieferservice, ohne dass man als Lieferant selbst eingreifen und die Prozesse optimieren kann. Wird dieses Problem sichtbar, ist ein intensiver Dialog mit dem Kunden erforderlich, um ein gemeinsames Bewusstsein für die Ursachen der Lieferstörungen zu schärfen und zu neuen Lösungen zu kommen (KVP-Prozess).

Im Kontext der Digitalisierung können bei der Auslieferung von Gütern auf der „letzten Meile" neue Technologien zu den bewährten Auslieferungstechnologien und Verkehrssystemen hinzukommen. Dabei sind insbesondere die folgenden Varianten für die Zukunft von Bedeutung:

- **Autonome Lieferfahrzeuge:** Hier werden auch im Straßenverkehr fahrerlose Systeme Einzug erhalten. Gekoppelt mit Belade-/Entladesystemen, automatisierten Ausgabeslots können diese Fahrzeuge zukünftig ihre Route und Fahrtzeiten auf Basis von App-Kommunikation mit dem Kunden steuern und flexibel planen.

- **Autonome Lieferroboter:** Analog zu autonomen Lieferfahrzeugen können Lieferroboter Einzelsendung gezielt zum finalen Abnehmer bringen. Lieferroboter sind jedoch für kleine Mengen und spezifische Aufträge ausgelegt. Sie können auch mit ergänzenden Technologien gekoppelt werden, wie etwa einer Heizung für warmes Essen oder einer Kühlung für Getränke. Erste Tests und Implementierungen dazu haben bereits stattgefunden, z.B. in Estland.

- **Drohnen:** Für leichte und wenig sperrige Güter lassen sich Lieferdrohnen nutzen. Gerade im Endconsumer-Bereich oder der medizinischen Versorgung können interessante einsatzschwerpunkte liegen. Die COVID-19 Krise hat beispielsweise in Afrika gezeigt, dass hier über längere Distanzen Testkits und Blutproben verteilt bzw. zur Analyse wieder eingesammelt wurden. Ein weiteres Szenario können Lieferkrisen sein, um schnell und flexibel mit kleinen Mengen Fertigungsabrisse beim Kunden verhindern oder hinauszögern zu können. In der industriellen Distribution könnte dieses Feature ein wichtiger Baustein im Risikomanagement werden.

Warenübergabe

Die in Kapitel 4.6 geschilderten Prozesse zur Transportannahme, Identifikation der Lieferung und Warenvereinnahmung stellen die Schnittstelle zwischen der eigenen Distributionslogistik und der Beschaffungslogistik der Kunden dar. Auf Basis der geschilderten Lösungen ist aus Sicht der Distribution darauf zu achten, dass der Informationsaustausch und die Warenquittierung einwandfrei ablaufen und dokumentiert werden. Das vermeidet in der späteren Abrechnung Missverständnisse oder nachfolgende Irritationen. Kommt es bei der Warenübergabe zur Identifikation von Mängeln, ist darauf zu achten, dass diese einvernehmlich mit dem Kunden erfasst und dokumentiert werden, so dass eine reibungslose Regulierung eingeleitet werden kann. Hier kommt es insbesondere auch auf eine gute Kommunikation an, um nicht unnötig für Ärger zwischen den Vertragsparteien zu sorgen. Da in der Regel Dritte den Auslieferungsprozess durchführen, ist in diesem Kontext eine gute Steuerung der Dienstleister erforderlich. Im Kern geht es also in diesem Segment aus der Sicht der Distribution um ein professionelles Schnittstellenmanagement beim Kunden.

Im Kontext der Digitalisierung werden App basierte Quittierungs- und Buchungssysteme die Zusammenarbeit zwischen Kunden und Lieferant verändern. Das ist im B2C-Geschäft eine wesentliche technologische Erweiterung im Vergleich zum B2B-Geschäft.

4.11 Entsorgungslogistik - Entsorgungsmanagement

Betrachtet man die betriebliche Wertschöpfung im Detail wird schnell deutlich, dass nicht alle eingebrachten Einsatzfaktoren im Transformationsprozess der Gütererstellung vollständig in den Fertigprodukten aufgehen. Vielmehr entstehen an vielen Stellen Reststoffe und Abfälle, die einer Entsorgung zugeführt werden müssen. Einwegverpackungen, Schutzfolien, Abwässer, Abluft oder auch Materialverschnitte seien beispielhaft genannt. Die Anforderungen an Unternehmen in Sachen Entsorgung sind heute anspruchsvoll, inhaltlich stark ausdifferenziert und in weiten Bereichen durch gesetzliche Vorschriften geregelt. Im Ergebnis hat sich dadurch eine spezialisierte Entsorgungsbranche entwickelt, die Unternehmen bei dieser Aufgabenstellung von der Planung bis hin zur Umsetzung unterstützen [313]. Für die Konzeption und Operationalisierung von Entsorgungskreisläufen wird daher explizit auf die entsprechende Fachliteratur, die Gesetzgebung und die Branchenverbände verwiesen [314]-[320].

In diesem Buch sollen zur Vervollständigung der betrieblichen Logistikperspektive lediglich die wesentlichen Grundzüge der Entsorgungsproblematik betrachtet werden, da Abfälle und Rückstände am Ende auch Logistikobjekte sind, die fachgerecht gelagert und transportiert werden müssen. Daher stehen allgemeine Grundlagen der Entsorgung und die sich daraus ergebenden Besonderheiten für logistische Aufgaben im Fokus dieses Kapitels.

4.11.1 Ziele im Entsorgungsmanagement

Die Ziele in der Entsorgungslogistik können in ökologische und ökonomische Zielstellungen differenziert werden. Ganz im Sinne des Kreislaufwirtschaftsgesetzes (KrWG) geht es materiell in erster Linie darum, die Schonung der natürlichen Ressourcen und den Schutz von Mensch und Umwelt bei der Erzeugung und Bewirtschaftung von Abfällen sicherzustellen [317]. Dabei gibt die Abfallhierarchie des KrWG Orientierung, die in § 6 die möglichen Maßnahmen der Vermeidung und Abfallbewirtschaftung in eine priorisierende Rangfolge bringt [263][317]:

- Vermeidung,
- Vorbereitung zur Wiederverwendung,
- Recycling,
- sonstige Verwertung, insbesondere energetische Verwertung und Verfüllung,
- sowie Beseitigung von Abfällen.

Im Sinne der aufgeführten Zielstellungen sind unter Berücksichtigung der gesetzlichen Detailregelungen geeignete Stoffströme im Unternehmen zu entwickeln und zu implementieren. Sie können insbesondere von externen Entsorgungsspezialisten präzise konzeptioniert und umgesetzt werden, wobei auch die logistischen Teilaufgaben des Transports und der Lagerung von Abfällen Berücksichtigung finden.

Eng verbunden mit den ökologischen Zielen sind auch die ökonomischen Ziele des Entsorgungsmanagements. Hier geht es um Effizienz. Bei einer hohen Entsorgungsleistung in Sachen Entsorgungszeit, Termintreue und Entsorgungsflexibilität sind die dafür erforderlichen Entsorgungskosten zu minimieren. Bei rohstoffintensiven Betrieben greift im Zuge steigender Materialpreise darüber hinaus ein weiterer Entsorgungseffekt: Werden hohe Reinheitsgrade in den Reststoffen erreicht, lassen sich dafür nämlich auch auf den Rohstoffmärkten gute Preise und damit hohe Reststofferlöse realisieren. Diese Erlöse sind ein wichtiger Beitrag, um Entsorgungskosten zu decken und zur Wirtschaftlichkeit des Unternehmens beizutragen. Betrachtet man im Entsorgungskontext die logistischen Transport- und Lageraufgaben, wirken dort im Prinzip die gleichen ökonomischen Mechanismen, die auch bei der Logistik in der Produktentstehung zum Tragen kommen. An dieser Stelle steht jedoch primär die Gestaltung kostengünstiger Lager- und Transportkonzepte im Fokus.

Um die Ziele der Entsorgungslogistik zu erreichen, braucht es ein professionelles Entsorgungsmanagement, insbesondere mit den folgenden Aufgabenstellungen:

- Identifikation der Entsorgungsobjekte.
- Bestimmung der entsorgungsrelevanten Stoffströme.
- Festlegung der geeigneten Entsorgungsform.
- Design und Operationalisierung der logistischen Entsorgungsprozesse.

Aufgrund der hohen gesetzlichen Anforderungen und der inhaltlichen Spezialisierung, kann für das Entsorgungsmanagement in vielen Fällen eine branchenspezifische Ausschreibung von Entsorgungskonzept und Operationalisierung empfohlen werden. Für die

Gestaltung erfolgreicher Vergabeverfahren sei fachlich insbesondere auf das zu diesem Buch korrespondierende Werk „Beschaffungsmanagement" verwiesen [34].

In den folgenden Kapiteln werden die aufgeführten Arbeitsaufgaben kompakt zusammengefasst, so dass wichtige Grundlagen für eine erfolgreiche Ausschreibung bzw. eine interne Umsetzung der Entsorgungsaufgaben, deutlich werden. Für weiterführende Details sei dringend auf die spezifische Fachliteratur und die Expertise von Entsorgungsspezialisten verwiesen [314]-[320].

4.11.2 Lösungen: Entsorgungsobjekte

Für ein wirkungsvolles Entsorgungsmanagement ist zunächst zu klären, welche Objekte im Unternehmen überhaupt Gegenstand der Entsorgung sind. Bei diesen sogenannten Entsorgungsobjekten handelt es sich im Wesentlichen um Rückstände, wie etwa bewegliche Sachen, Abwasser, Abluft und Leergut, die nicht Sachziel der Produktion oder Konsumtion sind und zwangsläufig anfallen, wobei der Fertigungsprozess auf ihre Vermeidung hin ausgestaltet sein muss. Im betrieblichen Umfeld können Entsorgungsobjekte weiter differenziert werden:

- **Rückstände aus Produktionsprozessen:** Aus dem betrieblichen Wertschöpfungsprozess resultierende Werk-, Roh-, Hilfs- und Betriebsstoffe, sowie Anlagen und Luft-, Wasser- und Bodenemissionen, die nicht mehr im Produktionsprozess verwendet werden können (Abfälle) oder die ganz bzw. in Teilen wieder in der Produktion bzw. im Konsum eingesetzt werden können (Wertstoffe).

- **Rückstände aus Konsumtionsprozessen:** Von den Verbrauchern bzw. Kunden nicht mehr gebrauchte bzw. nicht mehr verwendungsfähige Produkte sowie nicht mehr einsatzfähige Verpackungen, die als Abfälle oder Wertstoffe auftreten.

Zur Operationalisierung eines Entsorgungskonzepts empfiehlt es sich, klar zu erfassen, welche Einsatzfaktoren in die Fertigung eingehen und welche Entsorgungsobjekte konkret aus dem Wertschöpfungsprozess resultieren. Einsatzfaktoren wie Entsorgungsobjekte können dazu in Stofflisten mit den zugehörigen Mengenabschätzungen aufbereitet werden.

4.11.3 Lösungen: Stoffströme

Für das Entsorgungsmanagement kommt es nicht nur darauf an, zu erkennen, welche Entsorgungsobjekte in welchen Mengen zu steuern sind. Es bedarf vielmehr eines detaillierten Überblicks, an welchen Stellen und zu welchem Zeitpunkt der Wertschöpfung diese konkret auftreten. Eine Möglichkeit, diese Informationen darzustellen, sind sogenannte Sankey-Diagramme, mit denen insbesondere in der Verfahrenstechnik Stoffströme transparent gemacht werden [321].

Im Entsorgungsmanagement kann mit Sankey-Diagrammen verdeutlicht werden, welche Einsatzfaktoren und Entsorgungsobjekte wo und in welcher Menge im Wertschöpfungsprozess genau anfallen. Abbildung 4.36 zeigt das vereinfacht für eine Pressstraße anhand des Einsatzfaktors Stahlblech und des Entsorgungsobjektes Stahlblechverschnitt beispielhaft auf. In der Unternehmensrealität werden solche Analysen in der Regel sehr komplex und sollten mit entsprechender Softwareunterstützung durchgeführt werden [322].

Abbildung 4.36 Vereinfachte Prinzipdarstellung eines Sankey-Diagramms

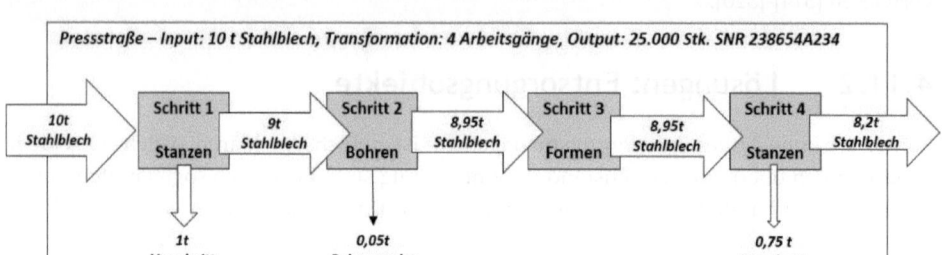

4.11.4 Lösungen: Entsorgungsvarianten

Sind die Entsorgungsobjekte in ihrer Spezifikation, Menge und Lokalisation transparent, können die geeigneten Entsorgungsvarianten priorisiert und entschieden werden. Dabei sind insbesondere die jeweils zu berücksichtigenden gesetzlichen Bestimmungen zu beachten. Grundsätzlich lassen sich in diesem Kontext die folgenden Grundvarianten der Entsorgung unterscheiden:

Verwendung der Entsorgungsobjekte / Wiederverwendung: Die Gestalt des Wertstoffs bleibt erhalten. Der Wertstoff wird für den ursprünglichen Zweck wieder eingesetzt, z.B. Mehrweg-Getränkeflaschen.

- **Verwendung der Entsorgungsobjekte / Weiterverwendung:** Die Gestalt des Wertstoffs bleibt erhalten. Der Wertstoff wird nicht für den ursprünglichen Zweck, sondern für einen davon abweichenden Verwendungszweck eingesetzt, z.B. Altreifen zur Beschwerung von Abdeckplanen.

- **Verwertung der Entsorgungsobjekte / Wiederverwertung:** Die Gestalt des Wertstoffs wird aufgelöst. Aus den Wertstoffen entstehen gleiche bzw. weitgehend gleiche Stoffe für den Wiedereinsatz in der Produktion, z.B. kann Kunststoffgranulat aus alten Behältern zur Herstellung neuer Behälter gleicher Art genutzt werden.

- **Verwertung der Entsorgungsobjekte / Weiterverwertung:** Die Gestalt des Wertstoffs wird aufgelöst. Aus den Wertstoffen entstehen nach einem anderen als dem ursprünglichen Produktionsprozess Stoffe oder Produkte mit anderen Eigenschaften und ggf. anderer Gestalt für einen anderen Verwendungszweck, z.B. in der Herstellung von Toilettenpapier aus Altpapier.

- **Beseitigung:** Der Abfall wird dauerhaft aus dem Wertstoffkreislauf auf Basis geeigneter Beseitigungsverfahren entfernt, z.B. durch Verbringung auf eine Deponie.

4.11.5 Lösungen: Entsorgungslogistik

In Abhängigkeit der Abfallspezifika und der geplanten Entsorgungsvarianten kann das logistische Konzept für die Sammlung, Lagerung und den Transport der Entsorgungsobjekte konkretisiert werden.

Im ersten Schritt steht dabei die Frage im Zentrum, an welcher Stelle die Entsorgungsobjekte physisch erfasst und gesammelt werden müssen. Diese Aufgabe kann gut auf den in Kapitel 4.11.3 dargestellten Sankey-Diagrammen aufsetzen. Die Erfassung erfolgt dabei in der Regel an der bzw. den Erzeugerstelle(n) und kann je nach Wertschöpfungsdesign manuell oder automatisiert erfolgen. Hier kommen z.B. Sorter, Gittersiebe oder Magnetisierer zum Einsatz [323][324]. Im Kontext der Digitalisierung können über Sensorik neben den Stoffen auch die zugehörigen Mengen bestimmt bzw. nachverfolgt werden. Intelligent gesteuerte Aktorik regelt dann die automatisiert Trennung der Stoffe. Ferner ist zu bestimmen, in welchen Behältern die erfassten Entsorgungsobjekte vor Ort zwischenzulagern sind, sofern sie nicht über Stetigförderer sofort weitertransportiert werden. Logistisch geht es hier demnach um die technische Auslegung einer bedarfsgerechten physischen Erfassung der Entsorgungsobjekte.

In einem zweiten Schritt ist zu entscheiden, welche Entsorgungsobjekte im Betrieb zusammengeführt werden sollen, z.B. Restmüll, und welche Entsorgungsobjekte sortenrein bleiben, wie etwa spezifische Metalle. Eine sortenreine Erfassung fordert die Überprüfung, ob das Erfassungssystem diese auch tatsächlich technisch leisten kann. Vom Reinheitsgrad hängt bei diesen Objekten später wesentlich der zu erzielende Preis auf den Wertstoffmärkten ab. Hier gilt es, eine ökonomische Balance zwischen den Kosten der Sortierung und den zu erwartenden Wertstofferlösen zu erreichen. Bei dieser Fragestellung kann insbesondere die Expertise von Entsorgungsspezialisten helfen.

Ist die Frage der Zusammenführung bzw. Trennung entschieden, ist im dritten Schritt zu konzeptionieren, an welchen Stellen im Unternehmen welche Entsorgungsobjekte gesammelt bzw. gelagert werden. Dazu sind die betrieblichen Lagerstellen der Entsorgungsobjekte zu lokalisieren und technisch auszugestalten. Technisch kommen für die Lagerung spezielle Ladungsträger wie etwa Mülltonnen, Tanks oder Spezialbehälter zum Einsatz. Für eine Übersicht sei auf die Fachliteratur zum Thema Entsorgung bzw. Abfallwirtschaft verwiesen [323][324]. Die Lager- bzw. Sammeltechnik muss den Erfordernissen der Entsorgungsobjekte und den Mengenanforderungen entsprechen. Je nach Mengenanfall und Betriebsgröße können zentrale oder dezentrale Sammelstellen sinnvoll sein, ggf. auch mehrstufig miteinander vernetzt. Auch hier greift wieder die Erfahrung der Entsorgungsspezialisten für die Auslegung einer wirtschaftlichen Lösung.

Nicht beantwortet ist die Frage, wie die Entsorgungsobjekte von der Erfassungsstelle zu den Sammelplätzen gelangen. Dazu sind im vierten Schritt die Materialflusswege und der Transport technisch wie organisatorisch auszugestalten. Die Materialflüsse von den Entstehungspunkten zu den Lagerorten können erneut mit Hilfe von Sankey-Diagrammen verdeutlicht werden. Der Überblick über den Stoffstrom ermöglicht dann eine bedarfsgerechte Auslegung der Transportwege und der Transportmittel.

Treten an einigen Stellen kontinuierlich und in sehr hohen Mengen spezifische Entsorgungsobjekte auf, kann sich ein direkter Abtransport zur Sammelstelle über Stetigförderer wie Fließbänder rechnen. Dies kommt in der Praxis aber eher selten vor, ist jedoch z.B. bei großen Presswerken im Einzelfall sinnvoll. Ansonsten greifen auch in der Entsorgung die bekannten logistischen Konzepte des innerbetrieblichen Transports. So können Staplerverkehre oder Routenzüge installiert werden, um den Abtransport der Entsorgungsobjekte zu den Lagerstätten zu operationalisieren. Die bereits geschilderten Möglichkeiten der Automatisierung greifen hier entsprechend. Im Ergebnis entstehen innerbetriebliche Entsorgungsregelkreise zwischen den Erzeuger- und den Lager- bzw. Sammelstellen im Unternehmen. Bei der Ausgestaltung dieser Regelkreise greifen die gleichen Vor- und Nachteile, wie sie bereits für die Transportkonzepte in der Produktionsversorgung geschildert wurden (vgl. Kapitel 4.8). Differenziert werden muss in diesem Kontext lediglich die eingesetzte Technik, d.h. dass es hier um den Transport spezieller Behälter aus der Abfallwirtschaft geht. Hier kann auch speziell ausgelegte Fördertechnik zum Einsatz kommen [323][324]. Da das technische Grundequipment von Entsorgungsspezialisten bereits auf diese besonderen Transport- und Lageraufgaben ausgelegt ist, ist auch an dieser Stelle häufig eine Lösungskonzeption und eine spätere Operationalisierung durch Entsorgungsdienstleister sinnvoll.

Abgeschlossen werden muss das betriebliche Entsorgungskonzept durch eine Anbindung der internen Stoffströme an externe Entsorgungsstrukturen. Folglich ist im fünften Schritt die Verbringung der Entsorgungsobjekte aus dem Unternehmen heraus hin zur Zielsenke sicherzustellen. Das ist eine Aufgabe, die klassisch durch externe Entsorgungsdienstleister übernommen wird. In dieser Aufgabenstellung sind Frequenzen und Mengen der Entsorgungstransporte sowie die damit verbundenen Durchführungsprozesse der Verladung und Dokumentation festzulegen. Wie bereits mehrfach angedeutet, kann auch diese Aufgabe effizient umgesetzt werden, wenn auf eine durchgängige Operationalisierung und Vernetzung der inner- und außerbetrieblichen Entsorgungsflüsse geachtet wird.

4.12 Logistik-Operations: Zusammenfassung

Mit den Logistik-Operations werden die strategischen Vorgaben des Logistik-Plannings in der betrieblichen Praxis umgesetzt. Starke Operations führen dazu, dass die Logistik-Funktion in allen Material- und Informationsflussaufgaben der Supply-Chain ihre Potenziale voll ausschöpft. Im normalen Geschäftsbetrieb effizient und robust in der Krise. Im Detail basiert diese Wirkung auf den folgenden Haupteffekten starker Logistik-Operations:

Logistik-Operations: Zusammenfassung

Effekte starker Logistik-Operations in der Beschaffungslogistik

- Geeignete Dispositionsverfahren ermöglichen die bedarfsgerechte Planung einer termin- und mengengerechten Materialversorgung des Unternehmens.
- Zur Operationalisierung der disponierten Materiallieferungen werden optimale Versorgungsrelationen eingesetzt.
- Die disponierten Materiallieferungen werden bei den Lieferanten effizient kommissioniert.
- Die kommissionierten Lieferungen werden beim Lieferanten optimal für den Versand vorbereitet, inklusive der zugehörigen Daten und Dokumente.
- Die sich im Transport befindlichen Lieferungen werden zuverlässig gesteuert und überwacht.
- Im Unternehmen angelieferte Waren werden systematisch vereinnahmt, geprüft, verbucht und an den Bestimmungsort verbracht).

Effekte starker Logistik-Operations in der Produktionslogistik

- Durch eine professionelle Produktionsplanung und -steuerung erfolgt ein bedarfsgerechtes Management der Materialanforderungen im Produktionsprozess.
- Entsprechend der Planung erfolgt eine mengen- und termingerechte Versorgung der Produktionslinie durch geeignete innerbetriebliche Versorgungskonzepte.

Effekte starker Logistik-Operations in der Distributionslogistik

- Kundenanfragen werden zuverlässig gesteuert, über die Auftragsannahme, die Verfügbarkeitsprüfung, die Lieferterminermittlung bis hin zur Auftragsbestätigung.
- Es erfolgt eine zuverlässige Belieferung der Kunden nach dem Grundsatz „wie bestellt, so geliefert".

Effekte starker Logistik-Operations in der Entsorgungslogistik

- Im Unternehmen sind die Entsorgungskreisläufe fachgerecht ausgestaltet und ökonomisch wirkungsvoll operationalisiert.

Im Ergebnis entsteht ein hoher Lieferservice bei gleichzeitig angemessenen Logistikkosten, mit der erforderlichen Robustheit für die Krise.

Diese Qualität in den Operations strahlt in das eigene Unternehmen und auch zu den Supply-Chain-Partnern ab. Spitzenleistungen sorgen im eigenen Unternehmen dafür, dass die Logistikziele erreicht und die Fachbereiche bei der Umsetzung ihrer Aufgaben unterstützt werden. Damit leistet die Logistik-Funktion einen wichtigen Beitrag zum Unternehmenserfolg, was gleichzeitig zu einer guten Akzeptanz und einer starken Vernetzung der Funktion mit der Geschäftsführung und den Fachbereichen führt. Überbetrieblich sorgen die Performance und das Verhalten der Logistik durch Prozessstringenz, Zuverlässigkeit und eine kooperative wie verbindliche Kommunikation für Respekt bei den Supply-Chain-Partnern. Mit diesem Respekt gewinnt die Funktion den erforderlichen Einfluss, um im Dialog mit den Partnern die überbetrieblichen Fragestellungen reibungsloser Logistikabläufe maßgeblich mit prägen zu können. Die Performance der Logistik-Funktion wird wiederum getragen durch eine konsequente Implementierung von Best-Practice-Standards in den Operations, gesteuert und vorangebracht durch das Management innerhalb der Logistik.

Abbildung 4.37 Wirkung von Logistik-Planning und Logistik-Operations

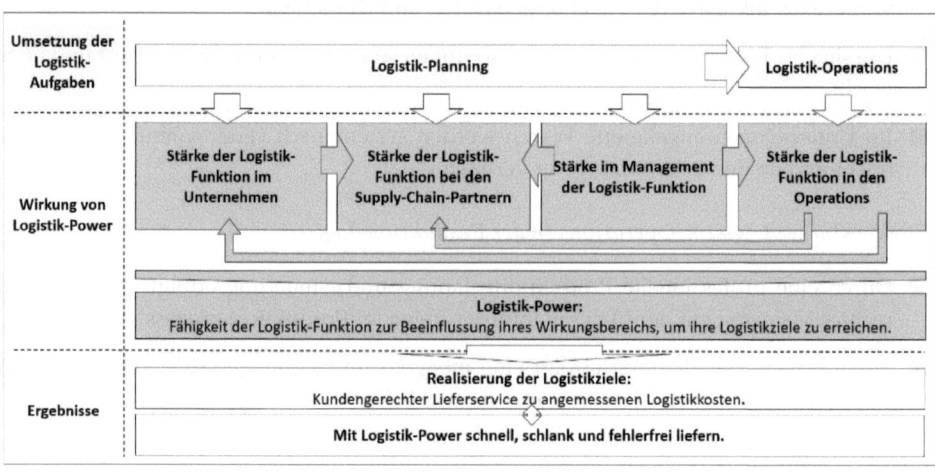

5 Logistik-Controlling: Erfolg messen und steuern

Mit dem Logistik-Controlling wird die Performance der Logistik-Funktion gesteuert. Dazu erfolgt eine regelmäßige Bewertung, ob die strategischen Vorgaben aus dem Logistik-Planning in den Operations in Top-Ergebnisse umgesetzt werden und ob diese Vorgaben geeignet sind, die Logistik-Funktion langfristig erfolgreich aufzustellen. Aus den generierten Erkenntnissen werden gezielte KVP-Programme abgeleitet, die zu einem kontinuierlichen Verbesserungsprozess führen. Es entstehen ein operativer und ein strategischer Regelkreis, die eng miteinander verzahnt sind. Der operative Regelkreis ist auf die Realisierung konkreter Leistungs- und Kostenziele in den Logistik-Operations ausgelegt (vgl. Kapitel 4). Der strategische Regelkreis fokussiert die richtige Ausgestaltung der langfristig angelegten Aufgabenstellungen im Logistik-Planning (vgl. Kapitel 3).

Abbildung 5.1 Controlling-Regelkreise in der Logistik-Funktion

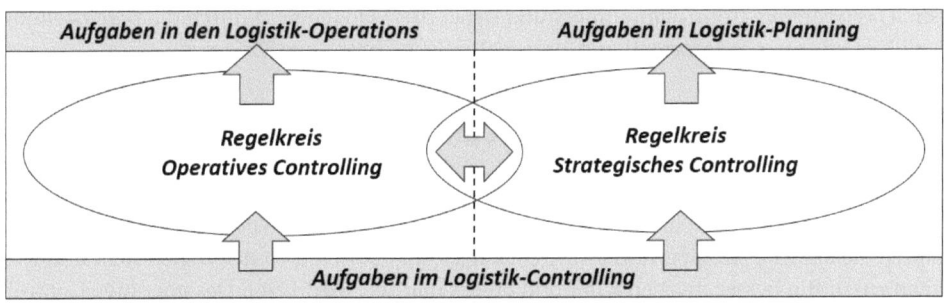

Damit diese Steuerungsaufgabe professionell wahrgenommen werden kann, sind in der Logistik den Regelkreisen entsprechend die folgenden Aufgaben auszugestalten:

- Operatives Controlling

- Strategisches Controlling

Abbildung 5.2 gibt die wichtigsten Inhalte dieser beiden Aufgabenstellungen wieder. Damit folgt der hier aufgezeigte Controlling-Ansatz konsequent dem im korrespondierenden Buch „Beschaffungsmanagement" entwickelten Konzept für die Steuerung der transaktionsgeprägten Procurement-Funktion [34]. Das gilt sowohl für die Controlling-Struktur als auch für die eingesetzten Steuerungsinstrumente, die an dieser Stelle jedoch auf die spezifischen Anforderungen der transfergeprägten Logistik-Funktion angepasst werden.

Abbildung 5.2 Strategisches und operatives Controlling in der Logistik-Funktion

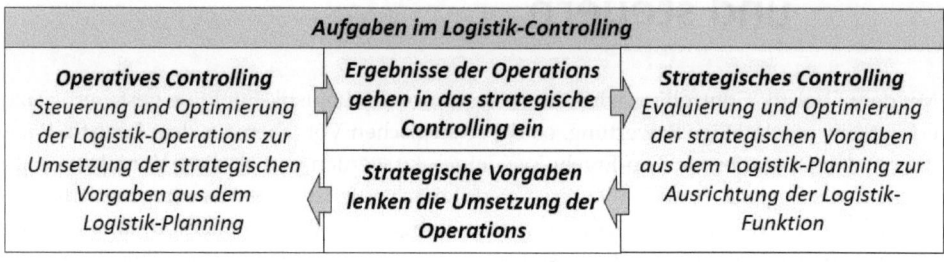

5.1 Operatives Controlling

In den Logistik-Operations ist alles zu tun, damit die Zielstellungen in Lieferservice und Logistikkosten in der betrieblichen Praxis realisiert werden. Nur so kann die Logistik-Funktion dauerhaft eine starke Rolle im Unternehmen und bei den Supply-Chain-Partnern spielen. Das operative Controlling unterstützt dabei das Management durch die Bereitstellung valider Performance-Informationen und schlüssiger Controlling-Prozesse.

5.1.1 Ziele im operativen Controlling

Zielorientiertes und transparentes Handeln sind wichtige Erfolgsfaktoren in der Linie der Logistik-Funktion. Es sollte in dieser Managementfunktion jederzeit klar sein, was man durch die tägliche Arbeit erreichen will, wo man auf dem Weg zu den Zielen steht und was man zukünftig besser machen kann und besser machen wird [290]. Das operative Controlling hat dazu einen klaren Rahmen für die Leistungssteuerung bereitzustellen:

- Das Set der Steuerungsinstrumente in den Logistik-Operations ist klar definiert.

- Die einzelnen Steuerungsinstrumente sind inhaltlich gut aufeinander abgestimmt.

- Die Prozesse zum Einsatz der Steuerungsinstrumente sind schlüssig strukturiert.

- Das operative Controlling stellt im Ergebnis valide Performance-Informationen bereit.

- Die Performance-Erkenntnisse werden konsequent in KVP-Programme überführt.

Für das Management der Logistik-Funktion sind Steuerungsinstrumente in Einsatz zu bringen, die in den Logistik-Operations sowohl einen quantitativen Überblick über die aktuelle Performance als auch qualitative Informationen zu Stärken, Schwächen und möglichen Verbesserungspotenzialen liefern. Die einzelnen Instrumente sind zu einem kompakten Steuerungsset zu kombinieren, das im Zusammenwirken eine präzise Führung der Operations ermöglicht.

Für die quantitative Steuerung können Scorecards eingesetzt werden. Sie erlauben in den Operations einen validen Soll-Ist-Abgleich und machen bei Bedarf ein zeitnahes und präzises Eingreifen möglich. Dabei kann in abgestufter Form agiert werden (vgl. Kapitel 5.1.2):

■ **Logistik-Scorecard:** Mit der Logistik-Scorecard wird auf der Managementebene die Logistik-Funktion insgesamt gesteuert. Es wird sichergestellt, dass sie zur Realisierung ihrer Ziele in Summe auf Kurs bleibt (vgl. Kapitel 3.3.5).

■ **Dienstleister-Scorecard:** Viele der in diesem Buch beschriebenen Aufgabenstellungen werden in Arbeitsteilung mit externen Logistikkräften umgesetzt. Der Grad des Outsourcing hängt dabei wesentlich von den betrieblichen und branchenspezifischen Gegebenheiten des Unternehmens ab. Unabhängig von der Outsourcing-Intensität gilt aber in jedem Fall, dass die Logistik-Funktion nur dann ihre Ziele erreichen kann, wenn auch die eingesetzten Dienstleister ihre Performance-Erwartungen erfüllen. Damit das gelingt, ist in der Zusammenarbeit für ein stringentes Performance-Management zu sorgen. Hier greifen die klassischen Instrumente des Lieferantenmanagements aus dem Procurement [34]. Eine zentrale Rolle spielen dabei Dienstleister-Scorecards, mit denen Teilziele aus der Logistik-Funktion extrahiert und auf Dritte übertragen werden. Sie sind die Grundlage für ein konsistentes Management interner und externer Logistikleistungen.

Scorecards führen im Tagesgeschäft zu einem schlüssigen und stringenten Handeln. Das gilt für alle Beteiligten – von der Managementebene bis hin zur Arbeitsebene. Um die Logistik-Operations erfolgreich führen zu können, reicht das jedoch nicht aus. Die Zielorientierung ist mit einer qualitativen Analyse zu koppeln: Es kommt darauf an, auch die konkrete Arbeit in den Operations mit ihren Stärken und Schwächen inhaltlich genau zu verstehen. Können die Ursachen und Wirkungszusammenhänge nachvollzogen werden, lassen sich die richtigen Maßnahmen zur Leistungsoptimierung ableiten. Zur Bewertung und Steuerung der qualitativen Performance-Aspekte können Steuerungsinstrumente wie das Logistik-Audit oder das Logistik-Benchmarking eingesetzt werden (vgl. Kapitel 5.1.4-5.1.5):

■ **Logistik-Audit:** Ein Audit ist gemäß der DIN EN ISO 9000 ein systematischer, unabhängiger und dokumentierter Prozess zur Erlangung von Auditnachweisen und zu deren objektiver Auswertung, um zu ermitteln, inwieweit Auditkriterien erfüllt sind [280][281]. In Anlehnung an diese Definition versteht man unter einem Logistik-Audit eine Analyse, ob die in der Logistik-Funktion durchgeführten Tätigkeiten und die damit zusammenhängenden Ergebnisse den geplanten Anforderungen entsprechen sowie ob sie tatsächlich implementiert und geeignet sind, die gesteckten Ziele zu verwirklichen. Beim Audit spielt folglich neben der Prüfung der Erfüllung von Anforderungen insbesondere auch die Validierung der Angemessenheit der Anforderungen selbst eine wichtige Rolle. Der Fokus liegt daher neben den zu berücksichtigten regulativen Regelwerken (Gesetze, Normen etc.) wesentlich auf den vom Unternehmen selbst gestalteten Vorgaben. Hier kann z.B. hinterfragt werden, ob die Prozessvorgaben zum Einsatz von Dispositionsverfahren nicht nur eingehalten werden, sondern ob sie auch sinnvoll konzipiert sind. Vom Betrachtungsumfang her kann ein Logistik-Audit zur Evaluierung der gesamten Funktion (Systemaudit) oder aber zur Analyse einzelner Aufgabenstellungen und Abläufe (Prozessaudit) durchgeführt werden. Im operativen Controlling stehen die Prozessaudits im Vordergrund.

- **Logistik-Benchmarking:** Im Benchmarking-Verfahren steht die Identifizierung von Best-Practice-Ansätzen im Vordergrund. Best-Practice-Ansätze stellen für klar definierte Aufgabenstellungen praktizierte Lösungen dar, die sich in ihrer Leistungsfähigkeit klar von alternativen Ansätzen abheben. Sie werden durch einen unternehmensübergreifenden Vergleich ermittelt, um von den Lösungen anderer zu lernen [282][288]. Vom Betrachtungsumfang her können Benchmarking-Verfahren in der Logistik grundsätzlich auf der Ergebnisseite der Operations (Performance-Benchmarks) ansetzen oder zur Analyse von Strukturen und Strategien (System-Benchmarks) durchgeführt werden. Im operativen Controlling liegt der Fokus auf den Performance-Benchmarks.

Auf Basis der vorgestellten Steuerungsinstrumente können die operativen Stärken und Schwächen der Logistik-Funktion bewertet und Maßnahmen zur Leistungsoptimierung eingeleitet werden. Dabei kann es sich zur Behebung einfacher Probleme um einfache Maßnahmen handeln, bei denen das Management direkt in das Tagesgeschäft eingreift. Ferner ist ein operatives KVP-Programm zu entwickeln, um in komplexeren Problemstellungen kurz- bis mittelfristige Veränderungen anzustoßen (vgl. Kapitel 5.1.5). Darüber hinaus sind die Erkenntnisse aus dem operativen Controlling auch in den langfristigen Prozessen zur strategischen Weiterentwicklung der Logistik-Funktion einzubringen.

Abbildung 5.3 Wichtige Steuerungsinstrumente im operativen Controlling

Controlling-Input	Steuerungsinstrumente im operativen Controlling		Controlling-Output
	Operatives Controlling		
	Quantitative Steuerung: Scorecards	Qualitative Steuerung: Audit und Benchmark	
Strategische Vorgaben und Prozesse aus dem Logistik-Planning	**Logistik-Scorecard** Management von Effektivität und Effizienz in den Operations auf der Führungsebene	**Prozessaudit** — Interne Vorgaben / Externe Regelwerke	Transparente Informationen zur Performance in den Logistik-Operations
	Dienstleister-Scorecard Steuerung der externen Dienstleister, abgeleitet aus den internen Logistikzielen	**Performance-Benchmark** — Logistik-kosten / Lieferservice	Steuerung der Performance in den Logistik-Operations durch das Linienmanagement
	Operatives KVP-Programm		

Für die Umsetzung des operativen Controllings braucht es Mitarbeiter mit konzeptionell-analytischen Fähigkeiten. Ihnen muss es gelingen, die Komplexität der Performance-Messung beherrschbar zu machen und daraus in kompakter Form die richtigen Schlussfolgerungen zu ziehen. Für den Betrieb der Controlling-Prozesse sind analytische und soziale Kompetenzen gefordert. Der Analytiker muss erkennen, ob ein Controlling-System valide Informationen liefert oder nicht. Er hat abzusichern, dass nur valide Daten in den

Managementprozess einfließen. Gleichfalls braucht er gut ausgeprägte soziale Fähigkeiten, um den Kommunikations- und Interpretationsherausforderungen im Controlling gerecht zu werden. Oft ist die Kommunikation von Performance-Daten mit starken emotionalen Reaktionen bei den Adressaten verbunden. Hier gilt es, den Kommunikationsprozess geschickt zu begleiten, damit sich eine konstruktive Managementdiskussion zur Optimierung der Logistik-Operations entwickelt.

5.1.2   Lösungen: Scorecards

Mit Hilfe von Logistik-Scorecards wird im Management die Effektivität und Effizenz der Logistik-Funktion insgesamt in den Blick genommen. Sie sind damit das zentrale Instrument zur operativen Performance-Steuerung im Logistiksystem. Bei Bedarf können die internen Logistik-Scorecards gezielt mit externen Dienstleister-Scorecards untersetzt werden. Das ist sinnvoll, wenn es für die Zielerreichung insbesondere auch auf die Performance der eingesetzten Dienstleister ankommt. Damit wird die interne Leistungssteuerung auch in die Strukturen der mitwirkenden Logistikpartner transferiert. Es kommt zu einer konsistenten Kopplung der Leistungspartnerschaft mit einer Verantwortungspartnerschaft für die Realisierung der gemeinsamen Logistikziele.

Logistik-Scorecard

In Kapitel 3.3 wurde aufgezeigt, wie man zu einer strategiekonformen Formulierung logistischer Zielstellungen kommt und wie diese zur Operationalisierung in Scorecards überführt werden. Daher wird an dieser Stelle der Schwerpunkt nicht auf die Scorecard-Inhalte, sondern auf den Scorecard-Managementprozess gelegt (Kennzahlen vgl. [290][292]). Dieser Prozess zur Steuerung der Logistik-Funktion kann in vier Schritten ausgestaltet werden (vgl. Abb. 5.4).

Zu Beginn einer Planungsperiode steht dabei die Bewertung der aktuellen Leistungsfähigkeit der Logistik-Funktion im Fokus (Schritt 1). Dazu ist die Zielerreichung aus der Vorperiode zu dokumentieren und kritisch zu reflektieren, damit Transparenz darüber gewonnen wird, wo man steht.

Der Leistungsstand kann mit den strategischen Vorgaben der Logistik-Funktion abgeglichen werden (Schritt 2). Dabei ist diese nicht nur auf die unmittelbare Zielerreichung abzustellen, sondern auch zu hinterfragen, ob in der Scorecard die richtigen Zielschwerpunkte gesetzt wurden und der Prozess zielgerichtet und erfolgreich unterwegs ist. Bei Bedarf sind strukturelle Anpassungen an den Zielstrukturen vorzunehmen. In der Regel ist es sinnvoll, einen stabilen Kern von Zielen zu definieren, mit dem dauerhaft wichtige Erfolgsfaktoren gesteuert werden. Klassische Ziele sind in diesem Kontext etwa der Bestandswert eingelagerter Güter oder auch die realisierte Kundenwunschtreue (vgl. Kapitel 3.3.3; 3.3.4). Um diesen Kern herum können temporäre Zielschwerpunkte ergänzt werden, die aktuelle Schwachpunkte oder strategisch gewollte Veränderungen adressieren. So könnte die Umsetzung neuer Kommissionierungsprozesse mit dem Kennwert Kommissionierungskostensatz begleitet werden. Das ist so lange sinnvoll, bis der Soll-Zustand der Veränderung stabil erreicht ist. Im Ergebnis ergibt sich ein Mix aus statischen und sich dynamisch verändernden Zielen. Das ermöglicht eine gleichzeitig konstante wie aktuell relevante Steuerung der Logistik-Performance. Mit der sukzessiven Weiterentwicklung der Scorecard wird jederzeit ein bedarfsgerechtes Zielgrößen-Set für die Steuerung eingesetzt.

Abbildung 5.4 Managementprozess Logistik-Scorecard

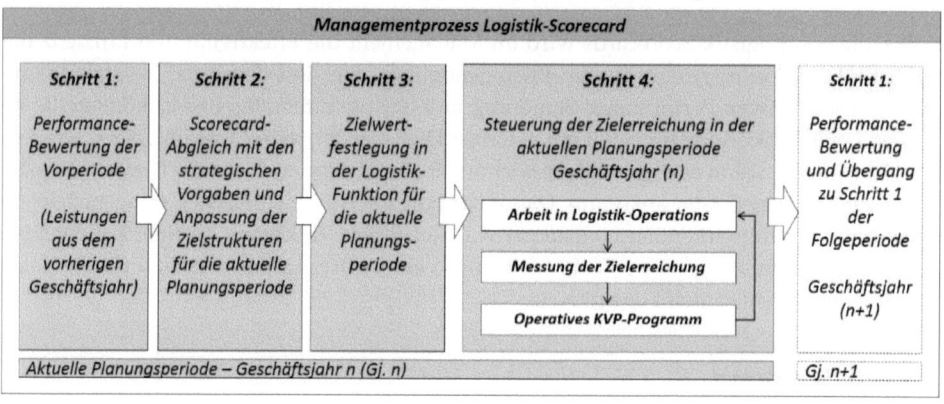

Um die Logistik-Funktion mit Dynamik zu versehen, ist das Zielgrößen-Set mit konkreten Zielwerten zu belegen (Schritt 3). Dazu ist, wie in Kapitel 3.3.5 beschrieben, in den einzelnen Zielschwerpunkten der richtige Anspannungsgrad festzulegen und eine bedarfsgerechte Ausdifferenzierung der Ziele innerhalb der logistischen Teilsysteme aus Beschaffungs-, Produktions-, Distributions- und Entsorgungslogistik vorzunehmen. Das ermöglicht eine bedarfsgerechte Zielstruktur im Logistiksystem.

Sind die Ziele klar, sollte im vierten Schritt ein systematischer Reporting- und Steuerungsprozess implementiert werden. Dazu kann beispielsweise ein monatliches Reporting des Zielerreichungsgrades und der Ist-Erwartung für das Ende der Planungsperiode erstellt und in die Regelkommunikation des Linienmanagements eingesteuert werden. Dieser Prozess führt zu einer hohen Erfolgssensibilität aller Beteiligten. Im Kontext der Digitalisierung können die Reportings heute aus den ERP-Systemen generiert und nutzergesteuert tagesaktuell als Dashboard zur Verfügung gestellt werden. Das geht auch via App. Damit sind alle Leistungsdaten transparent und überall zu jederzeit einsehbar. Die Leistungsperformance sollte regelmäßig im Führungskreis der Logistik und des Unternehmens diskutiert werden. Diese Führungsdiskussionen sollten schließlich von einem operativen KVP-Programm begleitet werden, in dem für identifizierte Schwachstellen kurz- bis mittelfristig umzusetzende Maßnahmen entwickelt und umgesetzt werden.

Dienstleister-Scorecard

Je umfassender im Logistiksystem auf das Outsourcing gesetzt wird, desto wichtiger wird die Einbindung der Dienstleister in das Performance-Management. Ein wichtiges Instrument spielen dabei die Dienstleister-Scorecards. Damit sollen die Lieferanten im Hinblick auf ihre Performance in die Pflicht genommen werden. Zu diesem Zweck wird ein jährlicher Regelkreis installiert, mit dem dienstleisterspezifisch die jeweiligen Ziele zu Lieferservice und Logistikkosten operationalisiert werden [34].

Abbildung 5.5   Prinzip der Dienstleister-Scorecard

Logistik-Scorecard				
Ziele Lieferservice		Soll	Ist	Maßnahme
SI:	Lieferserviceindex	0,99		
Lieferzeit:	Kundenwunschtreue [%]	90		
Lieferzeit:	Liefertermintreue [%]	100		
Lieferzeit:	Lieferfähigkeit [%]	95		
Lieferqualität:	Reklamationsquote [%]	3,5		
Lieferqualität:	Liefermengentreue [%]	100		
Lieferflexibilität:	Lieferflexibilitätsgrad [%]	80		
Ziele – Logistikkosten		Soll	Ist	Maßnahme
Generell:	Logistikkostenquote [%]	7,25		
Bestandskosten:	Lagerbestandswert [Mio. EUR]	115		
Bestandskosten:	Lagerumschlaghäufigkeit [1/a]	5,7		
Bestandskosten:	Lagerplatzkostensatz [EUR]	3,15		
Prozesskosten:	Transportkostensatz [EUR]	6,72		
Prozesskosten:	Kommissionierkostensatz [EUR]	0,45		

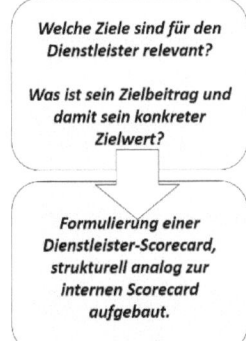

Welche Ziele sind für den Dienstleister relevant?

Was ist sein Zielbeitrag und damit sein konkreter Zielwert?

Formulierung einer Dienstleister-Scorecard, strukturell analog zur internen Scorecard aufgebaut.

Im Ergebnis entstehen Dienstleister-Scorecards, die eine hohe Steuerungswirkung im operativen Geschäft entfalten. Betrachtet man konkrete Outsourcing-Projekte, werden die Dienstleister durch klare Ziele bereits im Vorfeld von Vergaben strategisch gelenkt. In der Vergabe und Auftragsumsetzung kann dann gemessen werden, ob man die gesteckten Ziele in der Partnerschaft erreicht. Bei Bedarf ist steuernd einzugreifen. Das kann z.B. über die Einführung von Performance-Management-Programmen realisiert werden [34]. Kommt es zu Zielabweichungen, greift ein strukturierter Eskalationsprozess, wie er etwa in Abbildung 5.6 aufgezeigt wird.

Im Eskalationsprozess erfolgt bei der Feststellung von Zielabweichungen eine direkte Information des Dienstleisters, verbunden mit der Aufforderung, Korrekturmaßnahmen zur Problemabstellung zu entwickeln und zu realisieren. Ist das Problem nach Fristablauf nicht gelöst, wird der Vorgang in das Management eskaliert. Es erfolgt eine Managementsensibilisierung mit Besuch vor Ort. Gekoppelt wird das Treffen mit der Kommunikation möglicher Sanktionen, falls das Problem dennoch bestehen bleibt. Die Art der Sanktionen kann von der Schwere des Problems und dem Machtverhältnis zum Dienstleister abhängen. Sanktionen können von einer gemeinsamen Entwicklung des Dienstleisters bis hin zu einer Trennung reichen. Harte Sanktionen sind dabei natürlich nur möglich, wenn diese auch durchsetzbar und wirtschaftlich sinnvoll sind. Unangemessene Härte kann sogar zu einem „Eigentor" werden. Wenn beispielsweise ohne Alternativlieferanten die Beendigung der Geschäftsbeziehung angedroht wird, kann es sein, dass dies auch passiert.

In der Wirkung wird man die aufgezeigte Botschaft des Performance-Anspruchs der Logistik-Funktion und ihre Konsequenz in der Leistungssteuerung in den Logistikmärkten verstehen. Schließlich sind diese Märkte auch durch eine hohe Wettbewerbsintensität geprägt, die bei den Dienstleistern für Druck und Bewegung sorgt.

Abbildung 5.6 Eskalationsprozess im Management der Dienstleister [34]

Zusammenspiel von Logistik- und Dienstleister-Scorecard

Werden Logistik- und Dienstleister-Scorecards gut aufeinander abgestimmt, folgt daraus ein integrierter Managementansatz zur Führung der Logistik-Operations. Dabei wird die Leistungsfähigkeit der Logistik-Funktion vom Management über die interne Arbeitsebene bis hinein in die beteiligten Dienstleisterstrukturen gesteuert. Alle für die Ergebnisperformance Verantwortlichen sind Teil des Controllingprozesses. Das ermöglicht ein durchgängiges Management der Logistik-Operations und unterstützt die Realisierung der Logistikziele.

5.1.3 Lösungen: Prozessaudits

Prozessaudits haben die Validierung der Arbeitsabläufe in den Logistik-Operations zum Gegenstand. Dort, wo unternehmerische Gestaltungsfreiheit besteht, geht es um eine gezielte Prozessoptimierung. Zur Durchführung von Prozessaudits kann man sich an den Methoden der einschlägigen Normen, Regelwerke und Empfehlungen aus dem Qualitätsmanagement orientieren [281][284]-[287]:

- Festlegung der Auditverantwortung
- Festlegung der Auditinhalte und des Auditprogramms
- Zusammenstellung des Auditteams
- Bestimmung der Auditkriterien und -fragen
- Grundsätze zu Audit-Organisation und Audit-Durchführung
- Grundsätze zur Audit-Dokumentation und Handlungsempfehlungen
- Umsetzung von Auditmaßnahmen

Im Folgenden sollen hier die Fragestellungen im Vordergrund stehen, die für einen geeigneten Methodeneinsatz in den Logistik-Operations wichtig und daher dort mit zu verankern sind. Dabei geht es insbesondere um folgende Sachverhalte im Hinblick auf angemessene Prozessanforderungen, ein zielorientiertes Prozessdesign und eine anforderungsgerechte Prozessumsetzung [284][285][293]:

- **Validierung der Prozessanforderungen**
  - Sind die Anforderungen an die auditierten Prozesse klar definiert?
  - Sind die Anforderungen für die Praxis angemessen und realistisch ausgestaltet?
  - Sind Anforderungsanpassungen erforderlich, wenn ja, welche konkret?

- **Validierung des Prozessdesigns**
  - Ist der Prozess transparent dokumentiert?
  - Ist der Prozess geeignet, die Prozessanforderungen zu erfüllen?
  - Wenn nein, welche Designänderungen wären erforderlich?
  - Gibt es Möglichkeiten zur Verbesserung der Prozesseffizienz?
  - Wenn ja, welche Designänderungen wären erforderlich?

- **Validierung der Prozessumsetzung**
  - Sind den Mitarbeitern die Prozessanforderungen vor Ort bekannt?
  - Kennen die Mitarbeiter vor Ort die Prozessdokumentation?
  - Sind die Mitarbeiter zur vorgabekonformen Prozessumsetzung qualifiziert?
  - Sind den Mitarbeitern alle erforderlichen AKV übertragen worden?
  - Stehen alle für die Prozessumsetzung erforderlichen Unterlagen/Tools bereit?
  - Stehen angemessene Ressourcen für die Prozessumsetzung bereit?
  - Wird der Prozess von den Mitarbeitern wie dokumentiert/gefordert umgesetzt?
  - Werden im Prozess die vorgegebenen Unterlagen/Tools korrekt eingesetzt?
  - Werden die Prozessergebnisse vor Abschluss überprüft, und wird korrektiv agiert?
  - Wird der Erfüllungsgrad der Prozessanforderungen überwacht und kommuniziert?
  - Sind die Prozessumsetzung und die Prozessergebnisse nachvollziehbar?

■ **Validierung der Prozessdigitalisierung**
- Ermöglicht der Prozess durch Standardisierung eine Digitalisierung?
- Sind die erforderlichen Datenstrukturen für die Digitalisierung vorhanden?
- Exisitieren geeignete MES-Systeme (IT-Tools) zur Steuerung des Prozesses?
- Sind die MES-Systeme schlüssig im IT-System vernetzt?
- Sind die Mitarbeiter in der Systemanwendung geschult?
- Werden die MES-Systeme durchgängig in der betrieblichen Praxis angewendet?

Die in einem durchgeführten Prozessaudit identifizierten Auditfeststellungen zu Stärken und Optimierungspotenzialen sollten in einem strukturierten Auditbericht zusammengefasst und mit Handlungsempfehlungen hinterlegt werden. Dieser Bericht sollte zur Diskussion in den Führungskreis der Logistik-Operations eingesteuert werden, um konkrete KVP-Maßnahmen zu entwickeln. Ihre Abarbeitung ist dann in das operative KVP-Programm zu integrieren und im regulären Controlling-Kreislauf der Operations zu steuern (vgl. Kapitel 5.1.5). Werden grundsätzliche Prozessanpassungen erforderlich, können diese Erkenntnisse ergänzend in die strategische Weiterentwicklung der Logistik-Funktion eingebracht werden (vgl. Kapitel 5.2). Im Ergebnis tragen qualifiziert durchgeführte Prozessaudits wesentlich zur Optimierung der Logistik-Operations bei [284]:

■ Reifegradabsicherung in der Prozessentwicklung, -freigabe und -implementierung

■ Sicherstellung anforderungsgerechter und stabiler Prozessabläufe

■ Identifizierung von Schwach- und Risikobereichen

■ Initiierung von Prozessverbesserungen

■ Reifegrad in der Digitalisierung der Logistikprozesse

5.1.4 Lösungen: Performance-Benchmarks

Auf der Ergebnisseite kann die Effektivität und Effizienz der Operations ergänzend in den Kontext der Performance anderer Unternehmen gestellt werden. Dabei wird analysiert, wie sich die Leistungsfähigkeit des eigenen Unternehmens in den Bereichen der Logistikkosten und des Lieferservice im unternehmensübergreifenden Vergleich darstellen. Diese Sicht steigert die Sensibilität des eigenen Unternehmens für eine realistische Einschätzung des erreichten Leistungsstands und ermöglicht eine Präzisierung der Steuerung der Logistik-Operations. Wie Abbildung 5.7 aufzeigt, können auf Basis von Benchmark-Erkenntnissen direkte Steuerungseingriffe, KVP-Programme oder aber auch die Anforderungen an die strategische Weiterentwicklung der Logistik-Funktion weiter präzisiert werden. Das steigert die Treffsicherheit im Veränderungsmanagement der Funktion.

Abbildung 5.7 Benchmarking im operativen Logistikcontrolling

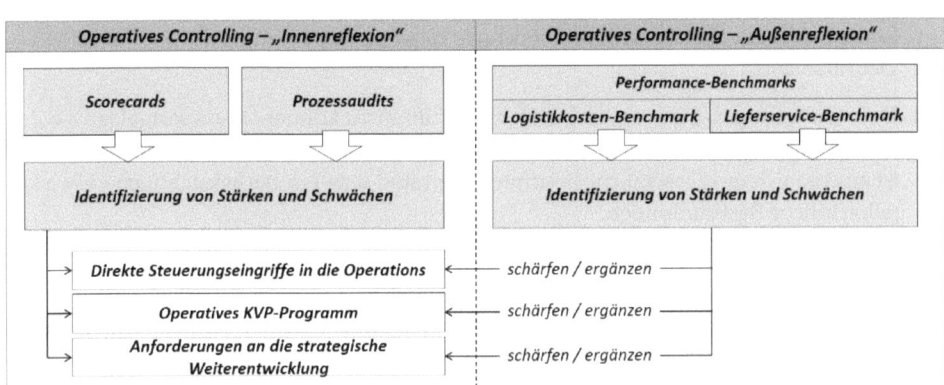

Logistikkosten-Benchmark

Bei der Durchführung von Logistikkosten-Benchmarks stehen die für die Umsetzung von Logistikleistungen eingesetzten Ressourcen im Fokus. In der Praxis hat sich dabei eine Konzentration auf die Kategorie der durch den Ressourceneinsatz generierten Kosten durchgesetzt. Für diesen Faktor lassen sich im betrieblichen Alltag die Daten für valide Vergleiche am einfachsten aufbereiten. Die Durchführung entsprechender Benchmarks kann in Anlehnung an den Standardzyklus für Benchmarking-Projekte durchgeführt werden [282][283][288][292][293][294]:

- **Definition der Benchmarking-Objekte:** Objekte, die miteinander verglichen werden sollen. Beim Logistikkosten-Benchmarking sind das konkrete Kostenfaktoren in den Logistikprozessen, wie etwa die Kosten für die Abwicklung des Wareneingangs oder für die Durchführung der innerbetrieblichen Transportkosten etc.

- **Auswahl der Benchmarking-Partner:** Auswahl der Firmen, mit denen man sich vergleichen will. Zur Durchführung von Logistikkosten-Benchmarks kann man sich auch an firmenübergreifend organisierten Benchmarking-Aktionen beteiligen. So bietet z.B. der BME e.V. zu verschiedenen Themen, wie etwa Frachtkosten, fortlaufende Benchmarking-Analysen an.

- **Festlegung der Benchmarking-Ziele:** Definition, was konkret am Benchmarking-Objekt verglichen werden soll – beim Kosten-Benchmarking für Staplerverkehre im innerbetrieblichen Transport z.B. der Kostenfaktor für einen Palettenkilometer oder die Kosten für die Be- und Entladung.

- **Festlegung der Benchmarking-Kenngrößen:** Präzisierung der Vergleichsgrößen. Es ist klar zu definieren, welche Kostenbestandteile in die Kenngröße eingehen. Dabei ist es beispielsweise ein Unterschied, ob bei der Prozesskostenanalyse eines Lagers die Grundkosten für die Hallenbewirtschaftung mit einfließen oder nicht. Ist der Standort z.B. nicht variabel, macht der eingeschränkte Blick auf die variablen Prozesskosten vielleicht mehr Sinn als auf das Gesamtpaket. Daher sollte in jedem Fall ein einheitliches Verständnis aller Benchmarking-Partner zur Definition der Kenngrößen erzielt werden, damit die Kenngrößen zur Zielstellung des Benchmarks passen und die Ergebnisse am Ende vergleichbar sind.

- **Datenerfassung:** Um einen Vergleich durchführen zu können, muss festgelegt werden, welche Daten in welcher Form für das Benchmarking genutzt werden. Der Datentransfer ist zu organisieren. Gesetzliche Bestimmungen sind dabei zu berücksichtigen – etwa kartellrechtliche Bestimmungen.

- **Benchmarking-Auswertung:** Auf Basis der Benchmarking-Daten werden für alle Teilnehmer die Benchmarking-Kenngrößen ermittelt und die Ergebnisse in einer vergleichenden Darstellung zur Verfügung gestellt. Aus dieser Darstellung kann der eigene Ergebniswert im Kontext der Ergebnisse der Benchmarking-Partner entnommen werden. Die Benchmarking-Partner bleiben bei übergreifend organisierten Benchmarking-Analysen in dieser Darstellung in der Regel anonym (vgl. Abbildung 5.8).

- **Benchmarking-Analyse:** Im Führungskreis können die eigenen Ergebnisse interpretiert und Stärken oder Schwächen erkannt werden.

- **Benchmarking-Maßnahmen:** Aus den Erkenntnissen der Benchmarking-Analysen können die erforderlichen Maßnahmen präzisiert und in das operative KVP-Programm integriert werden (vgl. Kapitel 5.1.5).

Abbildung 5.8 Ergebnisdarstellung Logistikkosten-Benchmark

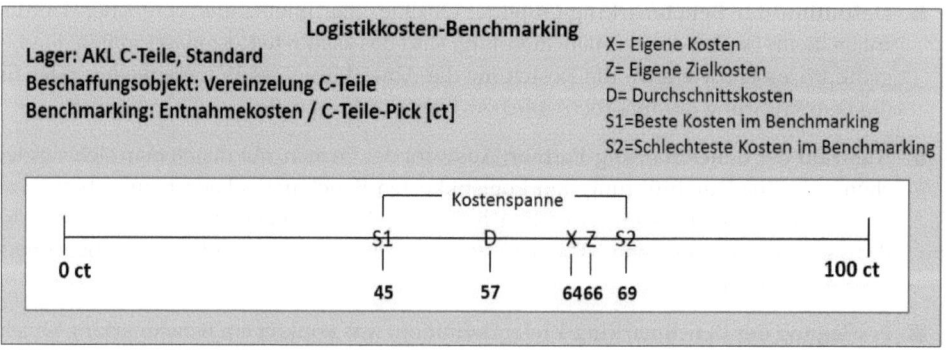

Lieferservice-Benchmark

Lieferservice-Benchmarks betrachten die Leistungsseite der Logistik-Operations. Hier stehen demnach die Prozessabläufe im Mittelpunkt der Untersuchungen. Die Durchführung dieser Benchmarks ist bereits erheblich aufwendiger als die Umsetzung von reinen Logistikkosten-Benchmarks. Um Prozesse vergleichbar zu machen, müssen die Rahmenbedingungen und Vergleichsparameter der Unternehmen sehr intensiv abgestimmt werden.

Daher empfiehlt es sich, die Abläufe in den Mittelpunkt des Benchmarks zu stellen, bei dem man einen hohen Erkenntnisgewinn für die Prozessoptimierung erwartet und eine Prozessoptimierung gefordert wird. Ansonsten wäre der hohe Aufwand nicht vertretbar. Die Durchführung orientiert sich wieder am vorgestellten Benchmarking-Standardzyklus. Im Folgenden werden daher nur die Besonderheiten aufgeführt, die beim Benchmarking der Logistikabläufe zu berücksichtigen sind:

- **Definition der Benchmarking-Objekte:** Auswahl spezifischer Prozesse aus dem Logistik-Prozessmodell, z.B. Dispositionsprozesse oder Warenvereinnahmung.

- **Auswahl der Benchmarking-Partner:** Hier sollten Branchen und Firmen ausgewählt werden, mit denen man nicht im Wettbewerb steht, die aber ähnliche Grundherausforderungen zu bewältigen haben, z.B. vergleichbare Produkttypen in vergleichbaren Mengen sowie unter gleichen Lieferservice-Logistikkosten-Herausforderungen (Balance).

- **Festlegung der Benchmarking-Ziele:** Hier kommt es darauf an, die Aspekte in den Prozessen herauszukristallisieren, die eine besondere Rolle für die Prozess-Performance spielen, wie etwa die Geschwindigkeit im Güterpick oder die Konformität zu Kundenwünschen.

- **Festlegung der Benchmarking-Kenngrößen:** Die Hinterlegung dieser Kriterien mit Kenngrößen ist eine anspruchsvolle Aufgabe. Dies gilt sowohl für die Erzeugung eines einheitlichen Verständnisses zu Leistungskenngrößen als auch im Hinblick auf die spätere Datenerfassung. Typische Kenngrößen können z.B. aus den Logistikzielen übernommen werden, wie etwa Kundenwunschtreue, Lieferfähigkeit oder Lieferzeitentreue (vgl. Kapitel 3.3.3).

- **Datenerfassung:** Im Prinzip analog zum Benchmarking der Logistikkosten.

- **Benchmarking-Auswertung:** Im Prinzip analog zum Benchmarking der Logistikkosten.

- **Benchmarking-Analyse:** Im Prinzip analog zum Benchmarking der Logistikkosten.

- **Benchmarking-Maßnahmen:** Beim Lieferservice-Benchmarking geht es um die systematische Weiterentwicklung der inhaltlichen Aufgabenstellungen in den Logistik-Operations. Daher stehen sowohl kurz- und mittelfristige KVP-Maßnahmen im Vordergrund als auch Erkenntnisse, die sich an die grundsätzliche Optimierung der Operations-Prozesse richten. Erstere sind in das operative KVP-Programm zu integrieren, letztere als Anforderungen in die strategische Weiterentwicklung der Logistik-Funktion einzubringen (vgl. Kapitel 5.2).

Vernetzung von Logistikkosten- und Lieferservice-Benchmarks

Wie bereits in der Einführung dieses Buches verdeutlicht wurde, geht es in der Logistik-Funktion um die richtige Balance aus kundengerechtem Lieferservice und angemessenen Logistikkosten. Damit machen isolierte Benchmarks der einzelnen Aspekte auch nur wenig Sinn. Eine tiefgehende Analyse muss immer beide Seiten der Logistik im Auge haben, um zukunftsgerechte Schlussfolgerungen ziehen zu können. Damit das im Rahmen eines Benchmarking-Projektes gelingt, ist darauf zu achten, dass sowohl das Produktspektrum als auch die erforderliche Grundbalance aus Lieferservice und Logistikkosten bei den Benchmark-Partnern vergleichbar ausgeprägt sind. Nur unter diesen Voraussetzungen kann das Risiko von Fehlinterpretationen bei offensichtlichen Leistungs- bzw. Kostenunterschieden gedämpft werden. Beim Thema Benchmarking kommt es demnach auf eine integrierte Sichtweise der Benchmarking-Themen und eine passgenaue Auswahl der Benchmarking-Partner an.

Zusammenfassend bleibt anzumerken, dass Benchmarks nur dann Sinn machen, wenn valide Daten gegenübergestellt werden können. Hier spielt wieder die Digitalisierung eine zentrale Rolle. Je besser der Reifegrade der Prozessdigitalisierung und je konsistenter die Datenführung ist, umso besser sind die Voraussetzungen für aussagekräftige Benchmarkanalysen.

5.1.5 Lösungen: Operatives KVP-Programm

Aus den Erkenntnissen des operativen Controllings können sich verschiedene Ansätze zur Optimierung der Logistik-Operations ergeben. Werden einfache Schwächen deutlich, die durch ein schnelles „ad-hoc-Eingreifen" der Führung abgestellt werden können, sollte dieser pragmatische Weg auch genutzt werden. Für substanzielle Schwächen gilt es, konkrete KVP-Maßnahmen zu entwickeln und umzusetzen. Entsprechend der Methoden des Projektmanagements sind die Maßnahmen mit

- Zielen,
- Inhalten,
- Umsetzungsverantwortungen,
- Beteiligten,
- und Terminen

zu versehen und in einer KVP-Maßnahmenliste zusammenzuführen. Die KVP-Maßnahmenliste ist ein fortlaufendes Instrument, das das operative KVP-Programm der Logistik-Funktion immer aktuell abbildet. Für die Details zur Ausgestaltung eines KVP-Programms sei auf Kapitel 3.5.6 verwiesen, wo diese Aufgabe speziell für die Logistik-Funktion im Detail erläutert wird. In der Digitalisierung können solche KVP-Programme durch professionelle Softwaresystem unterstützt werden, die ein professionelles Management der Programme durch zeitliche und inhaltliche Steuerung ermöglichen.

Der Führungskreis kann im Rahmen seiner Regelkommunikation über die Aufnahme neuer Maßnahmen in ein KVP-Programm beschließen, die Umsetzung laufender Maßnahmen managen und auf Basis von realisierten Veränderungen den Abschluss umgesetzter Maßnahmen freigeben. Zur Steuerung des operativen KVP-Programms kann die KVP-Maßnahmenliste als Anhang der Logistik-Scorecard in die regulären Controlling-Prozesse der Logistik-Operations integriert werden. Werden darüber hinaus Schwächen an der strategischen Ausrichtung der Funktion sichtbar, sind diese in das strategische Controlling einzubringen.

5.2 Strategisches Controlling

Im Fokus des strategischen Controllings steht die langfristige Leistungsfähigkeit der Logistik-Funktion. Es ist alles dafür zu tun, die Funktion so aufzustellen, dass sie auch zukünftig mit Logistik-Power in der Supply-Chain agieren kann. Dazu hat das Management die Performance und die strategischen Vorgaben der Logistik im Kontext sich ändernder Rahmenbedingungen zu reflektieren und zukunftsfähig weiter zu entwickeln. Dem strategischen Controlling kommt somit eine große Bedeutung für den dauerhaften Erfolg zu und ergänzt die kurz- bzw. mittelfristige Sichtweise auf die Operations.

5.2.1 Ziele im strategischen Controlling

Ziele, Aufgaben, Prozesse und Strukturen müssen in der Logistik-Funktion so angelegt sein, dass sie langfristig tragfähig sind und sich schlüssig mit den übergreifenden Managementvorgaben des Unternehmens verbinden. Um dieser Herausforderung gerecht zu werden, muss das strategische Controlling dem Logistik-Planning die Informationen bereitstellen, die für eine grundlegende Ausrichtung bzw. Anpassung der Logistik-Funktion erforderlich sind. Dazu gehören auch aggregierte Daten aus dem operativen Controlling. Ferner ist die Umsetzung strategischer Veränderungen stringent zu steuern, damit die logistischen Anforderungen der Zukunft auch Wirklichkeit werden. Daher stehen im strategischen Controlling die folgenden Managementaspekte im Fokus:

- Klarheit über die grundsätzlichen Stärken und Schwächen in der Logistik.
- Transparenz über die anstehenden Zukunftsherausforderungen in der Logistik.
- Ableitung strategischer Maßnahmen zur Optimierung der Logistik.
- Stringente Steuerung der Maßnahmenumsetzung.

Über das strategische Controlling werden so wichtige Stärkefaktoren der Logistik-Funktion adressiert. Das betrifft insbesondere die Stärke der Funktion im Unternehmen und ihre Stärke in der Führung der Funktion selbst. Das ist wichtig, denn in der strategischen Weiterentwicklung der Funktion geht es ganz wesentlich um eine zukunftsgerechte Verankerung der Logistik im Kräftespiel des Unternehmens sowie um ihre Fähigkeit, diese innere Stärke durch ein intelligentes Management auch ausspielen zu können. Begleitet werden diese Aspekte von einer guten Anbindung der Logistik-Funktion an die Supply-Chain-Partner. Im strategischen Controlling werden dazu alle Grundvoraussetzungen, die in der Unternehmenspraxis für starke Operations und Top-Ergebnisse erforderlich sind, kritisch reflektiert. Das Controlling wird so zu einer treibenden Kraft für die Initiierung strategischer Veränderungen im Logistiksystem. Inhaltlich wird das strategische Controlling über die in Abbildung 5.9 aufgezeigten Steuerungsinstrumente ausgestaltet:

Abbildung 5.9 Steuerungsinstrumente im strategischen Controlling

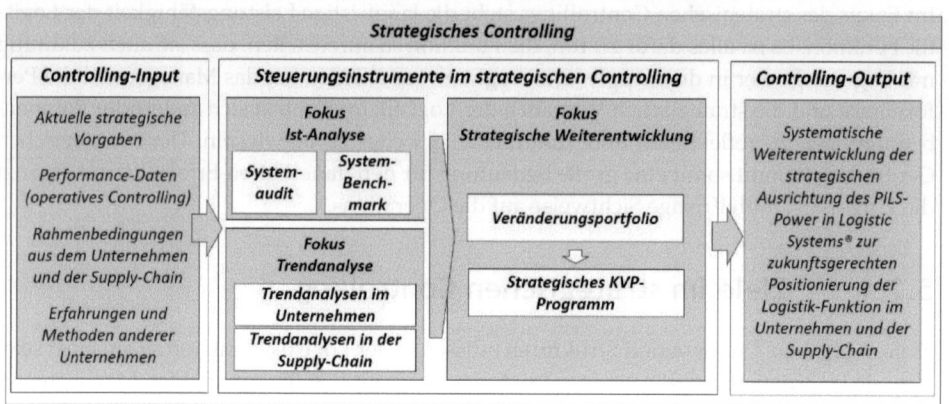

Grundlage des strategischen Anpassungsprozesses ist im ersten Schritt eine fundierte Ist-Analyse des Logistiksystems. Um einen Überblick über die strategischen Stärken und Schwächen der Funktion zu bekommen, können ein Systemaudit und ein System-Benchmark durchgeführt werden:

- **Systemaudit:** Mit einem Systemaudit wird überprüft, ob die Logistik-Funktion insgesamt schlüssig aufgestellt und so operationalisiert ist, damit sie ihre Zielstellungen dauerhaft erreichen kann: Mit Logistik-Power schnell, schlank und fehlerfrei liefern – bei kundengerechtem Lieferservice und zu angemessenen Logistikkosten. Effizient im normalbetrieb und robust im Krisenfall.

- **System-Benchmarking:** Die interne Analyse des Systemaudits kann in den Kontext mit en Zielen, Strukturen, Prozessen, Strategien und Ergebnissen von Logistikorganisationen anderer Unternehmen gestellt werden. Ein System-Benchmark erweitert den Blick auf die Logistik-Funktion. In der Außenreflexion wird deutlich, inwieweit sich die Stärken und Schwächen der verschiedenen Logistikorganisationen differenzieren und wo die Ursachen für diese Unterschiede liegen. Dieser Abgleich ermöglicht es, die Einschätzung über die Performance der eigenen Funktion und den Handlungsbedarf für Veränderungen weiter zu präzisieren.

Auf Basis der analysierten Stärken und Schwächen kann im zweiten Schritt hinterfragt werden, wie sich die Rahmenbedingungen für die Logistik des Unternehmens verändern:

- **Trendanalyse Unternehmen:** Für eine interne Trendanalyse sind die geplanten Unternehmensveränderungen zu erfassen, die einen Einfluss auf die zukünftige Ausgestaltung der Logistik haben, wie etwa der Zukauf bzw. Verkauf von Unternehmensbereichen oder auch anstehende Veränderungen am Produktportfolio.

- **Trendanalyse Rahmenbedingungen:** Ferner sollte reflektiert werden, ob erwartet wird, dass sich externe Rahmenbedingungen mit Einfluss auf die Logistik verändern. Beispielhaft genannt sind konjunkturelle Entwicklungen oder auch sich verändernde Kundenerwartungen an den Lieferservice.

Die Erkenntnisse aus den Analysen zu den Stärken und Schwächen sowie zu den wesentlichen Zukunftseinflüssen können zusammengefasst und im dritten Schritt in ein strategisches KVP-Programm überführt werden:

- **Veränderungsportfolio:** Für die Entwicklung eines strategischen KVP-Programms ist zunächst eine strukturierte Bewertung des Handlungsbedarfs erforderlich. Es ist wichtig zu wissen, wie radikal der Veränderungsbedarf inhaltlich und wie hoch die Veränderungsgeschwindigkeit in der Umsetzung sein muss. Von diesen Ausprägungen hängt wesentlich das weitere Vorgehen zur Umsetzung strategischer Anpassungen ab.

- **Strategisches KVP-Programm:** Der priorisierte Handlungsbedarf kann dann im Rahmen der geforderten Veränderungsdynamik in ein konkretes Maßnahmenprogramm überführt werden. Dazu sind die für die geplanten Veränderungen notwendigen Einzelmaßnahmen auszuarbeiten, aufeinander abzustimmen und zu implementieren. Ferner ist die Umsetzung der Maßnahmen zu steuern.

Für die Umsetzung der strategischen Controlling- und Anpassungsprozesse braucht es analytisch-kreative Kompetenzen. An dieser Stelle sind Mitarbeiter gefordert, die in der Lage sind, die Sachlage in der Logistik-Funktion genau einzuschätzen. Um den Handlungsbedarf in strategische Veränderungen umsetzen zu können, braucht es kreative Köpfe, die in Zukunftsszenarien und Veränderungsmodellen denken und handeln können – gekoppelt mit einer klaren Bindung an die betriebliche Wirklichkeit, so dass die Veränderungen auch später greifen.

5.2.2 Lösungen: Systemaudits

Mit einem Systemaudit wird der aktuelle Zustand des Logistiksystems umfassend reflektiert. Damit wird aus der Innensicht des Unternehmens validiert, ob die Ziele der Funktion angemessen, die Logistik-Aufgaben zur Zielerreichung geeignet gestaltet und in der Praxis wirkungsvoll operationalisiert sind [281]. Prozessual orientiert sich die Durchführung des Systemaudits an dem bereits in Kapitel 5.1.3 vorgestellten generellen Ablaufmuster.

Um dabei zu tragfähigen Audit-Erkenntnissen zu kommen, sollte das Systemaudit inhaltlich auf die grundsätzlichen Wirkungszusammenhänge einer starken Logistik-Funktion abgestellt werden (vgl. Kapitel 2). Dazu sind zunächst die Stärkefaktoren der Funktion im Hinblick auf ihre aktuelle Ausprägung zu hinterfragen. Treten Schwachstellen zu Tage, ist zu klären, welche Logistik-Aufgaben darauf den größten Einfluss haben und wie diese konkret anzupassen sind, damit man an Stärke gewinnt.

Analyse der Stärkefaktoren

Am Anfang des Systemaudits steht die Analyse der Wirkungsziele in der Logistik. Hier soll die Logistik-Funktion für Stärke stehen: Für Stärke im eigenen Unternehmen, Stärke bei den Supply-Chain-Partnern, Stärke im Management der Funktion und Stärke in den Logistik-Operations. Diese Stärke kann dabei an den in Kapitel 2.2 aufgearbeiteten Einzelkriterien festgemacht werden. Doch wie stark ist das Logistikmanagement aktuell wirklich? Das ist die zentrale Frage im Systemaudit. Dazu werden die Einzelkriterien systematisch hinterfragt:

- Was macht Stärke im Einzelkriterium heute konkret aus?
- Wie wird die realisierte Stärke im Einzelkriterium aktuell bewertet?
- Existieren Schwachstellen? Wenn ja, welche konkret?
- Welche Logistik-Aufgaben haben auf diese Schwachstellen einen direkten Einfluss?

Die Auditfragen können für jeden Stärkefaktor einzeln bewertet und die Erkenntnisse über Excel-Tabellen dokumentiert werden. Die Einzeldokumentationen lassen sich in eine Gesamtübersicht zusammenführen. Dieser Dokumentationsgrundsatz gilt auch für die im Folgenden beschriebenen Auditkomplexe und lässt sich über digitale Dokumentationstools unterstützen.

Analyse der Wirkung von Logistik-Aufgaben auf die Stärkefaktoren

Getragen werden die Stärkefaktoren durch die in den Logistik-Aufgaben erzielten Ergebnisse. Dabei kommt jeder Logistik-Aufgabe ein spezifischer Wirkungsbeitrag zu den Stärkefaktoren der Logistik-Funktion zu. Im Systemaudit ist zu klären, welche Stärkefaktoren jeweils von einer Logistik-Aufgabe konkret unterstützt werden, welcher Wirkungsbeitrag dort durch die Aufgabe entsteht und ob in diesem Kontext Anpassungen erforderlich sind. Bei dieser Analyse unterstützen die folgenden Auditfragen:

- Zu welchen Stärkefaktoren sollen die Logistik-Aufgaben jeweils einen spürbaren Wirkungsbeitrag leisten? Ist Änderungsbedarf in dieser Zuordnung erforderlich? Wenn ja, welcher?
- Welchen Wirkungsbeitrag leisten die Logistik-Aufgaben jeweils zu den ihnen zugeordneten Stärkefaktoren in der Praxis? Entsprechen diese Wirkungen den Anforderungen oder sind Veränderungen erforderlich? Wenn ja, welche?
- Greifen die einzelnen Logistik-Aufgaben schlüssig ineinander oder entstehen Brüche bzw. gegenläufige Wirkungen? Sind im Zusammenspiel der Aufgaben Anpassungen erforderlich? Wenn ja, welche?

Entlang der aufgespannten Fragestellungen erfolgt für jede Logistik-Aufgabe eine kritische Reflexion ihrer Bedeutung und Wirkung. Durch die wechselseitige Betrachtung der Stärkefaktoren und der Logistik-Aufgaben kann mit den ersten beiden Fragekomplexen des Systemaudits bewertet werden, ob sich insgesamt ein schlüssiger, anspruchsvoller und nachvollziehbarer Ursache-Wirkungszusammenhang im Logistiksystem ergibt. Die Stärken und Schwächen werden transparent.

Zur Konkretisierung erforderlicher Anpassungen kann im weiteren Verlauf des Systemaudits analysiert werden, ob Änderungen im Design und / oder in der Umsetzung der Logistik-Aufgaben vorzunehmen sind. Dazu geht man in den einzelnen Aufgabenstellungen weiter ins Detail. Zunächst untersucht man, ob die identifizierten Schwachstellen bereits durch eine Anpassung in der Aufgabenumsetzung behoben werden können, da diese in der Regel relativ aufwandsarm realisierbar sind. Reicht das nicht aus, geht man in das Design der Aufgabenstellungen. Dort werden dann die logistischen Prozesse in ihrer Auslegung grundsätzlich auf den Prüfstand gestellt.

Analyse der Umsetzungsperformance in den Logistik-Aufgaben

Für eine starke Logistik-Funktion kommt es maßgeblich auf die richtige Umsetzung der Logistik-Aufgaben an. Ein gutes Aufgabendesign allein führt nicht zu guten Ergebnissen. Es braucht eben auch eine gute Operationalisierung. Zur Analyse der Umsetzungsperformance dienen im Systemaudit an den identifizierten Schwachstellen insbesondere die nachstehenden Fragestellungen:

- Existieren für die Mitarbeiter praxisgerechte Prozessbeschreibungen?
- Existieren digitale Tools zur Unterstützung der Mitarbeiter bzw. zur Prozessabsicherung?
- Kennen die Mitarbeiter die Prozessdokumentation und die Prozesstools zu ihren Aufgaben im Detail?
- Werden die Prozesse von den Mitarbeitern wie dokumentiert/gefordert umgesetzt? Wenn nein, wo liegen die Defizite und wie können diese abgestellt werden?
- Werden die Anforderungen an die Logistik-Aufgabe bei korrekter Ausführung im Ergebnis erfüllt?
- Wenn nein, welche Ursachen sind dafür maßgeblich? Welche Veränderungen im Aufgabendesign sollten weiter analysiert werden?

Sind operative Umsetzungsschwächen für das Verfehlen der Aufgabenziele verantwortlich, können die erforderlichen Abstellmaßnahmen direkt in das operative KVP-Programm aufgenommen und zügig umgesetzt werden (vgl. Kapitel 5.1). Im Fall von Designschwächen sollte die im nächsten Arbeitsschritt beschriebene Design-Validierung durchgeführt und strategische Prozessänderungen im Logistiksystem angestoßen werden.

Analyse des Designs der Logistik-Aufgaben

Zur Design-Validierung logistischer Aufgabenstellungen ist kritisch zu hinterfragen, ob die implementierten Logistikprozesse jeweils geeignet sind, um die an sie gestellten Anforderungen in der Praxis zu erfüllen. Dabei kann man sich grundsätzlich am „Design-Check" des Prozessaudits orientieren (vgl. Kapitel 5.1.2):

- Ist die Logistik-Aufgabe mit ihren Prozessen transparent und realistisch dokumentiert?
- Sind die Prozesse geeignet ausgestaltet, um die Anforderungen zu erfüllen?
- Wenn nein, welche Designänderungen sind konkret erforderlich?
- Werden mit den Designänderungen die Wirkungsziele der Aufgabe erfüllt? Wenn nein, wie sind die Designänderungen weiter zu überarbeiten?
- Wie können die Designänderungen sinnvoll in das bestehende Netzwerk der Logistik-Aufgaben integriert werden?
- Welche Wechselwirkungen mit anderen Logistik-Aufgaben sind dabei zu berücksichtigen?
- Ergeben sich Folgeanpassungen bei anderen Logistik-Aufgaben? Wenn ja, welche?
- Ergeben sich Folgeanpassungen für das IT-System der Logistik und den Einsatz digitaler Tools?

Im Ergebnis entsteht ein Katalog erforderlicher Aufgaben- bzw. Prozessanpassungen, der in das strategische KVP-Programm zur Veränderung der Logistik-Funktion zu integrieren ist.

Zusammenfassende Bewertung der Auditfeststellungen

Im Systemaudit werden die Stärken und Schwächen der Logistik-Funktion offengelegt. Die durchgeführten Analysen und gewonnenen Auditfeststellungen sollten in eine gemeinsame Sicht integriert und zusätzlich in ihrem Gesamtzusammenhang im Hinblick auf die Chancen und Risiken der Logistik-Funktion bewertet werden. Dazu kann beispielsweise das Instrument der SWOT-Analyse (vgl. Abbildung 5.10) eingesetzt werden, um in einem Workshop den wesentlichen strategischen Handlungsbedarf auf den Punkt zu bringen [283][294].

5.2.3 Lösungen: System-Benchmarks

Mit einem System-Benchmark wird das Logistiksystem in den Außenvergleich mit anderen Unternehmen gestellt. Auch in der Außenreflexion zeigen sich die Stärken und Schwächen der Logistik, so dass die SWOT-Analyse aus dem Systemaudit geschärft und der erforderliche Handlungsbedarf weiter präzisiert werden kann (vgl. Abbildung 5.10).

In der Umsetzung folgt der grundsätzliche Ablauf eines System-Benchmarks dem in Kapitel 5.1.5 dargestellten Verfahren [282]. An dieser Stelle wird daher lediglich auf die inhaltlichen Besonderheiten eingegangen, die beim System-Benchmarking berücksichtigt werden sollten. Dabei geht es insbesondere um die vergleichende Bewertung der Stärkefaktoren in der Logistik-Funktion sowie um das Design und die Umsetzung der Logistik-Aufgaben.

Abbildung 5.10 Wirkungsmechanismus des PILS System-Benchmarks

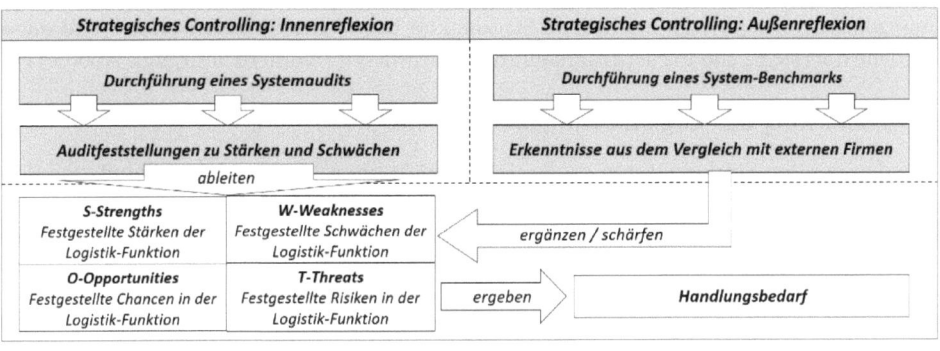

Benchmarking der Stärkefaktoren

Erster inhaltlicher Block im Benchmarking ist der Vergleich der Teilnehmer in Bezug auf die Stärke der Logistik-Funktion. Dazu ist für ein einheitliches Verständnis der Stärkefaktoren zu sorgen und ein gemeinsamer Bewertungsmaßstab abzustimmen.

Abbildung 5.11 Radar-Darstellung von Benchmarking-Ergebnissen

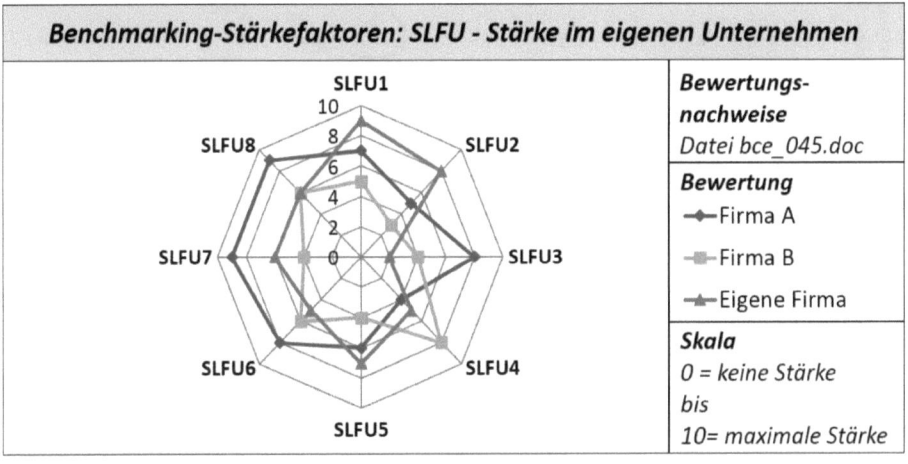

Das ist eine durchaus schwierige Aufgabe, da die Stärkefaktoren komplex und gleichzeitig abstrakt sind. Es lassen sich nur schwer exakte Kenngrößen ermitteln, die eine genaue Bewertung erlauben. Vielmehr können an dieser Stelle sinnvoll Scoring-Verfahren zum Einsatz kommen, die auf Basis von Selbstevaluationen eine Einschätzung ermöglichen. Will man dabei zu tragfähigen Ergebnissen kommen, braucht es im Vorfeld intensive

Abstimmungen über die Anwendung der Scoring-Werte durch die Benchmarking-Teilnehmer. Im Ergebnis wird der Vergleich unscharf bleiben, aber dennoch signifikante Unterschiede deutlich machen. Die Ergebnisse können in einer „Radar-Darstellung" zusammengefasst werden. Jeder analysierte Stärkefaktor bzw. jedes Einzelkriterium wird dabei für eine übersichtliche Ergebnisdarstellung verschlüsselt (Nomenklatur, vgl. Abb. 5.11).

Benchmarking der Logistik-Aufgaben

Werden bei den Stärkefaktoren große Bewertungsunterschiede sichtbar, lohnt sich dort im zweiten inhaltlichen Block eine Analyse der zugeordneten Logistik-Aufgaben. Dabei kann man die Designqualität und die Performance in der Aufgabenumsetzung vergleichen, z.B. erneut auf Basis von Scoring-Verfahren. Hier liegen oft die Ursachen für die Differenzen.

Abbildung 5.12 Portfolio-Darstellung von Benchmarking-Ergebnissen

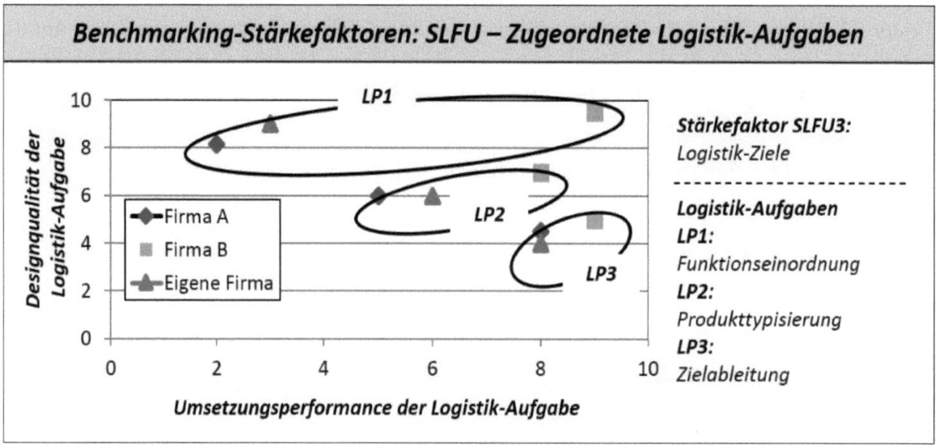

Können im System-Benchmark die Unterschiede in den Stärken und Schwächen der Vergleichspartner aufbereitet und die Ursachen dafür in den Logistik-Aufgaben lokalisiert werden, erfolgt auf Ebene der Logistik-Aufgaben der Einstieg in weitere Detailanalysen.

Detailanalyse der Leistungsunterschiede

In den Detailanalysen werden die Logistik-Aufgaben auf der Design- und Umsetzungsebene weiter „seziert" und präzise miteinander verglichen, um die konkreten inhaltlichen Unterschiede der Benchmark-Teilnehmer herauszuarbeiten. Dabei kann man sich an den Fragestellungen der Prozessaudits orientieren, um die verschiedenen Lösungsansätze fundiert zu durchleuchten. Aus den dabei gewonnenen Erkenntnissen sind die Optimierungspotenziale für die eigene Logistik-Funktion aufzuzeigen und in die SWOT-Analyse bzw.

Handlungsempfehlungen des Systemaudits zu integrieren. Der Handlungsbedarf zur Anpassung des Logistiksystems wird damit weiter geschärft.

5.2.4 Lösungen: Trendanalysen

Die gewonnenen Erkenntnisse über den Zustand der Logistik-Funktion sollten in den Kontext der zu erwartenden Veränderungen im Unternehmen und in den externen Rahmenbedingungen gestellt werden. Dazu sind die wesentlichen Trends zu analysieren, die zukünftig die Aufgabenstellungen in der Logistik spürbar beeinflussen.

Trendanalyse - Veränderungen im Unternehmen

Eine wichtige Einflussgröße für erforderliche strategische Anpassungen der Logistik-Funktion sind Veränderungen im eigenen Unternehmen:

- **Wichtige Trends mit Einfluss auf die Anforderungen an die logistischen Leistungen:**
  - Verkäufe oder Zukäufe von Unternehmen/Unternehmensteilen.
  - Aufbau, Schließung, Erweiterung, Reduzierung von Standorten.
  - Veränderungen im Produkt-/Leistungsportfolio des Unternehmens.

- **Wichtige Trends mit Einfluss auf die Organisation der Logistik-Funktion:**
  - Veränderung von persönlichen Verantwortlichkeiten im Führungskreis.
  - Strukturelle Veränderungen wie etwa Zentralisierungen, Dezentralisierungen etc.
  - Prozessuale Veränderungen im Gesamtprozessmodell des Unternehmens.
  - Technologieveränderungen wie etwa IT-Systemveränderungen etc.

Trendanalyse - Veränderungen in den Rahmenbedingungen

Der Erfolg der Logistik-Funktion hängt jedoch auch wesentlich von externen Einflussfaktoren ab. Daher ist es wichtig, regelmäßig zu hinterfragen, wie sich die Welt um das Unternehmen herum verändert:

- **Wichtige politische Trends, die auf die Logistik-Funktion Einfluss haben:**
  - Politische Stabilität in den Märkten (z.B. sicherer Zugang zur Infrastruktur).
  - Trends in der Regulierungs-/Deregulierungspolitik der Märkte (z.B. Zölle).
  - Trends in der Steuer- und Abgabenpolitik der Märkte (z.B. Maut).

- **Wichtige Trends, die auf die Zusammenarbeit in der Supply-Chain Einfluss haben:**
  - Generelle konjunkturelle/volkswirtschaftliche Entwicklungen.
  - Spezifische Nachfrageentwicklungen bei den Kunden und Lieferanten.
  - Spezifische Ressourcenentwicklungen bei den Kunden und Lieferanten.
  - Sich verändernde Erwartungen der Kunden und Lieferanten an den Lieferservice.
  - Sich verändernde Erwartungen der Kunden und Lieferanten an die Logistikkosten.

- Veränderungen in der Arbeitsorganisation der Kunden und Lieferanten.
- Veränderungen in der Kommunikation der Kunden und Lieferanten.
- Veränderungen in der Informationstechnologie der Kunden und Lieferanten.

Trendanalyse - Bewertung der Veränderungen

Die unternehmensinternen sowie -externen Trends sind im Detail zu analysieren und mit ihrer Wirkung auf die Logistik-Funktion zu bewerten. Entsprechend der Bewertungsergebnisse kann die bestehende SWOT-Analyse und der sich ergebende Handlungsbedarf nochmals weiter geschärft werden.

Nach Abschluss und Integration von Systemaudit, System-Benchmark und Trendanalysen existiert ein valider Überblick über den Status der Logistik-Funktion und die anstehenden Zukunftsherausforderungen. Diese sind im Rahmen eines strategischen KVP-Programms zu operationalisieren, so dass die Logistik-Funktion zukunftsfähig weiterentwickelt wird.

Abbildung 5.13 Trendanalyse im strategischen Controlling

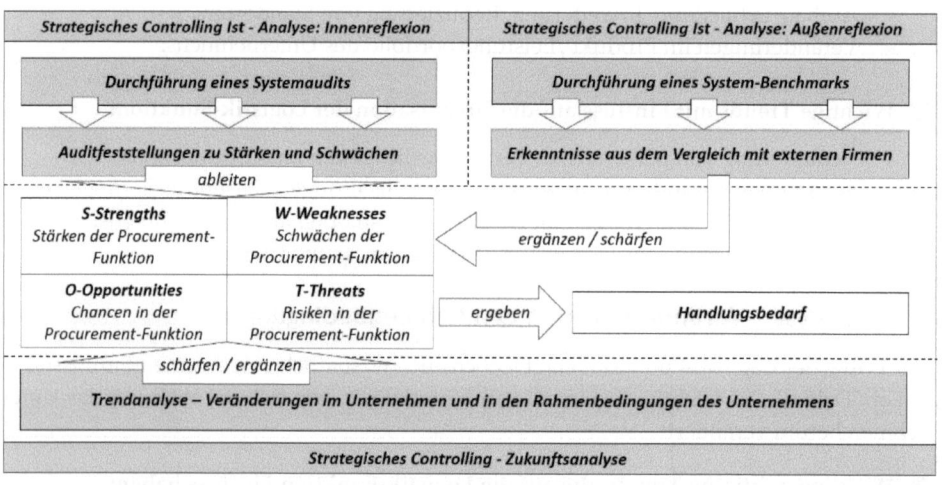

5.2.5 Lösungen: Strategisches KVP-Programm

Der ermittelte Handlungsbedarf zur Weiterentwicklung der Logistik-Funktion ist in ein strategisches KVP-Programm zu überführen und zu operationalisieren. Ein strategisches KVP-Programm folgt dabei einem systematischen Arbeitsprozess, wie er in Abbildung 5.14 aufgezeigt wird.

Abbildung 5.14 Arbeitszyklus – Strategisches KVP-Programm

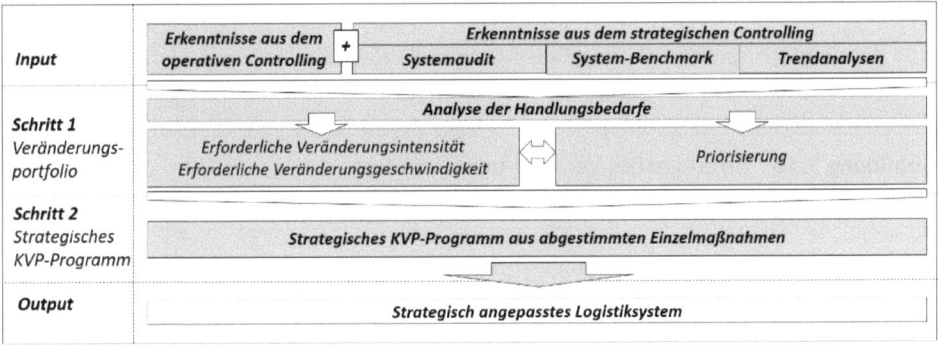

Ermittlung des strategischen Veränderungsportfolios

Vor der konkreten Festlegung eines strategischen KVP-Programms wird der Handlungsbedarf mit Hilfe eines Veränderungsportfolios zunächst nochmals weiter systematisiert – nunmehr unter dem Blickwinkel der Umsetzung von Veränderungen. Dazu wird hinterfragt, wie groß bei den identifizierten Handlungsbedarfen jeweils die inhaltliche Veränderungsintensität ist und wie schnell eine Umsetzung der Veränderung erforderlich ist.

Die Intensität der Veränderung kann dabei nach einem Scoring-Verfahren bewertet werden:

- **Ein Punkt:** Es sind nur Anpassungen in den Wirkungszielen der Stärkefaktoren der Logistik-Funktion bzw. den geplanten Wirkungsbeiträgen der Logistik-Aufgaben erforderlich.
- **Zwei Punkte:** Es werden Zielanpassungen gemäß Scoring-Wert 1 und/oder Anpassungen am Einsatz von Methoden/Tools in den Logistik-Aufgaben erforderlich.
- **Drei Punkte:** Es werden Anpassungen am Design der Logistik-Aufgaben und ihrer Prozesse erforderlich.
- **Vier Punkte:** Es werden Strukturanpassungen in der Logistik-Funktion erforderlich.

Neben der Veränderungsintensität hat auch die Geschwindigkeit, mit der Anpassungen erforderlich werden, einen Einfluss auf die Gestaltung von Veränderungsprogrammen. In diesem Kontext kann z.B. mit folgenden Scoring-Werten gearbeitet werden:

- **Ein Punkt:** Anpassungen sind nicht dringend und können zu einem beliebigen Zeitpunkt umgesetzt werden.
- **Zwei Punkte:** Anpassungen sind bis zum Abschluss des kommenden Geschäftsjahres abzuschließen.

- **Drei Punkte:** Anpassungen sind bis zum Abschluss des laufenden Geschäftsjahres abzuschließen.
- **Vier Punkte:** Anpassungen sind sofort umzusetzen.

Aus den vorgenommenen Scoring-Bewertungen können die einzelnen Handlungsbedarfe in ein strategisches Veränderungsportfolio der Logistik-Funktion eingeordnet werden.

Abbildung 5.15 Strategisches Veränderungsportfolio

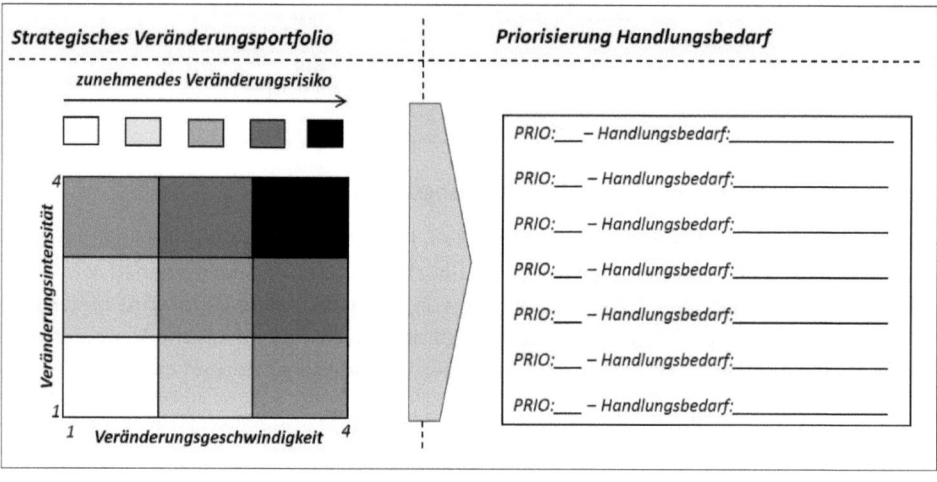

Das Portfolio gibt einen Überblick über den Wirkungsbereich von Veränderungen und den mit der Umsetzung verbundenen Umsetzungsdruck. Je höher die Veränderungsintensität und der Zeitdruck ausgeprägt sind, desto höher ist auch das mit der Veränderung verbundene Umsetzungsrisiko. Im Portfolio ist es möglich, kritische und unkritische Veränderungen zu differenzieren.

Das ist ein neuer Blick auf die strategische Weiterentwicklung der Logistik-Funktion. Dieser Blick ist zur Priorisierung von Maßnahmen und ihrer Ausstattung mit Ressourcen wichtig. Da es sich bei strategischen Anpassungen um Korrekturen mit Langfristwirkung handelt, sei diese ergänzende Sichtweise dringend empfohlen. In der aufwändigen Abwägung der Veränderungskonsequenzen liegt hier für die Umsetzung von Optimierungen der wesentliche Unterschied zu operativen KVP-Programmen. Dort können Einzelmaßnahmen ggf. bei Misserfolg schnell ausgetauscht oder verändert werden. Bei strategischen Maßnahmen ist das häufig schwieriger, da der Wirkungshorizont umfassender und die durchgeführten Veränderungen bedeutender für die Grundstrukturen des Logistiksystems sind.

Strategisches KVP-Programm

Entsprechend der vorgenommenen Priorisierungen können schließlich konkrete Maßnahmen zur Abarbeitung des Handlungsbedarfs ausgearbeitet werden. Dabei handelt es sich um Maßnahmen, die im oder durch das Logistik-Planning zu Veränderungen führen – z.B. zur Veränderung in der Positionierung der Funktion im Unternehmen, in der Anbindung an die Supply-Chain-Partner auch in der Organisation der Funktion und seiner Prozesse selbst. Bei der Ableitung, Umsetzung und Steuerung der Maßnahmen kann nach den in Kapitel 3.5.6 vorgestellten Methoden vorgegangen werden. Im Ergebnis entsteht so neben dem kurzfristig angelegten operativen KVP-Programm ein zweites mittel- bis langfristig angelegtes, strategisches KVP-Programm. Zur Steuerung dieses Programms kann analog zum Ansatz in Kapitel 5.1 vorgegangen werden. Die Maßnahmenverfolgung der strategischen Aktionen lässt sich in den regulären Controlling- und Führungsprozess des Managements integrieren, z.B. über spezifische Controlling-Charts als Anlage zum klassischen Scorecard-Reporting.

5.3 Logistik-Controlling: Zusammenfassung

Mit dem Logistik-Controlling kann im Tagesgeschäft die Leistungsfähigkeit der Logistik-Funktion gesteuert und gleichzeitig in der Langfristperspektive eine tragfähige strategische Gesamtausrichtung abgesichert werden:

- Auf der operativen Ebene sorgt ein straffer Steuerungs-Regelkreis dafür, dass die aktuellen Ziele der Logistik-Funktion in den Operations realisiert werden.

- Auf der strategischen Ebene stellt eine intensive Gesamtreflexion des Logistiksystems sicher, dass die strukturellen Voraussetzungen für starke Logistik-Operations langfristig gewährleistet sind.

Im operativen Controlling werden durch die starke Leistungsorientierung insbesondere die Stärkefaktoren in den Operations und an den Schnittstellen zu den Supply-Chain-Partnern unterstützt. Darüber hinaus haben die im Logistikbetrieb erzielten Top-Ergebnisse auch eine positive Wirkung auf die Stärke der Logistik im Unternehmen und die KVP-Mentalität der eigenen Organisation.

Im strategischen Controlling stehen die Aufgaben des Logistik-Plannings im Fokus, insbesondere die zur strategischen Ausrichtung der Funktion im Unternehmen und zur inneren Führung der Funktion selbst. Die durch das Controlling angestoßenen Veränderungen ermöglichen ihr jederzeit eine starke interne Positionierung auf Basis professioneller Managementstrukturen sowie eine gute Anbindung an die Supply-Chain-Partner. Das wiederum sind die zentralen Grundvoraussetzungen für starke Operations im praktischen Logistikbetrieb.

In Summe unterstützt ein professionelles Logistik-Controlling maßgeblich dabei, dass die Logistik-Funktion ihre Ziele erreicht: Schnell, schlank und fehlerfrei zu liefern. Mit hohem Lieferservice und zu angemessenen Logistikkosten. Effizient im regulären Geschäftsbetrieb und robust im Krisenfall.

Teil 3
Logistik-Power:
Resultate in der Praxis

6 Logistikmanagement: Mit Logistik-Power schnell, schlank und fehlerfrei liefern

Der Erfolg im Logistikmanagement ist keine Selbstverständlichkeit. Er ist das Ergebnis eines gut strukturierten und konsequent operationalisierten Management-Ansatzes. Die richtige Ausgestaltung der Managementphasen Planning, Operations und Controlling führt in der Praxis zu „Logistik-Power". Damit erfolgt das Management des Gütertransfers entlang der gesamten Supply-Chain systematisch aus einer Position der Stärke heraus. Das schlägt sich in einer starken Logistikperformance nieder. Damit wird das Logistikmanagement zu einem wichtigen Werttreiber für ein starkes, wettbewerbsfähiges Unternehmen.

6.1 Logistik-Power: Der Wirkungsmechanismus für den Erfolg

Ausgangspunkt für das Management einer starken Logistik-Funktion ist ihr definierter Zielzustand: Eine Funktion, die mit „Logistik-Power" agiert: stark im eigenen Unternehmen verankert, stark im Zusammenspiel mit den Supply-Chain-Partnern, stark im Management der eigenen Funktion und stark in der operativen Umsetzung des Gütertransfers.

Dafür ist zunächst innere Stärke im Unternehmen zu organisieren. Sie wird im Wesentlichen durch eine passgenaue Einordnung der Logistik-Funktion im Unternehmen bewirkt. Aufbauorganisation, Ablauforganisation und Managementbesetzung müssen stimmen. Ohne diese innere Stärke kann es im Management der Supply-Chain keinen Erfolg geben. Nur wer im Unternehmen etwas zu sagen hat, kann auch glaubhaft ein externes Mandat vertreten. Der politischen Positionierung muss Kompetenz in der Sache folgen. Dazu ist ein starkes Management innerhalb der Funktion erforderlich. Die Logistikaufgaben müssen klar definiert sein. In allen strategischen und operativen Aufgabenstellungen ist mit den besten Methoden und Tools zu arbeiten und das eingesetzte Personal hat den Anforderungen im Unternehmen wie in der Supply-Chain zu entsprechen - heute wie in der Zukunft. Das Ergebnis eines starken Funktionsmanagements wird auf die Supply-Chain-Partner wirken: Ein klarer und respektierter Führungsanspruch zur Gestaltung und Implementierung komplexer Logistiksysteme, untersetzt mit hoher Analyse-, Informations-, Kommunikations-, Lösungs- und Umsetzungskompetenz zu allen Fragen des Logistikmanagements.

Kommt jetzt Professionalität in der Umsetzung der Logistik-Operations dazu, werden die strategischen Vorgaben operationalisiert und die Logistikziele realisiert. Starke Operations in allen Phasen der Logistik: Von der Beschaffungs-, Produktions- und Distributionslogistik, bis hin zur Entsorgungslogistik sorgen für Spitzenleistungen im Gütertransfer.

Diese operative Stärke strahlt zurück in das eigene Unternehmen und die gesamte Supply-Chain. Dort wird die eigene Stärke durch die operative Performance stabilisiert und weiter ausgebaut. Da die geschilderten Wechselwirkungen an dieser Stelle komplex und volatil sind, braucht es ein strategisches wie operatives Controlling, um den geschilderten Wirkungsmechanismus jederzeit effektiv bewerten und steuern zu können.

In der Gesamtwirkung entsteht „Logistik-Power": Die Logistik-Funktion kann ihren Wirkungsbereich so beeinflussen, dass sie ihre Ziele erreicht (vgl. Abb. 6.1).

Abbildung 6.1 Logistik-Power

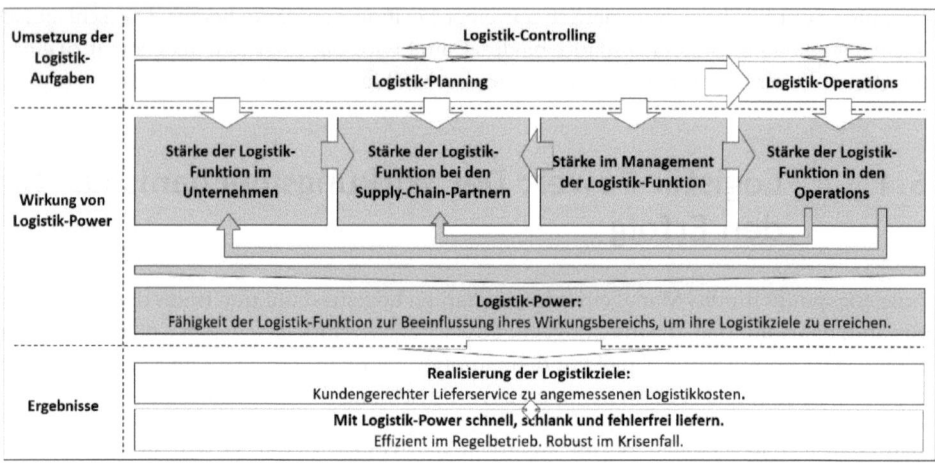

Die Detailausprägungen einer Logistik-Funktion mit Logistik-Power lassen sich dabei wie folgt zusammenfassen:

- **Stärke der Logistik-Funktion im Unternehmen:** Die Logistik-Funktion ist im Unternehmen als wichtige, erfolgsrelevante Funktion platziert, in die operativen Abläufe integriert und im Management kraftvoll positioniert:
    - Die Funktion ist im Top-Management integriert.
    - Die Funktion hat im Unternehmen eine klar definierte Rolle.
    - Die Funktion übernimmt im Unternehmen klare Zielverantwortung.
    - Die Funktion sorgt im Unternehmen für eine klar abgestimmte Logistik-Strategie.
    - Die Funktion hat ein strategiekonformes Logistiksystem implementiert.
    - Die Funktion steuert im Unternehmen präzise die logistischen Abläufe.
    - Die Funktion ist in die Regelkommunikation des Unternehmens eingebunden.
    - Die Funktion liefert exzellente Ergebnisse in den Operations.
    - Die Manager der Funktion sind im Unternehmen tragfähig vernetzt.

- **Stärke der Logistik-Funktion bei den Supply-Chain-Partnern:** Die Logistik-Funktion ist stark in der Supply-Chain platziert und genießt durch ihre Stärke im eigenen Unternehmen, ihre operative Exzellenz und ihr fachliches Know-how bei allen externen Partnern Respekt und Anerkennung:
  - Die Funktion wirkt durch ihre Rolle als starker Partner in der Supply-Chain.
  - Die Funktion weiß genau über ihre Logistik-Performance Bescheid.
  - Die Funktion kann logistische Stärken und Schwächen valide bewerten.
  - Die Funktion hat das Know-how zur Entwicklung sinnvoller Optimierungen.
  - Die Funktion kann Optimierungen präzise und erfolgreich implementieren.
  - Die Funktion kann mit allen Partnern situationsgerecht kommunizieren.

- **Stärke im Management der Logistik-Funktion:** Die Logistik-Funktion ist in ihren inneren Strukturen und Prozessen so aufgestellt, dass sie in den Operations jederzeit Top-Ergebnisse erzielen und im Kräftespiel des Unternehmens sowie in der Supply-Chain ihre Stärke dauerhaft festigen kann:
  - Die Funktion ist prozessorientiert aufgestellt.
  - Die Funktion arbeitet in den Prozessen methodengeleitet.
  - Die Funktion hat sachgerechte Make-or-Buy-Entscheidungen getroffen.
  - Die Rollen der Mitarbeiter und Dienstleister in den Logistik-Aufgaben sind klar.
  - Die Besetzung der internen Rollen erfolgt mit geeignetem Logistik-Personal.
  - Die Besetzung der externen Rollen erfolgt mit geeigneten Dienstleistern.
  - Die Führung der Funktion ist nach innen und außen effizient organisiert.
  - Die Funktion hat einen systematischen KVP-Prozess installiert.

- **Stärke der Logistik-Funktion in den Operations:** Die Logistik-Funktion ist in der Lage, die durch sie verantworteten Material- und Informationsflüsse jederzeit bedarfsgerecht und erfolgreich zu operationalisieren. Starke Operations sind durch die folgenden Eigenschaften geprägt:
  - Die Funktion ermittelt präzise die Güterbedarfe in der Supply-Chain.
  - Die Funktion führt die Bestände bedarfsgerecht und kostenoptimiert.
  - Die Funktion gewährleistet jederzeit die Verfügbarkeit aller disponierten Güter.
  - Die Funktion stellt in der Güterversorgung die „7R" der Logistik sicher.
  - Die Funktion steuert die Versorgung ohne überflüssige Wartezeiten.
  - Die Funktion sorgt in den Logistikprozessen für eine effiziente Ressourcennutzung.
  - Die Funktion sorgt in den Logistikprozessen für transparente Informationen.

6.2 Logistik-Power: Die Ergebnisse in der Praxis

Eine Logistik-Funktion, die mit Logistik-Power agiert, wird erfolgreich sein. Im Ergebnis wird sie in der Gestaltung und Umsetzung der Material- und Informationsflüsse ihre Ziele sicher erreichen. An der Schnittstelle zum Kunden sorgt sie in den Märkten für ein positives Kundenerlebnis und unterstützt damit über das Kriterium des Lieferservice unmittelbar die Wettbewerbsfähigkeit des eigenen Unternehmens. Diese Serviceleistung ist ein wichtiger Beitrag zur Differenzierung im Wettbewerb und damit für den Unternehmenserfolg. Im Regelbetrieb und in der Krise. Angemessene Logistikkosten stehen jederzeit im Gleichgewicht zu dem vom Markt geforderten Lieferservice.

Im Zielfeld Lieferservice stehen dabei die Faktoren Lieferzeit, Lieferqualität und Lieferflexibilität im Zentrum (vgl. Kapitel 3.3.3). Durch eine gute Planung, Operationalisierung und digitaler Untersetzung der logistischen Aufgaben wird dafür gesorgt, dass die kundenkritischen Leistungsmerkmale jederzeit erfüllt werden. Die Bedeutung von Kundenwunschterminen, der Unversehrtheit von Lieferungen oder auch der Einhaltung von Kundenvorgaben zu Liefermengen und Verpackungen, wurden bereits ausführlich diskutiert. Um hier im Kundensinne erfolgreich zu sein, wird bereits in der Planungsphase der Logistik systematisch analysiert, was in der Supply-Chain erwartet wird und was nicht. Das ermöglicht eine bedarfsgerechte Auslegung des Logistiksystems ohne kostenintensives Under- oder Over-Engineering (vgl. Kapitel 3). Diese Klarheit im System- und Prozessdesign führt, in Verbindung mit einem durchgängigen Logistik-IT-System, zu klaren Vorgaben für die Durchführung der logistischen Aufgaben in den Logistik-Operations. Entlang der Supply-Chain werden von der Beschaffungs- bis zur Entsorgungslogistik die kritischen Erfolgsfaktoren zuverlässig gesteuert (vgl. Kapitel 4). Das Ergebnis ist durch die Kunden der Logistik-Funktion wahrgenommene Logistik-Power. Die Güterempfänger werden entsprechend ihrer Bedürfnisse jederzeit schnell, schlank und fehlerfrei beliefert. Für sie arbeitet die Logistik spürbar effektiv. Im Regelbetrieb und im Krisenfall.

Für den Erfolg der Logistik-Funktion kommt es aber nicht nur auf ihre Effektivität an. Diese Effektivität muss auch effizient realisiert werden. Nur wenn Kosten und Leistung in Balance stehen, stellt sich der Erfolg ein - und damit auch der Respekt und die Anerkennung im Unternehmen sowie in der Supply-Chain. Daher ist im Management der Logistik-Funktion die Leistungsseite immer auch in den Kontext der Logistikkosten zu stellen. Während es in anderen Funktionsbereichen oft primär um die knallharte Senkung nominaler Kosten geht, steht in der Logistik die Angemessenheit der Kosten im Vordergrund. Denn Maßnahmen zur Kostensenkung dürfen nicht zu einer Absenkung des Lieferservices unter das von den Märkten geforderte Niveau führen. Das erklärt sich bereits aus dem in Kapitel 1 diskutierten Erfolgsbeitrag der Logistik-Funktion zur Wettbewerbsfähigkeit des Unternehmens. Hier wurde klar herausgearbeitet, dass der Serviceaspekt in der Güterauslieferung ein wichtiger Stellhebel ist, um auf der Kundenseite einen speziellen, sich vom Wettbewerb differenzierenden Unternehmensnutzen zu generieren und im Ergebnis Kunden zu gewinnen bzw. zu binden. Berücksichtigt man gleichzeitig, dass die Kostenanteile der Logistik oft nur bei 10 % bis 15 % der Gesamtkosten des Unternehmens liegen, wird schnell deutlich, warum es an dieser Stelle nicht primär um die Höhe, sondern um die Angemessenheit der Kostenstrukturen geht. Im Logistikmanagement kommt es eben auf die richtige Balance von Lieferservice und Logistikkosten an, damit die Supply-Chain auch im Krisenfall funktioniert - ohne im Regelbetrieb zu teuer zu werden. Gutes Risikomanagement ist zentraler Bestandteil und Ergebnis eines guten Logistikmanagements.

Zusammenfassend betrachtet kommt es auch ein durchgängiges und nachhaltiges Logistikmanagement an, um mit der Logistik-Funktion einen wesentlichen Beitrag zum Unternehmenserfolg zu leisten. Denn für ein wettbewerbsfähiges Unternehmen ist es wichtig, dass die Logistik-Funktion die neue Balance aus Lieferservice und Logistikkosten finde und so ihre Ziele erreicht:

Mit Logistik-Power schnell, schlank und fehlerfrei liefern,

bei kundengerechtem Lieferservice und zu angemessenen Logistikkosten. Im Regelbetrieb und im Krisenfall.

Literaturverzeichnis

[1] IWF INTERNATIONALER WAEHRUNGSFOND [Hrsg.] (2008): Globalization: A Brief Overview. Issues Brief 02/08. Mitteilung vom Mai 2008. Washington D.C. S. 1-8

[2] IWF INTERNATIONALER WAEHRUNGSFOND (2013): World Economic Outlook Update. An Update of the key WEO projections. Pressemitteilung vom 23.1.2013. Washington D.C. Online verfügbar unter www.imf.org

[3] SCHWAB, K.; SALA-I-MARTIN, X. (2013): The Global Competitiveness Report 2012-2013. Full Data Edition. Genf: WOF. S. 3-10

[4] IMD INTERNATIONAL INSTITUTE FOR MANAGEMENT DEVELOPMENT (2012): The World Competitiveness Scoreboard 2012. Manuskript IMD.

[5] EUROSTAT (2012): The European Union and the BRIC countries. EU. Bruxelles.

[6] HAWKSWORTH, J.; CHAN, D.; TAY, P.; WALEWSKI, M. (2013): World in 2050. The BRICs and beyond: prospects, challenges and opportunities. UK: PwC

[7] U.S. COUNCIL ON COMPETITIVENESS; DELOITTE TOUCHE TOHAMATSU [Hrsg.] (2010): 2010 Global Manufacturing Competitiveness Index. www.deloitte.com. S. 21

[8] BALASSA, B. (1962): Recent developments in the competitiveness of American industry and prospects for the future. In: U.S. Congress, Joint Economic Committee (Hrsg.): Factors affecting the United States balance of payments. Washington D.C.; S. 29

[9] SCHULTE, C (2017): Logistik. Wege zur Optimierung der Supply Chain. München: Verlag Franz Vahlen GmbH. S. 989

[10] LEHMANN, H. (2003): Lohnstückkosten und Wettbewerbsfähigkeit – Eine mikroökonometrische Untersuchung für Ostdeutschland. Institut für Wirtschaftsforschung Halle IWH (Hrsg.). Halle. S. 5

[11] HOFBAUER, G. (2009): Marketing von Innovationen. Strategien und Mechanismen zur Durchsetzung von Innovationen. Stuttgart: Kohlhammer. S. 19-22; S. 40-43

[12] DIN e.V. (2005): DIN EN ISO 9000:2005. Qualitätsmanagementsysteme – Grundlagen und Begriffe. Berlin: Beuth Verlag. S. 18-34

[13] WERNER, H. (2017): Supply Chain Management. Grundlagen, Strategien, Instrumente. Wiesbaden: Springer Fachmedien Wiesbaden GmbH. S. 513

[14] SALMA, A. (2010): Ein Verfahren zur Verkürzung des Entwicklungsprozesses. Stuttgart: Universität-Stuttgart, IAT. S. 17-19

[15] WERNER, H. (2017): Supply Chain Management. Grundlagen, Strategien, Instrumente. Wiesbaden: Springer Fachmedien Wiesbaden GmbH. S. 30 f.

[16] SCHULTE, C. (2017): Logistik. Wege zur Optimierung der Supply Chain. München: Verlag Franz Vahlen GmbH. S. 28

[17] WEGNER, U.; WEGNER, K. (2017): Einführung in das Logistik-Management. Prozesse – Strukturen – Anwendungen. Wiesbaden: Springer Fachmedien Wiesbaden GmbH. S. 5

[18] HUBER, A.; LAVERENTZ, K. (2019): Logistik. München: Verlag Franz Vahlen GmbH. S. 9 f., 20 f.

[19] GÖBL, M.; FROSCHMAYER, A. (2019): Logistik als Erfolgspotential – The Power of Logistics. Von der Strategie zum logistischen Businessplan – From Strategy to logistics business plan. Deutsch-Englisch/German-English. Wiesbaden: Springer Fachmedien Wiesbaden GmbH. S. 78

[20] HUBER, A.; LAVERENTZ, K. (2019): Logistik. München: Verlag Franz Vahlen GmbH. S. 3

[21] ARNOLD, U. (1997): Beschaffungsmanagement. 2. Auflage. Stuttgart: Schäffer-Poeschel. S. 1-8

[22] ARNOLD, D.; ISERMANN, H.; KUHN, A. (2004): Handbuch Logistik. 2., aktualisierte und korrigierte Auflage. Berlin: Springer (Engineering online library. VDI-Buch). S. 1-2

[23] GÖPFERT, I. (2013): Logistik. Führungskonzeption und Management von Supply Chains. München: Verlag Franz Vahlen GmbH. S. 22

© Springer Fachmedien Wiesbaden GmbH, ein Teil von Springer Nature 2020
E. Bräkling et al., *Logistikmanagement*,
https://doi.org/10.1007/978-3-658-32583-1

[24] SCHULTE, C. (2017): Logistik. Wege zur Optimierung der Supply Chain. München: Verlag Franz Vahlen GmbH. S. 3
[25] SCHOLZ, C. (2011): Personalmanagement. Informationsorientierte und verhaltenstheoretische Grundlagen. 6., neubearbeitete und erweiterte Auflage. München: Verlag F. Vahlen (Vahlens Handbücher der Wirtschafts- und Sozialwissenschaften).
[26] JUNG, H. (2011): Personalwirtschaft. 9., aktualisierte und verbesserte Auflage. München: Oldenbourg.
[27] SCHARF, A.; SCHUBERT, B.; HEHN, P. (2012): Marketing. Einführung in Theorie und Praxis. 5., überarbeitete und aktualisierte Auflage. Stuttgart: Schäffer-Poeschel.
[28] HOMBURG, C. (2012): Marketingmanagement. Strategie - Instrumente - Umsetzung – Unternehmensführung. 4., überarbeitete und erweiterte Auflage. Wiesbaden: Springer Gabler.
[29] KOTLER, P.; ARMSTRONG, G.; WONG, V.; SAUNDERS, J. (2011): Grundlagen des Marketing. 5., aktualisierte Auflage. München: Pearson Studium (wi - Wirtschaft).
[30] PERRIDON, L.; STEINER, M.; RATHGEBER, A.W. (2012): Finanzwirtschaft der Unternehmung. 16., überarbeitete und erweiterte Auflage. München: Vahlen (Vahlens Handbücher der Wirtschafts- und Sozialwissenschaften).
[31] HILLIER, D.; ROSS, S.; WESTERFIELD, R.; JAFFE, J.; JORDAN, B. (2010): Corporate finance. 1. European edition. London: McGraw-Hill Higher Education.
[32] NEBL, T. (2011): Produktionswirtschaft. 7., vollständig überarbeitete und erweiterte Auflage. München. Oldenbourg (Lehr- und Handbücher der Betriebswirtschaftslehre).
[33] SCHNEEWEISS (2002): Einführung in die Produktionswirtschaft. Mit 9 Tabellen. 8., verbesserte und erweiterte Auflage. Berlin u.a.: Springer (Springer-Lehrbuch).
[34] BRÄKLING,E.; OIDTMANN, K. (2019): Beschaffungsmanagement. Erfolgreich einkaufen mit Power in Procurement. Wiesbaden: Springer Gabler.
[35] PFOHL, H.-C. (2016): Logistikmanagement. Konzeption und Funktionen. Berlin, Heidelberg: Springer. S. 6 f.
[36] ARNDT, H. (2018): Supply Chain Management. Optimierung logistischer Prozesse. Wiesbaden: Springer Fachmedien Wiesbaden GmbH. S. 127
[37] FLEISCHMANN, B. (2018): Logistikleistung. In: TEMPELMEIER, H. (Hrsg.): Begriff der Logistik, logistische Systeme und Prozesse. Berlin, Heidelberg: Springer. S. 9
[38] MUCHNA, C.; BRANDENBURG, H.; FOTTNER, J.; GUTERMUTH, J. (2018): Grundlagen der Logistik. Begriffe, Strukturen und Prozesse. Wiesbaden: Springer Fachmedien Wiesbaden GmbH. S. 45
[39] EHRMANN, H. (2017): Logistikkosten. In: OLFERT, K. (Hrsg.): Logistik. Kompendium der praktischen Betriebswirtschaft. Herne: NWB Verlag GmbH & Co. KG. S. 69
[40] SCHULTE, C. (2017): Logistik. Wege zur Optimierung einer Supply Chain. München: Verlag Franz Vahlen GmbH. S. 14
[41] JUNG, K.-P. (2010): Zentralisierung um jeden Preis? Minimale Logistikkosten sind nicht zwangsläufig optimal. In: Miebach, Joachim (Hg.): Supply Chain Engineering. Die Methodik integrierter Planung in der Logistik. 1. Auflage. Wiesbaden: Gabler, S. 1.
[42] PFOHL, H.-C. (2010): Logistiksysteme. Betriebswirtschaftliche Grundlagen. 8., neu bearbeitete und aktualisierte Auflage. Berlin: Springer. S. 49-53
[43] KOWALSKI, M. (1992): Qualität in der Logistik. In: Arthur D. Little (Hg.): Management von Spitzenqualität. Wiesbaden, S. 128–135.
[44] MEEHANE, L.; WRIGHT, G. H. (2011): Power priorities: A buyer-seller comparison of areas of influence. In: Journal of Purchasing & Supply Management, Jahrgang 17, Heft 1. S. 32–41.
[45] LANGENSCHEIDT [Hrsg.] (2007): Großwörterbuch Englisch. Langenscheidt. S. 631
[46] WEGNER, U.; WEGNER, K. (2017): Einführung in das Logistik-Management. Prozesse – Strukturen – Anwendungen. Wiesbaden: Springer Fachmedien Wiesbaden GmbH. S. 13-15
[47] SCHULTE, C. (2017): Logistik. Wege zur Optimierung der Supply Chain. München: Verlag Franz Vahlen GmbH. S. 817 f.
[48] ARNDT, H. (2015): Logistikmanagement. Wiesbaden: Springer Fachmedien Wiesbaden GmbH. S. 17 f.

[49] SCHULTE, C. (2017): Logistik. Wege zur Optimierung der Supply Chain. München: Verlag Franz Vahlen GmbH. S. 820
[50] ARNDT, H. (2018): Supply Chain Management. Optimierung logistischer Prozesse. Wiesbaden: Springer Fachmedien Wiesbaden GmbH. S. 48
[51] PFOHL, H.-C. (2016): Logistikmanagement. Konzeption und Funktionen. Berlin, Heidelberg: Springer. S. 283 f., S. 338
[52] SCHULTE, C. (2017): Logistik. Wege zur Optimierung einer Supply Chain. München: Verlag Franz Vahlen GmbH. S. 19-21
[53] YATE, M. J. (2006): Hiring the best. A manager's guide to effective interviewing and recruitment. 5th ed. Avon Mass.: Adams Media.
[54] MAIER, N. (2010): Erfolgreiche Personalgewinnung und Personalauswahl. Von der Personalsuche über die Kandidatenanalyse und Einstellung bis zur Einführung mit zahlreichen Arbeitshilfen und Vorlagen. 3. Auflage. Zürich: Praxium-Verlag.
[55] ACHOURI, C. (2010): Recruiting und Placement. Methoden und Instrumente der Personalauswahl und -platzierung. 2., überarbeitete und erweiterte Auflage. Wiesbaden: Gabler Verlag / GWV Fachverlage GmbH.
[56] PFOHL, H.-C. (2016): Logistikmanagement. Konzeption und Funktionen. Berlin, Heidelberg: Springer. S. 362 f.
[57] HUBER, A.; LAVERENTZ, K. (2019): Logistik. München: Verlag Franz Vahlen GmbH. S. 1 f.
[58] BRÄKLING, E.; OIDTMANN, K. (2012): Power in Procurement. Erfolgreich einkaufen – Wettbewerbsvorteile sichern - Gewinne steigern. Wiesbaden: Springer Gabler. S. 62-65
[59] DIN-Norm. DIN 199-2 Begriffe für Stücklisten und das Stücklistenwesen.
[60] DIN-Norm. DIN 199-3 Stücklisten-Verarbeitung, Begriffe in Schlüsselsystemen
[61] STICH, V.; QUICK, J.; CUBER, S. (2013): Gestaltungsprinzipien logistischer Netzwerke. In: SCHUH, G.; STICH, V. (Hrsg.): Logistikmanagement. Handbuch Produktion und Management 6. Berlin, Heidelberg: Springer. S. 52 f.
[62] GRÜLL, C.; NOLTE, C. (2014): Beschaffungs- und Einkaufsmanagement. In: WANNENWETSCH, H. (Hrsg.): Integrierte Materialwirtschaft, Logistik und Beschaffung. Berlin, Heidelberg: Springer. S. 156
[63] SCHULTE, C. (2017): Logistik. Wege zur Optimierung der Supply Chain. München: Verlag Franz Vahlen GmbH. S. 168
[64] KURBEL, K. (2016): Enterprise Resource Planning und Supply Chain Management in der Industrie. Von MRP bis Industrie 4.0. Berlin: Walter de Gruyter GmbH. S. 6
[65] MUCHNA, C.; BRANDENBURG, H.; FOTTNER, J.; GUTERMUTH, J. (2018): Grundlagen der Logistik. Begriffe, Strukturen und Prozesse. Wiesbaden: Springer Fachmedien Wiesbaden GmbH. S. 44
[66] SCHUH, G.; HERING, N.; BRUNNER, A. (2013): Einführung in das Logistikmanagement. In: SCHUH, G.; STICH, V. (Hrsg.): Logistikmanagement. Handbuch Produktion und Management 6. Berlin, Heidelberg: Springer. S. 18 f.
[67] FANDEL, G.; GIESE, A.; RAUBENHEIMER, H. (2009): Supply chain management. Strategien - Planungsansätze - Controlling. Berlin: Springer. S. 269
[68] SEECK, S. (2010): Erfolgsfaktor Logistik. Klassische Fehler erkennen und vermeiden. Wiesbaden: Gabler Verlag / Springer Fachmedien Wiesbaden GmbH. S. 5-10
[69] ARNDT, H. (2006): Supply Chain Management. Optimierung logistischer Prozesse. 3., aktualisierte und überarbeitete Auflage. Wiesbaden: Betriebswirtschaftlicher Verlag Dr. Th. Gabler GWV Fachverlage GmbH. S. 123-139
[70] ARNDT, H. (2015): Logistikmanagement. Wiesbaden: Springer Fachmedien Wiesbaden GmbH. S. 84, S. 115
[71] PFOHL, H.-C. (2010): Logistiksysteme. Betriebswirtschaftliche Grundlagen. 8., neu bearbeitete und aktualisierte Auflage. Berlin: Springer. S. 30
[72] HEISERICH, O.-E.; HELBIG, K.; ULLMANN, W. (2011): Logistik. Eine praxisorientierte Einführung. 4., vollständig überarbeitete und erweiterte Auflage. Wiesbaden: Gabler Verlag / Springer Fachmedien Wiesbaden GmbH Wiesbaden. S. 19-20. S. 60-65.

[73] SCHULTE, C. (2017): Logistik. Wege zur Optimierung einer Supply Chain. München: Verlag Franz Vahlen GmbH. S. 927
[74] SCHUH, G.; STICH, V.; KOMPA, S. (2013): Distributionslogistik. In: SCHUH, G.; STICH, V. (Hrsg.): Logistikmanagement. Handbuch Produktion und Management 6. Berlin, Heidelberg: Springer. S. 160
[75] ARNDT, H. (2018): Supply Chain Management. Optimierung logistischer Prozesse. Wiesbaden: Springer Fachmedien Wiesbaden GmbH. S. 131-136
[76] EHRMANN, H. (2017): Logistikkennzahlen. In: OLFERT, K. (Hrsg.): Logistik. Kompendium der praktischen Betriebswirtschaft. Herne: NWB Verlag GmbH & Co. KG. S. 599
[77] SEECK, S. (2010): Erfolgsfaktor Logistik. Klassische Fehler erkennen und vermeiden. Wiesbaden: Gabler Verlag / Springer Fachmedien Wiesbaden GmbH. S. 12
[78] SCHRÖTER, N.: Logistik-Controlling. Reutlingen. S. 34
[79] BRÄKLING, E.; OIDTMANN, K. (2006): Kundenorientiertes Prozessmanagement. So funktioniert ein erfolgreiches Unternehmen. Renningen: expert (Forum EIPOS, 12). S. 114-128
[80] PFOHL, H.-C. (2010): Logistiksysteme. Betriebswirtschaftliche Grundlagen. 8., neu bearbeitete und aktualisierte Auflage. Berlin: Springer. S. 49
[81] BALLOU, R.H. (2004): Business logistics, supply chain management. Planning, organizing, and controlling the supply chain. 5. Edition. NJ: Pearson Prentice Hall (Pearson education international). S. 34ff
[82] MONCZKA, R.M. (2009): Purchasing and supply chain management. Robert M. Monczkaet al. Mason OH: South-Western.
[83] SCHUH, G.; HERING, N.; BRUNNER, A. (2013): Einführung in das Logistikmanagement. In: SCHUH, G.; STICH, V. (Hrsg.): Logistikmanagement. Handbuch Produktion und Management 6. Berlin, Heidelberg: Springer. S. 27 f.
[84] STICH, V.; QUICK, J.; CUBER, S. (2013): Konfiguration logistischer Netzwerke. In: SCHUH, G.; STICH, V. (Hrsg.): Logistikmanagement. Handbuch Produktion und Management 6. Berlin, Heidelberg: Springer. S. 41 f.
[85] SCHULTE, C. (2017): Logistik. Wege zur Optimierung der Supply Chain. München: Verlag Franz Vahlen GmbH. S. 565 f., S. 821 f.
[86] MUCHNA, C.; BRANDENBURG, H.; FOTTNER, J.; GUTERMUTH, J. (2018): Grundlagen der Logistik. Begriffe, Strukturen und Prozesse. Wiesbaden: Springer Fachmedien Wiesbaden GmbH. S. 135
[87] LOTTER, B.; WIENDAHL, H.-P. Hannover, Universität (2006): Montage in der industriellen Produktion. 1. Auflage. Berlin u.a.: Springer-Verlag. S. 342-343
[88] KLUCK, D. (2008): Materialwirtschaft und Logistik. Lehrbuch mit Beispielen und Kontrollfragen. 3., überarbeitete Auflage. Stuttgart: Schäffer-Poeschel. S. 179-191
[89] SCHULTE, C. (2017): Logistik. Wege zur Optimierung der Supply Chain. München: Verlag Franz Vahlen GmbH. S. 260
[90] SCHÖNSLEBEN, P. (2000): Integrales Logistikmanagement. Planung und Steuerung von umfassenden Geschäftsprozessen. 2., überarbeitete und erweiterte Auflage. Berlin: Springer. S. 155
[91] EHRMANN, H. (2017): Materialbestandsermittlung. In: OLFERT, K. (Hrsg.): Logistik. Kompendium der praktischen Betriebswirtschaft. Herne: NWB Verlag GmbH & Co. KG. S. 332
[92] TEMPELMEIER, H. (2008): Material-Logistik. Modelle und Algorithmen für die Produktionsplanung und -steuerung in Advanced-Planning-Systemen. 7. Auflage. Berlin: Springer.
[93] GUDEHUS, T. (2012): Logistik. Grundlagen, Verfahren und Strategien. Studienausgabe der 4., aktualisierten Auflage. Berlin: Springer Vieweg (VDI-Buch). S. 122., S. 284
[94] SCHÖNSLEBEN, P. (2016): Integrales Logistikmanagement. Operations und Supply Chain Management innerhalb des Unternehmens und unternehmensübergreifend. Berlin, Heidelberg: Springer. S. 462-464
[95] TEMPELMEIER, H.: Sicherheitsbestand - Fehler in der Praxis. Online verfügbar unter http://www.pom-consult.de/ProduktionundLogistik/produktionundlogistik-412.html.
[96] SCHULTE, C. (2017): Logistik. Wege zur Optimierung der Supply Chain. München: Verlag Franz Vahlen GmbH. S. 305-307

[97]   VAHRENKAMP, R.; KOTZAB, H. (2017): Logistikwissen kompakt. Berlin: DeGruyter Oldenbourg. S. 147 f., S. 151 f.
[98]   VAHRENKAMP, R.; KOTZAB, H. (2017): Logistikwissen kompakt. Berlin: De Gruyter Oldenbourg. S. 62 f.
[99]   ARNOLD, D.; ISERMANN, H.; KUHN, A.; TEMPELMEIER, H. (2002): Logistik. Berlin: Springer (Handbuch Logistik). C3.70-C3.72
[100] BLOM, F.; HARLANDER, N. (2003): Logistik-Management. Der Aufbau ganzheitlicher Logistikketten in Theorie und Praxis. 2. Auflage. Renningen: expert. S. 87-88
[101] SCHULTE, C. (2017): Logistik. Wege zur Optimierung der Supply Chain. München: Verlag Franz Vahlen GmbH. S. 570-572
[102] PLÜMER, T.; STEINFATT, E. (2017): Produktions- und Logistikmanagement. Berlin: DeGruyten Oldenbourg. S. 118 f.
[103] SCHULTE, C. (2017): Logistik. Wege zur Optimierung einer Supply Chain. München: Verlag Franz Vahlen GmbH. S. 240-244, S. 247-253
[104] GLEIßNER H.; FEMERLING, J.C. (2012): Logistik. Grundlagen - Übungen - Fallbeispiele. 2., aktualisierte und erweiterte Auflage. Wiesbaden: Springer Gabler (Lehrbuch). S. 42-133
[105] GLEIßNER, H.; MÖLLER, K. (2009): Fallstudien Logistik. Logistikwissen in der praktischen Anwendung. Wiesbaden: Gabler Verlag. S. 4-9
[106] HILDEBRAND, W.-C. (2008): Management von Transportnetzwerken im containerisierten Seehafenhinterlandverkehr. Ein Gestaltungsmodell zur Effizienzsteigerung von Transportprozessen in der Verkehrslogistik. Berlin: TU Berlin (Schriftenreihe Logistik der TU Berlin, 6). S. 32-49
[107] IHME, J. (2006): Logistik im Automobilbau. Logistikkomponenten und Logistiksysteme im Fahrzeugbau. München: Hanser. S. 77-86
[108] PLÜMER, T.; STEINFATT, E. (2017): Produktions- und Logistikmanagement. Berlin: De Gruyter Oldenbourg. S. 80-92
[109] KLUG, F. (2010): Logistikmanagement in der Automobilindustrie. Grundlagen der Logistik im Automobilbau. Berlin Heidelberg: Springer. S. 212-229
[110] KOCH, S. (2012): Logistik. Eine Einführung in Ökonomie und Nachhaltigkeit. Berlin Heidelberg: Springer Vieweg. S. 99-103
[111] LARGE, R. (2012): Logistikfunktionen. Betriebswirtschaftliche Logistik. München: Oldenbourg Wissenschaftsverlag GmbH. S. 95-95
[112] DAVID, P. (2014): Verkehrsträger. In: WANNENWETSCH, H. (Hrsg.): Integrierte Materialwirtschaft, Logistik und Beschaffung. Berlin, Heidelberg: Springer. S. 657-679
[113] SEHR, A. (2014): Innerbetriebliche Transport- und Fördersysteme. In: WANNENWETSCH, H. (Hrsg.): Integrierte Materialwirtschaft, Logistik und Beschaffung. Berlin, Heidelberg: Springer. S. 605-609
[114] VAHRENKAMP, R. (2008): Produktionsmanagement. 6. Auflage. München: Oldenbourg Wissenschaftsverlag GmbH. S. 305
[115] BRÄKLING, E.; OIDTMANN, K. (2019): Beschaffungsmanagement. Erfolgreich einkaufen mit Power in Procurement. Wiesbaden: Springer Gabler.
[116] BRÄKLING, E.; OIDTMANN, K. (2006): Kundenorientiertes Prozessmanagement. So funktioniert ein erfolgreiches Unternehmen. Renningen: expert-verlag (Forum EIPOS, 12). S. 56-109
[117] FÜRMANN, T.; DAMMASCH, C. (2008): Prozessmanagement. Anleitung zur ständigen Prozessverbesserung. 3. Auflage. München: Hanser Verlag (Pocket-Power, 12).
[118] FISCHERMANNS, G. (2010): Praxishandbuch Prozessmanagement. 9., unveränderte Auflage. Gießen: Schmidt Verlag (ibo-Schriftenreihe, 9).
[119] BECKER, J. (2008): Prozessmanagement. Ein Leitfaden zur prozessorientierten Organisationsgestaltung. 6., überarbeitete und erweiterte Auflage. Berlin: Springer.
[120] FREUND, J.; RÜCKER, B. (2012): Praxishandbuch BPMN 2.0. 3., erweiterte Auflage. München: Hanser.
[121] FLEISCHMANN, A.; SCHMIDT, W.; STARY, C.; OBERMEIER, S.; BÖGER, E. (2011): Subjektorientiertes Prozessmanagement. Mitarbeiter einbinden, Motivation und Prozessakzeptanz steigern. München: Hanser.

[122]   KOMUS, A. (2011): BPM Best Practice. Wie führende Unternehmen ihre Geschäftsprozesse managen. Berlin u.a.: Springer.
[123]   BECKER, J. (2012): Prozessmanagement. Ein Leitfaden zur prozessorientierten Organisationsgestaltung. 6., überarbeitete und erweiterte Auflage. Berlin: Springer.
[124]   FISCHERMANNS, G. (2012): Praxishandbuch Prozessmanagement. 10., aktualisierte Auflage. Gießen: Schmidt (ibo-Schriftenreihe Organisation, 9).
[125]   IDS Scheer (2011): ARIS Produktbeschreibung. Herausgegeben von IDS Scheer. Online verfügbar unter http://www.ids-scheer.de/de/ARIS_Software_Software/7796.html, zuletzt geprüft am 24.2.2011.
[126]   ITP Commerce (2011): Produktbeschreibung Process Modeler. Herausgegeben von ITP Commerce. Online verfügbar unter http://www.itp-commerce.com/, zuletzt geprüft am 24.2.2011.
[127]   MICROSOFT: Microsoft-Visio Produktbeschreibung. Herausgegeben von Microsoft. Online verfügbar unter http://office.microsoft.com/en-us/visio/, zuletzt geprüft am 24.2.2011.
[128]   ARNOLD, U. (1997): Beschaffungsmanagement. 2. Auflage. Stuttgart: Schäffer-Poeschel.
[129]   ARNOLDS, H.; HEEGE, F.; RÖH, C.; TUSSING, W. (2013): Materialwirtschaft und Einkauf. Grundlagen - Spezialthemen - Übungen. 12., aktualisierte und überarbeitete Auflage. Wiesbaden: Springer.
[130]   BRÄKLING, E.; OIDTMANN, K. (2012): Power in Procurement. Erfolgreich einkaufen – Wettbewerbsvorteile sichern - Gewinne steigern. Wiesbaden: Springer Gabler.
[131]   BÜSCH, M. (2010): Praxishandbuch Strategischer Einkauf. Methoden, Verfahren, Arbeitsblätter für professionelles Beschaffungsmanagement. Korrigierter Nachdr. Wiesbaden: Gabler.
[132]   KOPPELMANN, U. (2004): Beschaffungsmarketing. 4., neu bearbeitete Auflage. Berlin: Springer (Springer-Lehrbuch).
[133]   LARGE, R. (2009): Strategisches Beschaffungsmanagement. Eine praxisorientierte Einführung mit Fallstudien. 4., vollständig überarbeitete Auflage. Wiesbaden: Gabler Verlag / GWV Fachverlage GmbH (Springer-11775 /Dig. Serial]).
[134]   STOLLENWERK, A. (2012): Wertschöpfungsmanagement im Einkauf. Analysen - Strategien - Methoden - Kennzahlen. 1. Auflage. Wiesbaden: Gabler.
[135]   GLEIßNER, H.; FEMERLING, J.C. (2012): Logistik. Grundlagen - Übungen - Fallbeispiele. 2., aktualisierte und erweiterte Auflage. Wiesbaden: Springer Gabler (Lehrbuch). S. 23-24
[136]   GLEIßNER, H.; FEMERLING, J.C. (2012): Logistik. Grundlagen - Übungen - Fallbeispiele. 2., aktualisierte und erweiterte Auflage. Wiesbaden: Springer Gabler (Lehrbuch). S. 29-30
[137]   BANDOW, G. (2019): Instandhaltungslogistik. In: FURMANS, K.; KILGER, C. (Hrsg.): Betrieb von Logistiksystemen. Berlin, Heidelberg: Springer. S. 211
[138]   BECKMANN, H. (2019): Beschaffungslogistik. In: FURMANS, K.; KILGER, C. (Hrsg.): Betrieb von Logistiksystemen. Berlin, Heidelberg: Springer. S. 29
[139]   WANNENWETSCH, H. (2014): Integrierte Materialwirtschaft, Logistik und Beschaffung. Berlin, Heidelberg: Springer. S. 406 f.
[140]   BINNER, H.F. (2002): Unternehmensübergreifendes Logistikmanagement. München: Hanser (Reihe). S. 167
[141]   ARNDT, H. (2015): Logistikmanagement. Wiesbaden: Springer Fachmedien Wiesbaden GmbH. S. 116 f.
[142]   OELDORF, G. (2015): Prozessorganisation. In: OLFERT, K. (Hrsg.): Material-Logistik. Kompakt Training Praktische Betriebswirtschaft. Herne: NWB Verlag GmbH & Co. KG. S. 49
[143]   EHRMANN, H. (2008): Logistik. 6., überarbeitete und aktualisierte Auflage. Ludwigshafen (Rhein): Kiehl (Kompendium der praktischen Betriebswirtschaft). S. 185-186
[144]   STICH, V.; HERING, N.; BROSZE, T. (2013): ABC-Analyse. In: SCHUH, G.; STICH, V. (Hrsg.): Logistikmanagement. Handbuch Produktion und Management 6. Berlin, Heidelberg: Springer. S. 85
[145]   WERNER, H. (2017): Supply Chain Management. Grundlagen, Strategien, Instrumente und Controlling. Wiesbaden: Springer Fachmedien Wiesbaden GmbH. S. 53 f., S. 285, S. 292 f.

[146] SCHÜTTE, R.; VERING, O. (2011): Erfolgreiche Geschäftsprozesse durch moderne Warenwirtschaftssysteme. Produktübersicht marktführender Systeme und Auswahlprozesse. Heidelberg: Springer. S. 299
[147] BECKMANN, H. (2019): Beschaffungslogistik. In: FURMANS, K.; KILGER, C. (Hrsg.): Betrieb von Logistiksystemen. Berlin, Heidelberg: Springer. S. 57
[148] ARNDT, H. (2015): Logistikmanagement. Wiesbaden: Springer Fachmedien Wiesbaden GmbH. S. 44 f.
[149] SCHULTE, C. (2017): Logistik. Wege zur Optimierung der Supply Chain. München: Verlag Franz Vahlen GmbH. S. 168, S. 684 f., S. 799 f.
[150] LÖDDING (2008): Verfahren der Fertigungssteuerung. 2. Aufl. Berlin Heidelberg: Springer. S. 58-59
[151] LEITING, A. (2012): Unternehmensziel ERP-Einführung. IT muss Nutzen stiften. Wiesbaden: Springer Gabler.
[152] HESSELER, M.; GÖRTZ, M. (2007): Basiswissen ERP-Systeme. Auswahl, Einführung & Einsatz betriebswirtschaftlicher Standardsoftware. Herdecke: W3L GmbH.
[153] KAMMERER, S.; LANG, M.; AMBERG, M. [Hrsg] (2012): IT-Projektmanagement Methoden. Best Practices von Scrum bis PRINCE2. Düsseldorf: Symposion Publishing.
[154] TIEMEYER, E. [Hrsg]. (2010): IT-Projektmanagement. Vorgehensmodelle, Managementinstrumente, Good Practices. München: Hanser.
[155] KIENBAUM (2007): Projekt-Management. Kompetent führen, Erfolge präsentieren. Planegg: Haufe-Verlag.
[156] KESSLER, H.; WINKELHOGER, G. (2004): Projektmanagement. Leitfaden zur Steuerung und Führung von Projekten. Berlin Heidelberg: Springer.
[157] RINZA, P. (1998): Projektmanagement. Planung, Überwachung und Steuerung von technischen und nichttechnischen Vorhaben. 4. Auflage. Berlin Heidelberg: Springer.
[158] MÖLLER; DÖRRENBERG (2003): Projektmanagement. München: Oldenbourg Wissenschaftsverlag GmbH.
[159] LITKE, H.-D. (2007): Projektmanagement. Methoden, Techniken, Verhaltensweisen. Evolutionäres Projektmanagement. München: Hanser.
[160] GEBHARDT, A. (2006): Entscheidung zum Outsourcing von Logistikleistungen. Rationalitätsanforderungen und Realität in mittelständischen Unternehmen. Wiesbaden: Gabler Verlag / GWV Fachverlage GmbH Wiesbaden. S. 26
[161] HERTEL, J.; ZENTES, J.; SCHRAMM-KLEIN, H. (2011): Supply-Chain-Management und Warenwirtschaftssysteme im Handel. Berlin Heidelberg: Springer. S. 53
[162] HOFMANN, E.; NOTHARDT, F. (2009): Logistics Due Dilligence. Analyse-Bewertung-Anlässe-Checklisten. Berlin Heidelberg: Springer. S. 221-222
[163] MÜLLER-DAUPPERT, B. (2010): Make-or-buy-Betrachtungen als Teil des integrierten Planungsprozesses. In: Miebach, Joachim (Hg.): Supply Chain Engineering. Die Methodik integrierter Planung in der Logistik. 1. Aufl. Wiesbaden: Gabler, S. 49–51.
[164] MÜLLER-DAUPPERT, B. (2005): Potenzialanalyse Logistik-Outsourcing. In: Müller-Dauppert, B. (Hg.): Logistik-Outsourcing. Ausschreibung, Controlling, Vergabe. München: Heinrich Vogel GmbH, S. 11–12.
[165] VAHRENKAMP, R.; KOTZAB, H.; SIEPERMANN, C. (2012): Logistik. Management und Strategien. 7., überarbeitete und erweiterte Auflage. München: Oldenbourg. S. 400-406
[166] JUNG, H. (2011): Personalwirtschaft. 9., aktualisierte und verbesserte Auflage. München: Oldenbourg.
[167] BRÖCKERMANN, R. (2007): Personalwirtschaft. Stuttgart: Schäffer-Poeschel.
[168] DRACK, S. (2010): Führungsförderndes Human Ressource Management. Wiesbaden: Gabler.
[169] ACHOURI, C. (2010): Recruiting und Placement. Methoden und Instrumente der Personalauswahl und -platzierung. 2., überarbeitete und erweiterte Auflage. Wiesbaden: Gabler Verlag / GWV Fachverlage GmbH Wiesbaden.
[170] BECK, C. [Hrsg]. (2012): Personalmarketing 2.0: Luchterhand

[171] SCHÖNSLEBEN, P. (2016): Integrales Logistikmanagement. Operations und Supply Chain Management innerhalb des Unternehmens und unternehmensübergreifend. Berlin, Heidelberg: Springer. S. 739 f.
[172] SCHUH, G.; STICH, V.; KOMPA, S. (2013): Distributionslogistik. In: SCHUG, G.; STICH, V. (Hrsg.): Logistikmanagement. Handbuch Produktion und Management 6. Berlin, Heidelberg: Springer. S. 158
[173] SCHÖNSLEBEN, P. (2016): Integrales Logistikmanagement. Operations und Supply Chain Management innerhalb des Unternehmens und unternehmensübergreifend. Berlin, Heidelberg: Springer. S. 301-305
[174] SCHÖNSLEBEN, P. (2016): Integrales Logistikmanagement. Operations und Supply Chain Management innerhalb des Unternehmens und unternehmensübergreifend. Berlin, Heidelberg: Springer. S. 148
[175] DINIES, T. (2013): Transport- und Tourenplanung in der Logistik - Methoden, Einsatzbereiche und Anwendung auch im internationalen Verkehr. Bachelor-Arbeit. Koblenz. Hochschule Koblenz. S. 9ff.
[176] HEINRICH, G. (2013): Operations-Research. 2., überarbeitete Auflage. München: Oldenbourg. S. 67-81
[177] SCHMITT, B. (WS 2005/2006): Lineare Optimierung. Skript. S. 5-6
[178] KOSTINA, E. (WS 2006/2007): Lineare Optimierung. Skript. Marburg. Philipps-Universität Marburg, FB12 Mathematik und Informatik. S. 5
[179] MERZ, P.: Moderne Heuristische Optimierungsverfahren. Meta-Heuristiken. Tübingen. S. 35, S. 44-45
[180] NEUBERT, M. (2002): Proseminar Effiziente Algorithmen. Thema: Vehicle Routing. Betreut von Prof. Dr. Lefman. Chemnitz. TU Chemnitz, Fakultät für Informatik. S. 10
[181] FLEISCHMANN, B.; KOPFER, H. (2018): Transport- und Tourenplanung. In: TEMPELMEIER, H. (Hrsg.): Planung logistischer Systeme. Berlin: Springer Vieweg. S. 91 f.
[182] DINGERKUS, S. (2012): Skript Logisitk-Übung OMI - HS-Koblenz. Skript Übung. Betreut von Stefan Dingerkus. Koblenz. HS Koblenz.
[183] FLEISCHMANN, B.; KOPFER, H. (2018): Transport- und Tourenplanung. In: TEMPELMEIER, H. (Hrsg.): Planung logistischer Systeme. Berlin: Springer Vieweg. S. 83
[184] VDI: Richtlinie VDI 3590 - Kommissioniersysteme.
[185] GUDEHUS, T. (2005): Logistik. Grundlagen, Verfahren und Strategien. Studienausgabe der 4., aktualisierten Auflage. Berlin: Springer Vieweg (VDI-Buch). S. 93-94
[186] WEGNER, U.; WEGNER, K. (2017): Einführung in das Logistikmanagement. Prozesse – Strukturen – Anwendungen. Wiesbaden: Springer Fachmedien Wiesbaden GmbH. S. 15, S. 91
[187] GUDEHUS, T. (2012): Logistik. Grundlagen, Verfahren und Strategien. Studienausgabe der 4., aktualisierten Auflage. Berlin: Springer Vieweg (VDI-Buch). S. 65
[188] ARNOLD, D.; ISERMANN, H.; KUHN, A. (2004): Handbuch Logistik. 2., aktualisierte und korrigierte Auflage. Berlin: Springer (Engineering online library. VDI-Buch). A3-51
[189] WEGNER, U.; WEGNER, K. (2017): Einführung in das Logistik-Management. Prozesse – Strukturen – Anwendungen. Wiesbaden: Springer Fachmedien Wiesbaden GmbH. S. 103
[190] MALINSKI, P.; RICHTER, J. (2014): Materialbestand und Materialbedarf im Unternehmen. In: WANNENWETSCH, H. (Hrsg.): Integrierte Materialwirtschaft, Logistik und Beschaffung. Berlin, Heidelberg: Springer. S. 65-67
[191] GIENKE, H.; KÄMPF, R.: Handbuch Produktion. Innovatives Produktionsmanagement: Organisation, Konzepte, Controlling. München: Hanser, S. 561
[192] SCHULTE, C. (2017): Logistik. Wege zur Optimierung der Supply Chain. München: Verlag Franz Vahlen GmbH. S. 622-624
[193] MALINSKI, P.; RICHTER, J. (2014): Materialbestand und Materialbedarf im Unternehmen. In: WANNENWETSCH, H. (Hrsg.): Integrierte Materialwirtschaft, Logistik und Beschaffung. Berlin, Heidelberg: Springer. S. 97 f.
[194] RODOLPH, T.; DRENTH, R.; MEISE, J.N. (2007): Kompetenzen für Supply Chain Manager. Berlin: Springer. S. 82

[195] COIMBRA, E. A. (2013): Kaizen in Logistics and Supply Chains. New York: McGraw-Hill Education. S. 12 f.
[196] TAKEDA, H. (2004): Das synchrone Produktionssystem. Just in time für das ganze Unternehmen. 4. Auflage. München: Redline Wirtschaft (Redline Wirtschaft bei Verlag Moderne Industrie).
[197] WOMACK, J.P.; JONES, D.T. (2003): Lean thinking. Banish waste and create wealth in your corporation. 1. Auflage. New York: Free Press.
[198] SCHÖNSLEBEN, P. (2016): Integrales Logistikmanagement. Operations und Supply Chain Management innerhalb des Unternehmens und unternehmensübergreifend. Berlin, Heidelberg: Springer. S. 301
[199] SCHUH, G.; STICH, V.; HELMIG, J. (2013): Konzepte des Supply-Chain-Managements. In: SCHUH, G.; STICH, V. (Hrsg.): Logistikmanagement. Handbuch Produktion und Management 6. Berlin, Heidelberg: Springer. S. 218 f.
[200] SCHULTE, C. (2017): Logistik. Wege zur Optimierung der Supply Chain. München: Verlag Franz Vahlen GmbH. S. 628-633
[201] MERTENS, P.; RÄSSLER, S. (2012): Prognoserechnung. 7. Auflage. Heidelberg: Physica-Verlag HD (SpringerLink: Bücher).
[202] HÜTTNER, M.: Prognoseverfahren und ihre Anwendung. De Gruyter Verlag
[203] BÜTER, C. (2010): Internationale Unternehmensführung. Entscheidungsorientierte Einführung. München: Oldenbourg-Verlag. (Management 10-2012).
[204] KLUCK, D. (2008): Materialwirtschaft und Logistik. Lehrbuch mit Beispielen und Kontrollfragen. 3., überarbeitete Auflage. Stuttgart: Schäffer-Poeschel. S. 190-192
[205] SCHÖNSLEBEN, P. (2000): Integrales Logistikmanagement. Planung und Steuerung von umfassenden Geschäftsprozessen. 2., überarbeitete und erweiterte Auflage. Berlin: Springer. S. 421-424
[206] EHRMANN, H. (2008): Logistik. 6., überarbeitete und aktualisierte Auflage. Ludwigshafen (Rhein): Kiehl (Kompendium der praktischen Betriebswirtschaft). S. 300-302
[207] BICHLER, K.; KROHN, R.; PHILIPPI, P. (2005): Gabler Kompakt Lexikon Logistik. S. 124. Wiesbaden: Gabler-Verlag.
[208] SCHULTE, C. (2017): Logistik. Wege zur Optimierung der Supply Chain. München: Verlag Franz Vahlen GmbH. S. 403
[209] FRAUNHOFER IML: Verpackungsoptimierung mit UNIT. Online verfügbar unter http://www.iml.fraunhofer.de/de/themengebiete/verpackungs_und_handelslogistik/verpackung1/verpackung14.html, zuletzt geprüft am 31.07.2013.
[210] FRAUNHOFER IML: Intralogistik und IT-Planung. Online verfügbar unter http://www.iml.fraunhofer.de/de/themengebiete/intralogistik_und_it_planung/puzzle/Produktbeschreibung.html, zuletzt geprüft am 31.07.2013.
[211] BELOZEROV, I. (2013): Packalgorithmen für quaderförmige Objekte. Bachelor-Arbeit. Julius-Maximilians-Universität Würzburg, Würzburg. Institut für Informatik. Online verfügbar unter http://www1.pub.informatik.uni-wuerzburg.de/pub/theses/2012-belozerov-bachelor.pdf.
[212] HAUSLADEN, I. (2016): IT-gestützte Logistik. Systeme – Prozesse – Anwendungen. Wiesbaden: Springer Fachmedien Wiesbaden GmbH. S. 56-58
[213] GS1 Germany (2013): Länderpräfixe GLN. Online verfügbar unter http://www.gs1-germany.de/fileadmin/gs1/basis_informationen/GS1_Praefixe_Laenderkennung_2013.pdf, zuletzt aktualisiert am 02.08.2013.
[214] GS1 Germany: Die NVE (SSCC) und das GS1 - Transportetikett in der Anwendung. Online verfügbar unter http://books.google.de. S. 8-13
[215] METZ, M. (2013): Prozessoptimierung in der Lagerverwaltung: Entwicklung und Empfehlung aktueller EDV-gestützter Konzepte für Einlagerung und Verbrauchsabwicklung eines mittelständischen Spezialverpackungsherstellers. Master-Arbeit. HS Koblenz, Koblenz. S. 14-61
[216] KOETHER, R. (2018): Distributionslogistik. Effiziente Absicherung der Lieferfähigkeit. Wiesbaden: Springer Fachmedien Wiesbaden GmbH. S. 166

[217] GS1 Germany: GTIN-128. Online verfügbar unter http://www.gs1-germany.de/gs1-standards/barcodesrfid/gs1-128/.
[218] Daimler AG: DFÜ-Handbuch. Stand 08/2013. Abrufbar über den Downloadbereich im Supplier-Portal, erreichbar über www.daimler.com
[219] RÖSCH, F. (2013): Der Druck auf die Branche wächst. In: BIP-Best in Procurement 4 (1-2013), S. 44–47.
[220] DOMSCHKE, W. (2007): Logistik. 5., überarb. Aufl. München: Oldenbourg (Oldenbourgs Lehr- und Handbücher der Wirtschafts- und Sozialwissenschaften). Online verfügbar unter http://e-books.ciando.com. S. 105-108
[221] ZIMMERMANN, W.; STACHE, U. (2001): Operations-Research. Quantitative Methoden zur Entscheidungsvorbereitung. 10. Auflage. München: Oldenbourg. S. 90
[222] EHRMANN, H. (2017): Warentransport. In: OLFERT, K. (Hrsg.): Logistik. Kompendium der praktischen Betriebswirtschaft. Herne: NWB Verlag GmbH & Co. KG. S. 549 f.
[223] EHRMANN, H. (2017): Quantitative Planungstechniken. In: OLFERT, K. (Hrsg.): Logistik. Kompendium der praktischen Betriebswirtschaft. Herne: NWB Verlag GmbH & Co. KG. S. 186
[224] WERNERS, B. (2008): Grundlagen des Operations-Research. Mit Aufgaben und Lösungen. 2. Auflage. Berlin, Heidelberg: Springer (Springer-Lehrbuch). S. 54
[225] KOOP, A.; MOOCK, H. (2008): Lineare Optimierung. Eine anwendungsorientierte Einführung in Operations Research. Berlin [u.a.]: Spektrum Akademischer Verlag.
[226] UNGER, T. (2010): Lineare Optimierung. Modell, Lösung, Anwendung: Vieweg + Teubner Verlag.
[227] DANTZIG, G. (1966): Lineare Programmierung und Erweiterungen: Springer.
[228] SCHÖNSLEBEN, P. (2016): Integrales Logistikmanagement. Operations und Supply Chain Management innerhalb des Unternehmens und unternehmensübergreifend. Berlin, Heidelberg: Springer. S. 643
[229] CORSTEN, H.; CORSTEN, H.; SARTOR, C. (2005): Operations Research. Eine problemorientierte Einführung. München: Vahlen (WiSo-Kurzlehrbücher: Reihe Betriebswirtschaft). S. 92, 175
[230] DOMSCHKE, W.; DREXL, A. (2011): Einführung in Operations Research. 8. Aufl. Berlin, Heidelberg [u.a.]: Springer (Springer-Lehrbuch). S. 85
[231] HILLIER, F.S.; LIEBERMANN, G.J. (op. 1988): Operations Research. Einführung. 4. Auflage. München: Oldenbourg (Internationale Standardlehrbücher der Wirtschafts- und Sozialwissenschaften). S. 188
[232] HUSSMANN, S.; LUTZ-WESTPHAL, B. (2007): Kombinatorische Optimierung erleben. In Studium und Unterricht. 1. Auflage. Wiesbaden: Frieds. Vieweg & Sohn Verlag (Mathematik erleben). S. 116-117
[233] WENGER, W. (2010): Multikriterielle Tourenplanung: Gabler. S. 71
[234] ISERMANN, H. (1998): Logistik. Gestaltung von Logistiksystemen. 2. Aufl. Landsberg/Lech: mi, Verl. Moderne Industrie. S. 217
[235] ELLINGER, T.; BEUERMANN, G.; LEISTEN, R. (2003): Operations Research. Eine Einführung; mit 104 Tabellen. 6. Auflage. Berlin [u.a.]: Springer (Springer-Lehrbuch).
[236] SEHR, A. (2014): Organisation der Kommissionierung. In: WANNENWETSCH, H. (Hrsg.): Integrierte Materialwirtschaft, Logistik und Beschaffung. Berlin, Heidelberg: Springer. S. 328-330
[237] EHRMANN, H. (2017): Auslagerung des Materials. In: OLFERT, K. (Hrsg.): Logistik. Kompendium der praktischen Betriebswirtschaft. Herne: NWB Verlag GmbH & Co. KG.
[238] BARTH, K.; HARTMANN, M.; SCHRÖDER, H. (2007): Betriebswirtschaftslehre des Handels. 6. Auflage. Wiesbaden: Gabler (Lehrbuch). S. 365
[239] ALLWEYER, T. (2005): Geschäftsprozessmanagement. Strategie, Entwurf, Implementierung, Controlling. Herdecke, Bochum: W3L-Verl. (IT lernen).
[240] BECKER, J.; KUGELER, M.; RODEMANN, M. (2005): Prozessmanagement. Ein Leitfaden zur prozessorientierten Organisationsgestaltung. 5. Auflage. Berlin: Springer.
[241] COOK, J.L. (1998): Standard operating procedures and guidelines. Saddle Brook, NJ: Fire Engineering.

Literaturverzeichnis

[242] LIOCE, N. (2009): Standard operating procedure for managers with outside sales teams. [S.l.]: Authorhouse.

[243] MUNRO, R.A. (2009): Lean Six Sigma for the healthcare practice. A pocket guide. Milwaukee, ASQ Quality Press.

[244] SCHULTE, C. (2017): Logistik. Wege zur Optimierung der Supply Chain. München: Verlag Franz Vahlen GmbH. S. 278

[245] TEN HOMPEL, M.; SADOWSKY, V.; MÜHLENBROCK, S. (2019): Kommisioniersysteme. In: SCHMIDT, T. (Hrsg.): Innerbetriebliche Logistik. Berlin, Heidelberg: Springer. S. 135, S. 142 f., S. 147 f.

[246] KOETHER, R. (2018): Distributionslogistik. Effiziente Absicherung der Lieferfähigkeit. Wiesbaden: Springer Fachmedien Wiesbaden GmbH. S. 177

[247] BEUMER, C.; JODIN, D. (2019): Sortier- und Verteilsysteme. In: SCHMIDT, T. (Hrsg.): Innerbetriebliche Logistik. Berlin, Heidelberg: Springer. S. 154 f.

[248] SEHR, A. (2014): Innerbetrieblicher Materialtransport. In: WANNENWETSCH, H. (Hrsg.): Integrierte Materialwirtschaft, Logistik und Beschaffung. Berlin, Heidelberg: Springer. S. 610

[249] PLÜMER, T.; STEINFATT, E. (2017): Produktions- und Logistikmanagement. Berlin: De Gruyten Oldenbourg. S. 116

[250] SCHULTE, C. (2017): Logistik. Wege zur Optimierung der Supply Chain. München: Verlag Franz Vahlen GmbH. S. 723

[251] SCHULTE, C. (2017): Logistik. Wege zur Optimierung der Supply Chain. München: Verlag Franz Vahlen GmbH. S. 201

[252] ELLINGER, T.; BEUERMANN, G.; LEISTEN, R. (2003): Operations Research. Eine Einführung; mit 104 Tabellen. 6. Auflage. Berlin [u.a.]: Springer (Springer-Lehrbuch).

[253] ORTEC. Online verfügbar unter http://www.ortec.com/.

[254] MAXLOAD. Online verfügbar unter http://www.maxload-pro.de/.

[255] LOGCONTROL. Online verfügbar unter http://www.logcontrol.de/.

[256] GS1 Germany. Online verfügbar unter http://www.gs1-germany.de/.

[257] EDIFICE. Online verfügbar unter http://www.edifice.org/.

[258] ODETTE. Online verfügbar unter http://www.odette.org/.

[259] HAUSLADEN, I. (2016): IT-gestützte Logistik. Systeme – Prozesse – Anwendungen. Wiesbaden: Springer Fachmedien Wiesbaden GmbH. S. 56 f.

[260] KOETHER, R. (2018): Distributionslogistik. Effiziente Absicherung der Lieferfähigkeit. Wiesbaden: Springer Fachmedien Wiesbaden GmbH. S. 173-177

[261] FORTMANN, K.M.; KALLWEIT, A. (2007): Logistik. 2., aktualisierte Aufl. Stuttgart: Kohlhammer. Online verfügbar unter http://deposit.d-nb.de. S. 85

[262] HAUSLADEN, I. (2016): IT-gestützte Logistik. Systeme – Prozesse – Anwendungen. Wiesbaden: Springer Fachmedien Wiesbaden GmbH. S. 67 f.

[263] EHRMANN, H. (2017): Entsorgungslogistik. In: OLFERT, K. (Hrsg.): Logistik. Kompendium der praktischen Betriebswirtschaft. Herne: NWB Verlag GmbH & Co. KG. S. 612

[264] SCHULTE, C. (2017): Logistik. Wege zur Optimierung der Supply Chain. München: Verlag Franz Vahlen GmbH. S. 326 f.

[265] JURIS Gesetze im Netz. Online verfügbar unter http://www.juris.de/.

[266] BÜTER, C. (2010): Aussenhandel. Grundlagen globaler und innergemeinschaftlicher Handelsbeziehungen. 2. Auflage. Berlin, Heidelberg: Springer (Springer-Lehrbuch).

[267] THOMA, A.; BÖHM, R.; KIRCHHAINER, E.: (2010): Zoll und Umsatzsteuer. Die rechtliche Beurteilung und praktische Abwicklung von Warenlieferungen mit Drittlandsbezug. Wiesbaden. Gabler-Verlag.

[268] FRAEDRICH, D. (2009): Zoll-Leitfaden für die Betriebspraxis. Der Wegweiser für das gesamte Ein- und Ausfuhrverfahren. 14. Auflage. Berlin: Erich Schmidt.

[269] SCHÖPKER, U. (2015): Fracht und Trailer immer in Echtzeit – volle Transparenz in der Supply Chain. In: VOß, P. H. (Hrsg.): Logistik – eine Industrie, die (sich) bewegt. Strategien und Lösungen entlang der Supply Chain 4.0. Wiesbaden: Springer Fachmedien Wiesbaden GmbH. S. 56 f.

[270] MUCHNA, C.; BRANDENBURG, H.; FOTTNER, J.; GUTERMUTH, J. (2018): Grundlagen der Logistik. Begriffe, Strukturen und Prozesse. Wiesbaden: Springer Fachmedien Wiesbaden. S. 141

[271] SCHUH, G.; STICH, V.; KOMPA, S. (2013): Taktische Distributionsplanung. In: SCHUH, G.; STICH, V. (Hrsg.): Logistikmanagement. Handbuch Produktion und Management 6. Berlin, Heidelberg: Springer. S. 139 f.

[272] SCHUH, G.; HERING, N.; BRUNNER, A. (2013): Kernaufgaben der Logistik. In: SCHUH, G.; STICH, V. (Hrsg.): Logistikmanagement. Handbuch Produktion und Management 6. Berlin, Heidelberg: Springer. S. 9

[273] SCHUH, G.; STICH, V.; KOMPA, S. (2013): Distributionslogistik. In: SCHUH, G.; STICH, V. (Hrsg.): Logistikmanagement. Handbuch Produktion und Management 6. Berlin, Heidelberg: Springer S. 132

[274] SCHUH, G.; STICH, V.; KOMPA, S. (2013): Distributionslogistik. In: SCHUH, G.; STICH, V. (Hrsg.): Logistikmanagement. Handbuch Produktion und Management 6. Berlin, Heidelberg: Springer. S. 149 f.

[275] SCHULTE, C. (2017): Logistik. Wege zur Optimierung der Supply Chain. München: Verlag Franz Vahlen GmbH. S. 370 f.

[276] WLCEK, H. (2019): Ausführende Lagerprozesse. In: FURMANS, K.; KILGER, C. (Hrsg.): Betrieb von Logistiksystemen. Berlin, Heidelberg: Springer. S. 169 f.

[277] SCHUH, G. (2006): Produktionsplanung und -steuerung. Grundlagen, Gestaltung und Konzepte. 3. Auflage. Berlin: Springer (VDI-Buch). S. 287

[278] SCHULTE, C. (2017): Logistik. Wege zur Optimierung der Supply Chain. München: Verlag Franz Vahlen GmbH. S. 268

[279] DINGERKUS, S. (2012): Lehrunterlagen Operations Management – Logistik. HS Koblenz. WS2012/2013

[280] DIN EN ISO 9000:2005. Berlin: Beuth-Verlag

[281] DIN EN ISO 19011:2002. Berlin: Beuth-Verlag

[282] PFOHL, H.-C. (2016): Logistikmanagement. Konzeption und Funktionen. Berlin, Heidelberg: Springer. S. 196-198

[283] HARTEL, D. H. (2019): Projektmanagement in Logistik und Supply Chain Management. Praxisleitfaden mit Beispielen aus Industrie, Handel und Dienstleistung. Wiesbaden: Springer Fachmedien Wiesbaden GmbH. S. 77-80

[284] PFOHL, H.-C. (2016): Logistikmanagement. Konzeption und Funktionen. Berlin, Heidelberg: Springer. S. 239 f.

[285] VDA Verband der Automobilindustrie e.V (2010): VDA Band 6 – Teil 3. Prozessaudit. 2. Auflage. Frankfurt am Main: VDA e.V.

[286] GIETL, G.; LOBINGER, W. (2009): Leitfaden für Qualitätsauditoren. Planung und Durchführung von Audits nach ISO 9001:2008. 3. Auflage. München: Hanser Verlag.

[287] DGQ e.V. (2010): Prozessmanagement und -kennzahlen. Leitfaden zum Gestalten, Einführen, Steuern und Verbessern von Prozessen. 1. Auflage. Berlin, Wien, Zürich: Beuth-Verlag (Analyse, Qualitätsverbesserung, S. 14-27).

[288] ARNDT, H. (2015): Logistikmanagement. Wiesbaden: Springer Fachmedien Wiesbaden GmbH. S. 93 f., S. 99

[289] VDA Verband der Automobilindustrie e.V (2010): VDA Band 6 – Teil 3. Prozessaudit. 2. Auflage. Frankfurt am Main: VDA e.V.

[290] FANDEL, G.; GIESE, A.; RAUBENHEIMER, H. (2009): Supply chain management. Strategien - Planungsansätze - Controlling. Berlin: Springer.

[291] EHRMANN, H. (2008): Logistik. 6., überarbeitete und aktualisierte Auflage. Ludwigshafen (Rhein): Kiehl (Kompendium der praktischen Betriebswirtschaft. S. 515-519

[292] BRUMME, H. SCHRÖTER, N.; SCHRÖTER, I. (2010): Supply Chain Management und Logistik. Stuttgart: Kohlhammer (W). S. 226-229. S. 238-242

[293] GUDEHUS, T. (2012): Logistik. Grundlagen, Verfahren und Strategien. Studienausgabe der 4., aktualisierten Auflage. Berlin: Springer Vieweg (VDI-Buch). S. 106-109, S. 110-112

Literaturverzeichnis

[294] FAUST, P. (2019): Tools und Techniken in der Logistik. In: HARTEL, D. H. (Hrsg.): Projektmanagement in Logistik und Supply Chain Management. Praxisleitfaden mit Beispielen aus Industrie, Handel und Dienstleistung. Wiesbaden: Springer Fachmedien Wiesbaden GmbH. S. 99

[295] HAUSLADEN, I. (2016): IT-gestützte Logistik. Systeme – Prozesse – Anwendungen. Wiesbaden: Springer Fachmedien Wiesbaden. S. 120 f.

[296] SOFTWARE AG (2013): ARIS. Online verfügbar unter http://www.softwareag.com/corporate/products/az/aris/default.asp

[297] FLS (2013): FLS. Online verfügbar unter http://www.fls.de/de/index.htm.

[298] KLUCK, D. (2008): Materialwirtschaft und Logistik. Lehrbuch mit Beispielen und Kontrollfragen. 3., überarbeitete Auflage. Stuttgart: Schäffer-Poeschel. S. 142-147, S. 148-149

[299] KURBEL, K (2003): Produktionsplanung und -steuerung. Methodische Grundlagen von PPS-Systemen und Erweiterungen. 5., durchgesehene und aktualisierte Auflage. München: Oldenbourg. S. 17

[300] HUBER, A.; LAVERENTZ, K. (2019): Logistik. München: Verlag Franz Vahlen GmbH. S. 106

[301] SCHULTE, C. (2017): Logistik. Wege zur Optimierung der Supply Chain. München: Verlag Franz Vahlen GmbH. S. 649

[302] KIENER, S. (2006): Produktions-Management. Grundlagen der Produktionsplanung und -steuerung. 8., vollständig überarbeitete und erweiterte Auflage. München: Oldenbourg. S. 48

[303] SCHÖNSLEBEN, P. (2000): Integrales Logistikmanagement. Planung und Steuerung von umfassenden Geschäftsprozessen. 2., überarbeitete und erweiterte Auflage. Berlin: Springer. S. 329

[304] FANDEL, G.; FISTEK, A.; STÜTZ, S. (2011): Produktionsmanagement. 2., überarbeitete und erweiterte Auflage. Berlin, Heidelberg: Springer (Springer-Lehrbuch). S. 721-723

[305] WERNER, H. (2017): Supply Chain Management. Grundlagen, Strategien, Instrumente und Controlling. Wiesbaden: Springer Fachmedien Wiesbaden GmbH. S. 199

[306] VEIT, M. (2010): Modelle und Methoden für die Bestandsauslegung in Heijunka-nivellierten Supply Chains. Karlsruhe: KIT Scientific Publ (Wissenschaftliche Berichte des Institutes für Fördertechnik und Logistiksysteme des Karlsruher Instituts für Technologie, Bd. 74). S. 20-21

[307] WERNER, H. (2017): Supply Chain Management. Grundlagen, Strategien, Instrumente und Controlling. Wiesbaden: Springer Fachmedien Wiesbaden GmbH. S. 169-171

[308] PLÜMER, T.; STEINFATT, E. (2017): Produktions- und Logistikmanagement. Berlin: De Gruyter Oldenbourg. S. 101 f.

[309] WANNENWETSCH, H. (2014): Integrierte Materialwirtschaft, Logistik und Beschaffung. Berlin, Heidelberg: Springer. S. 635 f.

[310] SCHULTE, C. (2017): Logistik. Wege zur Optimierung der Supply Chain. München: Verlag Franz Vahlen GmbH. S. 714 f.

[311] SCHULTE, C. (2017): Logistik. Wege zur Optimierung der Supply Chain. München: Verlag Franz Vahlen GmbH. S. 651

[312] MELZER-RIDINGER, R. (2009): Supply Chain Management. Prozess- und unternehmensübergreifendes Management von Qualität, Kosten und Liefertreue. München [u.a.]: Oldenbourg. S. 183-184

[313] PLÜMER, T. (2003): Logistik und Produktion. München: Oldenbourg (Managementwissen für Studium und Praxis). S. 258-259

[314] BDE (2013). Online verfügbar unter http://www.bde-berlin.org/.

[315] BGL (2013). Online verfügbar unter http://www.bgl-ev.de/web/home/index.htm.

[316] BVSE. Online verfügbar unter http://www.bvse.de/.

[317] HUBER, A.; LAVERENTZ, K. (2019): Logistik. München: Verlag Franz Vahlen GmbH. S. 140

[318] CORD-LANDWEHR, K.; KRANERT, M. (2010): Einführung in die Abfallwirtschaft. 4., vollständig aktualisierte und erweiterte Auflage. Wiesbaden: Vieweg + Teubner (Studium). S. 1-4

[319] BILITEWSKI, B. HÄRDTLE, G.; MAREK, K. (2000): Abfallwirtschaft. Handbuch für Praxis und Lehre. 3., neubearbeitete Auflage. Berlin, Heidelberg, New York, Barcelona, Hongkong, London, Mailand, Paris, Singapur, Tokio: Springer. S. 10-22

[320] HALM, G. (2012): Herausforderungen an eine neue Kreislaufwirtschaft. Herausgegeben von Arnd I. Urban. Kassel: Kassel Univ. Press (Schriftenreihe des Fachgebietes Abfalltechnik / Institut für Wasser, Abfall, Umwelt: UNIKAT, Bd. 15. S. 82-83
[321] HARTEL, D. H. (2019): Projektmanagement in Logistik und Supply Chain Management. Praxisleitfaden mit Beispielen aus Industrie, Handel und Dienstleistung. Wiesbaden: Springer Fachmedien Wiesbaden GmbH. S. 75 f.
[322] IFU Hamburg (2013). Online verfügbar unter http://www.e-sankey.com/de/.
[323] CORD-LANDWEHR, K.; KRANERT, M. (2010): Einführung in die Abfallwirtschaft. 4., vollständig aktualisierte und erweiterte Auflage. Wiesbaden: Vieweg + Teubner (Studium). S. 100-110
[324] HUBER, A.; LAVERENTZ, K. (2019): Logistik. München: Verlag Franz Vahlen GmbH. S. 142
[325] SCHWARZE, J. (2011): Mathematik für Wirtschaftswissenschaftler. Band. Grundlagen. 13. vollständig überarbeitete Auflage. NWB Verlag. Herne.

Stichwortverzeichnis

2-opt Verfahren 147

ABC/XYZ-Analyse 83
Ablauforganisation 27, 29
ANDLER-Verfahren 129
APS-Systeme 88
Aufbauorganisation 24, 25
Auftragsbestätigung 209
Auftragsfreigabe 194
Auftragsüberwachung 194
Auftragsverfolgung 209
Auslieferung 178, 212, 214

Barcodes 170
Bestände 81
Bestandskosten 53
Bestellpunktverfahren 132
Bestellrhythmusverfahren 132
Bruttobedarf 118

Cross-Docking 180

Dispositionsstufenverfahren 117
Durchlaufterminierung 192
Dynamische Losgrößenermittlung 130

Einzelauftragsdisposition 115
Entsorgungslogistik 219
Entsorgungsmanagement 215
Entsorgungsobjekte 217
Entsorgungsströme 217
Entsorgungsvarianten 218
EPC-Code 169
ERP-Systeme 89

Faktura 177
Fertigungsabrufe 116
Fertigungsstufenverfahren 117
Fördertechnik 76, 79, 80
Frachtbrief 176

Gebietsspediteure 70
Gleitende Bestellmenge 130
GLN-Nummer 167
Greedy Heuristic 144
GTIN-Nummer 167
Güterumschlag 180
Identifikationsstandards 166

KANBAN 120, 134, 195
KEP-Dienstleister 71
Kommissionierung 148, 149, 213
Kommissionierungsprozesse 152
Kommissionierungssysteme 155
Kostenausgleichsverfahren 131
Kundenanfrage 206
KVP 105, 236, 246

Ladeeinheiten 162
Ladungsverkehre 69, 202
Lagerbewirtschaftung 128
Lagerlayout 68
Lagernetze 62
Lagerplatzverwaltung 187
Lagersysteme 65, 67
Lieferflexibilität 50
Liefermanagement 210
Lieferqualität 49
Lieferschein 175
Lieferservice 7, 47, 229, 234, 256
Lieferungen 165
Lieferzeit 48
Logistik-Aufgaben 10, 15, 244
Logistik-Controlling 10, 18, 223, 249
Logistikdaten 42
Logistik-Funktion 5, 21
Logistik-IT 88, 91
Logistikkosten *8*, 51, 52, 229, 233
Logistikleistung 7
Logistikmanagement 93
Logistikmethoden 96
Logistikobjekte 36
Logistik-Operations 10, 17, 111, 220
Logistik-Planning 10, 16, 21, *108*
Logistik-Power 3, 8, 9, 256
Logistik-Scorecard 55, 57, 227
Logistikstandorte 58
Logistiksystem 6, 57, 92
Logistikziele 7, 44, 45, 56, 257
Losgrößen der Produktion 191

Make-or-buy 100
Mann-zur-Ware-System 151
Materialdisposition 111, 112, 114
Materialflussdesign 68
MDE 157
Mengenstückliste 116

© Springer Fachmedien Wiesbaden GmbH, ein Teil von Springer Nature 2020
E. Bräkling et al., *Logistikmanagement*,
https://doi.org/10.1007/978-3-658-32583-1

MES-Systeme 90
Milk-Run-Systeme 70

Nearest-Neihbor-Heuristic 144
Nettobedarf 118
Nord-West-Eckenregel 139
NVE-Nummer 168

Operatives Controlling 224
Outsourcing 104

Performance-Benchmark 232
Personal 103
Pick-by-signal-Systeme 157
PILS – Power in Logistic System® 18, 253
PILS - Systemaudit 238, 239
PILS - System-Benchmark 238, 242
Planzahlgesteuerte Disposition 124
Power 9
PPS 188, 195
Primärbedarf 116
Produktgruppen 37
Produktionsnetzwerk 59
Produktionsprogramm 116, 190
Produktionsversorgung 201
Produkttypisierung 34, 38
Prognosegesteuerte Disposition 125
Prozessaudit 230
Prozesskosten 55
Prozessmanagement 94
Pull-Prinzip 81
Pull-Steuerung 114, 195
Push-Prinzip 82
Push-Pull-Steuerung 200
Push-Steuerung 114, 190

Qualitätskontrolle 185

Reihenfolgeplanung 193
Reklamationsmanagement 210
RFID 157, 172

Sammelgutverkehre 69, 204
Saving-Heuristic 144
Sekundärbedarf 116
Ship-to-line 188
Sicherheitsbestände 84
Simplex-Algorithmus 138
Spaltenminimummethode 139
Stärkefaktoren 9, 11, 15, 243, 254
Stepping-Stone-Methode 141
Strategisches Controlling 237

Terminplanung 192
Tertiärbedarf 116
Tourenplanung 135, 142, 179, 212
Trace & Tracking 181
Transportannahme 183
Transportnetze 69, 72, 76, 78
Transportplanung 135, 136, 179, 212
Transportproblem 136
Traveling-Salesman-Problem 143
Trendanalysen 245

Verfügbarkeitsprüfung 207
Verkehrssysteme 72
Verpackung 159
Versand 157, 213
Versanddokumente 174
Vogel'sche Approximation 140

Wareneingang 183
Warenvereinnahmung 184, 215
Ware-zum-Mann-System 151
Wettbewerbsfähigkeit 3, 4, 257

MIX
Papier aus verantwortungsvollen Quellen
Paper from responsible sources
FSC® C105338

If you have any concerns about our products,
you can contact us on
ProductSafety@springernature.com

In case Publisher is established outside the EU,
the EU authorized representative is:
**Springer Nature Customer Service Center GmbH
Europaplatz 3, 69115 Heidelberg, Germany**

Printed by Libri Plureos GmbH
in Hamburg, Germany